清华文革蒯氏黑牢

胡鹏池　陈楚三　周宏余　编

美国华忆出版社
Remembering Publishing, LLC. USA

Copyright © 2022 by Remembering Publishing, LLC. USA

ISBN： 978-1-68560-016-7 (Print)
　　　978-1-68560-017-4 (Ebook)
Remembering Publishing, LLC
RememPub@gmail.com

清华文革蒯氏黑牢
胡鹏池　陈楚三　周宏余　编

出　版： 美国华忆出版社
版　次： 2022 年 1 月第一版，第一次印刷
字　数： 315 千字

All rights reserved.
No part of this book may be reproduced in any form or by any electronic or mechanical means including information storage and retrieval systems, without permission in writing from the publisher. The only exception is by a reviewer, who may quote short excerpts in review.

作品内容受国际知识产权公约保护，版权所有，侵权必究

今年是中国共产党建党一百周年，也是清华大学建校一百一十周年。

不论是党史还是校史，都值得我们认真学习和研究，因为忘记历史就等于背叛，铭记历史才能开创未来。

习近平在党史学习教育动员大会上讲话时指出，"要教育引导全党从党史中汲取正反两方面历史经验"。总书记说得很对。不仅要总结学习胜利的、成功的经验，还要从失败的、错误导致的挫折中总结汲取教训，后者甚至更加重要。

文革十年浩劫，和苏区肃反扩大化及反右斗争一样，都是中共党史不可分割的组成部分；文革中的清华蒯氏黑牢，也同样是清华校史不可分割的一部分。

奉献此书，意在警示：勿忘文革教训，坚持依法治国，坚守人性底线！

目　录

簧宫黑牢（代序）　　周家琮 1

《清华文革蒯氏黑牢》简介　　胡鹏池 9

评清华文革两派的打人事件　　胡鹏池　陈楚三　周宏余 22

　　【附】 逃生之险
　　　　　——我在清华 4.23 武斗中的遭遇　　谭昌龄 33

书评及读后 40

　　以害人开始 以害己告终　　乔晞华 40

　　感言四则　　孙怒涛 48

　　痛彻拷问文革中的大学暴力　　唐少杰 52

　　清华文革黑牢和斯坦福监狱实验　　陆小宝 63

　　需要清偿的良心债　　王允方 82

　　前车之鉴，后事之师
　　　　——反思蒯氏黑牢　　尹尊声 92

　　一个泯灭人性的年代　　林贤光 112

　　读《清华文革蒯氏黑牢》一书有感　　廉慧珍 124

第一部分　　冤狱外的暴行 127

　　团保卫组行凶打人实录　　414《井冈山报》..................... 127

　　给蒯大富的公开信　　唐海山 130

　　我被蒯团打手毒打十多个小时　　陈楚三 135

杨津基、顾廉楚、王遵华先生文革蒙难记................143
 （一）杨津基先生文革蒙难记事
    顾廉楚 口述　钱家骊 整理................143
 （二）宿舍里的"囚徒"　余昌民................146
周坚、张南清在蒯氏黑牢十五天　　周 坚................151
关於孙华栋被害经过
 ——我们所知道的和记忆的　卢纹岱　宋楚强................158
无辜被许恭生抓走，关押一个多月　和 统................163
出了东区浴室却进了"鬼"窝　李作臣................168
因为反对蒯大富，我两次被抓并遭毒打的前前后后
  周天麒................173

第二部分　"蒋刘反党集团"及其"第二套班子"冤狱................185

从生物馆到200号　胡鹏池按刘冰著《风雨岁月》改写................185
 附录：有关刘冰逝世的报道（含刘冰生平）................204
吕应中在"清华文革蒯氏黑牢"8个月　胡鹏池................207
 附件：414给中央首长的一封紧急请示信................211

第三部分　"罗文李饶反革命集团"
　　　　　和"十二人反党集团"冤狱................213

试析蒯大富们制造的清华"两案"　陈楚三................213
罗征启在清华文革蒯氏黑牢58天................248
 （一）我被蒯大富团派绑架、刑讯和逃离魔窟的经过
  摘自罗征启著《清华文革亲历记》................248
 （二）一定不能让罗征启再落虎口！
  摘自沈如槐著《清华大学文革记事》................290
 （三）编者的话................292

罗征启的亲弟弟罗征敷窒息致死案 295
 （一）重要当事人之一孙耘的陈述 295
 （二）唐金鹤的书中所陈述的罗征敷致死案 297
 （三）唐金鹤的质疑和编者的点评 299
 （四）罗征敷案件对清华文革的影响 300
 附件：陈楚三与孙耘往来的四封邮件 303

文学宓在蒯大富黑牢 112 天
 摘自唐金鹤著《倒下的英才》.. 339

饶慰慈在"清华文革蒯氏黑牢"约 111 天
 饶慰慈女儿赵红女士的血泪回忆 342

刘承娴被蒯大富迫害致死
 摘自唐金鹤著《倒下的英才》.. 348

一九六八年，我在魔窟 94 天 谢引麟 352

不堪回首的 146 天 邢竞侯 366

蒯大富魔窟中的贾春旺 陈楚三 374

第四部分 中整办调报字[83]3 号文 380

 4.1 文件正文：清华大学、北师大"文革"期间
    造反组织的情况调查 380

 4.2 调查材料：清华大学"文革"期间两大派
    群众组织的产生和演变 （未定稿）........................ 385

 4.3 调查材料附件二：清华大学"井冈山兵团"
    组织机构主要人员情况表 401

 4.4 调查材料附件四：清华大学"井冈山兵团 414 总部"
    组织机构主要人员情况表 417

 4.5 文件原件照片（部分）.. 419

蒯氏黑牢的覆灭　周宏余 420
　（一）蒯氏团伙最后的疯狂 420
　（二）蒯氏黑牢的覆灭 422
　（三）对蒯氏暴行的清算 429
　（四）对蒯氏暴行的一些反思 433
　附件：《蒯大富刑事判决书》 442

簧宫黑牢（代序）

周家琮

文章憎命达，史简志苦难。簧宫清华虽群星灿烂，百年风雨亦历经磨难，其中最黑暗之一页，莫过于荒谬绝伦、血泪斑斑的文革动乱。

岁月虽不堪回首，往事却难以忘怀，由是当年"拿起笔做刀枪"的诸多校友，退休后又纷纷捉笔，以清华文革为题撰文出书。然笔耕虽一时之盛，格局却参差不齐，拘泥于鸡虫得失、纠结于派别是非，固不乏其例，更有俨然文革活化石者，以选择性回忆隐瞒歪曲历史，推卸逃避罪责。好在佳作亦屡有呈现，或钩沉发微还原史实，或剖析心路自我反省，或鞭笞罪恶总结教训，陈楚三等学长的新作《清华文革蒯氏黑牢》，当属此列。

该书以亲身经历等确凿史料，揭露了文革中蒯大富等私设监狱，借莫须有罪名，残忍迫害无辜师生的罪行，书名冠以"黑牢"，可谓恰如其分。

黑牢之黑，首先在其暗黑政治动机。继承革命前辈造反传统，在清华园打天下坐天下，无疑是蒯氏政治野心的第一步小目标。然革命潮流变幻莫测，群众组织内生张力派别分化，如细胞分裂势不可挡，举国皆然清华亦不例外。414另立山头，继之以5.30革委会流产，原本似乎唾手可得的小目标，顿时陷入困境。极具冒险赌博精神的蒯氏，正值大红大紫之际，岂甘接受妥协联合之下策，必搞垮其独霸清华的政治障碍414而后快。武装斗争乃革命三大法宝之一，蒯氏于是悍然挑起武斗，以为可凭借武力一举摧垮414。与此同时，蒯氏又以黑牢刑讯等恐怖手段，捏造专案构陷罪名，企图将414头头打成反革命，对414实施政治斩首。然而武斗并未旗开得胜，连主子都为之惋惜："414，几千人，你搞又搞不掉"，"要消灭 414 也不行"，于是黑牢专案，益发成为蒯氏搞垮 414 之重器。而且蒯氏极度膨胀的政治野心，并非止步于称霸清华，市革委的头衔本有名无实，即使在清华"独坐池塘如虎踞"（注 1），荷塘荒岛毕竟池水太浅。为实现更大政治目标，"不要吃老本，要立新功"，伟大导师对旗手的谆谆教导，蒯氏自然是心领神会。回顾揪斗王光美、炮打刘少奇的成功之路，铭记首长"杨余付有黑后台"的最新警示，深得"继续革命"衣钵传承的蒯氏，自然将揪出 414 幕后"黑手"，作为再立新功更上层楼的不二之选。绑架 414 头头，首攻身份特殊的陈楚三，其次瞄准风闻介入 7.20 事件的张雪梅，并炮制"十二人反党集团"，从这一系列动作中不难窥见，蒯氏黑牢专案的险恶用心，最终是要揪出 414 的幕后"黑手"。

清华两派围绕干部问题，文章没有少做且都有所表演，并略显左右倾向的色彩反差。但对干部问题追随文革当局的政治大方向，两派其实在伯仲之间，而且并非真正响应"斗批改"号召，视干部为斗争重点，而是将干部作为派别斗争的筹码。当然两派还有重要区别：老四师出无名狠斗陶森，无非是与老团针锋相对，同时自秀政治正确，而蒯氏除例行批斗蒋刘走资派外，还捏造"罗文李饶反革命集团"，则包藏祸心另有深意。因黑牢囚徒中干部居多，即断言迫害干部乃黑牢宗旨，也是两派对立之症结，系局外人囿于表象的想当然，也过于小觑了蒯某的政治韬略。文革前期，干部们头顶黑帮恶名，或有"历史问题"和人事纠葛，又多家室之累，实属校园弱势群体，蒯氏不过是以此薄弱环节作为突破口，以实现其搞垮 414 的真实目标。

黑牢之黑，又在于其师承朱明东厂、蒋氏军统之特务行径，实施犯罪于黑暗密室之中。黑牢举凡设置地点、关押对象和残忍暴行，对外皆严密封锁信息。7.27 之后直至 8 月 9 日，黑牢囚徒方被解救，可见属于蒯氏"地下工作"不为外界所知。清华文革的多数事件，皆发生于光天化日之下人所共知，惟蒯氏黑牢内幕，不但忝列非典型老四如笔者，7.27 之前对此一无所知，众多团派同窗同样未曾与闻，就连被谑称"常左"，却自诩"温和派"的团派某头领，其操办小报虽连篇累牍讨伐"罗文李饶反革命集团",却也叹息"不清楚团派到底抓了多少人和关在哪里"。足见黑牢罪行,属蒯氏和少数帮凶之机密,与多数团派成员无涉,也不会得到他们的认可,将黑牢名归蒯氏而非团派,可谓不失分寸罪责分明。至于黑牢的决策过程和组织架构,关押名单的产生批准,绑架审讯的策划指挥,迄今仍黑幕重重,远未真相大白。

黑牢之黑,更在于其残忍的黑社会行径,甚于文革的一般暴力。如前所述,文革暴力多公然肆虐,而黑牢暴行则暗中进行,后者因此更肆无忌惮,更容易逃脱罪责,也更难以被外界发现制止,包括瞒过团派群众以免遭内部抵制。文革中倘面临武斗等暴力,在反击和逃遁之间,当事人尚可有所选择,而黑牢暴力则逃无可逃,只能任其宰割。此种完全不对称的暴力,文革中仅老红卫兵的"红八月",京湘黔桂等地的文革屠杀,可与之相俦。勒庞在《乌合之众》中所言:"个人在群体影响下……犯罪倾向的突然爆发",倘以此描述文革群体暴力中的个体行为,或不无道理。但蒯氏黑牢,并非乌合之众的一时暴力狂欢,而是少数人精心策划的政治密谋,持续实施的有组织犯罪,以勒庞之说诠释不啻张冠李戴,且有为之开脱之嫌。

毋庸讳言,虽然头头们皆明确对暴力说不,但 414 同样存在囚禁干部、殴打俘虏之劣迹,性质和根源与团派并无二致,只是论范围和程度,确有小巫见大巫之别,且老四多属以暴易暴,并非有组织策划另具政治图谋,与蒯氏黑牢更不可等量齐观。当然 414 此类劣迹同样应当受到谴责,当事人更应面对历史坦承事实,深刻反省并向受害人公开致歉。

蒯氏黑牢令人发指的暴行,其策划和实施者,既非"长胡子"的幕后黑手,亦非外来的地痞流氓,而是如假包换的清华本校学生。后人或许会对此大惑不解,究竟有多大的仇恨、何等的疯狂,令外界心目中本应文质彬彬的学子,对无辜的同窗和师长,施以如此残忍的酷刑?黉宫清华本春风化雨,中西人文荟萃之地,何以造就此辈匪徒黑帮?笔者在讨论清华 727 事件时,曾将文革群体暴力,归之于阿伦特"平庸的恶",并将权力视为重要的暴力之源:"一切权力都具有自我维系和巩固的本能，不择手段，借助无从制约的专制权力或以革命的名义暴力作恶，是取得和巩固权力的首选和捷径。其最高形式，就是枪杆子里出政权的杀戮，就是大规模的迫害和镇压。权力不但是腐败的土壤，也是暴行的温床，绝对的权力导致极端的暴力。"以上分析虽同样适用于蒯氏暴力，但所指乃政治团体行为，针对黑牢中的学生暴徒个体，具体追根溯源，或许关键在以下三个方面。

一是思想和观念。经长期宣传灌输，以革命暴力打击阶级敌人，已成天经地义的文革正能量。首先，"革命是暴动，是一个阶级推翻一个阶级的暴烈的行动"，领袖教导不但牢记心头，更要"忠不忠看行动"，所以才有花季少女的中学生，围殴校长至死的惨剧。其次，对阶级敌人实行专政，乃政治基本原则、执政立国之本。列宁的《国家与革命》赫然宣称：专政是不受任何法律约束的国家暴力。此小册子文革中曾被江青推荐，广大群众活学活用，"群众专政指挥部"文革堂皇登场，专事有组织非法暴力活动。最后，经一年多文革大风大浪的历练，蒯氏对极权政治和权谋已然入门，洞悉不择手段直至突破底线，本系革命潜规则。在7.27后的静斋学习班上，蒯某"为达政治目的可不择手段"的权经，亦曾被揭发批判。蒯氏一伙奉此政客信条为圭臬，必然如秦晖先生所言，"坏人可以不择手段，无所不用其极"。

正是应了文革中"精神变物质"的宣传，被上述思想武装起来的蒯氏团伙，从此理直气壮满怀理论自信，不惜泯灭良知和人性，将批判的武器化为武器的批判，从普通学生蜕化为残忍暴徒。

二是环境和气候。对暴力行为和环境的耳濡目染，是暴徒成长的有效速成培训。老五届学生自孩提时起，得以旁观多起政治运动，目睹过"对敌人像严冬一样残酷无情"，对肤施整风和暴力土改中赵容们的行径，当亦多有所闻。及至文革，批斗抄家草菅人命，比比皆是屡见不鲜，"要武嘛"的谆谆教导，迅速从城楼传遍全国，催化了红卫兵们的无数暴行。"红八月"的血腥，"联动"私设的黑牢，清华园8.24暴行，并未受到任何批评指责，反而得到官媒的称赞欢呼、当局的纵容支持，更谈不上被严加制止和惩戒。榜样的力量是无穷的，正是从耳闻目睹的无数文革血腥中，蒯氏暴徒得到启示和鼓励，壮大了胆量和勇气，无所顾忌地走上了暴力犯罪之路。

三是禀性之差异。文革时清华学生过万，论意识形态灌输和文革大环境，彼此大抵类似，但其中真正的暴徒毕竟屈指可数，解构此另类之恶，难以回避人性的古老话题。回顾人类文明史，动物世界的丛林法则和暴力基因，早期人类多有继承，在其后的进化道路上，人类的暴力倾向，又沿截然相反的方向演进。一方面人际间的暴力，逐渐被弱化和摒弃，人殉在殷商之后业已消失，肉刑后来也在多国被禁，如今包括家暴在内的人际间暴力，一般都会受到谴责和惩戒，当然仍有为数不菲的例外。另一方面，不以噬食为目的而杀戮同类，系人类特色行径。人类暴力最初多缘于征服和争夺资源，后来又因信仰、政治等原因，轻者拳脚相加重者大开杀戒，直至爆发世界大战，大规模杀伤性武器的研制，更足以令人类自我毁灭。可见"人之初，性本善"虽言之有据，但暴力基因并未随人类进化完全消弭。如勒庞所言："我们从原始时代继承了野蛮和破坏性的本能，它蛰伏在我们每个人身上"。至于蛰伏暴力的释放和实施，既需要直接动因和外部条件，不同群体以及个体之间，也存在不难辨认的差异。此即心理学中"暴力倾向"所指谓。蒯氏黑牢的少数暴徒，暴力倾向当与多数人迥异，亦系禀性使然。其少年期教育、成长环境以及遗传因素，对其暴力倾向有何影响，倘能获得有统计意义的翔实数据，倒不失为心理学实证研究的典型案例。不过富有暴力秉性，仅为暴力实施之必备因素，并非首要原因更非充分条件，暴力发生的主导原因，仍主要取决于具体时空的社会政治环境。鲁迅先生所称的国民性，海峡两岸而今已渐行渐远，即为明证。

勒庞在其社会心理学著作中，认为遗传会形成所谓"种族特性"，或系个体秉性来源之一。此说虽有"种族主义"之嫌，但其著作中着重强调的，其实是历史和文化影响，而非生物学遗传原因。勒庞算不上一流思想家，著作也历遭诸多批评，但其社会心理学的历史地位，历来得到熊彼特、弗洛伊德、奥尔波特和墨顿等大师的高度评价，不是学术后浪的轻薄为文可肆意抹杀，被"不名誉地开除出"研究领域之说，未免贻笑大方。西方特别是美国学界，近年有一种不良风气，热衷于编造新概念伪装学术创新。智小而谋大的"历史的终结"，庸人自扰的"修昔里德陷阱"，沦为笑柄的"金砖国家"等等，不一而足。号称中国问题专家的鸿篇巨制，其实如刘瑜女士所言，多无新意难以卒读。而所谓"社会运动学"，无人问津皆因颜值困难，北大林氏的"新结构经济学"，或可与之比肩。观察文革类的大规模社会运动，本宜采取田野调查的方法，照搬自然科学的实验手段求解，无异于方柄圆凿。著名的津巴多斯坦福实验，历来有摆拍和夸大之诟病，作为心理学实验，或有其特定的学术意义，但罔顾社会政治环境，脱离历史文化背景，仅在单一学科的理论框架内，以随机抽取的小样本，又忽视样本的禀性差异，通过有限的实验，以此诠释大规模群众运动，以及其中的个体复杂行为，实乃管窥蠡测迂阔不经。

　　参与本书编纂的楚三学长，与笔者几无交集并不熟稔，其知人论世之见解，彼此或不尽相同，然其立身处世则足以令人景仰。文革风起青萍，清华园一众红二代，窥得内幕闻风而动，撸起袖子率先造反，陈学长并未与彼等沆瀣一气；蒯氏炙手可热之际，又逆潮流亮旗反抗，以致曾陷囹圄之灾；文革结束，仍谨守工程师本分，并未如某些衙内，庇荫身份发达于仕途商海；因秉承独立思考原则，对文革官版定谳说三道四，又在"自己人"之外举贤荐能，被双峰之一荣幸钦点，沦为需"特别警惕"之另类；晚年还有以出售居所款项，捐助故乡教育之义举。特别是作为414头头之一，坦承对文革总体立场，当年两派不过五十与百步之差，414没有也不敢反对中央文革，而对曾受414伤害的干部师生，又能诚恳认错道歉。历经沧桑岁月，真实坦荡之一如既往，尤令人感佩。

　　楚三兄嘱余就蒯氏黑牢撰文，然笔者缺席现场，既无原始资料可凭，于暴力话题又素无涉猎，深恐卑之无甚高论。之所以终于勉为其难斗胆捉笔，固然承蒙学长信托，却之不恭理当效命，又鉴于部分评述读后，对其中若干见解不敢苟同，窃以为有商榷匡正之必要。而最重要的原因，是该书不但趁"当今耳目犹接，尚有可凭"（注2）之际，蒐集梳理相关史料，为清华文革蒯氏黑牢，留下一段信史，而且对读者以史鉴今的思考，仍有鲜明的现实意义。

四十年来，中国的进步和成就举世瞩目。但建成小康社会和实现民族复兴，并不仅限于衣食无忧和国力强大，社会的文明祥和，百姓的权利尊严尤其是人身安全，皆须臾不可或缺。而社会稳定和长治久安，只能奠基于内在的自由秩序，不能主要来自压制性的RSA（注3），否则并非真正的制度自信。过度依赖RSA的现代政权，既有苏俄突然瓦解之虞，更有北非顷刻土崩之鉴。比起高头讲章和轻歌曼舞，多数国民的言谈举止和文明礼貌，更可彰显其文化自信，倘以此对比今日之宝岛东瀛，则足以令人汗颜。更堪忧者，文明国度本属偶发事件的非法暴力，在当下国人中却并不罕见，有时甚至还十分猖獗。

从对医务人员的暴力伤害，到中小学里的校园暴力；从薄大人的耳光、韩教授的老拳，到济源书记的掌掴；从网络约架到境外滋事；乃至频繁打击仍不断孳生的黑社会暴力；名为爱国实则民粹的打砸抢，隔几年就轮流豪迈上演；人不论老幼，地无分朝野，戾气弥漫动辄暴力相向，乱象纷纭令人长叹。而在公共管理领域，城管与摊贩的暴力冲突，因强拆而发生的悲剧，皆时有所闻。如临大敌的重重安防，动辄戒严禁足被逐出家园，皆凸显社会恐惧和不安。特别是在执法领域，首善之区居然发生雷某悲剧，何人可言免于恐惧的自由；1972年最高指示禁止的"法西斯审查方式"，迄今虽大有改善却并未禁绝，嫌疑人未经审判先行羁押仍为常态，实为刑讯逼供开方便之门；假手权力非法施暴虽明文禁止，却从未得到强力有效的惩治，重庆黑打等诸多枉法，最后大都不了了之。此弊不除，侈言基本建成法治社会，岂非镜花水月。

暴力之患固然原因复杂，与社会转型矛盾，伦理教育扭曲，法治有待健全等，皆不无关系，而对文革及其暴力未能彻底清算，无疑是关键一环。只有彻底揭露文革暴行，而不是刻意回避甚至禁言；只有真诚反思文革暴力之源，而不是一笔带过或仅归咎于林江集团；只有高度警惕并旗帜鲜明地反对民粹，而不是仍将义和团作为爱国典范，以为"民气可用"纵容鼓励；只有对执法权力实现全面有效和及时的监督，而不是对权力施暴态度暧昧；只有告别斗争哲学，中止对暴力的颂扬和渲染，摒弃与法治社会冰炭难容的专政理念；只有在后革命时代，摆脱国家治理对暴力的路径依赖；才能真正完成从革命党到执政党的转变，迈入不但富足强盛，而且文明和谐的新时代。"坏人变老了"的坊间戏言，蕴含着现实乃历史之延续的哲理，正是由于变老的坏人当年劣迹未得清算，造就坏人的气候土壤尚未根本改变，制造暴力的坏人必将代有传人。讳疾必忌医，为防沉疴再起，将历史疮疤揭给后人察看，实乃医者情怀，楚三兄等编书的现实意义正在于此。历史不会重复，但是会押韵。如果我们对此麻木不仁无所作为，总有一天，文革暴力还将更换马甲卷土重来，再次荼毒我们的后代。

注1：《咏蛙》诗"独坐池塘如虎踞，绿荫树下养精神。春来我不先开口，哪个虫儿敢作声。"

注2：令狐德棻进言唐高祖官修《隋史》，此为其中说辞，其时令狐又言："如文史不存，何以贻鉴今古？"

注3：出自阿尔都塞著名论文《意识形态和意识形态国家机器》，其中将压制性的国家机器简称为 RSA。

庚子除夕 初稿
辛丑上元 修订

作者简介：周家琮，男，生于 1948 年，1965 年入学清华大学冶金系。文革中时任北京市革委会主任的谢富治，庇护蒯大富挑起武斗杀人放火，周出于义愤撰稿《有感——读〈友邦惊诧论〉》，抨击谢富治及其后台，名动清华。工作后曾任攀钢集团公司董事会董事，副总经理，兼攀钢成都无缝钢管公司董事长。近年述及文革的主要文字有《文革春秋》，为胡鹏池、但燊著《清华七二七事件》一书所撰《序言》。曾任《经济观察报》专栏作者，在国内报刊、网站上发表过若干技术、经济及企业管理类文章。

《清华文革蒯氏黑牢》简介

胡鹏池

本书名《清华文革蒯氏黑牢》是《清华文革蒯大富的黑牢》之缩写。

在1966年开始的文化大革命运动中，清华大学成为高层各种势力争夺的重要战场。当时的工程化学系三年级学生蒯大富，曾被北京新市委派的工作组打成"反革命"（刘少奇的夫人王光美是清华工作组的顾问），蒯大富后来依仗中央文革小组的倾力扶植和支持，联合另外两个群众组织成立《井冈山兵团》，在清华大学掌了权。掌权后的蒯大富，步工作组后尘，反过来把不同意见的群众打成"托派""反动逆流"，导致《井冈山兵团》分裂，继续拥护蒯大富的被称为"团派"，对立面是"414派"，414派的主要负责人是工程力学数学系二年级学生沈如槐。

414派抵制蒯大富推行的一系列极左政策，坚持清华大学大多数干部是好的和比较好的观点，得到广大中下层干部的支持，引起蒯大富的恐惧，于是处心积虑，捏造罪名陷害一批支持或倾向414的干部，并造谣414被以沈如槐为首恶分子的反革命集团所控制，还对414派的学生、干部、教职工任意抓捕毒打，最后悍然挑起清华园大规模武斗，文武两手并用，妄图摧垮414，一统清华。

这就是本书所收文章的背景。

我们要特别感谢唐金鹤校友，本书的大部分文章，都可以在《倒下的英才》一书中找到，我们有的是全文引用，有的部分引用，也有的经唐金鹤同意、联系原作者后以原作者署名；唐金鹤校友十几年的辛勤劳动，收集的大量资料成为本书的基础，我们是把《倒下的英才》中散在的团派极端分子暴行文字集中起来、再增加部分唐书没有的内容，一并展示给读者。

我们的校友汲鹏曾经戏言：文化革命的"成果"之一，就是普及了"蒯"字。的确，文化革命中的蒯大富，作为清华大学学生造反派的领袖和中央文革小组的宠儿，在全中国率先喊出"打倒刘少奇"的口号，名头响亮，红得发紫；在这个过程中，蒯大富头脑膨胀，为了实现其政治野心，指挥手下干了大量坏事。文革结束后的1983年，蒯大富被以"反革命宣传煽动罪、杀人罪、诬告陷害罪"等三项罪名判处有期徒刑十七年；蒯大富在法院二审为自己辩护时，否认"反革命宣传煽动"的罪名，并且也否认"杀人、诬告陷害"两项罪名。

北京市中级人民法院的刑事判决书指出，在1968年7月27日工宣队（当时全称为"工农毛泽东思想宣传队"，后来称"工人毛泽东思想宣传队"，简称"工宣队"）进驻清华大学制止武斗时，蒯大富下令"抵抗、还击"，酿成赤手空拳的工宣队被杀害五人、轻重伤七百三十一人的流血惨案。

判决书同时指出，"被告人蒯大富诬陷原清华大学党委宣传部副部长罗征启，教务处副处长李康，党委统战部副部长文学宓、刘承娴，校党委办公室副主任饶慰慈是'蒋南翔的第二套班子''反革命小集团'，于1968年1月和4月先后将他们抓起来进行人身迫害。蒯大富还诬陷原清华大学团委干部贾春旺及邢竞侯等六个学生是'反革命小集团'，抓起来刑讯逼供。蒯大富的打手们对文、饶等人分别采用拷打、老虎钳拔牙、往鼻孔里灌氨水等等手段严刑逼供；蒯亲自参与了对文学宓的逼供。在残酷的肉刑折磨下，刘承娴被迫害致死，饶慰慈被打成重伤，一度精神失常，留下脊椎神经损伤等后遗症。在诬陷迫害罗征启等人的过程中，还株连了罗征启的父亲、弟弟和朋友，其中罗征启之弟罗征敷被用棉丝堵嘴而窒息死亡。"

蒯大富"杀人、诬告陷害"的刑事犯罪，铁证如山！

本书可以说是对判决书的详细注释和补充。

谢引麟（女）就是判决书中所称被诬陷为"反革命小集团"的六个学生之一。谢引麟在魔窟里经常被连续罚站几十个小时，最长一次五天五夜，站得两腿肿胀，晕倒在地；还被连续罚跪几十个小时；双肩被棍棒狠砸直到血肉模糊，至今都留有伤疤；长时间抽她耳光导致嘴鼻流血、牙龈肿痛、两耳轰鸣、两眼冒星；强迫她长时间双手举凳子、全身紧贴墙壁下蹲数百次直到她满身虚汗淋漓、精疲力尽；酷刑还包括烟头烫手、折扇抽脸、垒球击身、拳打乳房、脚踢下身、扒地拷打及弹打经络穴位等，真是凶残之极！

实际上，在清华蒯大富一伙的舆论工具中，罗征启等六名干部被诬陷为"罗文李饶反革命集团"，贾春旺及邢竞侯等学生则被诬陷为"十二人反党集团"。本书收集了罗征启本人的控诉和饶慰慈女儿的血泪回忆；收集了谢引麟、邢竞侯的悲愤回忆及贾春旺对黑牢经历的谈话。此外，本书还收集了判决书没有提到的蒯大富手下任意抓人打人的若干实例，其中最恶劣的是在几个小时内把孙华栋同学活活打死。

当然，414也是文革中的一个派别，以造反派自居，也是在文革的大环境下产生并生存，所以414在思潮上也带有"左"的色彩；在行为上也有暴力行为，这是毋庸讳言的。有些当初的四派成员至今不肯承认这一点，本书的三位编者一致认为，这只能说明这些校友对文革的反思仍然太不到位了。414派也抓过、打过清华的校级干部，也关押、批斗、殴打过支持团派观点的个别中层干部，更关押、殴打过一些团派同学和老师。414派的这些行为，同样是极其错误的，同样应受到谴责。作为414当时的头头，沈如槐、陈楚三等都在自己的回忆录中向这类错误行为的受害者表示了诚恳道歉；孙怒涛也借本书推出之机向受害人表示真切的歉意。

然而，蒯大富为首的团派在文革初期应运而生，深受江青以及中央文革小组的宠幸，他们不仅是中央文革的排头兵，客观上也充当了中央文革的炮灰，因此他们是文革的主流派；414派的组成及头头与团派有所区别，因而两派的内外部小环境也有所区别，导致414派思想上的极左影响与行动上的暴力倾向与团派极端分子有着程度上的迥然差别。程度决定性质，所以性质上也有着根本的差别。414派的前述暴力行为，无论是严重程度还是后果，与团派极端分子惨无人道、灭绝人性的暴行都无法相提并论。这也是为什么中整办调报字【83】3号文中，把"残酷迫害干部群众、大搞刑讯逼供"列为蒯大富团派"不少人干了大量坏事"中的第一桩坏事，而414派只是"也有抓干部和个别人殴打干部的行为"，并且团派至少34人因涉及刑讯逼供、残酷迫害干部群众、打砸抢而被"记录在案"，而414派"记录在案"的8人均与此无关。

之所以会出现这样的反差，关键在两头：一头是派头头们的态度，另一头则是具体实施者的行为。从派头头的态度看：414主要头头和团派主要头头对抓人打人的态度截然不同；从具体实施者的行为看：团派少数极端分子的行为只能以"灭绝人性""丧尽天良"来形容。

本书会告诉读者，即使是像清华大学这样高等学府中的大学生，一旦被错误理念所支配而迷失本性甚至失去人性时，会对自己的同学、师长凶残到何种可怕的程度！

群众的绝大多数人都是反对暴力的，尤其痛恨那些残酷的、恶性的、超越人性底线的法西斯行为；在这一点上是不分派的。当年，绝大多数群众对于清华文革中少数极端分子超越人性底线的暴力行为并不知情，或虽有耳闻，但知悉很少，甚至到现在知道得仍然不多，更不系统；在这一点上，两派也一样。

所以，虽然文革反思已经进行了半个多世纪，但是直到现在，对于文革中残酷的、超越人性底线的暴力行为的披露与揭露、批判与谴责仍然是文革反思中的重要内容，甚至是最基本的、最根本的内容。在这一点上，两派也是一样的，只有程度上的差别，并没有性质上的不同。

有一位校友这样说："**为使领袖脱罪而把一切坏事推给下面，那是卑鄙；为证杀人凶手无罪而归于上面唆使，那是无耻。**"

胡鹏池和但燊在《清华七二七事件》一书中这样说：**在欺骗面前，我们或许会迷惘；在暴力面前，我们或许会软弱；在潮流之中，我们或许身不由己；但在任何时候，我们绝不能做超出人性底线的事。**

本书正是对清华文革中残酷的、超越人性底线的暴力行为的披露与揭露、批判与谴责。

一、三大冤狱

自 1967 年下半年起，蒯大富一伙极端极左分子陆续在清华园泡制了三大冤狱，设置了规模庞大的专案组，在清华许多楼馆及校外的 200 号建立了若干黑牢，很难将这些黑牢比作"古拉格"式、"渣滓洞"式、"白公馆"式——都像都不像，蒯氏黑牢的黑暗、残酷的程度比起中外历史上这些著名的黑牢、集中营往往有过之无不及，故称"清华文革蒯氏黑牢"。

这"三大冤狱"是：

① "蒋（南翔）刘（冰）反党集团"以及所谓"第二套班子"；

② "罗文李饶反革命集团"；

③ "十二人反党集团"。

这三大冤狱的受害人，并非每个人都有本人或他人记述当年被迫害情形的回忆文字，所以本书只包括了部分受害人本人的回忆，还有子女的回忆和友人的访问记录；有一些文字是第三者的评述，也有一些受害人的被迫害情形书中没有文字反映，这是本书编者的无奈，也是我们最大的遗憾。

除了这三大冤狱，揭露蒯大富团派少数极端分子其他凶残暴行的文字也收入本书。

二、组织机构

团派直接主持这项工作的是其总部核心成员陈继芳（女），陈继芳领导的"干部办公室"（简称"二办"）则是归口机构。

作为兵团总部一把手的蒯大富也直接指挥、过问"二办"工作。据蒯大富本人回忆并确认，团派抓人一般都是由他指使或点头认可的（注1）。

制造三大冤狱，主要策划者是蒯大富和陈继芳；具体执行过程，抓人以团保卫部为主，刑讯逼供则由团专案组实施。

团保卫部是当年蒯大富手下专门从事打砸抢抄抓的部门，"捉鬼队"就是团保卫部的骨干。从骗抓骗斗王光美（按：1967年1月6日，"捉鬼队"采用欺诈手段把刘少奇夫人王光美骗到清华批斗）开始，以后在各种场合甚至会场上，团保卫部肆意殴打不同观点的同学、干部、老师，直至入室入户抄家、抓人，校内校外绑架，恶行累累；收入本书的部分文章，还揭露了三大冤狱之外的一些受害人被团保卫部绑架、毒打的暴行。

三大冤狱的受害人，也基本是团保卫部（本书收录的文章中常常习惯称之为"团保卫组"）出手抓捕绑架的。

三大冤狱的受害人被抓后，就由团专案组接手。

对"蒋刘反党集团"以及所谓"第二套班子"，蒯大富团派设置了"刘冰专案组""吕应中专案组"等；对"罗文李饶反革命集团"和"十二人反党集团"，则设置了"罗文李饶专案组"，其下对"罗文李饶反革命集团"分设罗征启、文学宓、李康、饶慰慈、刘承娴等五个专案组，对"十二人反党集团"则专设"贾春旺及邢竞侯等六个学生专案组"。

蒯大富一伙制造"罗文李饶反革命集团"和"十二人反党集团"后又升级，把414的一号头头沈如槐及另几位主要头头加进来，合称"沈如槐—罗文李饶反革命集团"，目的完全是为了打击文革中的对立面414派，并将这两大冤狱共六个专案组统一称为"罗文李饶专案组"。

团派界定的"罗文李饶反革命集团"由六人组成，除罗征启、文学宓、李康、饶慰慈、刘承娴外，另一个成员徐一新一直在科学馆没有被他们抓到，所以并没有设"徐一新专案组"。

"十二人反党集团"，专案组由于只抓捕、关押了七个人，所以称其为"贾春旺及邢竞侯等六名学生专案组"，贾春旺不是学生，而是当时清华团委的干部。

1983年11月底，中共中央整党工作指导委员会办公室（简称"中整办"）调查组发出调报字【83】3号文，指出：根据北京市委的调查，清华团派"不少人干了大量坏事"，排在第一的坏事就是"残酷迫害干部群众，大搞刑讯逼供"；文件中关于清华"文革"期间两派群众组织的资料，列出了两派"问题较多的"机构，团派的第一个就是"罗文李饶专案组"，附件中还简要记述了团派少数打手的毒刑逼供手段。本书全文公布了调报字【83】3号文件涉及清华的主要内容。

"罗文李饶专案组"规模庞大，多达100余人。资料指出，这个专案组"按人头分成六个小专案组和专门打人的凶手班子，即专案组内的'保卫组'。采用极凶残的手段毒打、用老虎钳拔牙、烟头烧脸、灌氨水等残酷手段，严刑逼供，造成2人死亡，数人重伤致残的严重后果。该专案组的直接主持者为团总部核心成员陈继芳，组长王子瑜，副组长王良生、王士元"。

专案组内的保卫组，其主要工作是负责武装保卫团派私设的"监狱"，同时也直接参加"专案组"的审讯工作，并在审讯时充当打手（注2）。

三、四大"黑牢"式的集中营

团派将非法抓捕来的受害人关押在清华大学生物馆、化学馆、200号（位于昌平，是清华大学的原子能基地，文革前改称试验化工厂，对外称200号）、三堡（位于延庆，是清华大学的教工疗养院）。这是四个相对关押人数较多，关押时间较长的地方。

此外，在学校的其它楼馆，如一教（第一教学楼，团派前哨广播台所在地）、甲所（团派保卫组与工总司所在地）、乙所、丙所，学生宿舍2号楼、11号楼、13号楼以及414撤出后的12号楼都曾经成为团派关押折磨受害人的地点。刘冰曾被关押在旧水利馆楼上。

团派甚至在校外也设有临时"监狱"，如北航（北京航空学院，现称航空航天大学）的学生宿舍与厕所（注3）、先农坛国家和北京体育代表队所在地的地下室、厕所（注4）。

四、"法西斯"式的拷打刑讯手段

从本书中受害人的控诉，读者难以相信，团保卫部拷打和团专案组刑讯受害人的手段如此残忍，超过一般人的想象。常用的方法有：

"贴饼子"：几个打手抓住受害人四肢抬起、高举过头，然后猛向地面摔下；

毒打：除了拳打脚踢、打耳光外，还有带工具的毒打。工具有：皮带、皮管、手电筒、木棍、铁棍、方木、钉有长钉的木板和木棍；

鞭子抽全身；铁丝拍子抽脸；扇柄抽脸；棍子砸肩；垒球砸身；

强迫脚后跟靠墙下蹲；头撞墙；

钢丝钳使劲夹手指；皮鞋踩捻手指

钢丝钳拔牙；由于年轻人的牙床比较结实，所以在实际操作中就往往演变为用钢丝钳把受害人的牙齿掰断、夹碎；

烟火烧手、烧脸、烧脖颈；

往喉咙里灌氨水、灌开水；

罚站：罚站的时间有的长达三天三夜、五天五夜、七天七夜；有的罚站时还逼受害人双手举物、靠墙直立等；

罚跪：罚跪时间长达几十小时；

污辱女性：对女性打乳房、踢下身、个别受害人甚至遭遇木棍捅下部；

受害人被单独关押，长期监禁，窗户都用木板钉死，不见天日。

五、触目惊心的后果

凡被团保卫部或少数极端分子绑架殴打、以及在蒯大富"黑牢"中被非法关押的受害人，无一不受到肉体与精神上的严重伤害，甚至波及受害人的亲属、朋友。

造成三人直接死亡（罗征启的胞弟罗征敷，孙华栋，刘承娴），一人间接死亡（罗征启的朋友林维南之母林婆婆），数人致残（如饶慰慈被打烂半个屁股，右耳耳膜被打破、脊椎神经损伤）、数人留下终身病痛（如文学宓被掰断 3 颗牙、终身内脏受损、终身脊椎神经受损；罗征启肝被打破，只剩外面一层膜未破；李兆汉肋骨被打断、终身未愈），数人自杀未遂（如刘承娴跳楼受重伤、谢引麟触电自杀未遂、黄安妮也曾想自杀）。

六、主要受害人的抓捕时间及关押时间

（一）三大冤狱受害人

1、所谓"蒋刘反党集团"和"第二套班子"

（1）刘 冰：校党委第一副书记，被称为"蒋刘反党集团"的"黑副帅"，1967 年 10 月下旬被关押，1968 年 8 月 9 日释放，共计约 290 天；

（2）吕应中：校党委常委，试验化工厂党总支书记，被称为"第二套班子"的"黑少帅"，1967 年 12 月 4 日被绑架，1968 年 8 月 9 日释放，共计 249 天；

2、所谓"罗文李饶反革命集团"

（3）罗征启：校党委宣传部副部长，被诬为"罗文李饶反革命集团"的"首恶分子"，并被封为"第二套班子的头面人物"之一，1968 年 1 月 30 日被绑架，3 月 27 日成功越狱，共计 58 天；

（4）文学宓：校党委统战部副部长，1968 年 4 月 14 日被绑架，8 月 4 日左右被送北京市公安局，共计约 112 天；

（5）李　康：教务处副处长，1967 年 12 月底被关押，1968 年 8 月 4 日左右被送北京市公安局，共计 220 天；

（6）饶慰慈（女）：校党委办公室副主任，1968 年 4 月 15 日被关押，8 月 4 日左右被送北京市公安局，共计约 111 天；

（7）刘承娴（女）：校党委统战部副部长，1968 年 4 月 14 日被绑架，6 月 12 日被迫害致死，共计 59 天；

3、所谓"十二人反党集团"

（8）贾春旺：工程物理系教师，校团委学习劳动部副部长，被诬为所谓 414 的"12 人中央首长专案组副组长"，1968 年 3 月 27

日被绑架，8月4日左右被送北京市公安局，共计约130天；

（9）邢竞侯：1968年3月16日被绑架，8月9日被释放，共计146天；

（10）谢引麟（女）：1968年5月8日被绑架，8月9日被释放，共计94天；

（11）黄安妮（女）：1968年5月8日被绑架，8月9日被释放，共计94天；

（12）张琴心（女）：1968年5月9日被绑架，8月9日被释放，共计93天；

（13）董友仙（女）：被绑架具体时间不明，8月9日被释放；

（14）楼叙真（女）：1968年7月28日被绑架，8月9日被释放，共计12天。

（二）本书中涉及的其他受害人（以被抓、打时间为序）

1、唐海山、李兆汉：1967年12月5日被打；

2、卢振义：1967年12月6日被打；

3、陈楚三：1967年12月21日被抓、打；

4、罗征敷：1968年4月3日被抓、打，折磨致死；

5、杨津基、顾廉楚、王遵华（校党委委员、电机工程系党总支书记）：1968年4月初前后被关押，7月28日在十二号楼被工宣队发现，误认是团派"黑高参"而带到主楼，8月9日释放（注5）；

6、周坚、张南清：1968年5月2日被抓，5月16日释放；

7、孙华栋：1968年5月14日被抓，毒打致死；

8、和　统：1968年5月17日被抓，7月初释放；

9、李作臣：1968年5月30日被抓，7月初从十一号楼垃圾通道逃出；

10、周天麒：1968年7月21日被抓，7月27日趁乱逃离十二号楼。

七、其他被抓打、被关押人员

(一) 工宣队 7.27 进校时趁乱逃离十二号楼关押地的人员

1、在"5.30"守卫东区浴室被抓的王学恭、苏鹏声等十七名 414 同学（注6）；

2、吴麒、阎石、王竹茹等老师（注7）；

(二) 工宣队主持下 8 月 9 日释放的被押人员

工宣队主持两派谈判时，团派提供的被押人员名单上共有 28 人（注8），除了前述仍被押的 13 名三大冤狱受害人之外，还有以下 15 人：

1、被打成"蒋刘反党集团"的"主将"的校级领导干部：艾知生（校党委副书记兼宣传部长）；

2、被列入所谓"第二套班子雏形"的几名中上层干部：滕藤（校党委常委、工程化学系党总支书记）、李恩元（校党委常委、监委副书记）、李传信（校党委常委，无线电电子学系党总支书记）、余兴坤（校党委委员、工程物理系党总支书记）；所谓"第二套班子的头面人物"之一：何介人（校党委委员、教务处副处长）；

3、其他"走资派"：邵斌（蒋南翔秘书）、解沛基（工程力学数学系党总支书记）、林泰（校党委委员、党委宣传部副部长）；

4、两名 414 派学生：414 总部委员吴栋、动力和农业机械系 414 分部负责人李元宗，均在 5 月 29 日被抓；

5、两名《红教联》骨干：陶德坚（女）、朱启明；

6、两名所谓"特嫌"：何成钧、何增禄。

(三) 其他曾被团派抓打、关押过的人员

据邱心伟原蜀育《大事日志》载，早在 1967 年 4 月 17 日，即 414 串联会成立仅仅三天，其主要负责人沈如槐就遭到团派殴打，7 月 18 日再次被团派殴打；10 月 19 日，团保卫组抓走 414 总部委员周泉缨并毒打；10 月 20 日，团保卫组绑架、殴打《战地黄花》战斗

组成员李向东后，又把要求放人的 414 总部核心委员宿长忠毒打至重伤，脑震荡，髂骨、肋骨骨折；12 月 5 日，团保卫组将 414 总部委员郭仁宽毒打，致肾出血；

据不完全统计，68.4.23 武斗之前，有记载的 414 派同学和支持同情 414 的老师、干部被打被抓约 35 人；截至 6 月 11 日，"团派已扣押四派 70 多人"。

就在 7.27 当天，工宣队进校解救科学馆的 100 多名被困 414 人员时，团派还趁机绑架了刚从科学馆出来的校医院张寿昌并毒打致其住院；第二天，团派又在北航绑架了楼叙真。

除了上述张寿昌大夫和沈如槐、宿长忠、郭仁宽、周泉缨、李向东外，《千钧棒》的胡逢淦被团保卫组打成鼻骨骨折，《战地黄花》的朱绍琴被抓、打成脑震荡，电机系 0 字班黄瑛瑛在自己宿舍里，被团保卫组暴打，腰疼多年未愈；还有许多我们不知姓名的 414 同学被抓被打。

甚至有来串联的外地学生和北京中学生，也被团保卫组"怀疑是'特务'而严刑拷打"（注 9）。

曾被团派关押过的干部、教师、职工还有：

蒋南翔（高教部长、校党委书记、校长）、何东昌（校党委副书记、教务长）、凌瑞骥（校党委委员、自动控制系党总支书记）、郝根祥（校党委委员、党委办公室主任兼保卫部长）、张慕津（校党委委员、校团委书记，团中央委员）等；

汪建君、王振通及其美籍夫人；

《红教联》的不少成员也被团派保护性关押。

注1：蒯大富口述回忆《潮起潮落》中说："当时清华井冈山下面有保卫组和专案组，抓人一般都是我下命令抓的。"

注2：孙耘在《我的文革心路历程》一文中谈到团派的"专案组"："在'解放干部'方面，陈继芳领导下的'第二办公室'负责具体工作，此外还有一些专案组，比如，斗蒋兵团、八五支队、九六支队、吕

应中专案组等。我负责联系其中几个专案组。'九六支队'专搞谭浩强、罗征启等干部专案，随着形势的发展，逐渐演化成规模庞大、影响深远的'罗文李饶'专案组。"见孙怒涛著《良知的拷问》。

注3：刘冰、邢竞侯回忆都曾转押北航，谢引麟回忆曾在北航一个洗澡间的厕所里坐了四天四夜。

注4：见罗征启回忆录《清华文革亲历记》。

注5：见本书《杨津基、顾廉楚、王遵华先生文革蒙难记》

注6：见苏鹏声《5.30 武斗中的浴室守卫回忆》，载于孙怒涛主编《历史 拒绝遗忘》；东区浴室被抓414共21人，因伤重先后被送医3人，余18人中，李作臣被单独关押在11号楼、7月初逃出，故7.27从12号楼关押地趁乱逃离的是17人。

注7：苏鹏声回忆："在十二号楼关押的老师，我看见的有，自动控制系的吴麒（教授）、电机教研组的王竹茹（实验员）、电子学教研组的阎××（名字我忘了）"；和统回忆，在十二号楼被关押时，"见到我的导师吴麒，我好友电机系教师阎石，还有老四守东区浴室被俘的人员。"

注8：见陈育延回忆录第十六章《清华两派最后的谈判》。

注9：见张比《记录在案：误入白虎节堂之后的黥面之刑》："被列入专案组、文攻武卫指挥部及武斗队、保卫部、杀人凶手类别里的人，行为极端，十分凶狠，调查报告所反映的情况基本属实，而且还有些没有全部列入（如团派中的某些人对来串联的外地学生和北京中学生，怀疑是'特务'而严刑拷打）"；载于孙怒涛主编《历史 拒绝遗忘》1319页。

评清华文革两派的打人事件

胡鹏池　陈楚三　周宏余

在文革的大环境下，"走资派"被揪斗、体罚是家常便饭，随着两派对立情绪越来越严重，支持对立派的干部、学生和教职工被关押殴打也并不奇怪。作为蒯大富的对立面，414同样不能独善其身。早在2015年，原414的少数头头就在小范围内酝酿，要自揭家丑，弄清有哪些"走资派"和支持团派的干部、学生、教职工被本派殴打过。

因为时隔半个世纪，被打者或其亲属的记忆成为主要依据，而目击者的旁证难以找到，这是可以理解的。唐金鹤校友撰写《倒下的英才》时，强调"孤证不取"；对于414打人问题，如果也坚持这个原则，就会漏掉那些找不到旁证或目击者的打人事件，这对被打者是不公平的。所以，我们没有以所谓被打者"不可信任"等借口而否定打人事件的真实性，原则上采信被打者本人或其亲属的记忆。

到本书发稿时为止，414曾经关押殴打过的校级领导计有：校党委副书记何东昌（本人记得，有人目击）、校党委副书记胡健（女儿亲口告知沈如槐）、副校长李寿慈（中整办文件点出）、校党委常委李传信（中整办文件点出，其子文章披露）；被关押殴打的中层干部计有：电机工程系党总支副书记陶森（女，有人目击）、教务处党总支书记邢家鲤（中整办文件点出）、动力和农业机械系党总支书记蒋企英（有人目击）、自动控制系党总支书记凌瑞骥（有人目击）；教职工被关押殴打的，计有：曾昭奋（本人文章披露）、俞善乐（有人目击）、左羽（叶志江书披露）。曾经被414关押殴打过的学生，计有：谭昌龄（本人披露，押于十二号楼）、陈育延（女，本人披露，沈如槐书中证实）、叶志江（本人披露）、杨立人（叶志江披露）、贾振陆（叶志江披露）、陈家宝（本人披露）、谭小平（女，本人披露）。

上述被 414 关押殴打过的干部、学生和教职工，挨打的程度基本上是（如曾昭奋所说）"只痛皮肉，不伤根本"；即使如此，打人也是完全错误的，是不得人心的，也是 414 领导集体和绝大多数 414 群众所反对的，唐金鹤《倒下的英才》书中提到，有 414 同学目睹某干部在科学馆被打并因此愤而离开科学馆，就是明证。沈如槐作为原414 的一把手，在他 2004 年出版的回忆录《清华大学文革记事》书中，曾两次向被 414 批判、揪斗、抄家、关押、体罚、殴打的干部、教职工和同学赔礼道歉。

在 2015 年自揭家丑的议论中，已经发现原 414 总部委员郭仁宽的打人事实。唐金鹤著《倒下的英才》英文版第四十一章-C，披露了这一事实，相关译文如下：

1968 年 4 月 20 日，四一四曾把一个中层干部陶森抓到科学馆，准备批斗。陶被迫趴在长凳上，这时总部委员郭××出自对老团的报复心理，就用竹条打陶森的屁股，时间虽然不长，但肯定是打了。沈如槐看到了，但是今天，沈已经不能回忆起，当场他是否制止了郭的打人行为。总部委员尹尊声同样亲眼看到郭××殴打团派观点的干部，团派同学的回忆录中也提到多名被俘的团派人员曾遭到殴打。四一四里确实存在有打人的事情。

沈如槐说："我作为四一四的第一把手，应该对老四打人负主要责任。借此机会，我郑重向那些在文革中受到四一四关押、毒打的清华干部、教师、学生、员工，赔礼道歉！"

文中的"总部委员郭××"就是郭仁宽。沈如槐也借此机会第三次向被 414 关押、毒打的干部、教职员工和学生郑重地赔礼道歉。

沈如槐看到的是郭"用竹条打陶森的屁股"；实际上，尹尊声看到的，郭也是打屁股，而且是扒下裤子、用金属剑抽打，当时有 414 的其他同学在场，不认识打人者，但经询问得知被打的干部是蒋企英。陶森和蒋企英被打，时间都不长，应该没有造成内伤。但是郭仁宽打叶志江却出了重手，用粗铁棒猛敲叶的右肩，造成较严重的后果（叶志江对编者披露，打人者确是郭），叶志江自述："这是一次时效最长的刑罚，我后来右肩时常疼的无法动弹，一直治不好。二十年后，我在美国做了手术治疗才基本解除了后遗症。""离开学校后的几年中我遍寻良医治疗我的难以忍受的腰痛和肩膀疼痛。从中医、西医，到巫医，从中国到美国。虽然后来基本痊愈，但凡见过我的人都知道我后来走路再也没有直起过腰！"

　　郭仁宽是414总部委员，三纵队时期（注1）和陈楚三同为东方红纵队负责人。陈楚三在2011年曾与郭仁宽有过邮件往来，但此后十年已经失去联系。郭仁宽为人耿直，然而性格比较暴躁，遇事容易失去冷静；1967年12月5日，校短跨队团派荣××和王××以郭仁宽在12月4日"抢走《动地诗》的喇叭"为借口（其实《动地诗》根本没有什么喇叭），"将郭毒打，致肾出血"（注2），这激发了郭仁宽强烈的报复心理；动手殴打支持团派的干部陶森、蒋企英，就是一种报复。此外，团派挑起5.30大规模武斗，守卫东区浴室的21名老四为救重伤战友、放下武器被老团抓走，全体老四悲愤莫名，郭仁宽到科学馆狠打叶志江，就是为了出心中这口恶气。但是，郭仁宽无论是报复也好、出气也好，只要动手打人就不对，他把叶志江同学打得那么重，造成的伤害会伴随叶的一生，更是应当坚决谴责的！陈楚三说，"沈如槐作为老四一把手，对老四打人承担了主要责任；我是老四总部核心组成员，也有责任。我还曾经是东方红纵队主要负责人，更应当为郭仁宽的暴力行为承担责任，并向陶森、蒋企英两位干部及其他被打过的师生员工诚恳地赔礼道歉！特别要向叶志江同学赔礼道歉！"

　　我们用了这么大的篇幅批评和谴责414自身的打人事件，完全是出于道义，是为了维护人性的底线，也是对历史负责，正视自己在那些年月里所做的错事和蠢事；我们要告诉被打者，也告诉过去的清华人与现在的清华人，告诉全社会，我们都是谴责打人者的，不会以任何借口为这种打人事件辩护。

同时也要指出，这种批评和谴责，丝毫不意味着我们对两派的暴力行为一视同仁、等量齐观。

清华两派虽然都存在暴力行为，但无论从暴力行为的主观动机和客观效果、还是从暴力行为的性质和特点，两派的暴力行为都有着根本区别。

所谓"主观动机"，指的是：1、两派暴力行为的目的；2、两派"大脑"即主要头头的态度。

对于团派蒯大富等主要头头和少数极端分子而言，文斗斗不赢414，只能诉诸暴力。明面儿上的暴力是挑起武斗，蒯大富坦言"再不搞武斗，革命干部从此就要离开我们，战士们也灰心丧气纷纷不干了，我们的队伍就要分裂、垮台"（注3）；背地里的暴力则是抓人、刑讯逼供，陈继芳亲自挂帅，制造"罗文李饶反革命集团"和"十二人反党集团"。**目的都是剿灭414，以实现蒯大富独霸清华的美梦，其妄图混进中共中央的政治野心也暴露无遗。**

而对于414，主要头头坚决反对暴力，罗征启和陈楚三的回忆录对此都有明确记述；414组织队伍应对武斗完全是被迫的，是为了抵制蒯大富一伙镇压不同意见的暴力、是为了414的生存和414人员的生命安全；揪斗、体罚一些团派观点的干部，关押、殴打一些团派教职工和学生，主要是**出于派性**，也是对团派极端分子残忍暴力行为的**报复**。蒯大富挑起武斗后，414伺机抓了一些团派人员关在科学馆，还有把他们作为**人质**的意味，使蒯大富攻打科学馆时不能不有所顾忌。

不同的"动机"，当然就有不一样的"效果"。

按照邱心伟、原蜀育《大事日志》记载，从1968年4月23日至5月30日，在不到50天的时间里，团派武斗队进攻414的据点十一次，还不算蒯大富挑起的1.4武斗；与此相反，414没有一次进攻团派据点。

5.30团派进攻东区浴室，414调集力量增援，几十名团派武斗队员被老四包围在11号楼和12号楼中间的空地上，只好放下武器。怎么处理这些人？沈如槐说，留下武器，统统放人！414没有扣押这些团派作为俘虏，只是希望他们回去以后不再参加武斗（注4）。而团派对浴室久攻不下，便采用火攻，为了挽救有生命危险的伤者，21名老四守卫者放下武器被老团抓走，其中有几人被单独关押、残酷殴打审讯。事后许多人说沈如槐太仁慈，如果当时扣下几十名老团不放，东区浴室老四的结局会好得多。

团派王寿宝武斗中用长矛扎伤一名老四，他自己也受伤被俘，后来曾在团《井冈山》报上声称如何被毒打，完全是违心之言：他被俘进入科学馆后，414头头担心有人报复亲往探视，他没有受到任何虐待，不但有校医院大夫为他疗伤，而且还有一位和他关系很好的老四工人"不离身的守护在他身边"，直到他离开科学馆。而团派极端分子又是怎样对待414的"俘虏"呢？本书中张南清、李作臣，特别是周坚被俘后的遭遇（被打断肋骨、用钉板把他双肩打得鲜血淋漓……），给出了答案。

对武斗和武斗中的"俘虏"，两派的态度已经有根本区别；对非武斗人员的暴力行为，双方更相差何止十万八千里！

叶志江被414关押70多天，在《走出文革》书中说遭到七次毒打，大约是被414打得最多的团派人员。作为对比，谢引麟被团派关押94天，拳打脚踢、棍子砸肩、抽耳光、抽鞭子，"这样的折磨几乎天天有"；邢竞侯被团派关押146天，"基本上就是每天挨拳头或木棍的打"，他被关押的时间比叶志江长一倍，遭毒打的次数比叶志江多出十几倍！

从前述老四打人的情形看，郭仁宽大约是下手最狠的一个。他用竹条打陶森、用金属剑打蒋企英，都是打屁股，而且是脱下蒋企英的裤子打，目击的同学说蒋企英臀部被"打红、打肿"，当然是很不人道的；反观团派，仅已知案例，就有414唐海山、李兆汉、卢振义被"贴饼子"，文学宓、贾春旺被拔牙，文学宓、饶慰慈、周坚被钉着钉子的木板或木棍毒打！蒋企英臀部仅仅被打肿，414饶慰慈臀部则是被打烂，"伤口过大过深，自身已经完全无法愈合"！郭仁宽为报复团派5.30火烧东区浴室，下重手打叶志江，致使叶志江右肩疼痛二十年，我们为此十分愧疚；而414周坚、李兆汉被打断肋骨，宿长忠被打"脑震荡，髂骨、肋骨骨折"，罗征启肝脏被打破，文学宓的内脏和脊椎神经终身致伤，"前哨台"吴慰庭（狗熊）等人更是将414孙华栋活活打死，至今未见蒯大富、陈继芳等主要头头和凶手们有一丝忏悔！

两派暴力行为有完全不同的特点，也因此有完全不同的性质。

团派极端分子暴力行为最突出的特点就是残暴性，其残暴的程度，我们只能用六个词来形容：令人发指、骇人听闻、惨无人道、灭绝人性、穷凶极恶、丧尽天良！读者看了本书中的控诉和有关文件的揭露，就会知道用这六个词是何等贴切。

团派极端分子暴力行为的另一突出特点是系统性，表现在：目的明确（剿灭414）；分工明确（出面抓人打人的："专事打砸抢抄抓的机构"团保卫部和"专事武斗、打砸抢等活动"的工总司；密室中拷打刑讯逼供的：团专案组）；组织严密（团专案组按被抓的人头及"案情"组织）；头头挂帅（蒯大富批准抓人，陈继芳是团专案组"直接主持者"）；长期实施（刑讯逼供持续数月，工宣队进校才被迫中止）；

团派极端分子暴力行为的残暴性和系统性，体现在武斗中则是主动性（十一次攻打414据点，追打工宣队）和疯狂性（特别是进攻东区浴室及7.27血案）。

与团派相比，414少数人暴力行为的特点，则是受限型（因为头头反对以暴制暴，群众反感打人）和情绪化（出于派性，或者报复心理）；体现在武斗中则是自卫型（从不攻打团派据点，7.27主动配合工宣队）和人性化（5.30释放几十名团派武斗人员，浴室414为救重伤者放下武器）。

因此，两派都有暴力行为，都应受到谴责；但两派暴力行为的性质有着根本区别：团派极端分子的暴力行为，是在主要头头的鼓励、支持和纵容、指挥下实施的，是针对群体的、有组织的、极端残忍的犯罪行为；而414少数人员的暴力行为，则受到主要头头和本派群众的反对，因而只是对非特定个体的、分散的、较轻微的暴力行为。

反思清华文革的暴力现象，要想清楚两个问题（也可理解为要跨越两个思想障碍）：

一是四派校友不能只看到团派的暴力，而否认自己这派也存在着暴力；四派也不能只看到团派暴力的恶性事件，而宽解自己这派一般性的暴力事件。

二是团派校友不能以"两派都打人"为借口，否认团派的暴力行为在数量上、程度上都远远超过了四派，因而在性质上有根本差别。

原四派校友回忆清华两派暴力事件时，往往有意无意地美化己派，这种态度极易引起原团派校友情绪上的反感，增加了反思的混乱与难度。

王以平校友说："我在科学馆被困之前几乎每天都会去那里看看。——在顶楼见过有人被反捆着手，像虾米一样蜷缩在地上，有人在旁边用小弹弓打他（她）。这使我很反感。"这样的事例，如果用心去搜集，可能会有十几条。当然可用"不可避免"解释，但"不可避免"同样是不能否认的。前述一些校系级干部、团派教职工和同学遭关押体罚殴打，都是414的暴力记录。谭昌龄在12号楼被关押殴打后跳楼的回忆，叶志江在科学馆被关押殴打的回忆，也证实了414暴力的事实存在；是否有夸大并不重要，基本事实、主体事实能认定就行了。

反思清华文革的暴力现象，需要确立一个信念：绝大多数人都是反对暴力的，尤其痛恨那些残暴的残忍的、灭良知灭天理、无人性反人性、比法西斯还法西斯的暴行。

这一点是清华师生员工绝大多数人的共识，毋需任何说明，也毋需附加任何条件。

这一点是不分派的，毋分八八与八九、四派与团派，也毋分清华师生与工宣队。

具有极左与专制特色的红卫兵政权的本质是残暴性与欺骗性，这是体制与文化决定的。体制是专制体制，文化是阶级斗争文化。"残暴性"天然见不得阳光，故一要欺骗性，二要隐蔽性。蒯团专案组的欺骗性做得并不好，也没法做得好，但隐蔽性却做得相当好。所以，当年清华的绝大多数师生员工对于团派极端分子超越人性底线的暴力行为并不知情；少数人虽有耳闻但知悉很少，更不知道已经发展到如此令人发指的程度；甚至到几十年后的现在，知道的人仍然很少，了解的内容不多，更谈不上深入和系统。

唐金鹤在《倒下的英才》《第三版序》中说："艾森豪威尔将军曾指示，对纳粹当年的大屠杀，要尽可能搜集证据、影片、证词，以免有一天有一些狗娘养的说这一切都不曾发生过。同样地，我们也要留下尽可能多的证词与照片，对文革的罪恶，对极左路线的罪恶，进行毫不留情地揭露；以免有一天有一些狗娘养的说这一切都不曾发生过。"

谢引麟说："前前后后毒打过我的人，不只是几个人，而是一帮人。那些站在旁边、以看我挨打作为消遣取乐的人也是一帮人。现在，我不能确切地说出这两帮人到底有多少，但是那一幅幅狰狞的面孔，深深地刻在了我的脑子里。"

是的，我们说的团派极端分子，不只是几个人，而是"一帮人"！迫害、刑讯、折磨饶慰慈、谢引麟、贾春旺等人的"罗文李饶专案组"有这么"一帮人"，活活打死孙华栋的"前哨台"有这么"一帮人"，残酷毒打周坚等人的生物馆，也有这么"一帮人"，专门抓人打人的团保卫组，同样有这么"一帮人"！这是一帮凶手！一帮歹徒！一帮人渣！也许他们文革后活得滋润，如冯家驷，做工程监理像模像样，这"一帮人"的头头陈继芳，还到处分发自己"幸福生活"的画册；但是，只要他们对自己文革中的残忍和暴虐没有忏悔，他们"滋润""像模像样"的"幸福生活"，就一定会饱受清华文革历史耻辱柱上他们自己丑恶灵魂的鄙视和嘲笑。

本书带着受害者的血泪来控诉蒯大富及其打手们的罪行，伸张迟到的正义，以免有一天一些狗娘养的说这一切都不曾发生过。

反思文革，应该特别强调人性的反思。因为这是最基础、最根本的层次。有时其它层次可以不提，但"人性反思"是一定要提的；有时其它层次不让讲，但"人性反思"在任何时候都不可能不让讲。

有不少人认为：文革的罪责在上层，发动者都没有被清算，对小喽啰更不应该过于严苛。

不要以为什么事情都可以算在文革发起者头上。固然文革大环境造就了蒯大富等极端分子这种人，但这种人也造就了文革。文革给了这种人机会，但没有文革，这种人迟早也会表现。

同样是文革的大环境，同样在清华大学的小环境，同样是清华学子，两派主要头头中也同样都有共产党员和团支部书记，可是414的主要头头坚决反对以暴制暴，坚持自卫原则，7.27工宣队进校，414头头更是主动配合拆除工事、交出武器；而团派主要头头则亲自上阵，刘才堂指挥汽车司机撞人、陈继芳推油桶烧东区浴室、蒯大富带队枪击绑架414外出人员，7.27更是有十余名头头带人打工宣队造成血案，任传仲亲手刺伤七名工宣队员，陈继芳还直接主持庞大的团专案组对十几名支持414的干部、学生残酷刑讯逼供。两派头头这样截然相反的表现，用"罪在上层""上面唆使"是无法解释的，只能从①主要头头自身的人性认知；②头头群体的人性氛围，来解释这种区别。

蒯大富说，他在文革中整过很多人，但"我没有因任何私利去做这些事"（注5），真是这样吗？鲍长康曾经明确宣告，蒯大富要在中共九大"进入中央委员会"（注6）；展望将来，任传仲说"管理一个市没问题"，刘才堂说"一个省也足以治理得井井有条"，蒯大富则期待着"将来我们在天安门城楼上见！"毫不含糊地希望哥儿几个成为"党和国家领导人"（注7）。看，他们是何等"志存高远"、得意忘形啊！

正是由于蒯大富的政治野心使他头脑膨胀，他的"左膀右臂"也盼着"一人得道，鸡犬升天"，憧憬灿烂的政治前途；因此，对于妨碍实现他们政治目标的414，就不惜采取任何卑劣、残忍、恐怖的手段进行剿灭，蒯大富竟然能厚着脸皮说"没有因任何私利去做这些事"，真不知天下还有羞耻二字！蒯大富一伙已经完全失去人性底线，加上有中央文革和谢富治的支持，更使得他们有恃无恐，肆无忌惮地残害不同观点的干部、老师和同学。

"上有好者,下必甚焉"。蒯大富一伙将414定性为"反革命地下复仇军",团派的极端分子就采用极其残忍的法西斯手段拷打被抓的414人员;蒯大富一伙凭空捏造出"罗文李饶反革命集团"和"十二人反党集团",团派的极端分子就对"两案"被关押人员施以种种骇人听闻的酷刑逼供指供,蒯大富再把这样得到的所谓"交代材料"上送,作为认定"两案"人员是"现行反革命"的所谓"强有力的证据"。可见,团派极端分子惨无人道、灭绝人性的所作所为,完全是在蒯大富一伙的默许、纵容和指挥下实施的。一个小小的清华,他们就制造出三个冤狱、致死致伤多少人,真让他们爬上省市领导的高位,就会冤狱遍布,处处血腥,民不聊生!

陆元吉校友说:"文革是个特殊时期,违法之事数不胜数,对轻微违法,甚至一般违法确实不必追究,但对那些完全丧失人性、以非人手段严重侵害他人(恶性犯罪)的极少数人,在他们没有真诚忏悔和道歉之前,决不应轻言宽容,这不仅关系到法律和正义的彰显也关系到人性的复归和道德的重建。我们在顾忌加害人及其亲人、子女感受的同时,难道不应该体会受害人及其亲人、子女的感情?难道不需要还他们一个公道?我们更需要给当代和后代的人们提供一些人性如何扭曲和丧失的实例。这是我们民族自我救赎的重要部分。"(注8)

陆元吉还说:"在文革期间发生的无数悲剧中,有一类是最需要认真反思并永远铭记的,那就是反人性的暴行。这类罪行不同于一般的罪错,是对人的生命和尊严的肆意践踏,是对人性的公然挑战。每个有良知的人都应该对这类罪行予以揭露和谴责,而决不能容忍和姑息,也不可让其在派性掩盖下轻松逃脱。追溯历史是为了警示未来,特别在外部环境仍然恶劣的当下,能否通过对历史的清理,使更多人认识到:漂亮口号下可能隐藏着大恶;不能以任何借口超越人性的底线;人人都有责任抵制反人性的暴行。这才是清理文革中反人性罪行的意义所在。"(注9)

我们编辑本书的动机与目的只有一个:通过披露与揭露、批判与谴责这些超越人性底线的暴力行为,从而呼唤正常人性的回归。

没有正常人性的回归，我们的社会永远不会成为一个正常的社会。

注1：从 1967 年 1 月起，对蒯大富压制不同意见表示不满的清华同学，先后组成《八八纵队》《东方红纵队》《毛泽东思想纵队》《毛主席警卫团》等，与支持蒯大富的同学展开辩论；到 4 月 14 日后，这些组织自行融入《414 串联会》中。清华文革的这段时间，通常被称为"三纵队时期"

注2：见邱心伟、原蜀育编《清华文革亲历—史料实录 大事日志》301 页

注3：见邱心伟、原蜀育编《清华文革亲历—史料实录 大事日志》340 页

注4：见沈如槐著《清华大学文革记事》375 页

注5：见蒯大富口述回忆《潮起潮落》

注6：1967 年 12 月 25 日中午，团派广播【与联合总部委员鲍长康同志座谈纪要】，说："我们一贯认为 414 是反动保守组织……，你们恶毒攻击聂元梓、蒯大富等革命造反派，妄图使他们不能进入中央委员会，你们的狼子野心不是昭然若揭了吗？"见邱心伟、原蜀育编《清华文革亲历—史料实录 大事日志》312 页

注7：见陈继芳、马小庄著《潮起潮落》128-129 页

注8：见胡鹏池、但燊著《清华七二七事件》480 页

注9：见胡鹏池、但燊著《清华七二七事件》487 页

【附】

逃生之险

——我在清华 4.23 武斗中的遭遇

谭昌龄

1968年4月23日,清华百日武斗从这一天开始。从这天算起,到7月27日武斗被制止为止,仅96天。那么,称之为"百日武斗",应该是一种粗略的算法,或者有人喜欢把前面几天的小打小闹也算进去,凑够100天。

上午,大概8点多钟,我才起床。我所在的12号楼被414派占领,我被困在我的宿舍里,是个如套间式的401、402房间。我拴上402的门,防止他们冲进来。为了更牢固,我用一张双层床,顶住了门。和我一起在宿舍里的,还有我的一个同班同派同学。

这个时候,我还以为,不过坚持个半天一天,上面就会来解决问题,就可以解除困境了。

我从窗户里往外看,楼周围有很多人看热闹。那时候,占了楼,但是,楼外还是自由的,两派都可以随意走动。我看见一个同在《井冈山》报工作的电8班的同学,把我的书包扔给了他。书包里有一大包《井冈山》报用的代表414名称的特殊符号的铅字。如果被414搜去,恐怕更会惹怒他们。那些铅字是在某个印刷厂铸制的,带出来是为了在其他印刷厂印报时使用。

我们俩商量,是不是找个什么绳子之类的东西,从窗户里滑下去。一来找不到合适的绳子,二来也怕下滑过程中出危险。在1月3日或4日的一场小武斗中,两个414同学,用绳子从5楼滑向4楼,中途失手跌落,都摔成重伤。我们放弃了下滑的尝试。

这时候，同班同学在外面敲门，叫着要我开门。我不开，他们把门砸开了一个洞。

僵持了一会儿，一个同班同学，从那个洞里伸进头来，对我说："你开门，我们放你出去。我们只占楼不抓人。"

我相信了他，甚至连多问一句进一步确认一下他的承诺都没做。我以为，都是同班同学，平时也没有交恶，虽不是一派，也不至于故意害我。

我拉开床，开门。当我们俩往外走的时候，一个人迅速把我拦住："不能放他走！他是《井冈山》报的。"

他们上来几个人，飞快地把我架住，双手反剪，并且迅速蒙住我的眼睛，带我往5楼上走。从他们毫不犹豫的一系列举动看，显然是在要我开门之前就商量好了的。

我知道我上当了。但是，我也没有愤怒，没有指责那个同班同学的背信弃义。唉，这种时候，各为其主嘛，我只好自认倒霉。

在被蒙着眼睛带上楼的过程中，我默默地估计着方位和距离。我知道，我被带到了5楼中间北侧的某个房间。

进门以后，把我推坐在东侧靠窗的床上，捆住我的双手，眼睛仍然是蒙着的。

先是搜身，把我的钱包、学生证、有用没用的纸条等全翻出来了。由于头天晚上加班编报，一个同学送给我几块巧克力，散装的，我没有全吃光，留了两块在口袋里，也被他们搜出来了。一个人居然说："这小子还吃巧克力！"

我不知道房间里有多少人，有两个人在我身边，有一个人隔着桌子在对面审问我。

他问："你们团派是怎么反康生的？"

我知道团派中确有一股反康生的思潮，主要说他是叛徒。但是，我自己根本不反康生，别人反康生也不会来告诉我，贴过反康生大字报的也已经是公开的秘密，没什么好说的了。我心里想，这个问题问得真是弱智，即使我知道什么，我也没有办法回答呀！但是，我确实不知道。

我只好回答："我不知道。"

"你不老实！"审问者气势汹汹地吼道，站在我旁边的家伙立即就给我当头一棒，打得我双眼直冒金星。另一个人把我推倒在床，照着肚子就是几拳。

我感觉得出，打在我头上的是一根包着布的铁管，之所以包着布，是为了没有外伤，不会留下证据，打肚子也是同样的道理。清华两派这样拷打俘虏，已经是很有经验了。

"说，你快说。"审问者继续吼着。我听得出，审问者不是熟人，打我的，是不是熟人，我就不知道了。

我回答："我真的不知道。"我的口气并不强硬，没有电影里那种革命英雄气概。我觉得我是无辜的，希望他们能够放过我。

可是，接下来又是一顿痛打。

问了一阵，又打一阵。然后又转变话题，问："你们团派是怎么反周总理的？"

我当然仍然是真的不知道。我觉得这种问题问的实在太抽象，根本无法回答。可是，具体的问题他们又问不出什么。我甚至怀疑，他们根本就不是想问出什么，只是痛打一顿了事。

这个时候，我心里最希望的是，有认识我的好心人帮我说句话，放我出去。我们系，干部子弟较多，414的势力比较强大。但是，我认识很多高年级414的人，有文艺社的，也有体育部的，当时我是系里的短跑队长。有的关系还比较好。我盼望这些老大哥老大姐能够来救我于水火之中，可是，没有人来。

就这样审问了大约一个多小时。然后，他们不问了，为了防止我逃跑，把我的双脚也捆了起来，然后，双手双脚分别绑在两头的床柱上，眼睛也一直是蒙着的。蒙着眼睛的目的显而易见，是怕我认出房间里的人。

中午，倒是给我送来了午饭，好像是两个馒头和一碗熬白菜。但是，这时候我的肚子已经被他们打得很恶心了，根本吃不下东西。

下午，又审问了一次，问的还是那些弱智的问题，我照样无法回答，免不了又是一阵暴打。后来他们就再也不问了。

这天晚上，我心里恶心得厉害，腹部也有些疼痛，肯定被他们打伤那里了。我小声地呻吟着，而且不停地不自主地打嗝。他们大概也怕出人命，所以找来一个女医生，给我检查了一下，没说什么就走了。这个医生如果还有点人道主义，她应该告诉他们别打了，如果她的派性大于人性，会说什么我就不知道了。文革中，派性大于人性的，大有人在。

　　我躺在床上想，如果继续这样下去，被他们打死也不是没有可能的。我听说过，在这之前，团派就不小心打死过人。曾经抓过一个什么人，还是抓错了的，堵着嘴，结果被堵死了。我要是在他们不想打死我的情况下，而被打死了，岂不是冤枉？

　　我得想办法逃跑才行。

　　我首先想到的是，在东头厕所窗户外面，有一个镶在墙上的钢梯，大概那是消防用的。如果我能借着上厕所的工夫，飞快地跑向窗户，爬到窗外，抓住钢梯往下爬，或许就可以逃出去。因为那时候，一旦到了楼外，就是安全的了。楼外没有被占领。

　　第二天上午，我准备尝试。我要求上厕所，他们同意了。解开了我脚上的绳子，手却仍然绑着，眼睛也仍然蒙着，由一个人牵着，来到厕所里。我解手的时候，牵着的绳子也没有松开。我的这个"阴谋"失败了。

　　第二天晚上，我继续想，如果我从窗户里跳下去，会是什么结果。肯定会受伤，但是，不会死。1月3日那次，那两个同学掉下去，不是没有死吗？他们是没有准备，突然掉下去的，我做好准备再跳，肯定会比他们的状况要好。

　　于是我分析，我不能直接往下跳，万一重心不稳，头朝下，那就没命了。我得保证脚在下，头朝上，落地的一刹那，我应该双腿弯曲，增加缓冲。我睡的床上，有一张床单，已经让我滚得缩成一团了，带着它，可以增加阻力，像个降落伞似的。时间应该在上午8、9点钟，那时候不上课，大家都起得比较晚，正是路上人多的时候，12号楼的北面就是9饭厅，吃饭的人看见会来救助我。

　　第三天，4月25日，天亮了，我焦急地等待着。夜里，我已经偷偷地把捆住手脚的绳子解脱了，蒙在眼睛上的布也弄松了。盖着被子，监视我的人看不出来，他们也还在睡觉。大约8、9点钟，我迅速地拉下眼睛上的布，夹着床单跳下床，拉开窗户，爬出去，先扒在窗沿上。

这时候，监守我的人才发现我到了窗外，他们大叫。我知道，我的这个姿势，他们是不可能快速把我抓回去的。

后来，别人告诉我，窗外的人看见，有人喊："不要跳。"不过，我没有听见。

我只在窗沿上停留片刻，一松手，我就什么也不知道了。

事后回忆，我不知道我在空中的感觉是什么样的。莫非我一离开窗沿就昏迷了？床单也不知道在什么地方，什么着地时双腿弯曲更是没法做到了。

后来别人告诉我：这时候，我身边已经围了很多人。我们班一个同学看见了，从9饭厅弄来一辆平板三轮车，把我抬到车上，往校医院方向送。肯定还有别人，不知道是不是我认识的，跑到校医院去喊救护车了。在西大操场上，板车和救护车相遇，把我转到救护车上。这段时间帮助我的人，除了我们班那个同学以外，我一概不知道都有谁。从来也没有机会向这些不知名的救助者表示感谢，现在，权且在这里致谢了！

在救护车上，我醒了。我听见我们班那个同学的说话声，我感觉我是枕在他的大腿上，我赶紧问："我这是在哪里？"

他说："在救护车上，送你去医院。"

听见他这样说，我就放心了，随即又昏了过去。当时我担心的是，被414抓回去。后来我知道，我们系比我低一年级的一位学弟，是在早晨4点多跳的，被抓回去了。他一直被关到交换俘虏的时候，才被换回来。

到了北医三院以后，不知道过了多久，我醒了。我睁开眼睛，看见一个男同学站在我身边哭。

我说："你哭什么？我感觉挺好的。"

他赶紧说："你别说话，你别说话。"他还对别人说："现在不能让他说话。人死之前，都有个回光返照，把这最后的精力消耗光了，就死了。"

他们在商量，说北医三院掌权的是地派，和我们不是一派的，怕对我不利。最后决定转积水潭医院，他们派人回校开转账单去了。

我一直是躺在担架车上的，拖拖拉拉过了一段时间，护士来给我备皮，准备动手术。护士已经刮了两刀，我的同学说，我们准备转院。护士说："转院还备什么皮呀！"她转身就走了。

下午，我转到了积水潭医院。我的主治医师是一位留苏的小腿博士，姓王，还有一位英国共产党的专家洪诺诗也参加了会诊。他们用一根针测试我腿部的感觉，只是右脚趾没有痛感，其他部位还可以。诊断结果是第四腰椎粉碎性骨折。他们决定不做手术，并且向我解释说，做手术有风险，结果有两种可能，一种是做完后比不做好，另一种是做完后更坏，没有绝对把握，不如让伤处自行恢复。当时我们自己没有主意，就按他们说的办了。

最后是我躺了三个月后，下床重新练走路。我的腰椎是畸形愈合，右腿肌肉萎缩伴随了我一辈子，身高也比原来矮了2cm。以致38年后，因为此处形成椎管狭窄，终于还是做了一次大手术。

我并不后悔，因为我别无选择。当时的大环境，致使某些人人性缺失，我也并不责怪他们，他们也是受害者。

作者简介：谭昌龄，男，生于1946年3月，湖南茶陵人，北京长大。1964年考入清华大学自动控制系。毕业后1970年3月去湖南汉寿农场劳动。随后于1972年2月被分配到邵阳地区邵东焦化厂工作。1981年—1991在湖南有色金属专科学校任教。1992年—1998任长沙工业高等专科学校机电系主任，副教授。1998年9月—2006年3月在中南工业大学任教。于2009年12月逝世。病因与腰椎陈年老疾引发癌症有关。生前著有《书生乱弹》一书，在香港出版。

编者的话

关于谭昌龄跳楼事件,是在唐金鹤校友写作《倒下的英才》过程中被披露的。

唐金鹤在写作中把内容文字发给有关人员广泛征求意见。2012年5月,孙怒涛将涉及团派头头崔兆喜的章节传给崔,崔说在武斗中谭昌龄跳楼了,于是孙怒涛在校友中寻求知情者,邱心伟贴出谭昌龄的回忆文章《逃生之险》,鲍长康、谢德明又披露团派同学王柱清也是4.23从12号楼五楼跳楼,只是伤不重。至此,谭昌龄、王柱清跳楼的时间和原因基本确定了。

原414自控系分部头头但燊当时忙于布置占楼,完全不知道谭跳楼的事,事后也没有人告诉过他。谭昌龄患骨癌已于2009年12月27日去世。但燊说:"他的骨癌其实与这次跳楼受伤有关,他在与他的性命攸关的事上,都不迁怒于他人,他的心胸是多么宽阔,心地是多么善良。""我为占领12号楼,414的人抓他、打他,深感内疚,为他不得已跳楼受伤,深感难过。我向他诚心诚意地致歉,实在对不起,他在天国能知道吗?他的事例再次说明,文革中令人发指的暴行,不论是团派做的还是414做的,都应该揭露、鞭挞。而两派中的绝大多数人是无辜的、善良的"。

孙怒涛表示,"这是414做的事情,是414的耻辱。""看了谭昌龄的文章,感到震惊,内心很沉痛,很沉重。作为414的头头,我也深感内疚。"

看到谭昌龄自述《逃生之险》后,唐金鹤认为谭跳楼已经造成重伤,决定把该文收入《倒下的英才》(第三版,第92-94页)。

书评及读后

以害人开始 以害己告终

乔晞华

本书揭露了清华大学文革期间团派中的少数极端派对四派的迫害。为什么以前能和平相处的师生和同学之间竟然发生如此不可思议的伤害？文革期间的暴力是学界一直关注的问题。在讨论暴力问题之前，有必要提及西方三个著名的心理学实验。

第一个是阿希实验（也称为从众实验）。研究结果发现，平均有37%的人判断是从众的，有75%的人至少做过一次从众的判断。而在正常的情况下，人们判断错的可能性还不到1%。为什么人会从众呢？首先是社会规范的影响。遵循社会规范可以得到褒奖，违背社会规范会受到惩罚，所以人们尽力与社会的多数人保持一致。其次是社会信息的影响。一个人与众人保持一致，他与众人的关系就会密切，众人可以给他提供有价值的信息。如果一个人与众人对着干，人家就不会为他提供信息，包括小道消息。最后是当判断有难度时，人们更容易听取旁人的意见。从众心理在很大程度上影响个人和民众的正确判断能力。成语"人云亦云"非常贴切地描述了从众现象。

从众心理的作用大小取决于三个因素。参与的人数越多，人们越容易从众。如果阿希实验不是七个人而是70个人，那么实验者从众的可能更大。参与的团队对于个人的重要性也很重要。在实验中，如果七个托儿是自己尊敬的人（如老师和长辈），从众的可能越大。参与的人关系越密切，影响力也越大。如果小组中的人是自己的好朋友，从众的可能也会大一些。

第二个实验是米尔格拉姆实验（也称为权力服从实验）。该实验开始于1961年7月，也就是纳粹党徒阿道夫·艾希曼被抓回耶路撒冷开始审判的三个月后。米尔格拉姆设计该实验，是为了测试艾希曼以及其他参与犹太人大屠杀的纳粹追随者，有没有可能只是单纯地服从上级的命令，也是为了测试受测者在面对违背良知的命令时，人性能够发挥多少作用。

实验的结果令人大跌眼镜。在实验中，65%的参与者都达到最大的450伏特的惩罚极限。这位心理学家认为，在法律和哲学上有关服从的争论很重要，但是法律和哲学很少谈及人们在遇到实际情况时会采取如何行动。以上的实验告诉我们，当普通人面临良知和命令相悖的窘境时，人们会选择听从命令，而不是抗拒命令跟着良知走。

当然，心理学研究与法律和道德不是一回事。1989年2月，东德人克里斯·格夫洛伊和他的好友克里斯汀·高定试图翻越柏林墙逃往西德。因格·亨里奇与另外三名卫兵开枪射杀格夫洛伊，打伤高定。高定受伤后被捕判了刑，四名卫兵因功获奖。谁知天有不测风云，柏林墙很快倒塌。两年后，卫兵们因为杀人罪受到审判，亨里奇因射杀受害者被判刑。

亨里奇的律师辩称，他仅仅是执行命令，根本没有选择的权利，罪不在己。法官则指出：东德的法律要你杀人，可是你明明知道这些逃亡的人是无辜的，明知无辜还杀人，就是有罪。后来亨里奇上诉，获得缓刑。警察不执行上级命令是有罪的，但是打不准是无罪的。作为一个心智健全的人，警察有把枪口抬高一寸的能力，这是他应该主动承担的良心义务。

对法院判决持批评意见的人士则认为，卫兵亨里奇只是东德指挥系统里的最底层，放着上层负有更大责任的头目不抓，只抓下层士兵显然是"只打苍蝇，不打老虎"。正像德国谚语说，"小人物绞死，大人物逍遥法外。"

第三个实验是斯坦福监狱实验。这是一项关于人类对囚禁的反应以及囚禁对监狱中的权威和被监管者行为影响的心理学研究。实验中三分之一的看守显示出虐待狂倾向，许多囚犯在情感上受到创伤，有两人不得不提前退出实验。这类性格变化被称为"路西法效应"。主持实验的津巴多教授不得不提前终止仅进行了六天的实验。

该实验显示出恶劣的系统与环境所产生的潜在毒害，能够让好人做出有违本性的病态行为。一个平凡、正常且心智健全的年青人会被诱惑干出可怕的事情。在同样的环境下，任何人都有可能做出不可思议的坏事。善与恶之间的界线原本被认为是牢不可破的，但是斯坦福监狱实验却向人们证明，这条界线其实相当脆弱。

1966年9月，我的母校南京外国语学校的31位红卫兵无故打死工人王金。领头的一位红卫兵是高干子弟，从小学到中学一直是公认的品学兼优的好学生，是同学们学习的榜样。当局在南京民众的巨大压力下，不得不逮捕包括他在内的三名主犯。他的老师不顾自己身处逆境，多次公开为他的释放向当局呼吁。为什么文革中的他突然变得如此残忍，对无故工人拳打脚踢，以致死亡？文革前，团派的凶手们并未显示出恶的本性。是什么原因使他们突然间变成迫害老师和同学的凶手呢？

首先是外界环境的影响。他们的行为是被诱发的，产生作用的则是文革施加在他们身上的环境力量。正如津巴多教授所说，人若处在某种强大的社会环境中，本性会出现戏剧性的变化。好人会突然变成斯坦福监狱实验里的狱卒般邪恶的加害者，或如囚犯般病态的消极被害者。通过引导、诱使或者传授的方式就可以让好人为非作歹。当好人沉浸在整体环境时，环境力量会挑战我们的人格、个性和道德观的稳定性及一致性，从而影响人性的表现，引导人做出非理性、愚蠢、自毁、反社会、不计后果的行为。

斯坦福监狱实验向我们显示了环境的重要性，社会环境在个人和群体的行为和心智上产生的巨大作用力。其作用力的巨大足以使我们做出不曾做过而且不可预测的可怕行为。从表面上看，我们每个人在许多事情上可以自由地做出决定。但是事实上，社会才是真正的主使。我们每一个人都自觉地或不自觉地受到社会的控制。社会对我们行为的影响，就像气候影响我们穿衣一样。我们可以选择穿红色的内衣或者黑色的外套，但是季节和气候却决定着我们是穿夏装还是冬服。一位美国社会学家说过，在生活游戏中我们可以决定出什么牌，可是把牌发到我们手中的却是社会。

斯坦福监狱实验还说明，我们以为人有基本不变的善性，能够抵抗外在的压力，并以理性的方式评判和抗拒环境的诱惑。我们以为在善恶之间有一道坚实的围墙，"我们"是在善的一边，而"他们""别人""另类"是在恶的一边。其实，由于我们以为自己可以不受环境力量的影响，我们会对环境力量失去警觉，从而开启堕落的大门。我们都会置身事外地想象自己的可能行为，但是如果我们进入社会力量的网路中，想象的行为表现与实际能做的却相差十万八千里！

斯坦福监狱实验告诉我们，我们应该抛弃"善良的自我"能够抵御"恶劣环境"的幼稚想法。环境能够影响别人，同样也会影响我们自己。历史上出现的暴行、世界各地发生的暴行、斯坦福监狱实验无不说明：人类的人性和仁心会屈服于社会的力量。无论人类曾犯下多么恐怖的暴行，只要处在一些环境中，这些恶行就有可能出现在我们任何人身上。这一结论并非为邪恶开脱，而是让我们意识到邪恶不是暴君和恶棍的专利，邪恶不仅仅属于"他们"，而且还属于"我们"。

好人变恶的原因：一是外界环境的影响，二是善恶之间并没有不可逾越的界线。那么，人的本性是善还是恶呢？针对"性本善"与"性本恶"两种观点，津巴多教授提出第三种说法，即我们每个人都有可能为善或为恶、利他或自私、善良或残酷、支配或服从，每个人都有可能成为加害者或受害者。是社会环境决定我们哪种心理模式和潜能会得到发展。各种系统塑造着人，地理、气候、历史、文化、政治、宗教等支配着人，每天面对的特殊环境也在改造着人，这些力量与人的互动改变着人。人的堕落是人类心灵的一种可能，为恶和为善的冲动构成人性中最根本的二元性。换言之，我们每个人都是如此：一半是天使，另一半是魔鬼。文革的大环境使中国人的另一半得到淋漓尽致的发挥。

对于津巴多教授把好人变恶的原因完全归咎于外部环境的说法，我和导师 Wright 教授在一本著作中提出批评。我们认为，好人变坏是由一系列外力和内因的相互作用引起的。在分析文革暴力时，既不能无视强大的外力，也不应忽视内因的相对作用。

文革研究中另一个重要的课题是，如何评价和反思轰轰烈烈的由亿万民众参加的群众运动。与文革研究有密切关系而又被华人忽视的一个重要研究领域是社会运动学（Social Movements），它的前身是群体行为学（Collective Behavior）。在文革的影响下，从 1968 年 5 月开始，西方国家出现类似红卫兵的造反浪潮，突如其来的风暴席卷西欧和北美大陆。该现象引起社会学家的关注，有关研究开始增多。到上世纪 70 年代中期，社会运动学成为社会学中的一个重要领域。非常遗憾的是，这个因文革而兴起的新学科却没有引起华人的注意。

威尔逊把社会运动定义为：一个有意识的、群体的、有组织的努力，试图以体制外的手段推动或阻碍社会秩序中大规模的变化。如果从社会变化的对象和范围两个角度来衡量，社会运动可以分成以下四类：第一类社会运动是替代运动，对现有社会的威胁最小，运动仅针对社会的部分成员，目的是改变他们的某种行为。第二类是救赎运动，也只针对部分人，但是涉及的深度比较深，目的是彻底改变这些人。第三类是改革运动，参与者众多，但是并不将矛头指向现行制度。大多数的抗议事件和运动属于此类。第四类是革命运动，涉及对象广泛，变化范围深刻。革命运动旨在推翻现有的社会制度并创立新制度。

自 20 世纪 80 年代初期开始，华人文革研究学界出现"一个文革说"与"两个文革说"的争论，持续了 30 多年。按照"一个文革说"的定义，文革是一场运动，中国的民众是"奉旨造反"，造反的目标既非改朝换代，也非推翻国家政权，只反贪官不反皇帝，连古代的造反者都不如。学说和理论总是基于一定的假设。该派学者的暗含

（Implicit）假设是：亿万民众是没有自我意识的乌合之众，是一群没有思想只会盲从的群氓。

该派学者认为文革不是真正的群众运动，原因是由于中共左倾思想的影响、政治思想的压力、野心家阴谋家的蛊惑挑唆，民众参与文革是被迫、盲从、不明真相。毛对各类群众始终牢牢地全面控制，成功地将它转化成供他随意调遣、派作不同用途的基层力量。民众不辨真伪，失去个性，只有感情狂暴，没有推理能力，变成乌合之众。还有人提出，文革是"三子游戏"：毛是骗子、造反派是疯子、消遥派是傻子。

把问题归于疯子和傻子，认为民众智力低下的观点不是没有理论根据的。1895 年（120 多年前！——笔者注）勒庞（LeBon）发表的《乌合之众》一书对早期的群体行为研究产生了深远的影响。勒庞反思法国大革命以及此后 100 年来的聚众时代，认为聚众对人的思维带来影响，使人失去平常的判断力，变成野兽，成为罪犯。该派学者认为民众的智力实在太低下了，与他们的智力不能相比。他们自命不凡，大有世人皆醉我独醒的气派，与坚信上智下愚的孔夫子一脉相承，也与自古以来好为人师的中国知识份子不约而同。遗憾的是，很少有华人知道，民众非理性的理论在西方学界已经遭到彻底批判，早在上世纪的 70 年代就已经被"不名誉地开除出"研究领域。部分原因是，批判该理论的力作《令人疯狂的聚众之谜》（《The Myth of Madding Crowd》，1991）一书至今还未被翻译成中文（我的导师 Wright 教授恰巧是该套丛书的主编），而《乌合之众》的中译本在中国却比比皆是。

基于马克思的"社会冲突论"理论的"两个文革说"的缺陷是其错误的定位。该派学者把文革中的群众组织称为准政党，也有学者提出人民文革是反抗运动，更有人提出人民文革是带有民主色彩的人民起义。"人民文革"的名称造成了歧义。与毛文革或党文革一样，文革中发生的群众造反运动与革命无关。定位革命使"两个文革说"陷入无法自证的境地。更遗憾的是，有人把造反运动视为人民起义。这种作法无异于授人以柄，为"一个文革说"学者留下口实。如果持"两个文革说"的学者从一开始就旗帜鲜明地提出，造反运动是社会运动学中的改革运动，他们就理直气壮得多。

顺便说一句，党的运动（英文叫 Campaign）与群众运动（英文叫 Movement）不是一回事。由于语言的原因，也由于多数华人对社会运动学的无知，我们常将两类性质不同的运动混为一谈。因篇幅限制，此处不赘。

两个学说的共同问题是，它们对西方的社会运动学一无所知。文革涉及全国的亿万民众和中共的各级官僚。文革不是内乱，不是革命，也不能用一场运动一言蔽之。文革是党内和党外的激进派、温和派、保守派六个集团间和集团内进行的一场不完全信息的、非合作式的博弈。这是各集团为谋取各自利益的斗争，是诸多的决策主体根据自己掌握的信息和对自身能力的认识，做出有利于自己决策的一场政治斗争。文革以群众运动兴起，保守派残酷打压民众的激进派开始，继而保守派失势、激进派与温和派分裂打内战导致两败俱伤，最后以激进派完败而告终。这就是我与导师 Wright 教授提出的"博弈说"。

对于激进派和温和派能否避免分裂打内战，他们能否实现联合，多数人持怀疑和否定态度。但是文革的现实证明，他们的联合不仅可行，而且曾经发生过，只是来得太晚而于事无补。湖北、湖南和江苏等地的两大派民众经历了数年的大规模武斗，死伤无数。到了1974、1975年，两大派在保守派的打压下苟延残喘。直到此时，他们才幡然醒悟，认识到"唇亡齿寒"的道理，终于在即将被消灭之时团结起来做最后的拼死一搏。不过，历史没有给他们再次翻身的机会。如果他们在更早时候联手，结局也许会好些。遗憾的是，历史没有如果。

文革的群众运动始于北大，终于清华。清华在中国文革史上，特别是文革的群众运动史上，占据重要的地位。

文革中的群众运动彻底失败了。群众运动是被自己的内讧打败的，因为窝里斗最终被淘汰、被收拾、被镇压。群众运动失败的原因之一，是民众缺乏包容和妥协。政治是通过非暴力的方式决定权力和资源的分配。如果想在争夺中避免武力，只有通过争论、妥协与合作来实现。但是，文革中的民众却鲜有人懂得这一道理。

清华的蒯大富和团派中的极端派试图用武力消灭对手，独霸胜利果实，却未意识到这是自掘坟墓，走上自毁的道路。蒯大富为首的团派中的极端派以极其残忍的手段打压曾经的盟友。这些当初深受当权者迫害的受害者，为什么转眼间用同样，甚至更残酷的手段对待昔日的盟友，令人深思。历史证明，凡是以害人开始的，必将以害己告终。清华团派的蒯大富及其极端派未能逃脱这一命运。

作者简介：乔晞华，男，1996年获美国杜兰（Tulane）大学社会学博士学位，研究领域：社会运动学，犯罪学，统计学，研究方法论。文革研究论著：《文革群众运动的动员、分裂和灭亡：以社会运动学视角》（美国华忆，2020），《Mobilization, Fractionalization and Destruction of Mass Movements in the Cultural Revolution: A Social Movement Perspective》（Remembering Publishing, 2020），《既非一个文革，也非两个文革：南外红卫兵打死工人王金事件个案分析》（台湾博客思，2015），《Violence, Periodization and Definition of the Cultural Revolution: A Case Study of Two Deaths by the Red Guards》（Brill, 2018）。其他著作：《我的美国公务员之路》（2020），《总统制造：美国大选》（2019, 2014），《西方社会学面面观》（2014），《傲慢与偏差：66个有趣的社会问题》（2015），《多棱镜下：中国电影与时装、时尚》（2015）。

感言四则

孙怒涛

楚三兄邀请我写一篇感言。
正好，我也有几句话想说。
于是，借此机会说点我的所思所想。

（一）

在文革中，蒯大富是有罪还是无罪？

社会上至今还有一些人认为蒯大富并没有犯什么罪。他在文革中响应毛的号召，积极参加文革，只是犯了严重的错误。而这对一个青年学生来说是很难避免的。

蒯大富本人在法庭上也为自己做了无罪辩护。

我认为蒯大富既是无罪的，也是有罪的。

说他无罪，是指公诉人指控他"积极追随林彪、江青反革命集团"，犯有"反革命宣传煽动罪"，这些都是不成立的。蒯大富对强加于他的政治罪的抗诉和自辩是非常有理有力的，我很赞同。我甚至认为，文革期间，任何一个学生领袖或文革头头，站在哪个司令部，执行哪条路线，保过谁反过谁，充其量都不过是认识上的差异问题。罪与非罪的分界线在于是否危害了人的生命权，侵犯了人的尊严；所有严重践踏人权、丧尽天良的暴行都是犯罪行为。

蒯大富是有罪的，他在三件大事中负有刑事责任：

1，蒯大富成立专案组迫害干部和同学，造成多起致死致残的严重后果。

2，蒯大富挑起百日武斗，造成数十名同学和员工致死致残的严重后果。

3，蒯大富在 7.27 工宣队进校时武力抵抗，造成数百名工人军人致死致残的严重后果。

在这三大事件中，蒯大富都负有最主要的、直接的、领导的责任。也就是说，蒯大富在这些问题上都突破了做人的底线，犯有反人性的罪行。以当时的"公安六条"为自己狡辩是无理的，徒劳的。

本书所记录的史实就是蒯大富犯有刑事罪责最强有力的佐证，将在罄竹难书的文革罪恶簿上增添沉重血泪的一笔。

揭露、记录蒯氏黑牢的目的，就是为了将罪恶的文革牢牢钉在历史的耻辱柱上！书名《清华文革蒯氏黑牢》也很贴切。

（二）

清华文革的亲历者们常常在探寻的一个问题是：两派争斗的实质是什么？

有人认为既然两派都错了，讨论这个问题还有什么意义吗？

政治上，路线上，两派都错了。这样的认识，虽然是很重要的，但相对而言还只是浅层次的。进一步深究争斗的实质，有助于我们对文革本质的揭示和反思。

大约十几年前，曾有好友提出，团四之争是人性之争。

这一观点给我的启发如醍醐灌顶。

但若认为恶人大都在老团，虽从现象上看似乎也成立，但总觉得以派别划分善恶很片面，很不妥。

后来有一种说法是，两派斗争是 414 群体与团派中的极端分子在人性上的斗争。这种说法虽然正确指出了反人性的极端分子仅是老团中的极少一部分，但仍未跳出以派划线的思维局限。

我认为，清华两派争斗的实质是，以蒯大富为首的极少数极端分子的反人性恶行，与全校师生从强烈不满到顽强抗争的一场斗争。

这"强烈不满"在广大团派群众中有着充分的体现，而"顽强抗争"在四派群众中则是一贯的、持久的。

我认为这样的表述，既客观、正确地反映了清华两派斗争的历史真实，也揭示了斗争的内在实质。

（三）

施暴者在以后的清查516、清理"三种人"等运动中受到整肃，受到"记录在案"的处置。尽管这些运动本身及其手段也是相当粗暴的，也是不人道的，造成的后果有的是很严重的。但是，与他们的罪错相当的那部分惩戒，也算是应得的。

这些当年的施暴者，现已垂垂老矣。他们自己，或同情他们的人，希望他们有一个安宁的晚年，不再受到"第二次伤害"。这种心情是可以理解的，也有合理的成分。

但是，还有许多被这些施暴者加害的受害者，他们的冤屈始终没有得到伸张。他们当前的诉求并不是再追责施暴者，甚至也不希冀这些人的道歉。他们仅仅想知道事件的真相：是谁，又是为什么要抓他们，关他们，毒打他们，以解开几十年来萦绕于心的困顿，抚平久久难以愈合的心理创伤。与避免对曾经的施暴者的"二次伤害"相比较，他们的"原发创伤"是不是更值得同情和治疗？他们最后的一点微薄愿望是不是更应该得到满足？

（四）

打人、抓人、关人、武斗场上打死人，这样的恶行，团派有，四派也有。

对所有这些恶行，不管是哪派干的，不管责任人是谁，都应该表示义愤，予以谴责；对受害人，都应该深切同情，给予声援；加害者都应该真诚道歉，深刻忏悔。

客观地说，反人性的恶行，发生在团派中，数量更多，性质更恶劣，后果也更严重，而且是有组织的行为。这不会因为个别老团确实在科学馆里被打的渲染而改变。

清华的两派开始了和解，这些年来也取得了长足的进步，但是离真正的和解还差得很远。

什么是真正的和解呢？那就是在揭露真相的基础上求得宽恕，有了基本共识，从而达成的和解。

从国家的和顶层的层面而言，重要的文革档案大多没有公开，重大事件的真相没有完全揭露，文革并未彻底批判，反思远未完成。在这样的大环境下，一个基层单位的群众要做到"真相——宽恕——和解"是极其困难的。

即便如此，我们总不能消极等待，还得努力去做，承担起我们这代人最后的历史责任。

就清华而言，如何揭开那些还被掩盖着的重大真相？过去从来没有做过的、很重要的一个方面是：要敢于"自曝家丑"，对本派犯过的不人道、反人性的恶行，不回避，不护短；对于勇于揭露、批判的同派校友，应给予鼓励和赞扬。

本书在这方面迈出了勇敢的可喜的第一步，值得肯定。作为414的第二把手，我对本派给团派干部、群众有过的不人道行为深感羞愧，向受害人表示真切歉意。我吁请曾经犯过错误的本派人士，能在适当的场合公开地、直接地、真诚地道歉。当我们离开人世之时，做到"质本洁来还洁去"。年轻时犯了这样的错误多少可以谅解，要是至今仍不醒悟，无认识，蒙尘的良心是无法面对历史，面对子孙的。

文革阴影尚未消退，历史殷鉴需要警醒。在当下及未来的社会大变革中，面对与常识背离、与人性冲突的威压或者诱惑时，如何以良知守护做人的底线？

亲爱的读者们将会从本书的阅读中得到有益的启迪。

作者简介：孙怒涛，男，浙江慈溪人，1942年生。1960年入读清华大学自动控制系（现计算机系）。毕业前夕遇文革，后留校任教。1980年调浙江省计算技术研究所至1999年退休。著有回忆录《良知的拷问——清华文革头头的心路历程》(2013)，主编《历史 拒绝遗忘——清华十年文革回忆反思集》(2015)，《真话与忏悔——文革50周年清华校友讨论集》(2018)。

痛彻拷问文革中的大学暴力

唐少杰

陈楚三先生嘱托我为他参加编辑的《清华文革蒯氏黑牢》（以下简称《黑牢》）文集写一个读后感，我既为陈楚三等先生在近于耄耋之年进行的辛勤编辑工作表示由衷钦佩，又为这一文集的主题而倍感沉重，因为这一文集是对"文化大革命"（以下简称文革，且不带引号）初期发生在清华大学的一些暴力事件的追述和声讨！

一

《黑牢》文集主要记述了 1967 年年底至 1968 年春夏清华大学井冈山兵团即"团派"所实施的三个暴力迫害案件。这三个案件分别为：

1、"蒋（南翔）刘（冰）反党集团及第二套班子"案。

2、"罗（征启）、文（学宓）、李（康）、饶（慰慈）反革命集团案"。

3、"12 人反党集团案"。

这三个案件涉及原有的清华中基层干部和清华普通学生数十人之多。其实，这三个案件也可称为三种案件，因为每一案件里又有附属性的或亚一级的案件，可谓一案多发，案里有案；可称多案并举，案中套案。这里为了叙述方便，暂且称之为"三个案件"。这三个案件无论在当时还是在后来都是彻头彻尾的冤、假、错案！

1990 年代中期，我在清华大学档案馆查阅清华文革史料之际，阅读过大量关于清华文革初期暴力事件的资料（或材料）。《黑牢》文集中所提及的事件、情景、人物和案例等等，对我来说，不是呼之欲出，也是格外熟悉。至今，我都不会忘记当时我切身而又详细地对所接触到的这些档案资料给我带来的震撼、惊悸甚至无言的晕眩和无状的悲怆……无疑，清华大学档案馆的这些资料是迄今为止对于清华文革初期暴力事件最为原初（始于 1970 年，止于 1980 年代中期）和最为丰富的记载，它们包括清华文革初期所有比较大的而又持续性的暴力事件（包括武斗）的记述材料，涉及这些事件的由来、经过、结局、当事人、受害人、检举者、见证者、处理经过、结论等等多方面的文字材料，非常翔实。这些材料主要是文革期间的"清查五一六运动"与文革结束后的"整党建党"等几个不同时期对同样的暴力事件（包括武斗）所做的审查或鉴定文本。这里，我不能不感谢清华大学在文革档案及资料保存方面所做出的出色工作。但是，非常遗憾而又十分无奈的是，这些档案资料被雪藏旷日之久，至今已逾五十多年，还不知何年、何月、何日能大白于天下？我坚信，一旦公布或公开这些档案资料，一定会确凿而又有力地证实《黑牢》文集的诸多方面。

《黑牢》文集对于上述"三个案件"的大致由来和主要过程做了比较细致的揭露和展现。下面，根据我所作的档案查阅情况，补充一下这"三个案件"的具体背景：

一是清华文革初期的一大症结实质上是干部问题。1966 年 6 月文革爆发不久，以刘少奇夫人王光美为核心的"工作组"进驻清华，接管了清华各级领导职权，使清华大学原有的上到校级干部下到基层干部从整体上"靠边站"，实际上被罢免。这也如同林彪后来在 1966 年 12 月中央工交会议上讲话中强调过的：文化大革命就是一场批判干部的运动，就是对干部"大批判、大审查、大教育"的运动。随着文革的进行和深入，如何对待或如何"处理"上述干部就是一个不可回避的难题。因为，除了数十位原校级干部以及原校党委委员被打成"黑帮"外，当时谁都无法确定约计四百余位的清华中基层干部究竟是文革的对象、文革的敌人还是相反。一时间，清华中基层干部仿佛成为遭到文革遗弃的"政治孤儿"。

二是清华文革初期群众运动的分化和分裂。1966 年 9 月成立的清华大学"井冈山红卫兵",尽管在 12 月下旬与先前成立的"毛泽东思想红卫兵"等联合成立"井冈山兵团",但是二者的分歧日益加剧,围绕着一系列的文革具体问题而展开的论争很快就凸显在干部问题上。1967 年 4 月 14 日,"四一四串联会"(即关于干部问题的串联会)的成立,揭开了清华文革群众两派分裂的序幕。5 月 29 日正式成立的"井冈山兵团四一四总部"正式标志着团派与四一四派的决裂。尽管有 9 月至 11 月短暂的联合,两派的对峙和冲突已势不可挡。到了 11 月下旬至 12 月,暴力斗争甚至小规模的武斗已初步提到了团派的议事日程。

　　三是清华文革初期干部问题的激化。到了 1967 年 3 月,即使原清华校级干部成为文革初期政治上的"死老虎",但是数百位清华中基层干部的文革政治"归属"依然显得格外瞩目、迫切和沉重。"无产阶级司令部"(特指以毛泽东为首的文革最高领导机构)为了加重打击刘少奇的文革路线和更加广泛、深入地推动文革,以清华干部问题为切入点,通过《红旗》杂志第五期发表的评论员文章,特别是关于清华干部问题的调查报告,原本是有意在文革大局的干部政策上稍加调整,但却无意引爆了清华文革干部问题这一"政治炸弹"。

　　四是清华大学 1967 年 5 月"革命委员会"的夭折。在我看到的清华文革档案材料,上述"三个案件"发生的一个重要源头在于 1967 年 5 月 30 日以蒯大富为首的团派"革命委员会"成立大会的流产。"革命委员会"这种在文革初期各个单位、部门或地区的临时权力领导机构能否在清华大学最终问世,关系到团派特别是蒯大富本人的地位、职权、命运和前途等等。因为,按照"无产阶级司令部"1967 年初的要求,"革命委员会"的成立原则是所谓"三结合"原则,即由革命群众代表、解放军代表和革命干部代表各占三分之一的人数构成。第一种代表比较好确定,尽管团派和四一四派在 1967 年 4 月至 5 月在两派代表人数的分配比例有过交集或争执,但是这个问题到了秋季已不是主要问题。第二种代表很容易认可,因为解放军代表来自清华大学之外。关键在于第三种代表。这种干部代表的选出或确定对于两派来说事关重大,两派都不遗余力地推举各自所认可的干部代表。到了1967年春夏之际,团派没有赢得清华原有的广大中基层干部的信任或支持,而四一四派却在这些干部中赢得了多数,至少是赢得了广泛的同情或响应。1967年10月之后,团派以多种方式猜测或从多种渠道得知四一四派准备"推荐"该派支持的干部代表。12月下旬,四一四派在一份例行的给"无产阶级司令部"发出的《情况简报》中,建议未来成立的清华大学革命委员会里应该有10位左右这样的干部代表,明确指出由"革命小将"担任这一革命委员会的主任是不适宜的。这就是说,蒯大富或者任何其他一位团派代表或414派代表都不能出任清华革命委员会第一把手,而应该由四一四派所推举的清华中上层干部代表来担任。如果这个建议被采纳,就无疑扼杀了团派梦寐以求的"革命委员会"的生机。值此之际,团派与四一四派的矛盾和斗争已不可化解,攸关各自存亡。团派为了全盘打击并且最终消灭四一四派,开始酝酿、发起和实施对四一四派的一系列暴力攻势。

从哪里寻找突破口呢?团派主要从两条"战线"入手:一是以所谓捏造"林彪语录"为《四一四战歌》歌词的"罪名","整治"陈楚三。打压陈楚三,也就是"稳、准、狠"地打击四一四派,因为陈楚三本人就是该派的领导人之一以及作为该派中坚的《东方红战团》核心代表。二是不遗余力地打击以罗征启、吕应中等为代表的、已完全倾向或同情、支持四一四派的清华干部,因为罗征启差不多是大张旗鼓地批评、指责团派的干部政策,这种批评、指责在当时的清华园里,反响非同小可,意义非同一般;而吕应中,据清华文革档案的记载,团派猜测或推断有可能出任四一四派所推举的革命委员会的干部主要代表或主要负责人,这不啻粉碎了蒯大富要占据革命委员会头把交椅的念头。事后来看,团派在这两条战线进行的既有同时又有交叉的攻势(还包括"12人反党集团案"中对四一四派一些普通群众的迫害),既要削弱四一四派的中坚力量,又要震慑已站队到四一四派一边的清华干部,更有可能动摇甚至瓦解四一四派与这些干部的"政治同盟"。颇有意味的是,团派在这两条战线的攻势都主动地、直接地与"无产阶级司令部"的声望和权威联系起来。不言而喻，把陈楚三的问题与林彪"副统帅"联系起来，把罗征启等几位干部私下的时政议论（实际上是其中的一位干部顶不住团派的残酷虐待而"供出"了同伙），经过团派的"加工"和"衍化"后当成恶毒攻击"无产阶级司令部首长们"的"罪证"，因此，团派仿佛坐实了四一四派和上述干部的"罪过"，力求得到"无产阶级司令部"对于在清华园里展开大规模暴力斗争的首肯或认可。所有这些，都不过是为团派旨在消除四一四派和原有清华干部势力而大肆实施的暴行鸣锣开道，大造声势。

二

通过《黑牢》文集，结合清华文革初期的历史，人们不难看出，暴力的威胁、暴力的恐怖、暴力的加剧直至暴力的泛滥恰恰是文革得以铺张开来、大行其道的政治"空气、水分和土壤"。如果说文革的一大本性就是暴力的话，那么清华文革更是这种暴力的一种典型。甚至可以说，没有文革群众运动的暴力，清华文革就不会那么惨烈、那么沉痛、那么深重；没有文革群众组织的暴力，清华文革就不会与文革前的那些形形色色的政治运动区别开来，质言之，清华文革也就不成其为清华文革了！

我曾期望，对于文革历史的研究，应该建立或开辟诸多相关的文革研究专题，如同建立"文革档案学"或"文革文献学"那样，很有必要建立"文革专案学"以及"文革暴力研究"等专题。无疑，《黑牢》文集的问世为建立这样的文革研究专题，提供了饱含灵与肉、浸透血与泪、闪烁剑与火的素材。

毫无疑问，文革的暴力渊源于文革前的革命暴力的历史传统，延续了文革前那种"暴力作为革命的最高斗争形式"的政治惯性。唯有如此，文革才有可能成为横扫天下或几乎无敌于天下的"大革命"！然而，文革的暴力不同于以往革命暴力的特性和取向主要在于：在中国共产党的一元化领导陷于文革初期的无序（所谓"党天下"与"毛天下"之间张力的结果）之后，集聚地由文革群众运动和群众组织实施或体现出来。曾几何时，文革的群众暴力甚至比起文革前由中共党领导的国家所进行的暴力职能更加具有单位性、日常性和广泛性的特色。这主要是因为文革初期在全国、全社会范围所鼓动、所倡导的"砸烂公、检、法"，直接造成了由文革群众运动和群众组织或多或少、或大或小实施"公、检、法"职能或准职能的后果。在原有的国家暴力机构——公安局、检察院和法院陷于瘫痪或半瘫痪的情况下，文革群众运动和群众组织一时间就可在自己的地区和自己的单位成立变相的暴力机构，诸如专案组或专政队等等，就可巧立名目地或者干脆唯己所需地来设立林林总总的"专案"，就可建立变相的监狱或牢笼，从事变相的专政镇压（即"群众专政"），即充当变相的而又角色繁杂的警察，最大限度地对人们生存领域的每一角落进行日常生活专政！"砸烂公、检、法"就直接等同于文革初期暴力的无法无天。仅就这一点而言，不能不说是文革暴力的一大"特色"！

通过对团派少数极端分子的暴力行径的谴责和控诉，《黑牢》文集几乎是无以复加地展示出了文革群众运动和群众组织实施暴力的绝对残酷和极端血腥。这部文集不只是有理有据地展示出团派暴力者们的偏激、蒙昧、凶狠和疯狂，而且无可辩驳地揭露出团派暴力者们曾实行的多达数十种的、惨无人道而令人发指的暴力手法或手段。这部文集的编者以及相关作者对于团派暴力者们及其暴力行径所发出的有无人性以及人性何求之类问题的诘难和痛斥，恰恰确证了这些暴力者及其暴力行径的非人性、反人性直至非人道、反人道！的确，文革暴力的一个政治"常数"就在于：唯有致使暴力无所不用其极，才有可能达到暴力的最大威胁和最大恐怖，才有可能达到暴力者们最为期望的效益和最为功利的目标。由此，也就不难理解为什么在清华文革初期暴力必然与有形的残害血肉相连，为什么暴力一定与无形的恐怖形影相随，特别是在团派那里以及在它那二十个月的短命的历史中，为什么暴力与专制孪生共存，为什么暴力就是折磨、凌辱、拷打、阴毒、残忍、祸害、暴虐、凶杀、恶性等等的同义语。

据清华大学档案馆的文革档案记载，团派一些暴力活动积极分子，为了寻求和借鉴历史上有关暴力行径的手法或经验，特别热心于从清华大学图书馆借阅、查找关于法西斯组织特别是纳粹党人以及国民党特务组织的暴力措施的书籍，力求找到用于整治、迫害四一四派人员的有效手段。由此可见，历史的暴力与暴力的历史总是气息相通的。

《黑牢》文集基于清华文革初期上述三个具有代表性的案件，一方面，展现出了文革暴力问题的诸多特性和取向，为后人研究和剖析文革暴力问题提供了既独特又沉重的个案素材。另一方面，直接地或间接地把文革初期的暴力问题与武斗问题联系起来，呈现给读者。显然，这两个问题既有联系，又有区别。文革的暴力必然趋向武斗，而武斗则是更大规模和更为独特的暴力。但是，在我看来，文革暴力还不能直接等同于武斗，这种暴力的"重心"是针对个人或个体的，即对于文革对象或文革受害者的身心迫害。武斗作为文革所独有的现象甚至作为文革所专有的名词，比暴力更为深刻、复杂，这种武斗的"重心"是指向群体或集体的，即指向与武斗者一伙相冲突或相厮杀的敌对者们。然而，这并不是说暴力比起武斗来要轻松、减缓、简单或个别。实际上，文革暴力持续的积累和经久的进行一定会导致把暴力的矛头由施虐于文革的对象或敌人转向加害于文革中与己分歧或分裂的原"同类"。换言之，文革武斗大都是交互性的，而文革暴力大都是单向性的，即这种暴力是受害者无法逃脱、无法抗拒和无法化解的。不管怎样，《黑牢》文集从诸多角度非常有力、具体地表明了由文革暴力导致文革武斗的必然性！

这一必然性在于：除了前述的团派在清华文革现实的最大利益和目标是从政治上消除四一四派和原有清华干部势力，还深深地植于文革及其群众运动的政治逻辑之中。概言之，暴力就是文革群众运动的一大"天性"，就是文革群众组织的某种"缘分"。如同历史上诸多极权政治下的群众运动的演变规律一样，整个文革及其群众运动也一定是循着"没有敌人也要制造出敌人，没有敌情也要制造出敌情"的政治取向而衍生、嬗变，或如文革后期清华大学革命委员会兼"工宣队"的一个头目所概括的:"有了群众,就有了敌情;有了群众,就有了法宝;有了群众,就无往而不胜"。这里要加以历史补充的是:不是无往而不胜,而是最终一败涂地,或是对我在前些年曾提出过的问题稍加转化:对于文革的暴力以及暴力者们而言,有无成功者?谁是胜利者?

文革暴力的运行和演变也意味着某种历史的"悖论"。因为,在以往的中国历史上乃至在世界历史上,由社会或国家的某一个非强权暴力性的单位、部门、机构在各自的小天地里来大加实施执法、司法和立法的职能或准职能,具体地说,在这类单位、部门和机构中可以任意抓捕、随意拘留、私自刑讯、设立牢狱、行刑惩罚、无限期拘押直至没有限度的、名为"逼、供、信"而实为无限恶化的生存摧残和生命折磨……这些都必然而然地从道义上带来文革群众运动的失败和衰亡,从人性上标志着文革群众组织暴力活动及其措施的短命和罪恶,从人道上注定了文革所有暴力施害者终生无法摆脱的道德谴责和难以洗刷的心灵污垢!

《黑牢》文集清晰而确切地证明了文革暴力的这种悖论。显然,文革暴力本身就是一把双刃剑,它在惨无人道地施虐于受害者的同时,也仿佛天然地斲丧施害者本人。如同历史上许多战争的发动者常常无法决定战争的命运和结局那样,暴力发动者和实施者每每无法左右暴力的走势和归宿。这一点除了体现在文革暴力必然导致文革武斗的结局外,更沉重而又更多样地体现在几乎所有这些暴力和武斗的发动者、实施者(更不用说指挥者了)彻底失败的宿命。换言之,文革暴力的异化与自我异化称得上互为矛盾、冲突,无不决绝。

《黑牢》文集还有一个值得瞩目的特点,即它不但详细地记述了清华文革一些受害者的苦难经历,而且很难得地列举出了施害者的名字及其令人发指的迫害行径。在我看来,这是文革研究尤其是文革个案史研究的一个进步。《黑牢》文集仅就这一点,就不同于许多关于文革的回忆或评述回避那些所谓"小人物"般的迫害者的名字及其罪过的做法,而是很有可能把这些类同汉娜·阿伦特当年所指称的体现着"平庸之恶"的文革基层作恶者切切实实地列入了文革的耻辱簿上。这种难能可贵的列举大有可能起到了警示后人的作用。

因而，对于《黑牢》文集的读者们来说，应该进一步追问的是：就那些文革暴力的策划者、实施者、推动者而言，暴力，尤其是他们身体力行的暴力，最终给他们本人留下了什么呢？历史已经证明并且不断证明，这一定不是什么遗忘，不是什么淡漠，不是实施暴力后的平生顺利，也不会是暴力阴影伴随的岁月静好，更不是在天地良心责问下的无愧、无咎、无恶、无罪。

三

在清华大学迎来建校 110 周年之际，《黑牢》文集在促进回顾和反思清华文革历史的同时，对于人们今天和未来更好地建设清华大学具有特殊的意义和积极的作用。通读《黑牢》文集，人们自然而然地会提出下列的问题：清华文革时期的种种暴力由何而来？何以可能？何者所为？何以必然？等等。显而易见，这种种暴力直至这些暴力的肆虐和泛化，既不是凭空产生的，也不是一蹴而就的，更不是遥不可及的，它们与文革之前所流行的暴力话语、暴力心理、暴力传统和暴力时尚等等息息相关。显然，从文革前的"批判的武器"到文革的"武器的批判"近在咫尺，接踵而至。无须讳言，包括暴力问题在内的清华文革的众多问题都与清华文革前的近十年历史有着千丝万缕的联系。毋庸置疑，清华大学自 1950 年代末期开始的大规模的以阶级斗争为主的"教育革命"乃至一系列政治运动，为整个清华文革"锻造"出了对于暴力的手段、策略和方法驾轻就熟甚至信手拈来的激进学生或激进群众。从《黑牢》文集中所揭露的那种热衷于暴力的激进学生们的种种残酷暴行，无可辩驳地印证了文革之前清华大学多年的一些政治运动及所谓"政治教育"的失败，而这种失败直接或间接地是由文革之前的更大范围的政治环境和政治生态所促成的，并且这种失败的最大结果在文革时期直接夯在了清华昔日的校长、干部和教师的身心上。因此，无法否定的是，清华文革暴力的必然性不仅仅体现在那些实施暴力和崇尚暴力的少数激进学生身上，而且直接渊源于1950年代末期至1966年上半年清华大学的历史。借用已故的清华校史专家黄延复先生那掷地有声的说法："从反面讲，没有蒋南翔时期（当然不能由他负全责）无休无止的政治运动和批判会，也就没有迟群时期的在'知识愈多愈反动'思想指导下对知识分子进行全面的惩治和迫害。"（徐百柯：《民国那些人》，第99页，北京：中央编译出版社，2007年）这里，我要补充一点的是，从清华的蒋南翔时期走向清华的迟群时期必然有一个"过渡期"，这个为期不到两年的"过渡期"名曰"蒯大富时期"。

在迎来清华大学建校110周年之际，结合《黑牢》文集所提及的文革初期不堪回首的暴力现象或暴力问题，人们不禁要作出亘古常新的发问和探寻：大学，应该以何为本体？大学，应该以何为自己的职责、功能、取向、价值、操守、目标？我个人进一步发问和探寻的是：大学与暴力之间究竟是一种什么样的关系？大学的暴力与暴力的大学到底是一种什么样的关联？一旦大学的暴力滋生和蔓延，一旦暴力的大学出现和成型，如此的大学是否还称得上所谓大学？凡是如此的大学，不是暴力遍地的角斗场，就是暴力猖獗的集中营！对于今天清华大学新一代的教师、学生来说，简直无法想象当年清华文革暴力的残酷和血腥，几乎无法想象少数清华学生在那时竟能干出如此伤天害理的暴力行径。其实，面对过去，展望明天，经过反思，拒绝遗忘，人们不难发现自己今天的生活与文革暴力问题相距并不异常遥远，甚至并不完全隔阂。《黑牢》文集给文革之后的清华大学以及清华人敲响了一座警钟：现今的和未来的清华大学能否避免、拒斥、消除或抵抗任何形式的暴力？

据报道，清华大学已于2020年夏秋之际终于"全面建设"成为"世界一流大学"。消息传来，评说不一。无论怎样，清华建校不到110年，就"全面建设"成了"世界一流大学"，并在中国现今已有的两千多所高等学校中独拔头筹，实在可惊可叹，可敬可佩！在清华校庆110周年之前或之际，纪念或回顾清华历史的书籍接近百部、文章难以计数，但令人遗憾的是，真正探讨清华历史上的曲折、坎坷、苦难以及它们所带来的经验教训的著述，真乃凤毛麟角。正是由此，《黑牢》文集在 2021 年的问世，堪称划过清华大学建校 110 周年之年上空的一颗"亮星"！

　　阅读《黑牢》文集，在我看来，还应结合通读陈楚三先生的回忆录《人间重晚晴——一个所谓"红二代"的人生轨迹》（香港，明镜出版社，2017 年）来进行。我个人认为，这部回忆录是数十年来众多清华校友各自写出的回忆著述中，最具有价值、最具有个性也最具有可读性的一部回忆录！这不仅仅是这部回忆录在记述清华文革诸多问题方面与这部文集交相映证，而且这部回忆录的一大亮点在于：作为中国共产党创始人之一陈潭秋先生的哲嗣，作为清华大学文革历史的一位参与者、见证者和评判者，陈楚三先生独具匠心而又游刃有余地把文革前—文革时—文革后的个人特殊经历和深刻反思加以融会贯通，进而，这部回忆录高屋建瓴地映现出的国史—党史—校史—个人史之间有机互动而力透纸背的"脉络"，切实为人们理解和把握《黑牢》文集创建了一处"大历史观"的"制高点"。

　　作者简介： 唐少杰，男，1959 年 11 月出生于山东省济南市。1978 年 2 月考入山东大学哲学系，获学士学位；同年 9 月考入武汉大学哲学系研究生，获硕士学位；1985 年 7 月毕业后进入清华大学任教。现为清华大学哲学系教授。曾为哈佛大学燕京学社访问学者，瑞典隆德大学语言与文学研究中心访问教授。研究专业为马克思主义哲学史以及清华大学"文革"史论。主要著作：《实践的哲学与哲学的实践》（保定，河北大学出版社，2003 年）《一叶知秋——1968年清华大学百日大武斗》（香港中文大学出版社，2003 年）。

清华文革黑牢和斯坦福监狱实验

陆小宝

两个月前，陈楚三校友给我发了一个 Email 说，他们正筹划出版一本名为《清华文革蒯氏黑牢》的书，嘱托我写一篇读后感。我看了随信寄来书的目录和部分书稿，五十多年前在中国最高学府清华大学出现过极为凶残、灭绝人性的历史又一幕一幕地呈现在眼前，令我心潮起伏，不忍卒读。但对写读后感的嘱托，我却心生犹豫。其原因有二：首先，从目录看，书中大部分文章都曾公开发表过，这次重新汇总编辑出版，有这个必要吗？有人会不会说这是炒作冷饭，煽动派性呢？再是，对这段清华历史，我已经写过几篇读后感了，其中多数观点，我仍坚持。该说的都讲过了，这次我似乎已经没有什么可说的了。所以，两个月过去，我迟迟没有落笔。

但是，最近经历了两件事，让我对以上疑虑渐为消释，我认识到：现在汇集出版这本书的理由是正当的、充分的，绝非什么派性；再是重新审视这段历史，有深远的学理价值，值得我们花工夫深入探究。于是，我决定动笔写下这篇文章。

最近经历的是两件什么事呢？

第一件事，我在校友群里看到叶志江同学出版了他的《走出文革》第四版并在网上大量分发。叶志江的书出了三版还出四版，网友索要热烈，他都不是炒冷饭，那么陈楚三等人第一次将这些曾经面过世的文章汇总成书，当然更不是炒冷饭吧，料应也会受到广大读者欢迎。叶志江书中的亮点是他的所谓"英雄救美"，揭示了他被四一四派囚禁过的事实。陈楚三他们书的绝大部分内容是揭示团派方囚禁迫害四一四方老师同学的史实，故名之为"蒯氏黑牢"。实话说，开始我对只写一派黑牢的事是不太赞同的。文革黑牢两派都有。我曾建议并尝试协同团方同学搜集资讯，改为共同出版名为《清华文革黑牢》的书，以策更为全面可信。憾於此举未成，今天看到叶志江出版他的第四版，我是十分乐见其成的。他的书正好起到补充《清华文革蒯氏黑牢》内容的一些偏颇，读者可以将此两书互相对照、鉴别。所以，陈楚三等人的这本书不是什么挑动派性，而是志在消弭派性。我对叶志江新版书尚无缘拜读，但看到群里他的推广词略生感想。推广词曰："叶志江指示，请发扬自己闹革命精神，自行串联组织，南京校友需要《走出文革》书的请登记。"当然，号召登记要书无可厚非，但其"指示"一出口就是什么"自己闹革命精神"，什么"自行串联组织"之类的文革遗腔。说是"走出文革"，而真正地能够"走出文革"，是大大的不容易啊！

"走出文革"是这么的不容易。看来，要真正地走出文革，除了回忆亲身经历的文革史实以外，我们这一些人还应该放眼于更大的世界格局，放眼于成熟的科学方法，放眼于最新的学术理义。

下面就说说最近我经历的第二件事：前些天我在读一本书《路西法效应：好人是如何变成恶魔的》，作者是美国斯坦福大学著名心理学家菲利普·津巴多教授。津巴多教授 1971 年在斯坦福大学主持做了一个心理学实验，这就是心理学界非常有名的"斯坦福监狱实验"。实验时，津巴多教授在斯坦福大学地下室设了一个模拟监狱，他随机挑选两组心智正常的学生充当狱卒和犯人。在这种角色分配设定的情境下，两组学生的心理很快发生变化。扮演囚犯的人员变得茫然无助，而扮演狱卒的人员则变得凶残，以虐待扮演囚犯的同学为乐，甚至做出一些非人性的行为来。为了防止更可怕的事态发生，这个实验仅仅进行了六天，就匆匆提前叫停。2004 年，伊拉克拉布莱格布监狱发生了臭名昭著的美军虐囚事件。以此事件为契机，津巴多教授回忆、记述了尘封 30 年之久的斯坦福监狱实验，2007 年出版了这本书《路西法效应：好人是如何变成魔鬼的》。正如书名副标题写明，津巴多教授写这本书的主旨就是，尝试用现代心理学方法来回答这么一些关乎人类本性的现实问题：好人是如何变成魔鬼的？应该如何避免好人变成魔鬼？

津巴多教授主持的斯坦福监狱实验，与我们亲身经历过的清华文革黑牢的一段不堪回首的往事，有许多相似之处。对照津巴多教授《路西法效应》一书，再阅读眼下这本《清华文革蒯氏黑牢》，我感慨良多。它们之间有许多共通的事实，也有许多共通的学理。它们面对的问题，也是共通的。清华大学和斯坦福大学同是世界闻名最高学府，在某种真实发生或人为预设的情境下，他们中有些可称为天之骄子的学生，竟然都曾扮演狱卒，而且都做出了一些丧失人性的残暴举动。这是对人类本性弱点的共同警示。当然，一个是实验，一个是现实，再加上文化背景等等的不同，这两件事无论在规模上和性质上都不可同日而语。无疑，清华文革蒯氏黑牢更为触目惊心，更为恶劣。但是，这两者在有些内容上确实可以相互扩展，互相补充；在有些理义上可以互相借鉴，互相印证；而在某些观点上，也可以互相接纳，互相纠偏。下面就讲讲我的读书心得。很对不起的地方是，有时候我可能还是要重复一些我过去类似文章中说过的观点。

（一）多重视角的审视和争辨是鉴别事实真相的有效方法

津巴多教授主持做的斯坦福监狱实验旨在用实验事实来揭示人类行为的内在机制。这个实验在心理科学上的地位不可撼动，它的科学结论给人的启示非常深远。但是，同许多心理学教授以大学生为主体做的心理学实验一样，这个实验也曾遭到部分科学家同行的质疑：它是否具有可重复性？甚至有曾扮演狱卒的学生说，他在实验中的某些行为是为迎合教授的意图才做出的。对这种质疑，清华文革黑牢的事件对津巴多教授实验的可信性，无疑是强有力的支撑。斯坦福监狱实验的情境是人为设定的，而清华文革黑牢的情境是现实发生的；斯坦福监狱实验中的狱卒是斯坦福大学学生应实验要求扮演的，他们的残忍行为或可推脱；而清华文革黑牢的狱卒则是清华大学学生自愿充任的，他们的残暴行为则必须刑责自负。不管怎样，在某种情境中，天之骄子确实可能成为魔鬼。斯坦福监狱实验的这个结论，从清华文革蒯氏黑牢的真实历史中得到了印证。

进一步问，文革回忆中揭露出来的那些种种骇人听闻的事件就一定是事实吗？不一定的，任何回忆都掺杂主观想象的成分，许多描述文革的文章也或多或少受到事后作者个人利益和政治立场影响而产生事实扭曲。那么，清华文革蒯氏黑牢书中这些文章记录的是事实吗？是可靠的真相吗？我可以郑重申明，它们中绝大部分是十分真实，十分可靠的。为什么？因为它们经过了多重视角的审视、诘辩和验证。

　　《清华文革蒯氏黑牢》书稿中有一个内容很有特色。这就是它收集了陈楚三和孙耘两位同学往来的几封书信。（我不知道孙耘是否同意他的信件被本书收录。我个人认为，发表前应经本人同意。）陈楚三和孙耘在文革中属于不同的派别，都有过被囚禁的人生挫折，而且都有一股探求事实真相的心劲，说句不好听的话，他们也都还存在着那么一点小小的派性。在往来信件中，他们对清华文革中发生的有争议事件，心平气和地据理激烈争辩。经过这样多重视角的共同探求，有些事实得到确认，还有部分事件尚且存疑。我认为，这两位同学给我们开了一个很好的头，他们这种执着的求索精神是我们的榜样。

　　从批判性思维理论和认知科学的角度看，陈楚三和孙耘两人对有些问题产生分歧，并保留不同认识，是很正常的。人对外界事物的认识可以分为"事实"和"观点"，而"事实"还可以再细分为"一级事实"和"二级事实"。以四二九事件团方司机的汽车压死四方同学谢晋澄为例，××司机驾驶的汽车是否导致谢晋澄死亡，这是"一级事实"；××司机是驾驶失误，还是故意为之，这是"二级事实"；对××司机的惩罚力度不够，或者是处罚过重，这是"观点"。"一级事实"可以有统一的认识，"观点"可以各自保留。而"二级事实"一般会牵及到行为动机，认知科学认为这个问题非常复杂，不同的领域允许有不同的判断。司法上有统一的判定，在司法领域必须遵从，至于各人认知领域，则不必强以司法判定为准。经过两派同学多重视角的审视和争辩，在清华文革黑牢的问题上，我认为大部分"一级事实"已经基本统一，"二级事实"存有认识偏差，而在"观点"上有各自不同的见解。做到这个程度，就可以说：我们已经确定了清华文革历史的基本事实和真相。这是两派同学共同努力的重大成绩。

顺便说一句，对叶志江《走出文革》中披露的事情，陈楚三和叶志江之间也有过几封往来书信。在这些信中，陈楚三对叶志江书中陈述的内容提出了一些修正意见，有的修正意见还牵及到"一级事实"。在信中，叶志江对此表示认同。我没有见到《走出文革》第四版，不知道叶志江有没有据此对他的新版书籍进行修改。当然，如果他的书也能如《清华文革蒯氏黑牢》这样，将他同陈楚三有关通信原文收入书中，那就更好了。万一他没有根据他同陈楚三的通信，对他的新版书进行改动的话，我会或多或少感到有点遗憾。

（二）极端意识形态的民粹主义是当今世界的恶行之源

在《路西法效应》书中，津巴多教授在详细介绍了斯坦福监狱实验之后，接下去将目光转向现实社会，讲述了发生在伊拉克阿布格莱布监狱的美军虐囚事件。津巴多教授认为，同实验相似，美军士兵虐囚的残暴行为的心理起因，"情境"起到很大的作用。津巴多进一步追问，那么，又是什么原因造成这种让好人变成魔鬼的情境的呢？他认为，制造情境的力量来自"系统"。在美军虐囚案中，这个系统就是美国军方高管、政策制定者和行政最高领导。在书中，他还设立了一个虚拟法庭，将包括当时的美国国防部长拉姆斯菲尔德、副总统切尼和总统布什全部送上被告席。

津巴多教授主持进行斯坦福监狱实验时，正是中国文化大革命期间，但是在《路西法效应》一书中，他没有讲中国，也没有讲文化革命。今天，我们重提的清华文革黑牢，给津巴多的书补上了一个不可或缺的重要历史例证。清华文革黑牢的种种残暴行为，也是在当时特殊的情境下产生的。形成这种特殊"情境"的力量，也是一个"系统"，主要来自高层领导。文革的黑牢，其实是各种群众组织自行设立的五花八门的专案组。在"砸烂公检法"的口号下，他们私设公堂，滥用私刑，为所欲为，无法无天。种种令人发指的罪恶，只要冠以一个所谓"群众专政"的名号，就可以通行无阻。蒯氏黑牢没有法律依据，没有司法程序，可以随意罗织罪名，滥施诸如拔牙、昼夜罚站等酷刑，甚至将人活活打残打死。这些，在《清华文革蒯氏黑牢》书中有名有姓，有时间有地点，——真实地记录下来。文革黑牢比平常的监狱更加黑暗，更加暴虐。当时人对"群众专政专案组"无不谈虎色变，即便真犯有过错的人宁愿进监狱，也不愿进群众专政的专案组。这一切都是在文革理论的光环下，有领导、有组织地在全国推行的。

　　津巴多教授从"好人变成魔鬼"的现象，先是找到"情境的作用"，再推演到追责"造成情境的系统力量"，完成他的理论链条。读完全书后，我还在想，我们能不能再深入问一句：什么是"造成情境的系统力量"背后的"思想根源"呢？我个人认为，文革理论的思想根源有两个：一个是意识形态的极端主义，还有一个是对民主滥用的民粹主义。考察当今世界，许多罪恶的思想之源也是这两个主义。

　　文革中的"群众专政"这句口号，就是意识形态极端主义和民粹主义的典型集合。正宗的马列思想讲的是"无产阶级专政"，不是什么"群众专政"。我们在运动中将阶级斗争极端化，又搞了个"大民主"的民粹理论，两者结合生出了这个"群众专政"的怪胎。如果要真讲究马列思想的话，"群众专政"是对"无产阶级专政"的背叛，真正是修正主义的东西。事实证明，把"无产阶级专政"当成教条错了，而将之向更极端的方向修正，就错得更离谱了。

　　文革结束后，我们中的一些人用文革的思维方式反思文革，从一种意识形态的极端跳到了另一种意识形态的极端，非黑即白，后果是危险的。我一向认为，极端的意识形态取向是文革大折腾的思想根源。社会主义也好，民主制度也好，这种种意识形态在特定的历史情境下都可能有它的适用性和合理性，但只要将它们教条化、极端化，那就一定是谬误，一定是暴乱，一定是罪恶。一百多年前，法国心理学家勒庞写了《乌合之众》一书，指出群体行为的三个特征："一个是一致性，一个是情绪化，一个是低智商"，因之导致历史惨剧。读这本书时，经过文革的中国人很自然地联想到独裁制度、社会主义和无神论，许多人以为，只要有了民主，只要有资本主义，甚至引进某种宗教，就可以避免文革重演。其实，读书的时候，很少的人注意到，勒庞自己在书中明确地说道，他的这个群体心理学是总结了许多国家和民族的"民主、社会主义和宗教"等等群众运动而建立起来的。有人会质疑，"民主怎么可能导致历史惨剧呢？"答案是肯定的，极端民主的民粹主义极可能会导致社会动乱。不久前，我在网上听美国历史课。老师说，美国的建国之父们对"民主"（极端民主的民粹主义）抱有担忧和警觉，他们设计了许多制度来防止这种极端民主悲剧的发生。随着时间的推移，民主成了某些政客的攻伐工具，这些担忧和制度开始松弛，美国社会出现种种不稳定因素。2020 年，许多中国知识分子清楚地看到，在新冠疫情、黑人运动和总统选举等诸多方面，美国社会显现出一些制度的隐患，甚至存在暴乱的预兆。所幸美国的公检法尚未受到根本冲击，它的法制观念深入人心，暴乱及时制止，但危险性并未完全消除。就在今天，我写这段文字之时，2021 年 1 月 27 日，美国国土安全部发出全国性恐怖主义警告，警示美国人日益受到"意识形态引发的极端主义分子"的威胁。

　　以前我说"极端的意识形态取向是文革大折腾的思想根源"，今天美国官方正式警告"意识形态引发的极端主义分子的威胁"。可见，无论是中国和美国，无论是社会主义制度和资本主义制度，都必须警惕和防范极端主义和民粹主义。正如我们中国经过一次非典，去年年初对新冠病毒保有高度警觉，产生全民抗疫的决心。也因为我们经历过文革，我们理应对意识形态的极端主义和民粹主义保持高度警惕，我们在识别和反对极端主义和民粹主义方面也应该做得更好才是。

　　美国作家菲茨杰拉德在他著名小说《了不起的盖茨比》中有一句名言："同时保有两种截然相反的观念还能正常行事，这是第一流智慧的标志。"作为经常关注中国思想界的我发现，这句 100 年前的话，近年来竟然成了中国许多年轻顶层学者中间的流行语和座右铭。我对这句话的理解是：我们要警惕意识形态上的教条和极端主义，警惕冷战思维，要时时刻刻保持开放、多元和宽容的态度，要随时保持对适时适地选择的灵动和保留多种可能性选择的余地。这才是真独立思考，这才是真大智慧。我在这里谨以此金句与大家共勉。

（三）对施暴个人追究刑事责任和道德谴责才能完成我们民族的人性启蒙

津巴多教授在书中对施行暴行的个人似乎更强调"情境"的作用，更强调追责形成这种"情境"的"系统"和造成这种"系统"的决策者。这种观点也正是我们大多数人对文革悲剧的共同态度。但是，《清华文革蒯氏黑牢》书中却提出另一种看法："为使领袖脱罪而将坏事推给下面，那是卑鄙；为证杀人凶手无罪而归于上面唆使，那是无耻"。又说，"我们的动机和目的只有一个，通过披露和揭露、批判和谴责这些超越人性底线的暴力行为，从而呼唤正常人性的回归。没有正常人性的回归，我们的社会就永远不是一个正常的社会。"而且，书中还一一点出触犯人性底线的人名和暴行。显然这是主张，在追责"情境"和"系统"的同时，还要揭露和谴责施暴的具体个人。这种主张在理吗？它同津巴多教授的学理矛盾吗？

其实，对产生暴行的原因，历来存在两种观点，一种是个人品质造成的叫特质派，还有一种是环境造成的叫情境派。这两派交互争辩贯穿了人类善恶之辩的始终。这两派吵得不可开交，其实，依我看这两派之辩不是那么不可调和。因为一个人施暴犯罪肯定是在某个情境下才能发生，这不就是情境派观点吗？但在同样的情境下，只有少数人施暴犯罪，多数并不犯罪，这少数人还是由于个人品质造就犯罪，这不就是特质派观点吗？所以也许可以这样说，产生暴行的原因，乃是在某个特定情境下引发了某些人恶性品质造成的。那么，为什么两派观点还要交互争论不休呢？应该说，这是在某个特定社会的历史条件下互相纠偏造成的。

为什么津巴多教授持情境派主张，他要纠什么偏呢？在"得到"上解读津巴多教授这本书的风君先生说："到了近代，随着启蒙运动带来的思想解放以及理性主义、个人主义的兴起,让特质派在西方占了上风。"人们普遍认为,超越人性底线的凶残行为是绝对不能容忍的;而人具有理性思考的能力,有自由意志,如果作恶那一定是个人恶劣品质造成的。而现近的认知科学对个人行为的自由意志之说很不以为然,这时津巴多教授站出来强调情境论,学术上有最新科学的理论依据,而在现实社会上也确实达到了对片面推行特质论的纠偏作用。

那么,我为什么也赞同对清华蒯氏黑牢中发生的超越人性底线的施暴人员进行揭露和谴责的特质派观点呢?因为我们的民族没有经历过深入的启蒙运动,对人性和人道主义还没有全民族的绝对的和无任何借口的认识。对文革的反思,主要集中在社会制度方面,对民族文化的启蒙方面被大多数人忽略。由于这种反思上的偏缺,许多具体施暴者没有深刻自我反省,他们理直气壮地将责任推向制度,推向高层。人性和人道主义还没有在全社会完全确立,为全社会的未来留下了隐患。

说到启蒙,在过去文章中我曾经提过,文革是知识分子的一次思想解放和启蒙。许多同学对此说甚不认同。不久前,我看到上海女作家王安忆一篇以文革为题材的小说,书名就叫《启蒙时代》。王安忆志在对文革中的教条主义和基本人性的缺失进行一次思想清理。有些业内人士对王安忆此举评价颇高,有人甚至说她这篇小说可比之十九世纪俄国作家托尔斯泰、屠格涅夫和陀思妥耶夫斯基的作品深度。但以我看来,多数读者对她这篇小说的评价好像并不太高,有些人对她将文革称为"启蒙时代"很不以为然。有人甚至评论说,文革算得什么启蒙时代呀!王安忆这么称呼,是她讽刺性的正话反说。那么,为什么读者对王安忆称文革是启蒙时代这么不认可呢?我认为,文革过程本身当然不能称为启蒙时代,是对文革的反思,对社会文化的彻底反省和清理,从而在全社会确立人性、理性和正确的个人主义观念,要经过一番在思想、文化上的觉醒和努力奋争,这才有可能将文革转化为启蒙时代。而我们在民族文化上反思文革上严重缺失,还远未能完成将文革变成启蒙时代的转化。要完成我们民族的人性启蒙，必须将文革的残暴行为作为众矢之的，让它们在社会上无立足之地，不留有余地，无任何借口可言。

那怎样才在中国文化思想上也来个启蒙呢？深刻的东西我说不出来，我只想从上面风君先生讲的"思想解放、理性主义和个人主义"这三点，讲讲我的粗浅体会。

先说思想解放。我理解的西方启蒙运动的思想解放，首位的是人的解放，也可以说对人性的思想解放，把人性摆在最高、也是最底线的位置。文革中施行残暴行为的人往往自我辩解说，那时候我认为是革命呀，革命高于一切，革命就要对敌人残暴无情。这种辩解就是没有经过启蒙运动的典型思想。正是在文革期间，我们弄到一本小说，大家互相传阅。这就是法国作家雨果在1874年写的《九三年》，这个九三年指的是1793年，这本书写的就是法国大革命期间的故事。小说的三个主要人物，一个是代表反革命头子的叔叔朗德内克侯爵，一个是代表革命者的侄儿郭文子爵，还有一个是郭文的老师、革命的政治委员西莫尔神父。这位西莫尔政委主张的就是对反革命必须冷酷无情，对违反革命纪律的人必须严惩。小说的结局也即高潮是，本来可以脱逃的反革命朗德内克突然间良心发现，冒着被擒就死的危险救了三个孩子；被此举感动的郭文私自放走了朗德内克；西莫尔执行革命纪律判处郭文死刑，最后拔枪自尽。故事情节多少有点概念化，但雨果借以表达的却是他对人的最终分析。郭文最终因为良心，认识到革命的目的不是任何东西，而只能因为人。雨果在书中有一句千古名言："绝对正确的革命之上，还有一个绝对正确的人道主义。"我认为，这句话道出了启蒙思想的核心本质。作家林达写过一本散文集，叫《带一本书去巴黎》。带的一本书，就是雨果的这本《九三年》。我们对文革的思想、行动和对各派的评价，也可以用雨果的以上名言为依据。刚刚，我看到群里邱心伟介绍徐友渔先生评论文革的话：用最终的善为当前的恶辩护是行不通的。我挺认同这句话。引伸到评论我们清华文革两派，先别去计较哪派观点对错和正确不正确，首先要共同谴责文革中的失去人性底线的残忍行为。实在说，其实我心底不是太赞成《清华文革蒯氏黑牢》这个书名，我曾努力想要将它编成《清华文革黑牢》，应该两派联合来编这样的书。我的想法目前可能不现实，所以我确实十分赞同叶志江再版他的书。我还希望能看到更多团派同学也出这样的书。清华文革中失去人性底线的施暴者，毕竟是极少数。我们经历过文革的绝大多数的清华学生犯不着为这极少数人背黑锅；我更不想让这极少数施暴者在派性的掩护下逃脱历史的道德谴责。

再说理性主义。有些文革施暴者往往这样为自己辩解：当时我们受某种理论潮流的影响，我们是被骗了，才失去了理性。那么，什么叫理性呢？我下面说法可能会出乎很多人的预期。先讲个故事：三年来，我基本每天在网上听万维钢的"精英日课"，因为万维钢在课程中会将他认为当今世界中最新、最重要的学术著作（包括社会科学和自然科学）及时介绍给中文读者。"帮你和全球精英大脑同步"这句话打动了我的心，我学得不好，下面只能粗略讲一点点我上课的心得。2020年4月到5月，万维钢化半个月时间讲一本2020年1月才出版的学术新书《你当我好骗吗：我们相信谁和我们相信什么科学》（至今尚未有中文翻译本）。作者是巴黎让－尼科德研究院的认知科学家雨果·梅西尔。万维钢说，这个梅西尔眼下还不算太有名，但他的著作多，质量高，比一般的认知科学家和心理学家至少高两档。这本书梅西尔颠覆了一个学界共识。什么学界共识？学术界很多研究都说：老百姓很容易受某种理论和宣传的鼓动欺骗，群众运动是乌合之众，受到宣传谣言的忽悠，一哄而上而跟着走。梅西尔说，不，老百姓没那么好骗，他们跟着干傻事，"不是人们愚蠢到真正相信这些东西，而是这样做对自己有利。这是一种策略性的选择。这就是梅西尔的基本论断。人们听你的，并不代表真的信了你，也许只是将你当个借口，去做对他们自己有利的事而已。"梅西尔说，人是理性的。这个理性，就是去做对自己有利的事情。我认为：其实，梅西尔根本不是什么颠覆一个学术共识，不过只是着重强调了经济学一直来对"理性"这个概念的说法罢了。我们要学会两种思维："心理学思维强调人有认知偏误，人是情绪的动物；经济学思维认为人是理性的动物，特别做严重的事情时，是有算计的。"学会经济学思维，你就学会从利益的角度看人看事看世界,你就会变得聪明,透过许多花花绿绿幕布的遮盖,一眼看穿本质:利益算计的驱使。有了这么个"理性思维"的眼光,清华文革的许多糊涂账也就可以不那么糊涂了。

　　清华文革为什么有这么多惨案?只要用"五三〇"三个字就说明白了。蒯大富为什么造反,开始确是反抗对他本人的迫害,后来有名了,就滋生更多利益的算计。什么是他们的最大利益?成立革委会呀,夺权当官呀!本来筹谋得好好的1967年5月30日成立的革委会,被周恩来的一个回条泡了汤。周恩来写的是,"蒯大富同志,清华大学革命委员会要在大联合的基础上召开,才符合毛泽东思想的指导原则。现在听说你们革命派还没有联合起来就宣布开会。我们就不好参加了。"周恩来不参加会,革委会无法成立,官就当不成了。什么革命派没有联合起来?四一四呗。同四一四联合得起来联合不起来?联合不起来。怎么办?打倒搞垮呗。1968年清华武斗中为什么有一个死伤多人、火烧东区浴室的五三〇大战的惨案,明白了吧?就是这个1967年五三〇实际利益生出来的事。再说陈楚三他们书中讲述的所谓"罗文李饶反革命集团"和"十二人反党集团",用"理性思维的眼光"一眼就看得清清楚楚,是他们真的对所谓的反党分子这么刻骨仇恨才施行酷刑吗?当然不是,其目的就是要把四一四打倒搞垮嘛。这是四人帮指使的吗?也不是,深究其本还是五三〇这个实际利益指使的。书中引用了原团总部委员王良生同学的证词:"我可以明确地回答,江青从来没有指示成立罗文李饶专案组,她也从来没有过问过此事。老蒯曾经拿罗文李饶交待材料中摘要内容向谢富治汇报过。谢富治瞅了一眼说,这些东西我不敢看,你们也别扩散。你们不能搞逼供信,不能打人,把人打坏了,你们将来也交不了账。你们应该将他们移交到北京市公安局。"毛泽东叫你造反,你们听进去了,因为对你们有利;毛泽东周恩来叫你们大联合,你们听不进去,因为对你们不利。你们真的受了什么骗吗?正如梅西尔说的,只是将某些人的话当个借口,去做对你们自己有利的事而已。不信吗?请问谢富治明确要你们将罗文李饶交到北京市公安局,你们没有交吧,还是要放在你们"群众专政专案组"里折磨、屈打成招吧！许多认知科学家经常说，人们只听他们愿意听到的东西，人们只看他们愿意看到的东西，人们只回忆他们愿意记到的东西。文革十六条明文写着打砸抢和犯罪行为，放到运动后期处理。谢富治明白告诉你们，不能打人，人打坏了，将来你们也交不了账。说得这么清楚，你们不但将人打坏了，有的人还被你们活活打死了。文革后期真交不了账了，处理了，坐牢了。你们又说自己受骗了。都清华大学生了，看不懂文字吗，听不懂话吗，谁骗谁呀？说实在的吧，你们是受了自己利益算计的骗，不是智商问题，是利令智昏罢了。江青和谢富治等人没有指使过蒯大富搞什么"罗文李饶反革命集团"和"十二人反党集团"，这并不是说江青、谢富治没有做坏事，他们有他们自己的利益考量，他们有他们自己的账。问题是，他们被打倒了，有些在文革中干了坏事的人就趁机将自己的该负的责任全部推到他们头上。这是许多文革施暴者用以摆脱公众谴责的惯用手法。

当然了，四一四派的人也是利益驱使，也必然是要做对自己有利的事；也拿什么林彪语录的"战歌"之类东西来当借口；也干过非法囚禁的事情。大家也可以揭露，也可以比较，也应该谴责。前几天，叶志江新版书在网上引起热议的同时，陈楚三提出了一个"自揭家丑"的倡议，号召四一四的同学揭发自己派中虐俘、打人等残暴行为。此举引起清华几个群的热烈反应，有人赞同，有人反对，有人提证据，有人激动争吵，甚至闹到有的多年老朋友几乎绝交的程度。我浏览了几个群里的争辩帖子，简单讲一下自己的感想。我认为，陈楚三"自揭家丑"提议，主要反映了他两种心理状态：一是良知，二是自信。说良知，是他认识到四一四方确实存在打人行为，而无论哪一派打人都是错误的。我看了他的建议，有几点让我感到他的真诚，比如他相信叶志江被打的事实，并对至今留下腰背酸痛后遗症深表同情；还有他讲到孙耘讲义气，主动替害死罗征启老师弟弟的直接施暴者承担责任。我看这些认识只有真心不计前嫌、换位思考，才能做到。再说自信，他确实相信：四一四方在文革中所做伤天害理的事是有，但不多，只要把两派所作所为通通揭露出来，经过大家的比较鉴别，就可以更加深化对蒯大富方的暴行的认识。那么，"自揭家丑"

的提议为什么会遭到这么多人的不理解和反对呢？这个提议只让大家分头去揭露有没有打人或多少人被打过是不够的，这么多年过去了，要回忆也不可能回忆得清楚。我认为，也许还需要再往前走一步，倡导大家从经济学意义上"理性思维"的眼光对四一四方的行为做一个整体剖析，即四一四在清华文革中主张和处境是什么？他们是如何"做对自己有利的事"的？蒯大富在文革初期的表现深得毛泽东和中央文革的支持和赞赏，所以他这派产生"夺权当官"的利益考量可以说顺理成章。而他们搞的完全是极左和极端的一套，可以将别人打成反革命和随意处置别人的前途命运。而当时，在清华取代蒯大富是不现实的，四一四的产生只是为了"制衡"。我过去文章引用过唐伟的说法：不被蒯大富打成反革命就行了。这次各群讨论中，有一位北大的朋友发帖说，在文革中的那次毕业分配中，北大聂元梓由于缺乏制衡力量，她的对立派学生都被分到边远地区，而清华由于四一四的存在就好得多。跟帖的清华同学深以为然。而蒯大富要成立革委会一派掌权，这种制衡态势打破，四一四同学的毕业后命运就完全被他们掌控了。蒯大富要在1967年5.30成立革委会，四一四方觉得无法阻挡得住，当时的想法是让团派做"执政党"，自己作为"在野党"存在。周恩来突然宣布不参加蒯大富5.30革委会成立大会，四一四是出于意料的。周恩来便条中提到了毛泽东"革命派大联合"的指示，其实表示当时中央的意思是要清华成立"联合政府"，以蒯大富为主，四一四为辅，两派搞几比几的共同参与。这是国共斗争时期毛泽东的一贯思路。5.30革委会破产后，团派和四一四实际形成了"割据"状态。蒯大富不愿意搞联合政府，也不愿意让四一四作为在野党而存在，更不容忍相互"割据"。他不惜用一切极端的、残暴的手段，要把四一四彻底打倒搞垮，以实现他一派专政的独裁政权。他倚仗毛泽东和中央文革对他的宠信，无所顾忌，无所不用其极。在文革中和文革后，蒯大富一再说过他当时的做法，就是要造成四一四彻底垮台的既成事实，逼中央表态。在这种情况下，四一四的一切行动的目的只有两个字："生存"。要"生存"下去，必须做到两点。一是反抗蒯大富的残酷迫害，避免被团派吃掉。所以，四一四也参加武斗，战斗中也有打死人；也抓过人，打过人。另外，四一四要生存下去，必须严格约束自己的成员，不能肆意妄为，因为中央文革一直紧紧盯着它，一旦被抓住把柄，立即会被取缔。我过去说过："蒯大富有恃无恐，大开杀戒。四一四顾忌重重，缩手缩脚，当然就只能多吃些亏了。四一四头头不是没本事打，也不是生性善良不忍心打，实在是在偏心后娘的眼皮下，不敢放开手脚来打。这就叫'不得宠的孩子有眼色'，也幸亏他们有眼色，在这样疯狂险恶的环境下少犯了好些更严重的错误，正如四一四头头蒋南峰所说的：四一四能够全身而退，简直是一个奇迹。"这就说明了，为什么后期有这么多团派人士因挑起武斗、放火、打枪杀人和黑牢毒打致死人命而被处理，而四一四方被记录存档的是犯"抬尸游行"错误的汲鹏。这次各群讨论中，有群友发帖说："1968 年 10 月 5 日，清华留校人员和暂缓分配人员同时出发去宣化和沙城 65 农场时，蒯大富率文武几十人泣别吴慰庭，在他胸前挂满了像章。"蒯大富为什么会把将人活活毒打致死的吴慰庭当成落难英雄？这不正好证明这种残暴行为是符合他不惜一切手段将四一四打倒搞垮的战略意愿吗？在这次各群讨论中，蒋南峰还在追查他带领的四一四保卫组成员中有谁打过人，这也正好证明了，打人这种行为是不符合四一四"力图生存"的战略意愿的。这几年我在"精英日课"学习，有一个重要收获，是让我懂得：在认知过程中要鉴别"理工科生的底线思维"和"文科生的故事思维。"什么是"底线思维"？"底线思维"就是要从事物的原始形态出发，理清逻辑脉络，分析大数据的概率，把握整体走向和性质。这是认知上的科学方法，以上对四一四在文革中行为的分析，只是我的一个尝试。什么是"故事思维"？这种思维着眼于事情过程中的某些细节，加以情节和描绘，以此引发人们的情绪反应。再就是习惯于"举例说明"，这种例子即使是真实的，也无助于把握整体脉络。还有，许多中国文人不懂"虚构写作"和"非虚构写作"的区分，写文章文采横溢，让读者分不清哪些是事实，哪些是想象。这种"故事思维"目前十分普遍，很容易将人们带到沟里去。我们那几届清华学生都是"工科生"，但一触及社会科学问题，许多同学还不会用这种"理工科生的底线思维"，往往被"文科生的故事思维"的文才迷惑。这次各群讨论中，有人发帖说："四一四和团派都是极左和有暴力倾向的两派"，马上有人跟帖反驳："你检查自己有极左和暴力倾向可以，不能将我们都拉进去给你垫背。"记得以前有人就曾说过："文革是灭绝人性的，灭绝人性的东西不能一分为二。"文革中有灭绝人性的人和事不假，但是绝不能举出几个例子就将参加过文革的广大群众统统污名化为灭绝人性的人。"大家都一样，大家都犯了错"，这是文革中的施暴者摆脱公众道德谴责的又一惯用手法。

最后简单讲一下个人主义。对不起，这要重述一下我自己以前文章的话。在《流着眼泪剥洋葱》一文中，我在"唤醒我们这个民族的公民责任意识"的标题下写过，"在中国教育中，对个人主义这个概念，长期存在错误的理解。要不把个人主义批得臭不可闻，要不就将个人主义视为'人不为己，天诛地灭'的最高信条"。更高意义上对个人主义理解是，人的个体是认识外部世界的基础，人要有自己的独立思想，有自己自由行动的权利。特别是，每个人必须为自己行为对社会造成的后果负责。这一点，更是现代自由民主社会的基础。有些人文革中个人野心极度膨胀，说是"紧跟中央干革命"，却拒绝中央"两派大联合"组成"联合政府"的意图，不惜用法西斯才用的残暴手段，企图在造成既成事实后"逼中央表态"，实现他们一派专政的独裁政权。到今天却抱怨，自己被利用，自己被抛弃。这是哪门子的个人主义呀！江湖上有句话：出来混，迟早是要还的。这话是说得糙了一点，其实意思不外就是"每个人必须为自己行为负责"，这种"个人主义"什么时候都不会过时。

我从前说过，反思文革有"事实，制度和文化"三个层面。现在来看，事实和制度两个层面，反思得都不错，有些文章写得很深刻，我也很赞同。而文化这个层面不得不说，反思得还很少很浅。从上面说及启蒙运动的三个基本要点，包括我在内还是很生疏。所以，这就是为什么在文革中施了残暴行为而没有反悔的人，还有这么多的辩解理由，这么多的委屈。而社会上还有这么多人为他们抱怨，对他们同情。这就给我们这个民族、我们这个社会对文革残暴行为的重演开了口子，留下了隐患。罗征启老师对有悔过表现并请求原谅的孙耘等同学表示原谅，确实是高风亮节，值得大家学习。但是如果不管对方忏不忏悔、思不思改就不计前仇，一概大度起来，那就不是原谅，而是姑息，是为重演文革惨案留下后患。对文革残暴行为的个人，不忏悔的都要严厉道德谴责，不给没有人性的恶行留下任何借口，只有这样，才能完成我们民族的人性启蒙。

（四）路西法效应是对我们每一个地球人的心灵警示

津巴多教授对写他主持的斯坦福监狱实验的书起了个《路西法效应》的书名。什么是路西法效应呢？在西方宗教里，路西法（Lucifer）本来是个"晨星天使"，后来因为为骄傲等原因，背叛上帝，成了魔鬼。圣经上有"明亮之星，早上之子，你何竟从天坠落"的经文。所以，路西法效应就是天使可能堕落成恶魔的意思。这本书中译本书名的副标题是"好人是如何变成魔鬼的"，其实也不太切题，如改成"普通人是如何变成魔鬼的"的话，会更符合作者原意。津巴多教授写这本书的中心思想是：我们都不过是普通人，在某些恶劣情境下都有可能做下恶行。而也有些普通人，不在恶劣情境下丢掉天良，他们会成为平凡的英雄。为善为恶只在一念之间，你可能成为恶魔，也可能成为英雄。

先说普通人可能做下恶行。说我自己吧。我经历了清华文革，没有做过明显的恶事，名声似乎也不是太坏吧。我75岁了，最近好像身体出了点不好的征兆，也许会查出什么很吓人的毛病来，难道真的快到生命尽头了吗？人到这种时候，我常常半夜反问自己，我这一辈子活得到底是什么个样子。毫无疑问，我只是一个最普通的人，不是大奸大恶，对来过一趟的人类世界也无贡献可言。但《路西法效应》不是说，普通人也可能干恶事吗？反省起来，我自己的内心深处确也有许多恶的成分，时有不良念头，也会有干点恶事的冲动。恶事最终没有干出来，多半是我生性懦弱，没有那个勇气和能力；或许，只是我幸运地没有碰到偶然铸成终生大错的时机而已。我半夜读樊思清同学关于文革忏悔的文章时，后背丝丝发凉。这也完全可能发生在我头上呀！如果发生在我身上怎么办呀！别看我这篇文章上面几章好像说得振振有词，其实半夜想起时，我感觉底气不足，是有点发虚的。我说得过头的地方，说错的地方，敬请大家原谅我。今天，我在一个群里发了一句话：有生之年，我应该努力做一个不含极端偏颇的明理人。群里人也许不知道我为什么莫名其妙写了这么一句话，其实我是想让朋友们监督我，不让我自暴自弃，也不让我堕落。

　　再说说普通人可能成为英雄。不管是津巴多教授的斯坦福监狱实验，还是清华文革黑牢，加上美军虐俘的行为，都不是在正规职业岗位上行恶的。其实，经过长期的文明进化，在狱卒岗位的人并不代表他们就处在允许作恶的情境中。他们有纪律约束，有层层监视，他们不一定会做坏事。只要不"彻底砸烂"，各国的公检法都会有互相监督和一定的工作程序。对待战俘，不是还有个"日内瓦（第三）国际公约"吗？今天，我就讲一个处于此类职业情境中而成为"英雄"的普通人。个把月前，我偶尔在网上看到两个美国学者写了一本名为《解放之囚》的书，其中故事让我着实感动。这两个人是一对夫妻，男的中文名叫李克，女的叫李又安。1948年他们来中国，先后在清华大学和燕京大学教外语和学中文。某美军军官让他们多与中国第三势力的著名知识分子接触，并收集、汇报情况。1951年被中国官方以间谍罪先后逮捕，关在北京草岚子监狱。1955年左右他们陆续被释放并回到美国。因为他们始终不肯承认在中国受到过什么酷刑和虐待，在美国很不受欢迎，找工作很不容易。后来经过努力，夫妻俩都成了大学教授和著名学者。他们将自己的经历写了《解放之囚》一书。书中有不少篇幅写了一个人，就是他们正式入狱前的年轻初审员汲潮（他是汲鹏同学的父亲）。他们对汲潮的专业素养、严正态度与和善品性都甚为赞赏。他们甚至同汲潮建立了友谊，1988年他们到北京时还专门找汲潮叙旧呢！后来中国官方也承认，当时把这两个美国年轻人当成间谍处理是有点勉强，只能说他们是在特殊时期、地点下撞到枪口上了。汲潮当时只是一个普通的审问员，在这样的情境下，还能得到对方这样程度的尊重和友谊，太不简单吧！今天有人还以为审问就是皮鞭、老虎凳呢！我真是极其感慨，我真希望清华文革群众专政专案组的同学也能读到这个故事。汲潮先生可以算是津巴多教授说的那种平凡的英雄了吧？

每个人都是天使和魔鬼的复合体，在一定的情境下可以行善，也可能作恶。问题只取决你如何释放自己的人性。"路西法效应"不是宗教神话，它是圣经，它是对我们每一个地球人的心灵警示。

作者简介：陆小宝，男，1946年生，浙江东阳人。1965年考入清华大学冶金系。毕业分配到青海西宁，后到成都、广州等地工作。1993年迁至美国，现居纽约。喜好阅读和格律诗词，曾在中国出版《美国吟游 万里旅程淘历史》一书。关于清华文革，曾在孙怒涛回忆录及其主编的文集中发表《文革研究的一个新课题》《找回自身的庄严——反思文革读书札记》及《辨识文革时最常见的"非黑即白"逻辑错误》等文字。

需要清偿的良心债

王允方

　　文化大革命是中华民族的一场浩劫。这场悖逆人类文明发展方向的运动，其惨痛后果影响深远，将波及我辈及以后的几代人。当年，我们身逢其时，身历其境，每个人的心灵都受到了考验。那是一段不堪回首、无法忘怀的岁月。

　　清华大学，这所中国的最高学府，文革时期因各种政治人物登台，扮演了世人瞩目的角色——这里出现过八.二四推倒二校门的恐怖行动，出现过呼风唤雨的学生造反派领袖蒯大富，出现过历时百日、真刀真枪的武斗场面，出现过开枪投弹，死伤736位工人、解放军战士的七.二七事件，之后又出现过刘冰等人秉笔直言，向毛主席写信告状……。这些历史事件有的已告白天下，恢复了本来面目，有的至今还被刻意掩盖——作为这段历史的参与者，我们需要尽自己的责任，在有生之年对身边发生过的事情厘清真相，恢复历史的本来面目。

　　近日，陈楚三给我一封邮件，附了几篇文章，他告诉我正在组织编写《清华文革蒯氏黑牢》一书，希望通过受害者的血泪控诉，将当年蒯大富、陈继芳等清华大学井冈山兵团头头们罗织罪名，迫害干部群众，捏造所谓"罗文李饶反革命集团案"和"十二人反党集团案"的罪行，以及他们私设监牢，刑讯逼供的残暴手段公布于众。这些耄耋老人追求正义，厘清真相，警醒世人的担当精神，令人感佩。

　　文革时期的群众运动，是一部分人基于所谓的"政治正确"，打击压制另一部分人，造成群众斗群众。群众组织本质上都是派系利益的代表，即使有的背后获得了中央文革的支持。当年清华蒯氏政权，即代表了团派的观点和一小部分人的利益，他们在广大师生中缺乏充分的信任与拥戴。这是当年"四大自由"环境下不少群众组织政权所面临的普遍困境,是三结合政权成立前的一种混乱状态。为了维护政权稳定,蒯大富依样学样,建立了一套文骗武吓蒯氏专政模式。团广播台与《井冈山》报无疑是文骗方面的主力军,他们一边鼓噪阶级斗争和继续革命理论,一边造谣惑众,煽动情绪,攻击414和其他持不同意见的群众。武吓方面,老蒯拥有左膀右臂:一边是由任传仲率领的各系武斗队,一边是由陈继芳统管的各种名堂的专案组,还有崔兆喜领头的保卫部。团派正是通过这套严密的组织系统,对持不同意见的对立派群众进行控制与打压。

需要强调指出:当年蒯氏专政的目标很明确,就是要在清华校内造成一种恐惧与服从的威权态势——顺我者昌,逆我者亡,容不得不同意见——这是他的主政方针;而其左膀右臂的各种行为,包括保卫部的绑架殴打,专案组的酷刑逼供,武斗队的滥杀无辜,都是忠实执行这一方针的具体表现。我们不难看出:团派极端分子的累累恶行,完全出自维护其派别利益的本能,具有全面的、系统的、有组织的、非常残忍的,而且是不被管束、不容置疑的派性特点;而与之对立的414组织,则是一个弱势群体,虽拥有数千之众,但势单力薄,孤立无援,完全凭着自己的信念与勇气,与老蒯顽强抗争。不错,414也有过激的行为,也做过一些应当受到谴责的行为,但是,这些行为都是个人的、零星的、低烈度的,而且往往是为了维护自尊,或者出于义愤所作的自卫与反抗。对于团派人员,414没有造成任何致命的冤案。所以,我认为414的这些行为,与团派上述有组织地政策性作恶在性质上是完全不同的。

多年来,我们一般同学都比较关注那些被团派武斗队明火执仗、开枪滥杀的无辜生命,包括在百日武斗前后,以及七二七那天伤亡的师生与工人。对于这样的犯罪行为,每个有良知的人都会善恶分明,义愤填膺地表示自己的态度。工宣队进校后,肇事凶犯被一一锁定,受到了法律的审判。应当说这一笔笔血债的清偿比较及时,也比较公道。而相比之下,对于由陈继芳统管的二办,以及其下辖的专案组,他们的主要成员,这些人所干的坏事恶行,我们却了解得很少。重要的原因是团派头头长期捂盖子，害怕见阳光。前些年陈继芳提出"写回忆录应当写对我们自己有利的事"，这正说明了她内心的虚弱与恐慌，她在企图粉饰过去，篡改历史，掩盖真相。

文革期间我在414"解放干部办公室"工作过，与吕应中、文学宓、李兆汉、李康、刘承娴、徐一新等干部有些交往，印象甚好。后来，除了徐一新躲进科学馆逃过劫难，这几位支持414观点的干部都遭到了毒打或绑架刑讯，有的甚至含冤去世。七二七后我见过文学宓、李兆汉，知道他们吃了不少苦，但对于"罗文李饶"一案，我没多问，他们也未细讲。前几年看到罗征启《清华文革亲历记》一书，知道了案情的概况；其中有一节专门讲述他在三堡受虐待、被毒打的情况，我对施暴者的丑恶嘴脸及残暴手段有了具体的了解。此时我已年过花甲，历经沧桑，对于当年这些拖家带口的干部们参加运动的勇气感叹不已。真是太不容易了，需要冒多大的风险呀！2017年夏天，孙怒涛来北京，我们一起去李康家。李康身体蛮好，思路清晰，但一提及文革那段事，他明确回答："记不得，都忘了。"言外之意不愿多谈。

这次在《黑牢》书中，我看到了陈楚三写的《试析蒯大富们制造的清华'两案'》一文。他根据1983年11月底"中整办"调报字（83）3号文件的资料，把团派二办"罗文李饶反革命集团案"和"十二人反党集团案"专案组的面具完全撕了下来，暴露在光天化日之下。当年，一共有100余人参与了两个专案组的工作，分成六个专案小组，并配备了专门的打人班子（"保卫组"），其中有19人记录在案，都是参与刑讯逼供罗文李饶及贾春旺、邢竞侯等受害者的骨干分子。文中公开了这些人的姓名，他们的主要罪责。这些客观的事实，几十年来一直被蓄意隐瞒着、掩盖着，众人无法知晓。实际上除了记录在案的19人外，参与行凶作恶的还有许多人。此外，这次我还看到了有关谢引麟、邢竞侯、周坚、张南清等受害同学和罗征启、文学宓、贾春旺等受害干部的文章，以及卢纹岱、宋楚强介绍的孙华栋被殴致死经过、饶慰慈的女儿根据母亲生前留下的汇报材料所写的控诉文章，第一次全场景地看到了团派专案组施行的那些惨无人道、令人发指的残暴行径，心中止不住一阵阵的痛——这里所写的都是真实的事情，不是在电影里，不是在解放前，不是在白公馆、渣滓洞，而是在文革期间的清华大学，这座高等学府——蒯大富私设的黑牢里；那些施刑者不是徐鹏飞、不是鸠山，不是法西斯，而是我们的同窗，那些斯文不再、良知丧失的大学生。我不由得回想起那几位熟悉的干部：文学宓、饶慰慈、李兆汉、刘承娴，当年都才30多岁，由于观点不同，被团派凶手施刑折磨，留下了一身的伤痛，现已陆续离去……。想想亡者，自己的老师，那些作恶的学生难道不感到愧疚吗？半世纪过去了，这些人中至今未有一人站出来向受害的老师和同学道歉，这是非常令人愤慨的。

关于"十二人反党集团案"，以前我零星知道一丁点，这次才第一次知其来龙去脉。令我惊诧不已的是，本人居然也被差点牵扯了进去。记得半年前陈楚三打电话问我：认识邢竞侯吗？我说不认识。他说："老团把你与他列在了一起。"真是莫名其妙！当时我并没多想。这次看到他，还有邢竞侯的文章中分别提到的1968年4月5日和19日的两份团派《井冈山》报合刊中的内容："414总部委员陈楚三的秘书邢××跟踪主席视察大江南北，窃取情报。王允方直接参与此事。"我才感到事情严重，需要弄个明白。由此我也切身体会到了——当年老团专案组就是这样子虚乌有，捕风捉影，编造证据，罗织罪名的！

事实很简单：1967年3月底我被抽调到中央文革记者站材料组工作四个月。5月初回新斋宿舍取衣物，隔壁房间一位团派同学（复姓司马）站在门口问我："听说你去林彪办公室了？"我答："没有"；又问："是去江青办公室了？"我说："没有"；再问："是去王力办公室了？"我说："你有完没完呀？"就这样，一则凭空杜撰的"王允方去王力办公室了"的谣言就此传播开来，成为团派日后陷害我，攻击414的一个"证据"。遵照记者站的纪律，回校后我从未向任何人谈及那段时间的工作单位与内容，只有这次莫名其妙的对话。因此，我对司马同学在谣言传播中的作用持合理的怀疑。此后，我宿舍里的抽屉与床铺被查抄，物品被窃取。司马一定没想到，正是这个莫须有的谣言，跟了我整整二十年，使我受到莫大的伤害。一直到 1986 年，组织上才通知我一句话："你没事了"。

我真不知道专案组的福尔摩斯们是怎么将我与邢竞侯连在一起的？！是年七月底回到学校，我因不同意"揪军内一小撮"，一直与孙怒涛、汲鹏留在学校里，没去过外地，更没去过武汉。我至今不认识，也没见过这位邢同学！真是无中生有，捕风捉影——看来团派专案组的水平就是这样烂！

半个世纪后的今天，历史已有定论。不管蒯司令还如何沉醉于当年的辉煌，自我感觉良好，也不管陈继芳如何潮起潮落，粉饰过去，专挑有利的写，但历史终究是无情的——清华的文革历史已经将团派少数头头，以及蒯氏专政机器的左膀右臂：武斗队与专案组，还有那个恶行累累的保卫部，钉在了历史的耻辱柱上。我想现在很少有人还会为他们当年的作为叫好。

今天我们反思文革，不仅要追寻团派蒯氏黑牢的真相，追查行凶打人者的责任，而且也要自检自省当年在法制无存、是非扭曲的大环境下，414 方面是否也曾做过错事、蠢事，有过非理性、过激不当、甚至残暴的行为，因此伤害了一些无辜者？这是事关维护 414 的荣誉，也是对历史负责任的重要态度。

本书中《评清华文革两派的打人事件》一文谈的就是这件事。据编者介绍，早在 2015 年，几位原 414 核心头头就曾达成共识，对于武斗期间本派人员的打人行为，不掩盖，不护短，适当时候予以公开。文中作者将目前已知的由受害者或家属告发的打人事件——列举出来，清清楚楚，许多我们并不知道。当年的总部委员郭仁宽的名字作为行凶者也在文中披露。文章再一次转述了原 414 头头沈如槐的态度，向那些文革中受到伤害的团派群众和干部表示真诚的歉意。老四这样自曝家丑，自揭己短的做法我很赞赏。这是诚信的表示，是反思文革的具体进步。当然，对于清华两派打人事件不可等量齐观、各打五十大板，因为无论从动机、行为、程度、后果、形态特点来看，双方具有根本的区别。对此编者做了周全、深入，令人信服的分析，相信读者都会认同。这些分析很重要，因为这是事实的一个方面，是真相的一部分。

文化革命是一场浩劫，触及每个人的灵魂。今天我们需要反思文革，因为每一个亲历者，不论是受害者还是加害者，都曾无可避免地在这场运动中经受了善与恶的考验——这是一次人性良知的大检验。

苏格拉底有句话给人以启迪："未经考察的人生是不值得过的人生"。我们这些文革亲历者，现已步入晚年，免不了会对自己的一生回顾与思考。一个人的能力有大小，碰到的机遇各不相同，人生的成就与寿数亦各不一样，这是再自然不过的事情，在考察人生的时候，我们断不会为此而心神不宁；真正会令人不安的倒是此生是否亏欠了他人，是否曾经作恶，欠了一笔良心债。良心债早晚是要清偿的。

两年前读了樊思清的文章"我要忏悔——直面我失落的人性"（见孙怒涛主编《真话与忏悔——文革50周年清华校友讨论集》）。文革中樊思清是团派武斗队的一员，驻守大礼堂。1968年7月4日凌晨，他在闻亭值岗，开枪射杀了65米外从科学馆后门出来的同学朱育生。短短十秒钟，改变了两个人的命运。

樊思清回忆事发后的心情：

"我一直在大礼堂内惶恐不安。天就差不多快亮了，我又跑回闻亭，面向开枪的方向看。天麻麻亮的时候，我在慌张之余，看见科学馆里面的414同学出来把朱玉生抬了进去。我只瞥了一眼就赶紧回去不敢再看，心里害怕情绪紧张到了极点，又独自一人回到大礼堂去了。大礼堂内空空如也，只有我一个人，谁也不来陪我一下。这一点印象太深，太强烈了！当时我就想不通其原因何在？"

"记得接下来的两天没有吃什么东西，抽了几包烟，很少和其他人说话。大礼堂的人见了我也不主动搭话，整个大礼堂的气氛好像突然沉闷起来了。第二天自己一人回到一号楼，独自一口气喝进去整整一瓶烈性酒二锅头，没有任何食物下酒，全是空喝，也没有喝醉，只是感觉身体有一阵子轻飘飘的。"

"事发之后的第二天我就开始感觉到,大礼堂的同伙已经怕我,回避我,不理我了!也根本没有人拿我当英雄对待,去蒯那里'报功''庆功'"。

上述回忆真实可信,说明当时至少在樊思清和团派这一群体的心中,尚存着一条不可逾越的道德底线,那就是人命关天,杀人犯法。这种集体负罪的感觉,一直持续到七月下旬。在七二七工宣队进校时,"整个大礼堂守卫人员的情绪都比较沉闷,说明大家心里都在想这个事情,所以就一致采取了放弃抵抗的态度。"大礼堂守卫人员,包括樊思清本人,没有开枪顽抗,而是打开了大门,为和平瓦解大礼堂区包围圈,进而顺利进入科学馆提供了协助。这是他们生命中的一大幸事。

樊思清自省道:

"从根本而言,我那时候丝毫没有尊重生命的概念,我甚至没想过这真枪实弹是会打死人的。那个时候,我真的没有人性,只是一个忠实执行总部命令的机器人。"他说:"我犯罪的这段时间,正是我对人的生命最冷漠的时候,如果有人对我这样提醒一句,有可能会让我惊醒。所以,只有用最感性、最直接的方式去唤醒他心底的人性,才有可能惊醒他。"

樊思清服刑12年后回归社会,开始堂堂正正地做人,他时刻坚守不再作恶的底线,认真工作,帮助他人,希望余生平静安宁。

樊思清的例子具有代表性。汉娜·阿伦特在谈及"平庸之恶"时指出:恶不是一种存在,恶是善的缺乏。只有善才有深度,是本质的。樊思清开枪杀人,触犯刑律,受到法律制裁。他从恶的泥沼中走出来,主动忏悔自新,愿意接受道德与良心的拷问。他的文章与访谈,在校友群中激起了巨大的反响,原先分属团四两派的同学都为他的坦诚与勇气点赞。现在的樊思清,洗心革面,一身轻松,因为他已卸下包袱,清偿了心头的良心债。

除了樊思清,这些年来幡然醒悟,回归良知的还有不少人。孙耘无疑是其中有影响的一位,做了许多积极的工作。此外,听说崔兆喜后来皈依佛门,寻求心灵平静;在生命的晚期,他向汲鹏、小豆谈了一些事情,他不想将良心债一起带走。

考察人生,清偿心债,关照灵魂——这是我们每个人生前需要完成的功课。

走笔至此,还想加上一段。

在《黑牢》一书中我看到了陈楚三与孙耘往来的几封邮件,篇幅很长。双方态度诚恳,观点明确,各有坚持。我想由于立足点不同,视角差异,达成共识不容易。

文革期间,全国上下无法无天,法律秩序荡然无存。那时候,在阶级斗争和继续革命理论指引下,只要政治正确,可以胆大包天,可以打砸杀人,可以无所不为。在这种观念主导下打造的蒯氏专政体系:武斗队、专案组、保卫部,自然成了为其效忠效力的工具和打手。对于当年专案组私设黑牢,刑讯逼供,那些主要参与者的打人行为是否触犯了刑律,本该事后诉诸法律,由司法机关审判定谳。但是在文革时期以及之后的大环境下,这些案件却由政治部门主导,通过搞运动的方式进行审查。原先的"政治正确"变成了后来的"政治不正确"——如何对待原先所谓政治正确下所干的恶行?原本属于司法管辖的问题竟然变成了政治判定的问题,故而出现了"记录在案"这样一种不伦不类的处理意见。对于这样的结论,自然加害人与受害人都难以接受。孙耘在邮件中说,加害人认为,自己做的事情在一打三反、清查五一六、清理三种人运动中来回翻烧饼,查了个底朝天,交代材料写了一厚沓,最后得到这样一个不明不白的结论,影响一辈子,想想心里有怨气。而作为受害者的另一部分人,难道不更是咽不下心中的这口气吗?!几十年来他们一直生活在梦魇之中,不仅因遭受酷刑,身心创伤延及终生,而且对于当年的惨痛经历,至今真相不明;他们希望在有生之年讨个说法。谢引麟说:我就想问两个问题:"一、为什么抓我?""二、谁打了我?"。这两个问题具有代表性,在许多受害人心里纠结了半个多世纪。汲鹏讲过一件事:文革期间,林贤光老师是红教联成员,1968年1月19日他被抓了。老团宣传说是414抓的。几十年来林贤光老师一直耿耿于怀,想弄个明白。他问了414保卫组负责人蒋南峰。蒋说:"我都告诉你去你家抄家的事,如果是414抓你的,为什么不说呢?"后来他有机会见到崔兆喜,追问之下崔才坦言是团派抓的,并企图嫁祸414。很显然,不论是团派或者四派,当年的受害人及其家属,还有广大关心清华文革的师生,希望了解的就是关于两案的事实与真相。这是他们的权利,是余生想解除的一块心病。可以说文革之后,政治部门罔顾司法,越俎代庖的做法,实际上煮了一锅半生不熟的夹生饭!

文革过去五十多年,诉讼时效不再,受害者想讨回公道,只能在司法层面之外,持续不断地寻求真相,大声呐喊,呼唤社会的关注。我们也殷切希望加害者中能有人在道德良知的感召下,自我救赎,反省忏悔;像樊思清一样,鼓起勇气,走出恶的泥沼,在有生之年清偿心中的良心债。

清华"两案"是文革罪恶的一个实证。今天《黑牢》一书的出版,我想还有一层更为广泛而深刻的意义:这是一次对每个清华文革亲历者心灵的检视,也是一次良知的教育。面对当年受害干部和同学的惨痛回忆,面对那些令人发指的血腥场景,读过此书的校友都应当有自己的态度。这不是在讲派性,这是在讲人性!如果有人至今还囿于当年的思维,漠然视之,无动于衷,那是人性的亏欠。

文革的教训太大了。在阅读《黑牢》之后我有两点深刻的体会:其一、警惕所谓的"政治正确",这往往是靠不住的,昨是今非的事常有发生;因此,善良的人们需要独立思考,不要受其蛊惑,参与任何形式的群众斗群众;其二、"在绝对正确的革命之上,存在着一个绝对正确的人道主义"——雨果在《九三年》中的这一名句,是告诫人们理性生活的箴言。

最后,我想用下面一段话作为文章的结尾:

如果说前几年由孙怒涛主编的《历史 拒绝遗忘》等三本反思文革的作品,是尝试在政治认识上寻求团四两派的共识,那么,今天由陈楚三等人编写的《黑牢》一书，则尝试在善恶良知上寻求两派的共同感悟。这是人性最本质的根基。

2020 年 12 月 24 日（圣诞夜）
2021 年 4 月 12 日改定

作者简介： 王允方，男，1946 年出生于上海市，1965 年考入清华大学工程化学系。1970 年分配到邯郸市化工厂。1978 年考入交通部科研院，后在交通部科技情报所工作。1985 年调中国康华实业开发公司。1984 年获专利代理人资格，先后参与多家专利代理机构的创建与管理。著书《我从香山班走来》（知识产权出版社出版），在孙怒涛回忆录《良知的拷问》和他主编的《历史 拒绝遗忘》文集中有《求索与启蒙》等多篇文章。

前车之鉴，后事之师

——反思蒯氏黑牢

尹尊声

引 子

美国小说家马克·吐温曾说："有时真实比小说更加荒诞，因为虚构是在一定逻辑下进行的，而现实往往毫无逻辑可言。"清华大学十年文革和百日武斗是比小说更荒诞的真实，是一场逻辑混乱的梦魇。1949年在建国前解放战争中，北京和平解放使这座文化古都免于战火和伤亡而被完整保存下来，清华大学校园随之幸免于难，没有遭受战火的蹂躏和破坏。但在文革中这座中西合璧的美丽校园却成了名副其实的战场，受到严重破坏，发生重大伤亡，这是在"文化大革命"的旗帜下发生在文明国度中最著名的高等学府一段文明和道德崩溃的黑暗年代。对此文化悖论现象后人一定会感到不可思议。

简·各布斯（Jane Jacobs）在《集体失忆的黑暗年代》中写道："'黑暗时代'的幸存者之集体失忆是永久和深远的。之前的生活方式滑入遗忘的深渊，就像根本不存在过一般。在集体失忆的时代，不只西罗马帝国崩溃前那个著名的黑暗时代的历史文化被遗忘了大半，剩下的也变得很模糊。在西欧发生了史上最激烈的革命时，黑暗时代的经验教训不仅没有被反省检验，甚至没有被注意到。"

同样，清华大学作为中国最著名的高等学府，文革十年是其历史上最动乱的十年，黑暗的十年，耻辱的十年。清华造反派对立和武斗达二年（1966-1968），随后的八年（1968-1976）极左"斗批改"政策下的整肃清理更是难以启齿的经历。在校庆活动，校友通讯和校史中都极力回避这没有逻辑的十年浩劫，清华文革便成了集体失忆的一段历史。这段被扭曲被掩盖和被遗忘的黑暗年代不仅没有被深刻反思，汲取教训，反倒有可能会卷土重来。忘记历史就意味着背叛，我想这大概就是编者整理出版《蒯氏黑牢》这个专辑的本意和使命。

重新评价这黑暗的十年，特别是评价蒯氏黑牢这黑暗中的至暗时刻，有必要从我本人文革的经历谈起。我不是作为文革的后来人，也不是文革的局外人，逍遥派，或观潮派来看待文革，而是作为清华文革的亲历者反思这段历史。我的反思不是为了自我灵魂救赎，而是履行自己历史责任，从理性错位和人性缺失推定这场浩劫的内在逻辑，警示后人。

1. 清华文革的亲历者

清华文革对我来说是一段可遇不可求又惊心动魄的经历。我是清华文革和武斗的亲历者和积极参加者。文革后在出国留学和工作的四十年中，几乎没有时间回顾和反省这段经历，我也成了一个文革失忆者。前不久老朋友陈楚三发来《蒯氏黑牢》的文稿，希望我写点评论文字。我当时欣然答应，但很快就发现，重新找回那段几近完全被忘却的记忆，并不是一件容易的事。所幸我保存了不少文革文献和清华校友写的文革回忆、评论文章和出版专辑，现在重新翻阅，这段历史才渐渐浮现出来。

我和清华文革，要从三个"零"开始。我是1964年秋入学，那时学制是6年，应在1970年毕业，是"零"字班。入学不久因病休学一年。1965年返校复学，此间清华学制由六年改为五年，我就成了"零零"字班的学生。读了九个月大学，文革开始，全面停课。后来大学被工宣队（实际上是御林军8341）接管，工人阶级占领学校，我被留校参加所谓的"斗批改"，直到我1970年毕业时，正常教学秩序尚没有恢复。因此我大学本科所学几近于零。因此我常常自虐是"戴帽"高中毕业或"三零"毕业生。

虽说大学没有学到什么专业知识，但在大学五年，我从没有逍遥过，一天也没有缺席文革这堂大课。文革一开始，写过质疑蒋南翔

"姓马姓修"的大字报，随后受到北京市委派的工作组的批判；毛泽东的《炮打司令部》大字报一发表，局面反转，我无意之中成了造反的"蒯派"人物，开始"在游泳中学会游泳"，紧跟伟大领袖闹革命。1966年8月31日毛检阅红卫兵，我作为清华造反派小头目，成了游行队伍的领队之一，在天安门广场维持检阅车道的秩序，在2-3米近距离见到毛主席和当时的政治局常委全部成员，包括排在车队最后的刘少奇。毛泽东脸色黝黑，和报纸上一直说的"红光满面"大相径庭，但不失我对领袖的崇拜。在红卫兵统帅的鼓舞下，满怀激情立即投入"红卫兵大串联"中，由北到南，由东到西，煽风点火，造"走资派"的反。与此同时，我自组一个红卫兵小分队，从上海党址（中共一大会址）开始，到南昌，井冈山，瑞金，遵义，延安等地，完成一次革命圣地朝圣之旅。在革命先行者的感召下，返校后一刻不停地组织战斗队搞大批判，积极参与成立414串联会和井冈山兵团414总部，负责动态和简报。最为戏剧性的是1967年7月中旬，明知总司令住在中南海，却有数万红卫兵在中南海西门成立"揪刘火线"，请战揪斗刘少奇；414不甘落后马上投入，我参与组织到中南海西门"安营扎寨"，在马路边上无铺无盖，在震天的口号和高音喇叭声中，睡了好几个夜晚，狂热夹杂在困惑之中。到了8月初，"揪刘火线"就成了文革小组王关戚策划的"围困中南海"事件。第一次感到受骗，帮了倒忙。

到了1968年初，清华造反派分裂加剧，形势变得对414更加不利。中央文革和北京市革委会主任谢富治明显一边倒，支持团派。团派大肆抓捕和监禁支持414的干部和骨干，手段极为残忍。我在1968年3月下旬参与组织营救侥幸逃出蒯氏黑牢的干部罗征启，获得成功。在"文攻武卫"的指引下，清华两派对立很快演变成武斗。各自设立武斗据点。同年5月2日在团派袭击旧土木馆的武斗中，为狙击团派进攻，支援被偷袭的旧土木馆战友，我不幸负伤。在回上海养伤的两个月中，组织了414校友的声援和捐款活动。七月初，清华武斗升级，414死伤惨重，处境更为困难。作为414头目之一，我深感继续留在上海苟且偷安，是逃避行为，遂在7月初断然返校和战友们共生死。返校前用捐款给留校奋战的战友买了慰问品；返校途中在南京停留，找到当地同情我们的南京 P 派首领曾邦元，向他求援资金和药物。经两次协商，他提供两大箱急救医药援助。到校后立即协助但燊驻守主楼战区。7 月 9 日，团派纵火烧科学馆大楼，一百多名被围困其中的 414 战士处境更加危险。我参与了为营救科学馆战友的地道工程，和动农系的战友和工人李云岭师傅配合，从动农馆向科学馆方向挖地道铺运土轨道，三班倒挖掘，昼夜不停，期望一旦营救出科学馆那里的战友，414 全部撤离清华园。7 月 16 日清晨，我刚下班出坑道，由另外二位战友接班。不久便遭到团派用炸药把坑道炸开，一人被埋在在坑道内，生死不明（所幸生还）。我倒坐在坑口，泪流满面，悲愤难平。我也参与进城抬尸抗议游行和到北京市革委会静坐示威呼吁中央干涉清华问题的计划。在 7 月 21 日凌晨我带队十多位战友从主楼步行出发，准备远离学校后坐车到北京市革委会与和平静坐的战友会合。在林学院附近的马路遭到团派小分队的武装伏击偷袭，陈清泰和光积昌受伤。其中陈清泰被手枪击中两枪倒地，大腿骨折受重伤，不能行动；我把他背到路沟里立即返回主楼要车救援，送往北医三院急救。

1968 年 7 月 27 日上午我正在主楼写上送的简报，见到大批工人进校，我顿时感到中央终于派人干预，我们 414 得救了。随后不久两派头头都被集中住到静斋办学习班。我和蒯大富分到一个房间，住上下铺。从他嘴里得知 7 月 21 日深夜是他亲自带队伏击 414 并开枪，那时的蒯大富已经杀红了眼。

1970 年 4 月，尽管没有上过几天课，5 年成绩单大部分空白，我们仍按时毕业。很幸运，我被留校当"新工人"，参加"斗批改"。紧接着，为实现工人阶级占领大学，当时掌权的迟群谢静宜异想天开要在清华生产卡车，把水利馆内中国仅有的水力泥沙实验室砸掉，作为 727 牌卡车的装配车间。我被分配到机械厂从学徒做起，加工生产汽车零件。我很快学会车铣加工并设计专门机床加工汽车变速器壳体，成了绝招，因此免除被发配到江西鲤鱼洲农场的命运。不出所料，生产出来的近百辆 727 牌卡车最终成了一堆废铁，成了文革极左路线"斗批改"失败的佐证。

　　武斗之前我激情和狂热过，武斗开始后我困惑和彷徨过，但没有逃避自己的责任和担当。我始终积极参与文革，自始至终提醒自己不能逾越法律和道德底线。我当时有比较明确的潜意识：不能作违法乱纪的坏事，文革可能搞十年，二十年，但总有结束的一天，总有清算的一天；不能作损人利己缺德的事，遭受良心的审判，遗恨终生。力求对自己所作所为问心无愧。我在参与中努力观察这场失去理性的政治运动，也努力观察和理解人性和道德行为。

　　五十年过去，如今我作为当事人身份见证文革中黑牢的存在和它产生的内在逻辑。团派私设监狱，非法刑讯，目标明确，组织严密，手段残忍，更具"专业"水平。但我并不回避414同样有非法监押"走资派"和团派人员的记录。

2. 始作俑者和文革再认识

　　要读懂《黑牢》中蒯大富的暴行，还需要从重新认识文革开始。到目前为止，回忆和反思文革的文献著作很多，从各个不同的角度再现这段历史。但出于各种原因又大都回避了不应回避的毛泽东至高无上的政治和精神权力。

　　按官修文革史，文化大革命是"一场由领导者错误发动、被反革命集团（指林彪集团和江青四人帮集团）所利用，给党、国家和各族人民带来严重灾难的内乱"。并指出毛泽东应为"这一全局性的、长时间的左倾严重错误"负主要责任。这一"利用"论把领袖和林彪、江青两个集团切割开来。这种切割把文革的责任推给林彪、江青两个集团，以此来化解对领袖和执政党的责任和信任危机，维护了领袖"天下至尊"和执政党绝对权力地位。

　　在非官方的文革研究中，杨继绳在其《天地翻覆》（2016）一书中提出的"三角游戏"论受到极大关注。杨继绳不同意文化大革命被林彪和江青所利用的观点，他指出是江青和林彪被毛泽东利用，不是他们利用毛泽东，他们只是利用毛泽东创造的机会清除一些反对自己的人。所谓两个"反革命集团"的"反革命行为"大多是在毛泽东的指使下推进文革的行为。正如审判法庭上，江青自我辩护所说：我是毛主席的一条狗，让我咬谁就咬谁。杨继绳认为文化大革命是一场毛泽东、造反派、官僚集团之间的三角游戏。在这场三角游戏中，红卫兵造反派是毛泽东用来清洗官僚集团的工具，借"造反有理"制造"天下大乱"，达到打倒刘少奇为代表的官僚集团。但事与愿违，红卫兵造反引发全国大规模无政府状态。在清华私设黑牢的非法行为就是在无政府状态下发生的。在基本达到消除刘少奇司令部的权力威胁之后，造反派成了负资产，毛泽东就又重新启用官僚整肃造反派，实现"天下大治"。杨继绳认为，"造反派是毛泽东的左手，冲击官僚体制需要他们；官僚集团是毛泽东的右手，恢复秩序需要他们"。而这场游戏的最终结局是："胜利者是官僚集团，失败者是毛泽东，承受失败后果的是造反派。造反派被毛当作'砸烂旧的国家机器'的工具、用来敲打官僚集团的石头，最终被这架不可能停止转动的官僚机器压得粉碎"。（杨继绳《天地翻覆》导论《道路·理论·制度——我对文化大革命的思考》）

文革错误的先知先觉

杨继绳《天地翻覆》中极为深刻的分析和结论是在文革结束后完成的，是对文革的总结，是后知后觉。我在这里想强调的是：文革动乱中造反派较早觉醒并反对文革极左路线的是北京地质学院的造反派头头、也是大名鼎鼎的首都红卫兵"第三司令部"的发起者和最早的"司令"朱成昭。

朱成昭是文革早期的一位传奇人物。1966年9月6日，由北京地质学院东方红公社第一把手朱成昭牵头成立了首都大专院校红卫兵革命造反总司令部（又称首都红卫兵第三司令部，简称"三司"），其负责人不设"司令"等名号，朱成昭为实际上的第一把手。在坊间流传着1966年12月朱成昭受到周恩来、江青和戚本禹的指示，秘密地三次派人到成都"揪"彭德怀，最终从北航红旗手里把彭德怀抢到手并押回北京的故事。据说朱成昭在看了彭德怀所带的在庐山会议与毛泽东争辩的八万言绝密申诉材料之后转变了对文革的看法，认为彭德怀在庐山讲的是实话，是正确的。毛泽东发动文革是从评《海瑞罢官》开始，是借批判海瑞"为民请命"维护自身的绝对权力和地位。毛说：《海瑞罢官》的要害是"罢官"，嘉靖皇帝罢了海瑞的官，1959年我们罢了彭德怀的官，彭德怀也是"海瑞"。朱成昭和地院东方红的头头们认为揪彭、批彭是错的，并由此发展到质疑毛泽东发动的文革。此后在分析文革形势的内部会议上朱成昭提出自己对文革前途的忧虑，被王大宾告密。中央文革组长陈伯达亲自向朱成昭打招呼说"如果不听我们规劝，要继续往下走，就会掉到茅厕里去，变成茅厕里的石头，又臭又硬，就悔之莫及了"。但朱坚持自己的观点。1967年2月4日，作为首都三司"司令"的朱成昭在有3万人参加的红卫兵大会上以作"检查"为名，系统地宣示了他那著名的"八大观点"：①大串联搞早了；②关于批判刘邓路线问题；③对老干部打击面太大；④大联合大夺权搞早了；⑤对联动抓人太多；⑥关于坐牢问题，不怕坐牢，不怕杀头；⑦聂元梓问题；⑧关于炮打康生和高级党校问题。系统地阐述了他反对毛泽东发动的文革和批判中央文革小组的左倾路线。

随后朱成昭的先知先觉给他带来长达10年关押和劳动改造的命运。在文革结束后，我一直在寻找朱成昭，想证实他是否有过这些评价文革的观点和其胆识的由来。几经周折，在1998年年中通过他在上海中学的同班同学得知他在北京，并取得联系。在我安排回国和他见面时，却得知他在同年9月不幸猝然去世。朱成昭长于独立思考，不盲从，对文革由追随，迷惘，怀疑到走向觉醒，较早认识到是毛泽东打开了"炮打司令部"的潘多拉魔盒，毛的确是文革十年动乱的始作俑者。

沈如槐的困惑和觉醒

朱成昭是文革问题的先知先觉者。相比之下，多数造反派头头是后知后觉者。沈如槐在他的文革回忆录里对他作为414头头在先后两年中参与的造反活动和心路历程有翔实的描述。沈如槐在读完毛泽东1968年7.28接见谈话后的反应，极为真切地折射出他对伟大领袖的迷惘和醒悟。

1968年7.27，毛泽东派遣8341部队带领组织三万工人宣传队进驻清华，制止武斗。当时414并不知道宣传队的背景，但全面配合，撤出据点，交出武器。而蒯大富则全面武力对抗，向工人开枪，造成极大伤亡；还扬言要揪出工宣队后面的黑手。毛泽东当晚召见北京高校造反派五大领袖，长谈5个多小时。我事后很快得到7.28毛泽东召见五大领袖讲话记录一个较早的手抄稿版本，拜读之后对毛前言不搭后语，漫无边际的讲话，特别是对清华大学两派分治的莫名方案，大失所望。觉得毛泽东已不再是神明般镇定自若地指挥文革，而是在手忙脚乱地收拾文革残局。

414一把手沈如槐看了7.28毛泽东接见五大领袖讲话记录稿后十分困惑，他回忆说："看完讲话，我沉思良久，但任凭我想破脑袋，也不能把握毛主席讲话的精神实质……，我永远不能理解毛主席伟大战略家的胸怀、他驾驭历史的领袖本色、和他处理重大事件的高超艺术和独特风格。不过我也独自琢磨：毛主席既支持了工宣队，又保护了蒯大富，把一场流血冲突化解于谈笑之中，莫不是为了确保文化大革命按照他老人家指引的方向继续前进？"（沈如槐《清华大学文革记事》P.418）。沈如槐不能理解的是：毛泽东直接指挥工宣队占领清华，受到414的全力支持，而蒯大富却殊死抵抗，最终造成工宣队5人死亡，731人受伤，还誓言要揪出幕后"黑手"；但毛对414不屑一顾，反而对蒯大富关怀备至。毛在接见结束离座之后，明知蒯大富闯了大祸，却又特意返回会议厅特别关照"不要整蒯大富"。在毛泽东心目中，414是反对文革的保守派，而蒯大富才是继承他文革衣钵的造反派。不难看出，这场文革已无法用逻辑推断公理是非，毛泽东提出的继续革命的崇高目标和残酷的现实之间有一条无法逾越的鸿沟。毛泽东召见首都高校红卫兵五大领袖，宣告红卫兵的利用价值已经结束。8月15日，毛泽东接见工宣队代表，工宣队拿到了"尚方宝剑"，立即要求解散两派组织。沈如槐写道："这个时候，我们可以说，工宣队在清华的地位从临时的'占领者'变成了合法的

'领导者'。也正是这个时候，我们可以说，蒯大富的红卫兵政权已经消亡，414 的历史使命已经完成，414 与团派已经同归于尽。"（沈如槐《清华大学文革记事》P. 428-429）

虽是后知后觉，但沈如槐醒悟了。沈如槐在回忆录书中最后一节《同归于尽》里明白无误地表达了当时自己的感受。

蒯大富执迷不悟

与沈如槐相比，蒯大富对文革错误路线一直是执迷不悟。清华造反派头头之一唐伟说的倒也爽直："老蒯好大喜功的虚荣心，在文革的特殊环境下很快转变为权欲野心，很快迷失了自己的本性，走过了一段疯狂的夺权道路"（聂树人：蒯大富是"文革痞子"）。他在文革中被抛弃和文革后被审判囚禁 17 年中，似乎开始觉察到毛泽东试图通过基层极端的大民主和以他本人为中心的极端集权专制来创造一个理想的"清正廉明的社会制度"，这本身自相矛盾。（米鹤都《潮起潮落——蒯大富口述》，载《回忆与反思——红卫兵时代风云人物》第一册，香港中国书局，2011 年 3 月）。可是蒯大富又好像从文革中没有领悟到什么。蒯大富以对官僚政治"大翻个"起家，但自己掌权时，无论是思维、观念和行为方式，依然是官僚政治那一套；他从对领袖疯狂盲从到不择手段肆意残害他人，成为玩弄权术的无耻之徒，对此他又毫无认识。至今，他仍然顶着"蒯司令"头衔，对自己的斑斑劣迹沾沾自喜，沽名钓誉。蒯大富在心理上两种不一致的认知，执迷于自己的错误，不愿意面对其痛苦的后果，很符合美国社会心理学家费斯汀格（Leon Festinger）提出的著名的"认知不协调"理论。这也就是说蒯大富的认知已不取决于是否符合客观逻辑，而只取决于他个人的心理逻辑或幻想。

3. 有限理性和对清华两派再认识

毛泽东是文革始作俑者，利用造反派整肃他认为的反对势力，推行其政治路线和确保自己至高无上的权力地位。在"赫鲁晓夫式人物就睡在身边"的警示下和"造反有理"的号令下，造反派头头蒯大富和沈如槐都是"奉旨"造反，那么又该应如何评价他们的角色和行为呢？

这里我想从理性和人性（德行）谈起，这涉及对个人和社会群体的评价体系。人的认知可大致分为两类，理性认知和感性认知。我们先介绍理性认知，然后再讨论感性认知及它和人性的关联。

理性（Rationality）是指一种认定真理不依赖感官而依赖于理智和演绎推理的方法论或理论（Bourke, Vernon J., "Rationalism," p.263 in Runes, 1962）。理性认知是人凭借理性的概念和逻辑推理而产生的"信"，它是人觉醒的理性意识对自己及世界的"清醒"的认识。人的活动和动物活动之间的区别在于人的活动符合一个理性目的，因此人被称为是有理性的动物。理性分为两类：完全理性和有限理性。

完全理性（Perfect Rationality）完全理性是指一个人有可能穷尽对事物的认识，包括对未来社会发展和最终形态的认识。但是，从决策论立场看来，要达到完全理性就必须满足三个条件：了解影响决策的全部信息；能够完全评估所有可能的结果发生的概率；有能力对每一种结果的偏好程度进行排序。显然，事实上是没有人能够达到以上三个条件的，因此"完全理性"的人并不存在。

不过这不等于没有人披着科学的外衣以"圣灵"的姿态出现。美国著名学者弗朗西斯·福山最具代表性的著作《历史的终结及最后之人》，认为西方国家实行的自由民主制度也许是"人类意识形态发展的终点"和"人类最后一种统治形式"，并因此构成了"历史的终结"。**这是典型的完全理性认知观。**在福山看来，他达到了人类社会意识形态的顶点，他人和后人不再会有新的发现了。福山的"历史终结论"一经推出，就引起了广泛的讨论和争议。"终结论"观点代表了西方世界在上世纪90年代初对苏联社会主义体系出人意料地崩溃的心理变化和对冷战后前途的预测。但是，冷战结束后30年世界格局的走向的极大不确定性，让福山面临越来越严峻的理论困境和预言破产的尴尬局面。

有限理性（Bounded Rationality）20世纪40年代，赫伯特·西

蒙详尽而深刻地批判了新古典经济学理论，认为这一理论是建立在完全理性的假定之上，是不现实的，从而提出有限理性原则。西蒙指出完全理性决策之所以不现实，是因为它的两个致命弱点：其一是假定目前状况与未来变化具有必然的一致性（这一点我们在下一节休谟《人性论》中进一步讨论）；其二是假定全部可供选择的"备选方案"和"策略"的可能结果都是已知的。本质上人的行为动机是**"愿意理性，但只能有限地做到"**。由于人们通常都不可能获得与决策相关的全部信息，况且人的大脑思维能力是有限的，因此任何个人在一般条件下都只能拥有"有限理性"，人们在决策时不可能追求"最优"的结果，而只能追求"满意"的结果。

西蒙的**有限理性**哲学思想对我影响极大。我有幸于1980年在出国培训中被学校指派到天津参加西蒙为时一周的题为"社会规划论"讲座。他从认知和实践有限理性原则出发，讲到人对周围世界的认识都是局限的，再讲到人不可能完全理性，不可能穷尽对客观世界的认识，这也包括对未来社会形态的预测和规划。正因为人不可能穷尽对周围世界的认识，这才出现宗教，把人们尚不能认识的部分交给万能的"上帝"，把人类社会最终形态想象为"天堂"。西蒙的讲座让我茅塞顿开，彻底改变了我的认识论思想和宇宙观。

但是在现实生活中和我们受到的教育中，马克思提出的共产主义学说被认为是**完全理性**认知的和科学的产物；共产主义社会被认为是人类的终极社会，其科学性和完美被渲染得淋漓尽致。

马克思主义在价值观上把理性凌驾于人性（理智，情感，和道德）之上，要求每一个人都按完全理性原则来规范调整自己的行为。如果有任何其他动机或原则影响他的行为，他都应加以反对。与此同时把人性的基本要求贬低为私欲，把人性的盲目性、变幻性和欺骗性加以夸大。很可惜，马克思主义学说和新古典经济学一样，是建立在完全理性的**假定**之上，同样具有两个致命弱点，即现状和未来发展的因果关系和完整决策信息的错误假定。马克思在150年前是对当时的资本主义社会的分析而提出的理论假定，并不具有信息的完全性，也和此后的社会发展并不具有必然的一致性。把马克思主义推到终极理论和绝对真理的高度，是把马克思偶像化，把马克思主义宗教化。这既违背了马克思科学研究的本来意愿，也违背了有限理性认知原理。

同样，在我们受到的教育中灌输的是领袖的话代表真理，放之四海而皆准，不容置疑；无产阶级文化革命和继续革命理论是毛泽东对马克思主义的最新发展，毛泽东领导的是一场完全理性的革命运动，是为了人类的解放。红卫兵是"奉旨造反"，他们不可能超越认知有限理性原则，不可能从一开始就认识到文革将是一场动乱和浩劫。清华两派各尽其能地执行毛统帅的指示，但他们对这场运动的领悟和行为却有天壤之别。在对毛泽东文革理论和实践之错误的认知上，造反派头头受各人认知环境不同和认知能力的限制，呈现出极大的差异。如前所述，朱成昭是先知先觉，沈如槐是后知后觉，而蒯大富则是执迷不悟。

清华政治系年轻女教授刘瑜认为，"煽动家和思想家之间的区别，就是煽动家总是特别热衷于抢占道德制高点，而思想家总是热衷于指出道德制高点底下的陷阱。所以煽动家总是在话语的盛宴中觥筹交错，而思想家总是在惴惴不安地担心谁来为这场盛宴买单。"（刘瑜《比道德制高点更高的》，载《杂文选刊：上半月》2007年第7期）我认为这句话讲得既生动又深刻，在一定意义上可以用来概括文革中团派蒯大富和414沈如槐的政治分野。清华在文革这场社会大变革中方向是错的，其发展并非一帆风顺，而是一波三折，进两步退一步。蒯大富和团派以"大翻个"理论为旗帜，是清华文革沿着错误方向发展的推动者，而沈如槐和414极力反对"大翻个"理论，阻碍他们的激进行动，减少其破坏力，是对蒯大富团派的反动。

蒯大富是一个名副其实的煽动家，是受中央文革小组信任的抢占道德和权力制高点的能手，时时处于进攻地位。沈如槐未必想戴上思想家的桂冠，但他和414派是典型的"惴惴不安"派和纠偏派。他们处处反对蒯大富的倒行逆施，却又要防范蒯大富设置的陷阱，时时担心这场运动造成的破坏和文革最终如何收场。这个判断多少能诠释为什么毛泽东在7.28接见时对蒯大富惺惺相惜，而对414则很反感，不屑一顾。

文革这场浩劫是毛泽东发动和领导的，毛为了达成他的理性目标而利用和误导造反派群众组织，他应当承担文革灾难的主要责任。因此很难用达成毛泽东所谓的**完全理性目标**的程度来衡量一个人或一个群体的行为。但在那疯狂的年代，在丧失理智的时候，人性才彻底暴露出来。造反派在浩劫的过程中的人性和感性表现便成为更根本的衡量标准。他们在浩劫中是不为私利，坚守人性原则呢，还是突破人性底线，趁火打劫，达到个人目的？

4. 清华两派人性评价

要评价人性，需要先明确什么是人性及道德行为。

正如前面所说，完全理性的觉悟与人自身有限的理性认知能力之间存在着尖锐的矛盾。人性是利用人类固有的感性认知（Perception）解决这一矛盾的方法。人类天生具有的感性认知是凭借对外在现实世界的直觉认识认知事物的，它是非理性的。这个认识不是基于理性的概念和思考，而是凭自己感性的直觉而"信"的，这种"信"是一种直觉的确定性，它凭感受去信或不信，不依赖所谓道理和证据。李泽厚认为，人性不是神性（因人有维系动物性生存的生理需要），也不是动物性（因人有控制、主宰生理需要的力量或能力）。人性是这两方面的各种交织融合。这是对人性的哲学概括。（李泽厚：《人性与审美》，中国网：认识中国，http://guoqing.china.com.cn/2017-01/12/content_40089902.htm）

大卫·休谟（David Hume） 在他1739-40年发表的《人性论》这本书中，通过对人性的研究来揭示**制约人的知性、情感和道德行为**的准则。作者认为一切科学都与人性有关，对人性的研究应是一切科学的基础。《人性论》是休谟一生中极重要的著作，对于人类思想史具有独创性理论贡献。**休谟认为人们的理性行为和人性行为之间有相关性，但没有必然的因果关系。** 人们对于因果的概念只不过是我们期待一件事物伴随另一件事物而来的想法罢了。"我们无从得知因果之间的关系，只能得知某些事物总是会联结在一起，而这些事物在过去的经验里又是从不曾分开过的。我们并不能看透联结这些事物背后的理性为何,我们只能观察到这些事物的本身,并且发现这些事物总是透过一种经常的联结而被我们在想象中归类。"(Hume,1740:93)**因此我们不能说一件事物造就了另一件事物**,我们所知道的只是一件事物跟另一件事物可能有所关联,但这并不意味着它们之间的因果关系。休谟提出的这个观点有力地驳斥了理性和人性之间的必然因果关系的观点。

明确这一点非常重要。在我们正统教育中,人生观和认识论是建立在可以穷尽对社会本质的认识的理性原则之上,人的觉悟和行为是建立在实现这个终极理性目标之上并服务于这个终极目标的。当理性和人性之间的因果关系并不存在,我们评价人性行为就有必要摆脱理性目标的纠缠。

人性是人类的属性。人与人之间有共性,也有差别。有人善良,有人凶狠。有人温和,有人暴力。这在某些特定场合下会充分暴露出来。毛泽东提倡的斗争哲学和文革动乱中的无政府状态正是人性邪恶面大暴露的政治环境。邓小平说过,"制度好可以使坏人无法任意横行,制度不好可以使好人无法充分做好事,甚至会走向反面"。(邓小平:《党和国家领导制度的改革》,《邓小平文选》第二卷,P.333)邓小平讲的制度是外部条件,对人性趋向影响极大。这两句话从某个方面也是文革教训的通俗简要的总结。清华文革就是在炮打司令部的指引下,在造反有理的鼓动下,形成一个没有法制和道德底线的局面,让好人无法充分做好事,让坏人任意横行。

但邓小平的观点指明了外部条件对人性的影响,却没有揭示人性(认知和行为)的主动性。

休谟认为人性包括三个方面,知性,情感,和道德。知性是人类心灵中的一切知觉,包括印象和观念,是以自我经验为基础的,印象先行于其相应的观念。情感(Sentiments)是对感知的反省。情感中激情、欲望和情绪主要是由对**印象和观念**的反省衍生而来。道德判断和道德行为的基础是人的情感,与理性没有必然的因果关系。

人性中的情感是个人感受,而道德(德性)是以自己的善恶行为给别人造成的快乐或痛苦的感受。一个人的道德观念是从后天的经验中形成的，和理性没有必然的因果关系。休谟认为"**德的本质在于产生快乐，而恶的本质就在于给人痛苦**。而德与恶又必须是个人道德的一部分，才可以刺激起骄傲和卑谦"。（《人性论》第二卷论情感 p.330-331）。当一个人某种行为、情绪和品格给我们带来快感或满足就被认为是善；相反，某种行为、情绪和品格给我们带来痛苦和匮乏则被认为是恶。休谟反对传统伦理学中认为理性是道德基础的观点，而认为人的情感是道德判断和道德区分的决定因素，道德感才是道德判断和道德行为的基础，理性只是起了辅助作用。

休谟提出人性的恶与德的假定并不是建立在自然的或原始的基础之上（不是与生俱来），而是发生于后天的利害关系和教育上，和家庭出身没有必然联系。休谟的善恶观和中国传统文化《三字经》中"人之初，性本善。性相近，习相远"的观点一脉相承。在出生时，人的本性都是善良的，性情也很相近，这和家庭出身没有必然联系。但随着后天生存和教育环境的不同变化和影响，每个人的习性就会产生了善恶上的差异。

下面我们按照休谟的人性和善恶来评价清华文革两派的表现。

在众多的清华文革的文献中，包括沈如槐的《清华大学文革纪事》，邱心伟、原蜀育的《大事日志》，唐少杰《一叶知秋》，唐金鹤《倒下的英才》1-3 版及英文版，孙怒涛主编的《历史 拒绝遗忘》等等，都对两派的善恶表现做了真实的记录。胡鹏池、陈楚三、周宏余等人编写的《黑牢》是一个专辑，重新整理记录蒯大富团派非法抓捕、关押和刑讯反对派学生教师和干部的罪恶行径。这些文献主要反映三个群众行为主体（团派，414 派和 8341 主导的"工宣队"）的活动。工宣队主政期间，对清华两派进行了长达数年的审查。这次大审查，是按 1970 年 3 月 27 日中共中央发出《关于清查"五·一六"反革命阴谋集团的通知》的部署，从 1970 年初至 1974 年在全国范围内开展清查"五·一六分子"运动的一部分。

在文革结束数年之后，中共中央发布《中共中央关于清理领导班子中"三种人"问题的通知》（中发［1982］55 号文件）及《关于清理"三种人"若干问题的补充通知》（1984.07.31；中发［1984］17号），以清理干部队伍为中心，开展对所谓的"三种人"的清查。其中包括清查"文化大革命"期间，在"专案"中搞刑讯逼供、摧残人身，或蓄意诬陷，制造假材料，迫害干部、群众，情节恶劣、后果严重的人，以及对造成上述错误或罪行负有直接责任的决策人，根据他们所犯错误或罪行的具体情况、责任的大小，以及认错认罪态度的好坏和在党的十一届三中全会以来的表现，有的定为"三种人"，有的定为犯严重错误。在清查"三种人"的过程中是按"要防止扩大化，又不要一风吹"的指导原则进行的。

1983年，当时的清华大学党委在工宣队审查的基础之上，继续对有关人员立案审查，并留下一份清华大学文革"记录在案"的84人名单。很遗憾，清华文革档案没有开放，无从作更详细深入的分析。但这份84人名单仍有其重要的史料价值，它是清华文革两派善与恶的原始记录，从中不难看出两派的人性差距。

84人名单

84人名单分为二大类：第一类为"井冈山兵团总部"组织机构主要人员，共涉及76人；第一大类又分为十个分类，以蒯大富为首的"总部核心及总部委员"（16人）；"罗文李饶"专案组（19人）；"文攻武卫"指挥部（3人）；全国联络站（12人）；军事动态组（4人）；保卫部（7人）；杀人凶手，包括杀死工宣队工人的凶手（8人）；工总司（4人）等。其中蒯大富和任传仲分别被判刑17年和12年；杀人凶手8人获2年至无期徒刑不等；鲍长康，崔兆喜等五人曾做"敌我矛盾按人民内部矛盾"处理；迫害罗征敷致死的主犯孙耘（孙毓星）在受害人亲属罗征启的宽恕下免于刑事处分。

第二大类是沈如槐为代表的"井冈山兵团414总部"组织机构主要人员，共涉及8人。第二大类分为二个分类：414总部核心成员（6人）和联络站（2人）。全部8人均无侵犯人权的犯罪行为，但总部核心成员作为414主要负责人，联络站2人曾参与反军活动，都"记录在案"。

按照《世界暴力与卫生报告》（2002），世界卫生组织（WHO）将暴力定义为：蓄意地应用强暴的力量或武装，对自身、他人、群体或社会进行威胁或侵害，造成或极有可能造成损伤、发育障碍、精神伤害、死亡或剥夺权益。集体暴力是一群人为了政治、经济或社会目的，以暴力手段对抗另外一群人；及有组织的暴力犯罪。（WHO 报告，2002）

按照 WHO 的国际标准，蒯大富统领下团派少数极端分子是典型的由红卫兵造反派演变成为一个非人性的暴力集团，以蒯大富为首的主要头头参与其中，进行有组织、有预谋的刑讯和杀人活动。这个犯罪集团自认为是"奉旨造反"，得到这个体制的最高权威毛泽东的支持。这种支持既包括毛的继续革命理论所赋予的合法性，也包括从中央到地方的权力机关，从毛本人、中央文革小组到北京市革委会主任谢富治的默许。

这个暴力集团有其理论和文化。蒯大富所谓的"权经"是团派的理论核心。其中包括："只要目的是革命的，可以不择手段""左的错误是方法问题，右的错误是立场问题""政治斗争无诚实可言""要善于引导对方犯错误"等。唐伟说，"让我特别反感并心生警惕的是不断传来的'蒯氏权经'：政治斗争无诚实可言，为了达到目的可以不择手段。谎话越大相信的人越多，谎话的作用在于它被戳穿之前目的就已经达到了。"（唐伟《从清华文革谈清华校训》，载于孙怒涛《良知的拷问》301 页）。团派文化的核心是造反派坐天下。为了达到目的，可以不择手段，不惜突破人性底线。为了达到其权力目标，为了清除权力道路上最大威胁 414 和认同 414 观点的教职工和干部，不惜以发动武斗，制造"红色恐怖"，不惜捏造"罗文李饶反革命集团"和"十二人反党集团"，私设黑牢非法关押，暴力刑讯，甚至在蒯大富的直接指挥下对来清华制止武斗的工人大开杀戒（唐少杰《"文革"时期的"工宣队"是个什么组织？》，载于《澎拜新闻》，2015 年 1 月 13 日）。他们采用了杀戮、残害、肉体折磨等直接暴力的形式和监禁及管制等压迫形式，是他们在清华造成政治性恐怖最赤裸裸和最野蛮的形式。

一个人人品的好坏，不是仅仅看他做了多少好事，而是看他在可能做坏事的时候，到底能坏到什么程度，这个坏的程度就是他做人的底线和原则。鉴别一个人人品最好的一种方式，就看一个人的原则和底线，并且看他对原则和底线的坚守。84 人名单是蒯大富团派少数极端分子暴力侵犯人权恶行的有力证明。这少数极端分子是一股突破人性道德底线的邪恶力量，是对人类文明的反动，是给社会造成极大破坏的犯罪集团。

在这份 84 人名单中，沈如槐和 414 核心成员的所犯的两项重大错误是在武斗最后阶段，先后用"抬尸游行"和炸高压电线杆来引起中央对清华问题的重视和干预，这和蒯大富暴力集团的暴行有本质的区别；414 是阻碍蒯大富推行的反人性集团暴力行为的抗拒力量。基于人性和道德底线，团派少数极端分子的恶与 414 的善泾渭分明，不容混淆。

但是，令人遗憾的是，清华以蒯大富为代表的反人性暴力集团和以沈如槐为代表的正义和道德力量在文革后常常被混为一谈，都被视为"待罪之身"。1980 年邓小平指示要把文革中"三种人"，包括"帮派思想严重的人"从干部队伍中清理出去。所谓"帮派思想严重的人"，这里邓小平把"帮"和"派"绑在一起，无视"帮"就带有黑社会性质，而"派"是文革中形成的派别，几乎每个人都参加一派。这种以思想定罪的方式无形中把清理范围扩大化。沈如槐和汲鹏的所在单位基于他们的优异表现向上级提交的提干报告，因此被搁置，人生前途搁浅。陈云则在清理三种人政策上明确提出红二代们不仅不在"三种人"清理之列，反倒是接班人选拔对象。个中最为蹊跷的是陈云在看到陈楚三写的一份直言犯上的私人信件后曾亲自批示，"像陈楚三这样的人要特别警惕，绝不能让他们混进第三梯队，但也要给出路"（引自：中央政治局会议文件【1984】2 号，载于孔丹口述《难得本色任天然》293 页）。后来他知道陈楚三是革命先烈陈潭秋之子，又怪下面没有提前汇报这个情况，改口亦难。陈楚三经历了这一阴差阳错的人生遭遇。

五十年过去，我们对在一所群英荟萃的最高学府会出现如此邪恶的蒯大富现象的认识还远远不够。是什么造成他们人性扭曲？是什么诱发一个群众团体少数人的暴力倾向？为什么正义的力量得不到伸张？为什么集体遗忘成为现实？这些问题并没有得到解答。

5. 有必要出版《蒯氏黑牢》吗？

在文革过去了半个世纪之后，为什么还要旧事重提，出版《蒯氏黑牢》呢？要回答这个问题，不妨再看另外一组有关清华文革的统计数据，这就是清华大学唐少杰教授调查整理出的一份较为完整的《清华大学文革期间非正常死亡人员名单》。上一节的 84 人名单统计了文革涉及犯罪事件肇事者主体；而这个非官方的"非正常死亡"名单则是以被伤害者为主体，涵盖 1966.6 到 1976.5 整个文革。在这场浩劫中清华有案可查的受害死亡者共计 58 名，其中，团派致死 414 成员、工宣队成员及无辜者（罗征敷）15 人；414 致死团派成员 2 人；在外地和意外死亡 6 人。**其余自杀 35 人。**（唐少杰《清华大学工宣队始末》，华夏文摘，2015 年 3 月 17 日）

这中间 13 人（包括 5 名工宣队工人）是在无辜或非对抗状态下被蒯大富团派杀害致死，**占全部非正常死亡的 22%**。另外 2 名团派成员和 2 名 414 成员是在武斗对抗中身亡，占全部非正常死亡的 7%。没有人被 414 无辜伤害致死。这从另一个角度印证了清华两派在理性行为和人性善恶上的根本区别。

但是令我更为惴惴不安的是那 **35 名自杀身亡者，占全部非正常死亡人数的 60%**。在自杀的 35 人中，11 人（以教工为主）是在文革中受批判受冲击自杀；其余 24 人是在工宣队进校后（1968.8-1976.5）"清理阶级队伍""清查五一六"等过程中自杀。文革中接二连三的政治斗争和丧失人性底线的"逼供信"造成的死亡伤害要远远大于两派武斗带来的伤害。这 35 位冤魂被"自绝于人民"的尸布覆盖着，极少得到昭雪。清华两派恶斗的真相在非官方场合开始被揭露和反思，但这占百分之六十的非正常死亡的历史真相仍然是禁区。

文革中全国的非正常死亡人数上百万，清华文革的非正常死亡和全国非正常死亡遥相呼应。说清华文革是全国文革的冰山一角并不为过。

无论事实是多么地不堪回首，经历过文革的中国人对自己的行为不应该回避。承认文革是一场内乱无疑是一个好的开端，但还远远不够。还需要解除禁区，结束集体失忆状态。作为过来人，我们有不容推卸的责任去揭示被遗忘和被掩盖着的历史真相，去深刻反思文革全方位的成因。只有在真相支持的理性思辨之后才会得出有说服力的结论，才能形成正确和完整的民族的记忆。为了年轻一代从前辈的耻辱中吸取教训，避免下一个文革式的集体疯狂和浩劫，建立正确和完整的民族记忆是我们这一代当事人和见证者应尽的历史责任。

这本《蒯氏黑牢》以血和泪控诉当年蒯大富一伙反人性的残忍暴行，再现清华文革不堪回首的真实，有助于读者从理性的角度吸取文革教训，不再被所谓的完全理性的超人或圣明的说教迷惑，以有限理性原则制约自己的认知和行为；也希望读者在任何压力和诱惑下，能坚守人性原则和道德底线。但愿这本《蒯氏黑牢》是一把小小铁锹，和其他许许多多铁锹和推土机一起，把文化大革命滋生的土壤挖掘干净，让那个比小说更荒诞的年代一去不复返。

最后，我想以我心爱的朋友和战友但燊的遗言来结束这篇反思：心地善良是做人的根本。社会要以人为本，人要以善为本。

作者简介：尹尊声，男，1970 年本科毕业于清华大学动力和农业机械系，并留校工作。1981 年留学纽约大学，先后获得工商管理硕士，哲学硕士和博士学位。现任美国西东大学（Seton Hall University）管理学终身教授，曾任商学院管理系主任（2005-2020）和中国项目专职副院长（2015-2021），致力于美中教育交流。尹教授曾任中国留美经济学会（Chinese Economists Society）会长；现任留美经济学会财务委员会主席和美中关系委员会资深会员。发表论文 53 篇和著作 12 部，获得主要学术机构论文和著作奖项 6 次和终身成就奖一次。

一个泯灭人性的年代

林贤光

文革，号称"十年浩劫"。但是，以红卫兵为标志的最无法无天的局面，应当说只有两年多一点（1966 年 6 月至 1968 年 7 月 27 日）。在这一段时间中，在"516 通知"的引领下颠覆了刘少奇为首的"资产阶级司令部"，是当时所谓"上揪"。又在"横扫一切牛鬼蛇神"的口号引领下，在社会上大范围地打击地、富、反、坏、右，以及所谓走资本主义道路的当权派、反动学术权威、阶级异己分子，和漏网、摘帽、漏划、残余等等分子，再加上"分子"们的孝子贤孙……，总之，这一切凡能和这些名目沾上边的都可以列入"横扫"范围之内。这是所谓"下扫"。在浩劫那几年里，许多地方又把自己对立面一方的异见者，扣上帽子再加以打击。上纲之高、打击面之广、被打击的人数之多、打击的名目之繁杂、史无前例。至于经济、文化、思想上对全国造成的破坏和影响，已有无数文章去讨论了，无需赘言。

那时，在响应号召的大旗掩护下，不仅砸烂了一切规章制度，而且打烂了一切习以为常的道德规范，代之以不拘任何约束的"群众专政"；"群众专政"，实际上成了一些人（或一些组织）无法无天、为所欲为的场所，成了野心家、流氓、打手、不逞之徒等等为非作歹的园地。不仅打砸抢抄抓成为合法，而且，私设公堂，任意关押人士，设置非法刑具，对一些无辜群众强加罪名，制造冤案，逼供信。继之以私刑拷打，乃至草菅人命。更有甚者，有的组织自己搞起了武装，建立专业的打架、抓人队伍，某些团体私自成立了所谓：武装部、保卫部、甚至建立了专打派仗的作战部。还针对于某些特定的人物或事件则专门成立了"专案组"，以收集有关材料去整某些人或某一件事。没有道理的是，这种专案组，往往是先定罪名，扣上帽子，再去收集材料。这种搞法，造成了遍地冤案，打击了无数无辜的人。严重者乃至威逼致死。

这就是文革前两年一些群众组织中的常态。几乎各个单位都处于无政府状态之中，所谓"造反派"的组织之中，差不多都有自设的类似机构，特别是在某些单位中占有较大优势的群众组织更加嚣张，以进行打派仗、整对立面之事。抓人、打人、关人之事，都不在话下了。至于抓了人，审、打、关也是常事，私设公堂、私设监狱（所谓隔离审查）几乎处处都有。

清华也是如此。蒯大富出道早，又知名于世。拉起了"清华井冈山"大旗，人称"蒯司令"，在清华校内自然也离不开这一套组织系统，而且，清华家大业大，这一套机构也是面面俱到，一应俱全。不仅如此，其规模也是一般单位难于相比的。例如：蒯大富可以拿出一栋三层大楼来作为他关人的监狱（清华生物馆），还不仅这一处，据我所知，在清华的三堡别墅、甲所、乙所、北京体育学院、先农坛的北京体工队等处都曾关过蒯大富要关的人。

我在文革的前两年是从"红教联"而上"井冈山"的，是所谓"团派"。我后来在蒯大富的"井冈山"作战部所属的第三动态组里担任跑北京动态，曾介入了当年的天地派之争。在校内，则因在干部路线上与414派有着较大的分歧，成了414派的对立面。到了1967年夏季以后，校内两派对立更加尖锐，社会上的天地两派矛盾也日益突出。从全国到北京在"文攻武卫"和"你们自己去揪坏人"等错误口号的引导下，武斗、抓人更趋严重。不少单位自行组织了武斗队伍，我就在北京某高校内看到过一些武斗队伍的武装示威游行，那是一些学生穿了大皮鞋，扛了垒球棒子、钢管长矛，高喊"文攻武卫，针锋相对"，向他们的对立面进行的挑衅示威。

这些到了清华蒯大富这里，就更加变本加厉了。不仅成立了武斗队，包括专门抓人打人的武斗班子，如所谓"红缨战团"；不仅有钢管长矛，还配备了热武器，在两派武斗中开枪打死了人，这在北京恐怕也只有清华一家。甚至仗着工科院校的优势自造手榴弹、火药。这在北京都是独一无二的。尽管北京其他单位（包括北大）也都有武斗现象发生，但其规模、动用的武器、死伤的后果都不及清华之严重。这方面蒯大富难辞其咎。

到了1968年，因"红教联"当年所介入的"陈里宁事件"被江青定性为"反革命事件"，我也依此而被牵连。414派抄了我的家，团派则因我的动摇和我曾与414派联络，疑我生变，便将我关起来。而后又假冒414来劫持了我，审问、痛打、再假冒抢回。再把我关到"红缨战团"中，名为"保护"，但我却看到了这群打手的真面目。他们昼伏夜出，拆414的广播线路和喇叭，以打人为乐。过春节，去打一个干部取乐，叫做"K王八过年"。

之后，由于江青的定性，清华两派都把"红教联"视为"反动组织"，对于有关骨干抢着抓、抢着关。我和陶德坚、朱启鸣、来晋炎、侯虞铿、宋镜瀛等几个人被关进了团派控制的生物馆，也就是蒯大富的监狱。大体上是从1968年的3月底关到7月27日工宣队进校。期间接近五个月。

在这个生物馆里，还关了不少学校里的前干部，我知道的就有刘冰、何东昌、艾知生、李恩元、李传信、滕藤、解沛基、邵斌、余兴坤、凌瑞骥、林泰等。我在生物馆里还见到过蒋南翔一面，似是短期关进去的，天很热了，但我的印象蒋还穿着棉鞋，不知关了多久？

此外，还有一些无辜群众也被关了进来，我在关进去的前期，就曾不断有人被抓进去和我短时间地关在一起，如：清华党委的保卫部长郝根祥，和我一起关了几天，老清华的办公人员，老校歌作者汪鸾翔的次子，汪健君先生也被关了进去和我一起关了近一个星期，后来放出去了。还有我特别要提到的是电子系的王振通先生，他是留美归来的电子系教授，原是菲律宾的爱国华侨，在日本人侵占菲律宾时曾经参加抗日的行动，后来在美国读电子学，大陆解放后响应号召回国，用自己的私蓄买了示波器等仪器带回来，分配到清华教书。就是这么一位爱国的知识分子，文革中被扣上"美帝特务间谍"的罪名，关进了生物馆，和我在一起关了大约有十天，后被转移了出去。同时，他的夫人，一位热爱中国共产党的美国友好人士，和王振通教授一起来到中国，在国务院外文局工作，此时也被扣上"美帝间谍"，关进了生物馆。直到文革后期，中美开始接触酝酿建交了，有美国友人来华，周恩来总理接见，王振通夫人陪同，向周总理反映了王振通教授被抓的事，周总理过问了，才将王教授从外地的监管场所找回来，可是王教授已经被打瞎了一只眼睛。文革之后，王教授一家移回到美国去了，他的儿子王跃汉在清华建筑系就读，曾是我的学生，2014年王振通教授在美国逝世，享年89岁。

这仅仅是我亲身接触过的几件事，我不知道的应当还有很多很多。

在1968年7月27日工宣队包围清华的那一天晚上，生物馆里的专案组头头何子健把我和来晋炎两人从生物馆里赶了出来，让我们赶快回家。在里面未被放出的还有大批干部，以及红教联的陶德坚和朱启鸣两个人。

于是，我结束了我在这个牢狱中的经历。但是，我的被审查的历史并未完结，而是转到了迟群和谢静宜所控制的工、军宣队手中，他们把私设公堂、私设牢房的一套全面地继承了下来，清理阶级队伍、清查516，两场运动继续整人、关押、逼供信、逼死了几十条人命，我也继续两次被关押，度过了被继续关押、审查、监管的八年，一直到文革结束。这是后话在此不提了。

此后几十年间，我的迷惑一直纠缠在1968年初，我在被保护性隔离时，有一天晚上，被所谓414绑架和殴打的真实情况究竟如何？这个问题直到2015年蒯大富的保卫组长崔兆喜逝世前，才对汲鹏的夫人颜慧中说了，那时确是老团冒充了414去抓我，这件事是他批准干的。如此，解开了我的一个心结。

我联想到，我还在三动时，有一次形势分析会上，谈到当时的武斗动态时，就有人说：建议老团去抓414的一个头头，414必定来抢，如发生武斗，就可以把武斗的责任推到414的头上。我记得，当时在会上我是反对这种嫁祸于人的损招的，这不是一种光明正大的策略。联想到自己的遭遇，老团的这种冒充414对我干的事，又何尝不是嫁祸于人呢。

那时，我的思路局限在个人的圈子里，很狭隘，即使在文革后孙怒涛同学找到我家里来，支持我写红教联的回忆时，我也没有跳出这个圈子。后来，蒋南峰同学介绍我和唐金鹤同学认识，之后，唐金鹤将她编写的《倒下的英才》寄给我看，几年间连续把这本书的三个版本都寄给我了。

这本书，一开始我是看不下去的，它太残酷、太血腥了。我想不出，一扣扳机，那边就是断送了一条鲜活的生命。这手怎么就能下得去？在我看到十几只水管削尖的长矛刺向一个人的时候，我联想到，我住在"红缨战团"里的时候，那个红缨战团的打手，一个清华食堂的青年厨工穿了铁皮盔甲手持了长矛给我看，我想，在武斗时，就是他能把长矛刺入一个活人的身体吗？我又联想到，在"28团"开了车到罗征启的家里去抓罗征启，没有抓到，却把罗的弟弟罗征敷抓了当人质，用棉纱堵了他的嘴，以致窒息死亡；我就联想到，我被老团假冒414绑架时，用我的袜子塞在我的嘴里，不让我出声，有什么区别？若是塞得再紧一些，会不会也能把我窒息而死呢？在看到那些打手残酷地殴打被害者的时候，我也联想到，我被这些人的围殴。先用一个书包扣在我的头上，让我看不见是什么人在对我施暴。围着打，特别是我的手被反捆着，我被打倒后，要全凭腿站起来，接着再把你打倒。是啊，他们叫做"抛皮球"，完全没有拿你当作一个"人"，只是拿你当作一个东西打过来、抛过去。

凡此种种，我想到了，这能叫做派性的争论吗？这纯粹是对一个"人"肉体上的摧残和毁灭，不仅是毫无"人性"可言，实质上只能说是"兽性"的发作。

我还是看了《倒下的英才》。看到了那时某些人对自己的同学、老师进行的残酷迫害：殴打、罚跪、罚站、老虎钳子拔牙……，惨不忍睹，而我在生物馆的监狱中所以没有遭受到如此的待遇，可能是：一是同属团派，还留了一点情面，不必动用过分的手段；二是，更多的考虑是恐怕我们这些人在外面会被414捉去，集中把我们关起来，我们也不会逃走。或者，我们这些人会感到在里面比在外面更安全，也没有必要对我们用刑。

但是，他们对待真正的对手就不会客气了。所以，那些恶行多出现在他们的前线上，出现在专案组的逼供信上，出现在其他更隐蔽的关押地点就不足怪了。在生物馆里面反而打人的事件并不多见或源于此。早在我未被关押以前，我还在三动的时候，我就听到了在团派中议论说，罗征启是 414 的高参。关进去以后，又从大喇叭中听到"罗文李饶反革命集团"。还加上了一位被迫害致死的刘承娴。

至于"罗文李饶"被团派残酷迫害的情况，我是在文革之后从多篇回忆文章，特别是罗征启的回忆和《倒下的英才》中知道的。

对这几位，五个人里面有三位是我很熟悉的人，罗征启、李康和刘承娴。

罗征启，1955 年毕业后分到建筑系，就和我与常友石老师三个人在一个教学小组，教土木系房九班的建筑学课，辅导班上的建筑设计作业。罗比我小一岁，神采奕奕，活泼，诙谐，待人又是十分热情，我们边备课、边聊天，相处融洽无间。随后罗调到团委工作，在 1956 年又一度审查了我在中学信奉天主教的一段历史，并给我做了结论，是"一般历史问题，好好工作，不要有顾虑"等等。我对他的印象是非常积极热情而又极其平易近人的一个青年干部。特别是他的平易近人和青年干部少有的深沉持重，不大爱说话，十分稳重，说话慢慢腾腾，不想好了绝对不说。但是，他说出来的一定是十分精辟的一句话，哪怕是开玩笑的话也往往说出惊人有趣的语汇，让你大吃一惊。让人感到他是一位很可交、很自然、很贴切、很值得信任的朋友。

再一位是刘承娴，她比我大一岁。1953 年从清华建筑系的造园组毕业。那是全国第一个园林专业，她也是全国第一批园林专业的毕业生。她们同班只有八个同学。1953 年毕业，她和朱钧珍两人留校。我也是那一年从天大毕业分配到清华当助教。那一年是院系调整后的第一年，清华、北大两个建筑系合并新招学生近百人，还有专科。教师的人数也骤然增加很多，我们这些新到校报到的年轻人一下子就熟悉起来了，一同在新建的一员工食堂吃饭，聊天，我感觉到刘承娴是我们这些人里面比较成熟的，她很热情，但又是很稳当，思想言谈间比较有水平。很快就成为年轻教师中的骨干、团干部。她给我们这些学建筑的人上园林课,带了我们在清华园里面认树、认花。后来,她与楼庆西老师结婚,再晚一些我和我的爱人结婚时借用了王炳仪夫妇的住宅,一梯三户,我们的邻居正是刘承娴一家,记得那时她才有了女儿楼园不久,小孩子在三家(另外一家是赵炳时)间跑来跑去,是一个多么和谐、欢快的家庭啊!刘承娴也是一个讲话很有分寸、外表沉静内心火热的人,她从系里的团干部调到校党委去应当是看到了她的才能。

  至于李康,那和我有又一重关系了。我在中学最要好的同学于祚(地下党员),中学毕业后调到北京市西城区区委任组织部长,当时西城区的区委书记是佟志。李康是佟志的亲弟弟。李康留苏学城市规划,俄语精湛,在苏联曾任留学生的党组织干部。他在出国前后都在西城区委住过,和于祚很熟悉。李康从苏联回国后分配到清华建筑系工作。那时,于祚就曾把李康介绍给我,所以,我和李康有这么一重在工作关系以外的关系。我的感觉,李康也是一位言语十分谨慎的人,说话很慢,字斟句酌,想好了才说,稳稳当当的人。

  这三位应当说是和我关系比较深的人。在文革前,我曾与饶慰慈同志有过一面之缘,想不起来是在什么场合了,我的印象是一位稳稳当当,很有大家风范的一位女士。而对文学宓先生我却从不认识。

  即使是我认识的这三位,罗、刘、李三人的共同特点都是很稳当、深思熟虑、特别都是少言寡语、言谈谨慎的人。开始时,我听到了"罗文李饶",后来成了"反革命集团",老实说,我接受不了。我觉得他们不是这样的人。待到后来知道了他们为此受到了酷刑拷打,乃至刘承娴竟断送了生命,我实在是不能接受的。包括在文革之后我听到的有关文学宓先生的一些事迹,我认为他们都是忠诚的共产党员,都是正人君子,污蔑他们是"反革命集团",纯属不实之词,是把一些莫须有的罪名强加到他们头上的,这个事件是清华文革间的一大冤案。

  在文革中,我想,他们几位在一起的时候,不可能不议论形势,或许也曾议论过四人帮在文革中的倒行逆施、胡作非为,在那时,仅仅这些就完全可以扣上一顶帽子"炮打无产阶级司令部",在那个时候这是一个不得了的罪名。但是到了今天再看,果因如此甚至是对文革有所怀疑,这只能说,他们有比一般人更高的理智、更高的洞察力、更高的觉悟,能够在文革这个大气候下,敢于在一起讲真话,这是大智大勇。而为此遭到残酷地迫害,甚至献出了生命。这是历史的悲剧,他们的事迹,应当鲜明地记在清华大学的历史上。

对刘承娴的惨死,我想到了英勇的张志新。

诚然,在文革这十年中,全国曾经发生无数起惨烈的事件。如重庆动枪动炮的大型武斗,广西、道县、大兴的大屠杀,文革早期的红八月,以及无数血淋淋的事件,许多知名学者,以及有觉悟的、正派的、先知先觉的人物惨被杀戮,或以无中生有的不实罪名栽赃陷害、或以过去的经历老账新算,等等。这些恶性事件罄竹难书,某些事件可能要比清华发生的事严重得多。

但是,我们经历的这些事情是发生在清华。发生在这个全国有着最好的声誉、曾经培养出无数知名学者、科学家、工程师和一系列著名人士的大学之中。

清华,这个人们心目中的象牙之塔、高等学府、培养灵魂工程师的地方,这个地方有着西南联大的光荣传统,本是塑造人类灵魂的地方,应当是最纯洁、最理智、最讲道德、最有人性、最能关怀人的地方。可是,在这十年里,成了屠场、建了黑牢,成了野心家为所欲为、拉帮结伙,大打派仗,拉倒二校门,火烧东区浴室和科学馆,制造冤假错案,残酷地行凶作恶的场所。

何以至此?

文革后,我从许多学友们的回忆和分析文革的文章中得到了很多启发。特别是陆小宝先生关于"剥洋葱"的文章(注1),对我教益很深。文革后很长时间我一直都在纠缠着是什么人把我从强斋中绑架出来,又狠打了几顿。在一层层剥开自己的洋葱之后,认识到:文革不应当把责任都推到发动者的头上去,每个参与了文革活动的人都应当对自己在文革时期自己的一言一行做出是否尊重人性的评估,因为人性是一个做人的底线。

唐金鹤同学在《倒下的英才》书中引用了去世的但燊同学的话:

"人性是一个社会的根本,国家的大政方针的根本。心地善良是做人的根本。社会要以人为本,人要以善为本"(注2)。同时,我在罗征启先生(注3)、孙怒涛先生(注4)以及陈楚三先生(注5)的文章中也读到了类似的论述,深受教益。

我觉得,同是裹挟在文革大潮中的人,在如何保持人性或违背人性之间却有着很大的差异。许多人,仅仅是"动口不动手",乃至紧跟大流,对一哄而倒的被害者站脚助威式的推一把,也都还算是保持了一点人性的原本,没有对被害者下狠手。但是,确确实实有一些人借此机会恶性发作,大逞淫威,残酷地对待无辜群众和随意加害于对手,打砸烧杀等毒辣的手段出现在当时的社会上。再加上那些火上浇油的:"好人打坏人,活该;好人打好人,不打不相识"(注6)。谢富治又以公安部长的身份说了一个:"打死人的红卫兵,要不要蹲监狱?我看,打死了就打死了,我们不管"(注7)。如此纵容,简直是鼓励作恶。跟着,"武卫"的指示也出来了。这样一来,打人、杀人都变成有理可循的响应号召。似这样是非颠倒、无法无天,社会岂能不乱。

这十年,所以成为"浩劫",中央已有定论。纵然发动的领导者难辞其咎,但是这一场席卷了全国数亿人的大运动,每个参与的人都不应当排除自己的责任。自忖在这一场大事件之间自己的所作所为,是否守住了人性的底线。

中国的古老蒙书《三字经》的第一句话就是:"人之初,性本善",第三句就是:"苟不教,性乃迁"。这就是说:人生下来是有人性的,以后如不给予正确的教育,人性就会改变,性善就会变成性恶。当然,如果再加以错误的导向,那么,变本加厉,使得其"恶"的成分更加膨胀,乃至趋于兽性,这在那时已经是屡见不鲜了。

"错",一方面在于对错误的导向不能辨别,紧跟照办。不是有一位名人说过吗:"对领袖的跟从要达到盲从的地步,对领袖的相信要达到迷信的地步"(注8)。林彪说的:"顶峰""一句顶一万句""理解的要执行,不理解的也要执行,在执行中加深理解"。回想当年,领袖挥手我前进,我们大众又何尝不是如此。

"错"的另一方面，则是被煽动起来的"对立"和"仇恨"，这方面我们受到的教育也不少了。"阶级仇、民族恨""非友即敌""对敌人要像冬天一样冷酷无情"等等，加上："政治无诚实可言""政治可以不择手段"这些蛊惑人心的伎俩和口号的煽惑，某些人就可能恶性大发作，乃至做出伤天害理的事情来。

　　如此看来，教育和引导就是十分必要了。在错误的引导之下，即使是在清华大学这样一个很有文明传统，很有人性，很应当知书达理的地方，也会变成为杀戮作恶的场所。

　　灭绝人性的现象，除了走极端的打人、绑架、刑讯、杀戮这种对人类肉体上的摧残兽行以外，我认为：对他人的精神上的折磨，摧毁人的尊严也应当是一种泯灭人性的举动。

　　例如，罗织罪名、扣上帽子、或逼人自毁声誉乃至以莫须有的污蔑令人蒙受不白之冤等等，这些，虽然没有动手伤及对方皮肉，但是，在精神上对人的伤害却不可小视。文革期间因扣帽子、批斗而逼得被斗者自戕的，为数甚多。这也是一种泯灭人性的表现。至于介乎两者之间的戴高帽子游街、剃阴阳头、喷气式弯腰批斗、墨汁涂脸、挂大牌子、直至唱嚎歌、跪地请罪种种令人尊严毁于一旦的整人招数，又哪里谈得上"人性"。

　　对于广大群众来说，我们这个民族有一种"休管他人瓦上霜"的传统，而且，在大形势下，某种投机的心理，跟大流者不乏其人，往往是"墙倒众人推"，乃至对一些受害者"落井下石"，这种助纣为虐的现象也是屡见不鲜的。于旁观者而言往往在强势之下，为了自保，不能仗义执言或不敢站出来鸣不平。这种现象至少也是有违人性的，但在运动中却为多数人所采取。

　　就清华的两派斗争而言，我想，414还是有些人性的，至少没有像团派那样，臆造出多少个"反党集团"或"反革命集团"冤案来，我们这个"红教联"，应当说是414最大的一个对立面了。可是，414从来没有把我们列入什么"集团"之列。这比老团对待"罗文李饶""十二人"的无端伤害就强多了。对我们原只是观点不同的"文斗"而已，直到后来江青将"陈里宁事件"定性为"反革命事件"以后，清华两派才都把"红教联"称作"反动组织"。并未扣上"反党"或"反革命"的头衔。

对人性的理解和认识，应当就是我们的良知。教育的责任就是让我们自己能够认识到自己的良知，如果泯灭了、模糊了或者忘记了，就要唤醒它。这，也是一种启蒙。

我想到不久前看过的一个故事：

一位纳粹集中营的幸存者，当上了美国一所中学的校长，每当一位新教师来到学校，他就会交给那位教师一封信，信中写道："亲爱的老师，我亲眼看到人类不应该见到的情景：毒气室由学有专长的工程师建造；儿童被学识渊博的医生毒死；幼儿被训练有素的护士杀害。看到这一切，我怀疑：教育究竟是为了什么？我的请求是：请你帮助学生成长为有人性的人。只有使我们的孩子在成长为有人性的人的情况下，读写算的能力才有价值。"

很显然，人类有兽性的一面和天使的一面。教育者的目的是使人的灵魂得到锻炼，克服兽性而转化向天使的一面（注9）。

我想：我们不也是这样吗？文革确实是一场触及人们灵魂深处的一场大革命，在人性这座天平的上面，每个人都在经受着良知的考验，程度不同，倾斜的程度也不一样。天使？魔鬼？有时也只在一念之差。

我算是一个文革十年的亲历者，在那十年中不仅自己受到了囹圄之苦、被殴打、绑架以及长期被审查，家中慈母为此辞世。深深感到这十年对自己精神和肉体上的伤害是终身难忘的。我已年近九旬，每次回忆起那十年的经历都会引起无穷悲恸，把这些事实写下来是为了让我们的子子孙孙知道，曾经有过那样一个泯灭人性的十年，让那个可怕的年代永远再不要出现了，我们的国家、民族再也经不起这么折腾了。

谢谢关心我的朋友们，让我又一次剥了自己的洋葱，我再一次体会到：对于一个文革的亲历者而言，其唤醒良知的反思应是无限期的，对自己的启蒙也应是不间断的。这十年文革是全民族的大劫，深刻地吸取教训使其绝对不要重演是我们这一代经历过的人的责任。看来，这个任务仍旧十分沉重，同志仍需努力。

注1：唐金鹤《倒下的英才》第三版，574页

注2：唐金鹤《倒下的英才》第三版，401页

注3：罗征启《清华文革亲历记》

注4：孙怒涛《真话与忏悔》

注5：陈楚三《人间重晚晴》，第三章第七节

注6：王年一《大动乱的年代》，第56页

注7：王年一《大动乱的年代》，第56页

注8：百度检索"柯庆施"

注9："教育的最高境界"，五道口书院 光明觉照网网文（http://t.cn/RvuC691）

2021年6月26日于北京清华

作者简介：林贤光，男，1932年生于北京。1953年毕业于天津大学，分配到清华大学建筑系任教。在清华近70年。文革中曾为很有争议的组织"红教联"的骨干之一。文革后曾任建筑系科研科科长、班主任。多次获得校内教学优秀奖励。1992年获北京市德育先进工作者及北京市总工会爱国立功先进标兵奖。退休后曾任建设部智能建筑系统工程专家委员会专家、清华大学老科技工作者协会副会长、中国老年学学会老年人才开发委员会副主任。

读《清华文革蒯氏黑牢》一书有感

廉慧珍

《清华文革蒯氏黑牢》这本书所披露的血腥黑幕，令人触目惊心！不由得联想起日本鬼子惨绝人寰的暴行、想起渣滓洞暗无天日的酷刑，……然而，当年私设黑牢和行刑的那些青年学生们哪里来的这样欲置人以死地的仇恨啊？作为从那个年代走过来的人，我一直在思考这个问题。

相信群众、依靠群众，从来是我党执行力的保证。——这里"群众"指的是人民大众。——"群众是真正的英雄"，"高手在民间"，无疑也是事实。但是人是一种能接受暗示和鼓动的动物，当群众的个体聚集成群体，如果没有正确的理论和纲领引导，在形成群众运动时，群众就是乌合之众，就是群盲，可能产生偏激的意识行为。

群体是指那些聚集在一起的有相同或相似观点和目的的人群。群体的心理过程中并没有逻辑推理，在超出自己熟悉的生活范围之外，也并不具备多少经验和合理的批评能力，因而很容易被别有用心的人所利用，接受洗脑而作出自认为出于神圣的信念而不计后果的行为。

在平常的生活中也有这样的实例，比如曾经有过的"传销"。发起和组织传销的企业先培训一批能说善辩的讲师，再去培训下一级的销售人员。不需要多高的文化水平，只要善于巧辩，善于"忽悠"，都能成为"讲师"。在培训的场合，"讲师"们把十分复杂的问题按照自己的一知半解，自圆其说地转化为口号式的简单观念，鼓吹他们销售产品是"拯救人类"的事业。全场人们群情激昂，口号声响亮。在这样的鼓动下，受培训的人会觉得自己的"事业"很神圣。听一位朋友说过，他有个亲戚的妻子是个底层"传销人"。她总向家人唠叨她的"事业",近乎魔怔。实际上她对自己销售的产品只知一些皮毛,却认为自己在"拯救人类"。忙得平时难得回家吃一顿饭,家事一概不管。有一天这位朋友在她家做客,她急急忙忙回家,刚端起饭碗,接到一个"有任务"的电话,立刻放下饭碗,拔腿就出门,连孩子喊叫"妈妈",都似乎听而不闻。

法国心理学家勒庞在他著名著作《乌合之众》中说:"群体只知道简单而极端的感情;提供给他们的各种意见、想法和信念,他们或者全盘接受,或者一概拒绝,将其视为绝对真理或绝对谬论。"在群体公众集会上,有人哪怕做出最轻微的反驳,立刻就会招来一片嘘声、怒吼和粗野的叫骂,甚至会发展到暴力。当年,李兆汉(注)就是因为在蒯大富集会批判吕应中时喊了一声:"吕应中是无产阶级科学家,不是资产阶级知识分子!"就被残酷殴打到脑震荡昏厥,醒后吐血、尿血,断了的肋骨至死未愈。单个的人极少无理智去打砸抢烧杀,而在成为群体的一员时,他们就有了"人多势众""法不责众"的意识而失去约束。

蒯大富崇尚"谎话重复一千遍就是真理(按:法西斯分子戈培尔语)",忽悠了一批残忍的打手和杀手,却美其名为"保卫毛主席革命路线"。

"黑牢"不是蒯大富独有的。1966年8月中到11月20日,北京六中红卫兵的私设监狱存在了一百多天,打死了三个人,其中一名本校学生王光华,一名本校已退休的校工徐霈田,一名校外老人何汉成(见王友琴《文革受难者》);蒯大富黑牢,从1967年底到1968年8月9日,存在了二百多天,活活打死本校学生孙华栋,毒刑逼死本校老师刘承娴,绑架致死校外工人罗征敷,并致残致伤干部、老师和同学多人。北京六中红卫兵打人手段单一,只是铜头皮带和棍棒;蒯大富的打手们刑讯拷打的手段却要多得多,堪比渣滓洞!

"参与到群体中的个人,不但能够变得'偏执而野蛮',而且在他只有一知半解甚至根本就不理解的各种'理想'的鼓舞下,并不像大多数个人犯罪那样是受自我利益支配的。"(《乌合之众》)蒯大富想独霸清华,还企图当中央委员,头脑膨胀,野心勃勃;而对于那些造成非常恶劣结果的群体行为参与者——多数打手和凶手个人来说，他们的动机，也许与私欲关系不大，勒庞这样形容他们："在群体中的人，就像傻瓜、低能儿和心怀妒忌的人一样，在摆脱了自己卑微无能的感觉之后，会产生出一种残忍、短暂但又巨大的能量。"。

　　从众的潜意识是很可怕的，前车之辙，后车之鉴：我们谁也不希望再有那些"黑牢"的出现。群体的聚集活动是要有正确引导的，广大群众是要教育的；对于个人来说，要有独立人格，避免从众心理，尽量站在高处看到大局，冷静思考问题，提高辨别是非的能力，守住人性的底线，才能不被这样非理性的活动所裹挟。

注：李兆汉，男，汉族。1935年出生，山东济阳人。1961清华大学建筑系毕业后留校工作。在清华大学有"铁笔"的美誉(笔名照寒)。曾任国家教委直属机关党委委员、中国教育报社社长兼党委书记。在国家教委主管理工学科期间，协助成立清华大学出版社，并协助成立了清华大学经管学院。2001年3月2日因病医治无效，在北京逝世，终年66岁。作者是李兆汉的夫人。

作者简介： 廉慧珍，女，1933年出生，辽宁省人。1962年毕业于清华大学土木工程系后留校工作。曾承担"七五"和"八五"国家重点科技攻关专题的任务，获国家计委、科委、财政部颁发的国家"七五"科技攻关重大成果表彰荣誉证书。参加过技术培训、做过技术报告200多次，发表论文100余篇。2019年获清华大学表扬为"老有所为"。

第一部分　　冤狱外的暴行

团保卫组行凶打人实录

414《井冈山报》

编者按：蒯大富一伙在拉拢、威胁吕应中"亮相"到团派未能得逞后，1967年12月4日，趁吕应中到北医三院看病之机悍然将其绑架、殴打、秘密关押，并于12月5日召开"斗争反革命修正主义分子，漏网大右派吕应中大会"，414坚决反对绑架，到会要求与团派辩论吕应中问题，但蒯大富一伙不敢辩论，还指使一小撮暴徒大打出手，当场打伤了唐海山同学和李兆汉老师；第二天又打伤了卢振义师傅。414《井冈山报》新22号（1967.12.14）如实揭露了这一小撮人的暴行。小标题为编者所加。

12月5日，毒打414派学生唐海山

革命小将唐海山为了揭露事实真相，护送实验化工厂一个同志上台发言，暴徒们看他俩离开大多数414战士而处于孤立无援的情况下，立即蜂拥而上，边打边拽，拖到后台。暴徒们戴上口罩、墨镜，使出最残酷最野蛮的手段，把唐海山同志打得头破血流，惨不忍睹；但唐海山不断高呼："毛主席干部政策万岁！""毛主席万岁！"回答他的是恶狠狠的叫骂："你还喊，我叫你喊！"又是一顿毒打。

酷刑还没有结束。在前台"大翻个儿派"们冠冕堂皇地高喊"捍卫六六通令""要文斗不要武斗",而在后台,正对唐海山进行更残酷的迫害。他们嫌拳打脚踢不过瘾,便使出了令人发指的"贴饼子"酷刑。他们扯着他的四肢,高举过头顶,像打夯一样猛力往下摔。"咚"的一声着地以后,唐海山眼冒金星,浑身骨架子像散了一样。一下,两下,昏过去了,一共摔了四五次,每次四五下。暴徒们打开灯看到唐海山满脸是血,就用冷水把他浇醒,拿来纸笔逼迫他写"检讨书"。唐海山接过了笔,正气浩然写下五个大字:"毛主席万岁!"

12月5日,毒打414派干部李兆汉

一群暴徒拥上来要抓革命小将王允方和钟成国,在414战士的奋力保护下,他们一计未成,忽然发现在他们身后的革命干部李兆汉同志,他们大叫:"抓住这个干部!"于是不由分说揪住李兆汉同志围巾死勒,勒得人喘不过气来,同时他们嘴里说:"你不是要辩论吗?上来发言嘛!"李兆汉心想:"上台就上台,我们有理就不怕辩论。"没料到,李兆汉刚被拉上台就被站在台侧的两个大汉一把拽到台东侧,一脚将他踢倒在小屋内,屋里围坐着七八个打手,其中就有团派誉为"反修战士"的×××。李兆汉被踢进去以后马上就受审,一个坏蛋气急败坏地叫道:"你是什么人?"李兆汉平静而坚定地回答:"贫农的儿子,共产党员!"这一句话马上激发起这群暴徒长期隐藏在内心的阶级仇恨,立即暴跳如雷,大叫"关灯!"一个打手狞笑着走过来说:"让我来收拾他!"这伙暴徒先把李的衣服脱掉,往胸口往肚子猛打,用脚狠踢。他们把人抬起来往地下摔,这样重复多次,李兆汉已经全身软瘫,暴徒们揪住头发把头狠往地板上撞。不知打了多久,李兆汉同志不省人事了。又不知过了多久,暴徒们用事先准备好的小轿车把他拉走了,在明斋门口把他推下了车。不知从哪儿钻出来团保卫组头目邢×,假惺惺拍着李兆汉同志的肩膀说:"哎呀,怎么搞的,看,我晚来一步让你受苦了!"

注：李兆汉老师已于 2001 年 3 月 2 日去世。李老师夫人廉慧珍老师说："老李去世前生病期间，检查身体发现那次挨打打断的两根肋骨还在骨膜里游离着，医生说肋骨骨折是长不上的，因为无法复位和固定。"

12 月 6 日，毒打团广播台工人师傅卢振义

12 月 5 日晚，团派开完会后，那些害怕真理声音的人指使广播台工作人员、大流氓×××使用铜丝缠绕，把机器短路了，企图破坏 414 开会。持 414 观点的团广播台工人卢振义师傅进行了抢修，会议又正常进行。第二天上午，卢振义同志抱着对国家财产负责的态度，对这个破坏机器的混蛋进行了严厉的批评。×××恼羞成怒，回去报告了他的幕后策划人，纠集了孙茂等一小撮打人成性的暴徒，中午一点左右，闯入卢师傅寝室，在门口分兵把守，一顿残酷的毒打在团广播台里开始了。他们二十多人轮流上来打，又是拳打，又是脚踢，把卢师傅打倒，拉起来再打。更不能容忍的是，二十几个大汉将卢师傅抬起一人多高往地下摔，连摔四五次，把卢师傅全身摔得青一块紫一块，一直昏迷不醒。他们为了给他们打人提供借口，不惜造谣，给卢师傅头上加上许多莫须有的罪名，真是无耻之极。他们把持有 414 观点的卢师傅，看成眼中钉肉中刺，早就想把卢师傅赶出广播台，今天他们终于撕去了"让工人掌权"的假面具，居然大声勒令卢师傅"卷铺盖走"！……在广播台工作了十五年的卢师傅，就这样被一脚踢了出来。

给蒯大富的公开信

唐海山

编者按： 这是无线电系唐海山同学被团保卫组毒打住院期间写给蒯大富的公开信，登载于414《井冈山报》新22期（1967.12.14）头版头条。我们全文转录于此。

唐海山的信写于1967年，当然会有不少"文革特色"的语言。但透过这些语言，唐海山清楚地表达了对团派少数极端分子迫害干部、行凶打人暴行的严正谴责。

唐海山指出，"我校中上层干部多数是好的和比较好的"，"团派某些人私自把两派有争论的干部吕应中同志非法绑架，实行所谓'无产阶级专政'，这是违反毛主席最新指示的，是公然对抗中央六六通令的极其恶劣的行动。"唐海山正是为抗议非法绑架吕应中，而被团保卫组抓住毒打的。

唐海山愤怒控诉了团保卫组对他一个多小时毒打的凶残暴行；并正告蒯大富，"你必须采取果断措施，立即制止非人的法西斯肉刑，我明确地向你提出，打人成性往死里打是犯罪的，这些人绝不是好人"！蒯大富听进去了吗？没有！相反，随着时间的推移，在蒯大富的纵容下，团派少数极端分子"打人成性""非人的法西斯肉刑""往死里打"愈演愈烈，发展到把手无寸铁的孙华栋活活打死！

唐海山在信中警示蒯大富："你若依靠了少数打人成性的人去建立什么无产阶级专政，那将是对无产阶级专政的极大背叛。我认为依靠暴徒建立起来的专政将是打着'红旗'反红旗的十足的资产阶级专政，而且是反动的法西斯专政"！事态的发展，证实了唐海山的预言。本书中揭露的事实，三大冤狱、特别是"罗文李饶反革命集团"和"12人反党集团"冤案中受害人的血泪控诉，充分说明蒯大富"依靠暴徒建立起来的专政"确实是地地道道、货真价实的"反动的法西斯专政"!

唐海山给蒯大富的公开信：

独有英雄驱虎豹　　更无豪杰怕熊罴

蒯大富同志：

你好！我虽身负重伤，但是心潮起伏，给你写一封信。一来觉得我们亲爱的党中央对你花了巨大的心血，寄托了很大的希望；二来觉得广大革命同志，无论团派、414派都希望你不要辜负党中央的希望和劳动人民的培养，不要成为历史舞台上昙花一现的人物；三来觉得本人在去年8.19事件中对你有所了解，一直是比较关心的。

如今清华大学无产阶级文化大革命一派大好形势，广大革命的学生，革命的教员，革命的工人在毛主席最新最高指示的直接教导下和林副主席最新题词的鼓舞下开展了一个轰轰烈烈的教育革命大批判大斗争的高潮，广大革命干部，尤其是中上层革命干部在大批判中杀出来了。

就在这样大好形势下，清华园阶级斗争也趋于尖锐化，种种迹象表明，有少数人企图把清华园纳入他们"武化革命"的轨道。为了清华文化大革命按毛主席的战略部署健康地向前发展，我想和你谈谈以下几点看法：

1、毛主席的最新最高指示是我们现阶段及今后文化革命的指针，必须不折不扣地句句照办。

我校的革命大联合最近一个时期出现了反复。我们要找出这种反复的原因。为什么联合总部作了第三、四号通告和五项决议都被某些人撕毁了呢？或者是拒不执行？为什么吕应中问题双方有原则分歧而不能正常辩论？为什么清华园打人气氛越来越浓厚，从宿长忠、郭仁宽、我本人到工人师傅卢振义，发生了一件件触目惊心的行凶打人事件？我发现有少数人对巩固和发展我校革命的大联合不感兴趣，而且怕死了，怕死了；有少数人，其中主要是一小撮阶级敌人，他们要走钢院的道路，人大的道路，制造什么"先进的人大，落后的清华"的反动理论。有人可能迷信自己的力量，特别是你周围的某些人，他们想把414打掉，我看是不可能的。所以我认为你最好还是下决心和韩银山、沈如槐、龙连坤等同志一起，为巩固和发展我校革命的大联合，正确解决我校干部问题，并为我校建立"三结合"的领导班子共同努力，争取年底或春节前能有点头绪，这样才不辜负毛主席党中央对我校无产阶级革命派的殷切希望。

干部问题：我校中上层干部多数是好的和比较好的。团派多数同志要对吕应中同志的缺点和错误进行批判，这种要求是正当的。而414的同志也正是这样做的。但目前有些人把矛头对准他个人，用了各种卑劣的手法，名为搞吕应中，实为转移斗争大方向，保护党内走资派和反动学术"权威"过关。联想到少数人要用武力把414打掉，现在"保皇""保吕小丑"帽子满天飞，不是一个明显的"舆论准备"吗？我认为应认真地坐下来学习毛主席的干部政策，实事求是地搞调查研究、阶级分析，通过吕应中问题的辩论来解决我校一大批中上层干部站出来的问题。当然，这些做法只能在批判十七年中，在把矛头对准刘邓蒋、刘高胡何艾等一小撮中实现。我特别提出如何贯彻"要扩大教育面，缩小打击面"的问题。多数干部十七年来是修正主义路线的执行者，但又是受害者，不能把他们单纯地置于受批判的地位，他们完全有权利有义务去控诉批判走资派和反动学术权威。我们应该大力支持他们，而不应该打击他们。团派某些人私自把两派有争论的干部吕应中同志非法绑架，实行所谓"无产阶级专政"，这是违反毛主席最新指示的，是公然对抗中央六六通令的极其恶劣的行动。

最近听说一种论调，什么清华中上层干部中没有什么"左派"，这是片面的，清华中上层干部中同样有革命干部，必须加强这方面的工作。

2、加强无产阶级专政

无产阶级专政这个"专"字是非常重要的，而且有它极强的阶级性。蒯大富同志，你若依靠了少数打人成性的人去建立什么无产阶级专政，那将是对无产阶级专政的极大背叛。我认为依靠暴徒建立起来的专政将是打着"红旗"反红旗的十足的资产阶级专政，而且是反动的法西斯专政。如不废除，那到头来也可能威胁到你的头上。这是历史的辩证法，请你三思。

我痛心地向你郑重指出，团派保卫组对我和一些革命同志、阶级兄弟实行的是不折不扣的资产阶级专政。我出生在苏北黄海之边的一个下中农家庭，哥哥是共产党员，光荣的人民解放军干部，我家祖祖辈辈就我一个大学生，而且来到北京——毛主席的身边。去年，我积极地投入了史无前例的无产阶级文化大革命。"8.19"为了批判刘邓资产阶级反动路线，为了给受工作组迫害的革命同志翻案，我受到清华红卫兵的毒打。但万万没有想到，而今，12月5日又落到团派保卫组少数人手里，他们架走了我，先后换了四个地方，时间一个多钟头，打人方法应有尽有，拳打脚踢、狠命地扭手腕子、掰手指头尤其是食指，两手揪住耳朵使劲摇头，按在桌子上用长电筒冲打小腹，更令人发指的是他们竟对我使用了法西斯的手段，用团保卫组某些人的术语，叫做"贴饼子"的刑法：即他们4人各拉我的一只手（脚）像打夯似的把我举过头顶，然后使劲往下面的水泥地摔！连续多次，我好像浑身骨头都散了！他们打人时还把电灯关了，黑乎乎的……。写到这里，我心情是无法平静的！我还向你说明，他们几个人打我，我高呼"毛主席万岁"时，有人更凶狠地打、踢。他们还强迫我写什么检讨，我立即提笔疾书："毛主席万岁！井联总无线电联合分部唐海山"……。在这一个多钟头里，我心里是多么想念毛主席啊！我还非常想念全校革命师生员工，也想到了你。他们一边打我，一边骂："你背叛了蒯大富！""背叛蒯大富"？不，蒯大富同志，我只知道一条："永远忠于毛主席，誓死捍卫毛泽东思想。"蒯大富同志，当你按照毛主席思想，为毛主席的革命路线而斗争时，我们就自然地战斗在一起，出生入死，共同战斗；但是当你的思想行动偏离了毛主席的革命路线时，我将只能继续为捍卫毛主席的革命路线而奋斗，与你的错误作斗争，帮助你回到毛主席的革命路线上来，除此以外，没有别的更高的原则。

关于团保卫组，我希望你要好好调查一下，团保卫组是些什么人！我坚定地认为团保卫组的多数人是学坏的，而打人成性，把革命同志往死里打，往死里摔的仅仅是少数人，就是对这少数人，目前还是尽可能进行教育。但是教育是有限度的，若他们仍坚持不改和屡教不改，那就要对他们实行无产阶级专政了，到那时就被动了。你必须采取果断措施，立即制止非人的法西斯肉刑，我明确地向你提出，打人成性往死里打是犯罪的，这些人绝不是好人，他们根本没有毛泽东思想，你可千万别把这些人作为制定政策的依靠啊！

你的老战友
井冈山红卫兵　唐海山
12.9　于北医三院

作者简介：唐海山，男，1962年考入清华大学无线电电子学系。文革中的1966年8月19日，因为给被工作组迫害的同学翻案而遭到清华大学红卫兵的毒打；8月24日，再次被中学红卫兵毒打，四个红卫兵抬着他绕大礼堂一圈。毕业分配到878厂。文革后就读清华大学微电子研究所研究生，1983年获硕士学位。从事电气机械产品设计，取得"微电脑控制的可无线操控高楼火灾高速逃生机"等多项发明专利。

我被蒯团打手毒打十多个小时

陈楚三

1967年12月20日，414总部核心组在主楼开会。记得这是一次核心组的绝密会议，大约只有13人左右与会，在一个没有窗户的小房间，非核心组成员不得参加，而且要求参会人员互相监督，对会议讨论内容不许做任何记录；会议的中心内容是分析中央高层（政治局常委）的政治倾向，得出的主要结论就是常委排名二、四的林彪、陈伯达倾向极"左"思潮，而排名一、三、五的毛泽东、周恩来、康生则比较温和。其实，在《东方红战团》内部早有此共识，这次秘密会议则使之成为整个414核心的共识；团派指责"414的核心是反林（彪）的，414的骨干是反陈（伯达）的，414的全体是反谢（富治）的"，实际情况也确实如此。据说工宣队进校后，曾有人从主楼的废纸垃圾中发现一张纸条，上面写着"一三五和二四之争"；听到这个消息的414核心组头头都有点紧张，生怕工宣队以此向414问罪，幸而工宣队可能不知道这张纸条的含义，没有人追究。我对这次秘密会议的印象很深，之所以认定发生在12.20这一次，是因为我记忆中此后再没有到主楼参加过414的会议了。

这次秘密会议散会时已过中午，我因事走得更晚，心想若回到十三号楼前的食堂，那里肯定关门吃不上饭了，便背着书包到照澜院小饭馆吃午饭。正排着队，突然进来几个大汉，其中二人守在门口，另有三人疾步走到我面前，两人一边一个抓住我的胳膊往外拖，另一人在后面推我往前走，当时我班同学马耀辉见状冲上前阻拦未果；我一边挣扎一边叫喊，很快被拖到食堂门外。门外的马路上停着一辆浅颜色的小轿车，有人把后车门打开钻进去，架着我的两人使劲把我往车里推，一开始我用脚顶住车门边不进去，车里的人使劲拉我的脚，两

个大汉趁势把我推进车里,我的眼镜也被打掉;他们就这样绑架了我。马耀辉回忆:

"67年12月20日中午,我从北京城里回来,大概快一点了,还没有吃午饭,走到照澜院饭馆进去吃饭,当时饭馆快收摊了,只有大概不到十人排队。突然,几个彪形大汉走到买饭队伍前面,抓住一个人就要往外拖,我一看被拖的人是我班同学陈楚三,说时迟那时快,我赶紧冲上前去抓住领头抓人的那个人的衣领,大叫'你们为什么乱抓人!你们为什么乱抓人!'我和那个人就在饭馆抓扯起来,把一张饭桌都碰倒了,桌上的碗也打坏了。那个人当时想急于脱身,就用嘴在我抓他衣领的左手大拇指上狠咬一口,我因负痛就松开了手,他趁此就跑出去了。我也跑出去,然后往二校门方向跑。饭馆的工人就跟着我追,追到二校门时,他们把我抓住并送往团保卫组。当时团保卫组比较混乱,很多人去吃饭未回,抓陈楚三的人也没有赶回来,我想我得赶紧脱身。我就向接收我的人说,我因在照澜院跟人打架,把饭馆的碗打坏了他们把我抓来,我还没有吃饭,可以把学生证留在他那里,他同意了,我才趁此溜掉。我的学生证再也没有找回。"

在小轿车里的后座,印象中连我共四人,右侧坐两人,左边一人,我被夹在中间,两边的人继续抓着我的胳膊,我的眼镜已被打掉,他们很熟练地用一块黑布蒙住我的双眼;凭感觉,轿车在往清华北边的体育学院方向开。车上的几个人互相说了几句话,一人可能因绑架我的成功而忘乎所以,脱口叫另一人的名字"邢鹏!"马上被嘘止,但已经晚了,我由此知道参与绑架我的人之中有邢鹏。

邢鹏原为建工系钳工,据邱心伟原蜀育《大事日志》所载,团派在1967年11月20日召开【控诉揭发旧清华大会】,邢鹏作为典型,"以血泪斑斑的事实在会上控诉了他本人受害的情况"。邢鹏是团保卫部的值勤组骨干,曾任组长,专搞打砸抢抄抓;文革后期,他劣性发作,因"结伙盗窃校医院保险柜""结伙偷撬水利系党总支办公室、政工组文件柜""在机械系偷盗时行凶打伤值班人员"以及"阴谋策划纵火"等行为,于1976年11月以盗窃、行凶、纵火罪被判处无期徒刑（注1）。

团派《井冈山》报145期（1968.6.7）透露，参与绑架和毒打我的团保卫组人员还有段洪水，他也曾为绑架罗征启而蹲守了三天三夜（注2）；段洪水是学校修缮科工人，也是团保卫组的骨干，在5.30进攻东区浴室时与守楼者对刺、从梯子上摔下，年仅18岁不幸身亡。

在车上，这几个人就开始折磨我，他们拿出一把钢丝钳，使劲夹我的手指第三节指骨，我疼得哼出声来，钳子反而夹得更紧；过一会儿，再换一个手指，就这样夹遍了所有手指，直到七天后我返回学校时，每根手指背面被钳子夹出的血印还清晰可见。

不知道拿钢丝钳夹我手指的人是不是冯家驷。这个冯家驷，曾经用钢丝钳掰断了文学宓三颗牙，夹碎了贾春旺两颗牙，还用钉了钉子的木棍打饶慰慈，是一个极其凶残的打手；我的同班同学邢竟侯在蒯大富的黑牢中也曾被一个手拿钢丝钳的打手威胁。团保卫组和专案组中除了冯家驷，是否还有其他人也有此"癖好"？罗征启说，他"曾无数次发誓一定要惩罚"冯家驷，但听说冯家驷离开清华后和一位女工结婚，那位女工得知冯家驷文革中的暴行时"竟然吓疯了"，如果惩罚冯家驷，"抓了他去坐牢，那么他的妻子谁来照顾？"所以罗征启"以直报怨"，放过了冯（注3）。罗征启曾回忆汲鹏介绍与冯家驷见面的情形：汲鹏见到冯时称其"牙科大夫"，冯家驷说"我错了"，表示要"洗刷自己过去的罪行"。不过，原团派"罗文李饶专案组"的孙耘告诉我，冯家驷的妻子是冯的中学同学，知道清华有揭发冯家驷拔牙的大字报后问冯是否确有其事，冯反问：你是相信大字报还是相信我？答曰：当然相信你。这说明，冯的妻子并不是"女工"，"吓疯"更是无稽之谈（罗征启被骗了）。冯家驷与其妻的问答还表明，冯家驷实际上否认了"拔牙"的指控，企图向枕边人隐瞒自己丑恶的历史。而且我们至今没听说冯家驷向哪一个受害人认罪忏悔。可见冯家驷的表态是骗人的，不但汲鹏被骗了，罗征启也又一次被骗了！

绑架我的小轿车曾停在一处地方，估计是体育学院，有人下车，过一会儿回到车上，对其他人说："小蒯开恩"，我寻思，一定是他给蒯大富打电话报功，蒯大富可能要他们对我下手不要太狠。

车子继续开行了很长时间，我判断是开往城里。停车后，我仍然被蒙着眼带进屋里。后来才知道，这儿可能是骑河楼的清华招待所，已经被团派强占作为据点。开始，他们拿着从我书包中搜出的、登有《414战歌》林彪语录的小册子，问我是从何处得到的，我告诉他们是从军事科学院得到的；他们又问小册子上签名的"吉合"是谁，我告诉他们这是我父亲的老战友。我知道这时的吉合已经因所谓"新疆叛徒集团"案被隔离审查，他们如果了解到这一情况又会做文章，但既然小册子上有签名，他们要想做文章总能有办法查出签名人的身份，我提到吉合与我父亲的关系，也许他们就不做文章了。

显然，蒯大富指使绑架我的直接原因，就是两天前414召开的大会上我在发言中出示载有《414战歌》林彪语录的小册子，狠打了团派极端分子的脸。《414战歌》的歌词是一段林彪语录："在需要牺牲的时候要敢于牺牲，包括牺牲自己在内，完蛋就完蛋。上战场，枪一响，老子下定决心，今天就死在战场上！"曲调颇具鼓动力，凝聚着414派的斗志，团派对此十分忌惮，总想把它扼杀。蒯大富曾向谢富治等求证，谢富治不知道这段语录，吴法宪则说林彪没有讲过这段话（注4）；于是，12月5日，团派突然发动了对《414战歌》的讨伐，《414战歌》被冠以"联动式"的"黄色歌曲"，其歌词用的林彪语录是"土匪术语""法西斯语言"，是"宣扬武士道精神"等等。为避免被动，414不少人着手寻找这段林彪语录的准确出处；我中学同学吉新玉也是我在新疆监狱中的小难友，她的父亲吉合当年在新疆八路军办事处是我父亲的助手，大陆解放后曾任驻苏联武官，卸任后在军事科学院工作，现已退休，家中有大量军事书籍，我专程去吉新玉家中查遍所有林彪的著作、讲话汇编等，终于在一本总参军训部印发的小册子中找到了这段话，这大约是在12月14日左右。我们有意隐忍，等着看谢富治、戚本禹和蒯大富究竟还能跳多高。12月16日，谢富治和戚本禹进一步说，这段语录"林副主席没说过"，是"谣言"，是"造林副主席的谣""罪该万死"，并且明确宣布"清华大联合要以团派为核心"。在414于12月18日召开的大会上，我发言宣读了《414战歌》中林彪这段语录的全文，并出示了登载有林彪这段讲话的小册子，把"炮打林副统帅"的帽子结结实实地戴在了蒯大富头上，实际也戴在了谢富治戚本禹头上；同时根据毛主席关于"核心"的论述，批评谢、戚12.16"以团派为核心"的讲话"不符合毛泽东思想"。这次大会使414士气大振。蒯大富压垮414的企图又一次破产，"文斗"斗不赢，就采取绑架、抄家等卑劣手段，诉诸武力。

我不知道的是，就在我被绑架的当天，蒯大富不仅指使井冈山兵团联合总部中团派的十六名头头发声明宣布我是反革命分子，而且公然"通缉"四十一名414派的头头和骨干，派人抄了二十多名支持414的干部和教师的家，清华园一片白色恐怖。

打手们在查问林彪语录的小册子之后休息了一段时间，接着就对我开始了凶残的拷打。

他们先剥去我穿的棉衣；当时是冬天，我的棉帽很厚，他们把帽耳放下来，反扣在我头上，正好捂住我的双眼。他们用拳头从我两肋下的腹部向内向上猛击，疼得我几次弯下腰；后来有人告诉我，这样打人很狠毒，看不出外伤，肋骨没断、胸部也没有外伤，但腹内脏器受到猛烈打击，容易造成内伤。打完后凶手们歇了片刻，又击打我的头部。他们的拳头，雨点般准确地落在我双眼的眼眶上，虽然我的眼睛被棉帽捂住，闭着眼一片漆黑，但当拳头不断打到眼眶上时，却真正领略到"眼前金花乱冒"的滋味。又休息片刻后，打手们把我推向屋子中间，前后左右各有一人站定；"游戏"开始，后边的打手猛不防踹我一脚，左右两侧的人同时伸出脚来，当我被踹向前扑时正好左右两边的脚也伸出绊住我，而前方的打手趁我快跌倒时抓住我的双手，返身一个背摔将我摔在地上，然后从头再来。如此反复多次，打手之间的配合非常熟练，由于我双眼看不见，几乎每次都被摔倒。我一直在想，团派保卫组的这些打手们是否经过专门训练？他们专打两肋下的腹部，没有外伤；他们专打两眼眼眶，而且在被打者蒙住眼睛的情况下准确"命中"，头部也没有外伤（如果误打到鼻子、脸颊，就可能会出现外伤）；他们摔人的"游戏"配合默契，一气呵成。

如果未经训练，是很难做到的。当然，如果没有蒯大富的"关照"，我很可能会被打断肋骨、头破血流，那把钳子就不只是夹我的手指，很可能会伸到我的嘴里去拔牙！所以，我倒是应该感谢"小蒯开恩"。

打我、摔我，用钢丝钳夹我，这些打手们似乎还不"过瘾"。过不久，我听到旁边擦火柴的声音，接着就感到一根点着了的火柴伸到我的脸旁，我稍一转头，对着火柴方向很快用鼻子猛一呼气，把火吹熄；如此反复三次都被我吹熄了。第四次，又听到划火柴声音，我深吸一口气准备再次用鼻子把火吹熄，可这次火柴不来烧我的脸了，旁边的人按住我的脖子，把点着的火柴放到我的后脖颈上，我只好强忍疼痛直到火柴熄灭。看来他们是不给我破相就不死心。第五根火柴划着后，旁边的人用它点燃了一支烟，猛吸两口后喷到我脸上，再吸几口后把烟头按向我的下巴，我本能地要躲开烟头，但打手们使劲夹住我的头不让动。就这样，我的下巴被烟头烫起了泡，左右腮帮也被烟头烫起了泡；七天后我在414的欢迎大会上控诉团派打手的暴行时，脸上的四五个烟头烫出的伤疤仍然清晰可见，台下有坐在前排的女同学当场流下了眼泪。

残酷折磨我十多个小时后，半夜两点左右我被带出大门，转到一辆吉普车上送进了监狱。进监狱使我略为安心，监狱里至少不会像蒯大富的打手们那样残酷折磨我吧。出监狱后我才知道，这就是有名的功德林监狱，这里曾经关押过国民党军队被俘的许多高级将领。我的朋友汲鹏，他的家就在功德林监狱附近。

起初我不知专政机关以什么罪名接收我，是"造林副主席的谣"吗？我们已经找到林彪原话了呀！在狱中第一天我就绝食、要求审讯，要求弄清楚罪名和犯罪事实是什么；当天下午，狱方提审。

审讯人员首先说我反谢副总理，反对谢副总理主持制定的"四项协议"，并在12.18大会上说谢副总理12.16讲话"不符合毛泽东思想"。我回答说，我对谢副总理偏袒蒯大富确有意见，"四项协议"第四条违反毛泽东思想，所以我反对"四项协议"；至于12.18大会的发言，我告诉审讯人员，毛主席说过"核心不是自封的"，谢副总理的 12.16 讲话封"团派为核心",不符合毛泽东思想,我的确有意见;但有意见提出批评不能等同于反谢副总理。我并没有反谢副总理,相反,我在大字报上一直说谢副总理是坚定的革命左派,并特别举了我在哈尔滨军事工程学院小报《红军工》上发表的文章《捍卫东北新曙光》为例,文章说,谁要到北京炮轰市革委会主任谢富治,我们就把他赶出北京!这就证明我没有反谢副总理。

审讯人员没有再提反谢问题,而是接着问我,你说过毛主席是太阳、江青同志是月亮,月亮本身不会发光,是反射太阳的光辉,这是不是反江青同志?我很诧异,立即回答:我从来没有说过这样的话!审讯人员说,你写的大字报《闪光》是什么意思?我这才恍然大悟,原来蒯大富就是这样给我罗织"反江青"罪名啊!

1967 年 11 月 12 日,江青发表讲话,中心意思是不能用批判文革初期五十天的资产阶级反动路线来包庇十七年所推行的修正主义路线。团派以为抓到了稻草,借此把"用五十天包庇十七年"的帽子扣到 414 头上。但是,江青讲话中还提到对文革前的十七年要一分为二。以我为主要执笔者起草了一篇大字报,用五个战斗组的名义联合发表,一方面用很多实例把"用五十天包庇十七年"的帽子还给蒯大富一伙,另一方面按照对十七年一分为二的意思,指出也不能"用五十天否定十七年",充分肯定了清华十七年的成绩,充分肯定了清华广大干部和党团员热爱社会主义热爱党,批驳了蒯大富"用五十天否定十七年"的错误。鉴于团派某些大字报的论点乍一听理直气壮,确实能迷惑一些人,我们的这篇大字报标题借用了列宁的一句话:《闪光的东西不一定是金子》,"闪光"是针对蒯大富的。大字报贴出后,立即被团派扣上"炮打无产阶级司令部"的大帽子,说这"是把矛头指向江青同志的反革命大字报"。我对审讯人员说,如果不相信我的话,请你们到清华看看《闪光》大字报,就知道我是否"反江青"了。

12 月 27 日凌晨,我被释放,从功德林监狱直接送到人大会堂参加谢富治、戚本禹等人对清华两派头头的接见,既领略了谢富治戚本禹巧言令色掩盖他们否认和辱骂那段林彪语录的尴尬,又见识了这二人互相吹捧的丑陋表演；接见结束后回到清华，受到数千人的夹道热烈欢迎。

清华两派的"文斗"，团派始终无法占上风。"战歌事件"，又以团派的失败而告终。但蒯大富们并不甘心，已经把武力剿灭414提上日程，紧锣密鼓进行准备，在414内抓出"反革命集团"就是其最重要的舆论准备。即如"战歌事件"，他们起初说是"炮打谢富治、戚本禹等中央首长"（《井冈山》报106期），后来戚本禹垮了，他们先是利用杨余傅问题栽赃，说战歌事件是老四"陷害吴法宪同志"（《井冈山》报130、131期合刊），不久又进一步颠倒黑白，说战歌事件是"攻击陷害林副主席、谢副总理、吴法宪司令员"（《井冈山》报141、142期合刊），我也成了沈一罗反革命集团的成员（《井冈山》报139期）。

1968年元旦刚过，蒯大富就挑起了1.4武斗。接着，所谓"罗文李饶反革命集团"和"十二人反党集团"又先后被编造、炮制出来，开启了清华文革最血腥、最黑暗的时期。

注1：见中整办调报字【83】3号文的附件2

注2：团《井冈山》报145期（1968.6.7）刊登的段洪水"讣告"中说，"特别是在与现行反革命分子罗征启、陈楚三的斗争中，段洪水同志立场坚定、旗帜鲜明"；同期刊登的段洪水父亲的文章则说，"今年大年初一我们等他回家过年，一直没见他回来，后来才知道他在风雪中等了三天三夜捉到了反对毛主席的现行反革命分子罗征启"

注3：见罗征启回忆录《清华文革亲历记》

注4：吴法宪在接受师东兵采访时说过："林彪大概在1967年5月接见我的时候，曾经对我说：'跟着我们走将来可别后悔呀，文化大革命也要做好失败的准备。革命就是要有杀身成仁的思想考虑。我在每次打仗前都要跟叶群说：上战场枪一响老子下定决心今天就死在战场上。你们都是跟着我南征北战过来的，都要有这样的考虑'"（引自师东兵《政坛秘闻录》），如果属实，证明吴法宪知道林彪说过这段话，但他出于迎合或者有意误导而对蒯大富说了假话。

杨津基、顾廉楚、王遵华先生文革蒙难记

（一）杨津基先生文革蒙难记事

顾廉楚（电50）口述

钱家骊（电53）整理

1968年4月清华大学红卫兵两派，一天团派和414派已由文斗发展到你死我活的武斗，两派都有了自己的武装据点。此时绝大多数师生员工都已纷纷逃离学校避难。但杨津基先生（注1）此时却不知为何，没估计到即将来到的危险，还留在清华的家中。

一天团派的几个武斗学生突然来到杨先生家中，在说过一些冠冕堂皇的话后，直截了当地要杨先生捐钱支持团派的武斗。此时杨先生断然拒绝，他说我绝不用钱赞助武斗，我只会捐钱作党费。几个学生恼羞成怒，要带走杨先生关押起来。杨先生于是就只能带着盥洗用具和随身换洗衣服跟学生走了。当时没想到这一走就是100多天。

开始时，杨先生被关到生物馆顶层，此处没有窗户，闷热异常。关在这里，根本就无人过问，大概学生都忙于武斗了。吃饭则由杨先生的孩子杨健向红卫兵交钱购买。睡觉则常只能睡双层木床板，没有被褥。不久又被转移到生物馆三楼，这是一间大房间，用很多纸板隔成一间一间小房间。由纸板的缝隙可以知道在此关了不少人，在一边缝隙里就看见党委副书记艾知生和物理教研组的何成钧先生等人，还可以看见何先生不断的叹气。和杨先生关在一起的还有一位——年轻的顾廉楚老师（注2）。他们虽处于逆境，也不知未来的命运，但两人还是常聊起文化大革命到了全面武斗阶段，今后该怎么发展，我们的教育事业今后还该怎么办，不禁都忧国忧民起来。

随着武斗不断升级，杨先生和顾廉楚老师又被转移到团派另一个武斗据点——学生宿舍12号楼的5楼一间宿舍中，此时又增加了一位电机系党总支书记王遵华先生（注3）。关在这里又不知有多少天，对外边的事一无所知。

终于到了这一天，应该是7月27日了。忽然发现有大批工人包围了12号楼想进入。团派学生就上到楼房屋顶，揭下楼顶的瓦砸向工人，就这样双方就对峙起来。直到天逐渐黑了下来，工人终于撤走。到了第二天，不知怎的楼内忽然变得万籁无声，静得有些怕人。三个人对此一点也不清楚，不敢有什么动作，只能静候。不久很多工人进入12号楼，一间一间房子搜索起来，直到发现他们3个人。三人于是向工人说明，他们都是一般教师，是被团派学生关押起来的，但工人们对此并不相信，反而认为他们3人都是团派背后的黑高参，不但不立即释放，反而派七八个人准备把他们带到中央主楼去。

此时，他们才走出被关押的宿舍，这才发现走廊里全是家具等堆放成的武斗工事，连宿舍的大门也被封住，只能从一个窗户出入。出了宿舍，忽然发现通向中央主楼的路上全是工人，他们沿路排成两列，中间留出一个通道。他们3人通过这通道时，工人们都把他们当做黑高参，不听他们的解释，不断对他们3人高声辱骂，用力殴打。杨先生因为走在3人的最前面，被打得最厉害，两个脸颊被打得红肿很高一片，而且一直也没有医生前来治疗，只能慢慢恢复。到了中央主楼，还是一直以黑高参的身份关在主楼大厅侧二楼的一间房子内，还是没有床铺，杨、王二位先生还可以睡在绘图桌的图板上，顾廉楚老师则只能睡在地上一叠画图纸上，十分阴冷。不久，他们又被收入一个劳改队劳动改造，先是打扫卫生，打扫厕所，以后又参加盖房子的劳动。在劳改队内还有一些黑帮分子和资产阶级反动权威，记得系主任章名涛先生也在内。此时章先生身体很差，走路都很困难，只能一小步一小步蹭着地移动，但也还得做传递砖头等这样的劳动。

又过了一些时间，清华大学各级组织成立，工宣队才从电机系组织处了解到三个人的真实情况，于是杨先生才又回到教研组中，恢复了正常的身份。

关于这些遭遇，事后杨先生根本不再提起，我们也只是断断续续知道一些。当我们听到这些时，开始很是惊讶，很是愤怒，又觉得发生在杨先生这样一位老老实实的老师的身上很难想象。但在仔细想一想后，觉得这些还是完全符合杨先生的为人的。是啊，杨先生在我们眼中一直是一位做老实人、说老实话、办老实事的人，一贯只是从来不事声张只求默默奉献的老人学者。他在暴力威逼之下能够做到不避艰险、坚持正义绝不是偶然的，这是他的人格的必然体现，真真值得人们敬佩。在此，我想到一首七言绝句，正好借用作为对杨先生的礼赞，诗云（注4）：

> 人无愧怍心常坦，
> 身处乱世气如虹；
> 所幸艰难能炼骨，
> 依然白发老书生。

作者简介：

顾廉楚，男，1926年生，清华大学电机系1950年毕业。清华大学电机系和自动化系教授，博士生导师。长期从事电力电子技术及自动化研究。1985-1993任清华大学图书馆馆长。

钱家骊，男，1932年生，清华大学电机系1953年毕业。电机系教授，博士生导师，先后任电机、电器、高电压专业教师，实验室主任等。主要从事高压电器及其监测诊断技术研究，发表学术论文一百多篇。

注1：杨津基，时任电机系高电压技术教研组主任。已于2013年11月26日逝世，享年97岁。
注2：顾廉楚，时任电机系电磁自动装置教研组主任
注3：王遵华，时任校党委委员、电机系党总支书记

注4：该诗为整理者钱家骊借陈独秀诗句所作《赞杨津基先生》

陈独秀赠刘海粟联曰：行无愧怍心常坦，身处艰难气如虹。

陈独秀在狱中有诗曰：自来亡国多妖孽，一世兴衰照眼明。

幸有艰难能炼骨，依然白发老书生。

（二）宿舍里的"囚徒"（注5）

余昌民（企02）

在"浩劫"中，清华的教师受到的最大伤害，除了"历史反革命""反动学术权威"两种名目之外，就是对立两派之间的相互瓦解了。有的老师与其说成了某一方捕捉的猎物，不如说是充当了报复行为的牺牲品。

那时的学生宿舍，哪一派的同学多、能量大，就决定了作为其"营垒"的属性，譬如电机系宿舍十一号楼和自控系宿舍十二号楼突然变成了势不两立的"前沿阵地"。

有一天，不知是谁将一个被拘押之人从主楼转移到我们宿舍，那失去自由的人是我们电机系留美归来教授顾廉楚。顾老师头发胡须又长又乱，我不由得想起《红岩》里的"共产党重犯"许云峰。我不知道他因什么把柄身陷"囹圄"，也无心打听，只听说某同学在主楼打过他。谈论起这件事，同学们便飘出不齿的眼神。大家对顾老师谨慎地保持冷峻的语气，唯有曾经施以拳脚的那位对他呼来喝去。顾老师不熟悉我们这些低班的学生，只是温和地打量我们，似乎在判断什么。

有一次，我拿出清华版的《科技英语》来读，突然顾老师友善地纠正我的发音。这好像一把神奇的钥匙，气氛一下子缓和了许多，那位看守人赶忙起身闩上门，口吻顿时判若两人。我猛然憬悟：每个人都在活用着自己的假面具，谁也不说破游戏的规则。

见顾老师顿顿吃窝头咸菜，我特意在食堂多买了一份烧肉加馒头，冷冷地递给他说："吃剩的，给你吧。"顾老师吃得格外香，看着令人心里发酸。后来趁没人的时候，顾老师对我说："同学，我想麻烦你办点事……"，见我没有退缩，接着说："请你到我家拿几块钱，买一把理发推子，来给我剪剪发，推子就留给你们了……"，我答应了，我从心里愿意为他做点事。

不料宿舍里的"囚徒"忽然被转走了，不知去了哪儿，我答应的事自然也就不了了之。我曾在心里安慰自己，好在理发不是什么大事；可是现在想起来，我不禁骂自己真是一个大笨蛋：我何不就充当一回信使，难道还有比亲人的音信更重要的吗？

作者简介：余昌民，男，1946年生，武汉市人。1964年考入清华大学电机工程系。文革后考上清华大学经济管理系研究生，1983年获工学硕士学位。后投身深圳特区建设，曾任蛇口工业区董事总经理助理。1998年任深圳市瑞骐投资有限公司董事长至退休。2019年出版文集《人是天地间多彩的云》，书中有关于经济特区拓荒者们的生动纪实。现为深圳清华大学校友会副会长，清华校友围棋协会理事长。

注5: 摘自余昌民著《人是天地间多彩的云》，标题是原有的。

编者的话

第一次知道杨津基、顾廉楚、王遵华三位老师文革受难的事，还是2016年前后，当时看了叶志江的一篇文革回忆文章，其中写道他留有1968年8月9日两派交换被抓人员"收条"的签字影印件（原件在陈育延手中），团派蒯大富等签字的"收条"中有"另收留三人：王遵华、顾廉楚、杨遵基"（"杨遵基"是"杨津基"之误）。

多么奇怪的"收留"啊！真相是，这三人是被团派非法绑架、关押的干部、教师。

这三人被团派非法绑架、关押，是有据可查的。邱心伟原蜀育所编《大事日志》记载，1968年4月4日，电机系团派召开【粉碎电机系以王遵华、顾廉楚为代表的右倾翻案势力，斗争反革命分子顾廉楚大会】，所谓"右倾翻案势力"就是指414，团派认为王、顾是支持或同情414的，必须打击（顾廉楚回忆被关押100多天，由此推测，可能这个批斗会前后就将他们关押）；团《井冈山》报141、142期合刊（1968.5.24）中，点名顾廉楚是"沈如槐的革命干部"，王遵华是沈如槐的"掌上明珠"、414的"黑高参"；中整办调报字【83】3号文所附资料更具体指出：电机系68级学生、团保卫部《捉鬼队》头头李振言"68年3月伙同张家钻策划绑架了电机系党员教师顾廉楚，对顾进行长期刑讯逼供，残酷迫害，直到7.27工宣队进校"；电机系69级学生、系团派分部头头张家钻"伙同李振言等非法绑架电机系党员教师顾廉楚、总支书记王遵华，对他们进行了长期的刑讯逼供。"张家钻还带人"到教授杨津基、唐统一、黄眉等人家强行'借'钱，由于杨津基不'借'，张等将杨抓起来，关押，直到7.27工宣队进校。"显然，杨津基、顾廉楚、王遵华三位老师的文革受难，这个电机系团派分部头头张家钻是第一责任人！

但是，既然三人是被团派绑架、关押，怎么会出现在414向团派移交人员的名单中？这对编者却是不解之谜。编者曾单独或在有关微信群中发问，无人回应。

2019年5月，编者看到陈育延回忆录第十六章《清华两派最后的谈判》，根据她1968年8月7日的日记记录，414移交团派的人员名单中包括了"走资派：王遵华、顾廉楚、杨遵基"，说明此三人当时确实在414手中！

这究竟是怎么回事？编者又一次向有关同学发问。终于，蒋南峰有了回应。

蒋南峰说："顾廉楚及另一人（王或是杨？）在7月28日上午工宣队攻入九号楼之后被错当老团，打得血流满面，与十来个老团押送过来，我是亲眼看见的。当时有人告诉我他两人是被抓去的干部，不是老团。我们也无法说明。当时已被工宣队作为老团抓走，所以根本想不到他们怎么成为老四的俘虏和团派交换。"

事情基本清楚了：王遵华、顾廉楚、杨津基是被工宣队"错当老团"抓到主楼的。由于工宣队7.27进校时伤亡惨重，对团派恨之入骨，见了就打，所以414即使知道顾廉楚等三人不是老团，但因工宣队在气头上，"我们也无法说明"，最终只好"将错就错"，把三人当作老四抓来的"俘虏"移交给蒯大富。

顾廉楚和钱家骊先生的这篇口述文章，证实了蒋南峰的回忆，不过，顾廉楚等三人不是被关在九号楼，而是关在十二号楼，他们不是被"错当"一般的老团，而是被当作老团背后的"黑高参"，所以工宣队将他们抓到主楼后"待遇"也差，对他们被打受伤不闻不问。

余昌民校友的回忆则告诉我们，顾廉楚先生在转押到十二号楼之前，曾被关押在电机系学生所住的十一号楼。综合顾廉楚和余昌民二人的回忆可知，杨津基先生最初被关押在生物馆顶层，顾廉楚先生最初被关押在十一号楼，后来他们都被转移到生物馆三层关押；最后转到十二号楼五层，这时又增加了王遵华先生，三位老师关在一间屋子里。在十二号楼五层关押的时间，应当在5.30之后的六月份。

杨津基先生是由于拒绝"借钱"或"捐钱"而被张家钻抓走关押的，文中说被关了100多天，由此推断被抓走的时间应该是1968年4月初前后；杨先生不知道的是，在他被关押期间，团派又一次去他家"借钱"，并且是假冒414去"借"。邱心伟原蜀育所编《大事日志》载：7月20日，"团派今日到一些教授家'借钱'，带手枪手榴弹等，光顾了童诗白、杨津基等家，去时冒充414战士"。

陆小宝曾赞扬："即使在清华武斗这样的混乱情势下，负责学生助学金发放的团派人士，一直忠于责守，账目清楚，做到了一钱不沾。掌管团派《井冈山》报收入财务的人员，也真正做到廉洁奉公"（注6），与这些廉洁奉公、一钱不沾的团派人士相比，张家钻一类向老师强行"借钱"（"借"了会不会还？）借不到就把老师抓走关押的团派人士，难道不自惭形秽吗？

实际上，被团派强行"借钱"、借不到就抓走的老师不止杨津基先生一位；团派人员假冒 414 干的坏事也不止到童诗白、杨津基家"借钱"一件。

孟昭英先生是一位老教授，是清华无线电系创系的系主任。团派邢晓光也曾持枪向他"借钱"（注 7），借不到就将他扣押，这时的孟昭英先生已经 62 岁。孟教授趁看守人员疏忽之机，把被单撕成布条结为绳索，从楼上攀附而下，因落地时摔伤，忍着剧痛逃生，从此双脚落下残疾，走路一瘸一拐，人所共见。

林贤光老师是《红教联》的核心成员。414 曾经卖力地对《红教联》口诛笔伐，揪斗过陶德坚等老师；《新时代的"狂人"》被定为"黑戏"前后，414 抄了林贤光及俞善乐、来晋炎的家，此后，团派怕 414 抓林贤光，将他保护起来，安排了住处并有一名同学陪同。就在此后不久的一天深夜，林贤光被几人从住处"劫持"，并在审问中"三个问题答不出来就架出去挨了三顿打"，说要"送到科学馆让你尝尝老虎钳子的利害"，后来被团保卫组"抢了回来"。原 414 有关头头表示对这次"劫持"并不知情，林贤光怀疑这是团派"自导自演的一场戏。可能是为了考验我，认为我可能会叛变，或在威胁下变节"（注 8）。到 2015 年 5 月，真相终于大白：汲鹏和颜慧中探望病重住院的原团派保卫部长崔兆喜时，崔坦承当年这次绑架是经他同意、团派演的一出戏。

邱心伟原蜀育所编《大事日志》还记载，1968 年 5 月 19 日，"团派以 414 名义去抄团派工人家，绑了一名团派工人，拷打 11 天之久。"可惜《大事日志》没有该团派工人的姓名。

注6：引自陆小宝：《复原清华百日武斗的真实面貌》，原载唐金鹤著《倒下的英才》

注7：见中整办调报字【83】3号文附件二，邢晓光曾"持枪到教授孟昭英家强行'借'钱。"

注8：见林贤光《我和清华"红教联"》，载于孙怒涛主编的《历史 拒绝遗忘》

周坚、张南清在蒯氏黑牢十五天

周 坚

蒯大富在 1968 年 4 月 23 日挑起了清华百日武斗。

这一天，在海军宣传队和北京卫戍区战士的众目睽睽下，蒯大富组织的团派武斗队伍悍然发动了对 414 据点旧电机馆的突然袭击并攻占旧电机馆，迫使守卫旧电机馆的数力系和 414 文攻武卫班子"李文忠学习班"的部分 414 战士跳楼。更令人不解的是 423 武斗的第三日即 4 月 25 日，已经进驻清华数月之久的海军宣传队竟然在北京市"四不"（即不怕乱、不管、不急、不压）的指示下，奉命撤出清华，到市委党校"集训"。这无异于纵容蒯大富恣意妄为，扩大并不断挑起武斗。4 月 29 日，在 9 饭厅前的武斗中，团派汽车压死 414 战士谢晋澄；5 月 2 日凌晨，又聚集上百人（具体人数至今没有人透露，"上百人"仅是我的估计。）攻打 414 占据的旧土木馆。

5 月 2 日那天，驻守旧土木馆的 414 人员有刘凤阁、刘克明、饶海源、邹增达、黄小平、张南清、蒋应恒、杨振华和我 9 个人，是来自土建系 1、2、4、5 四个年级不同专业的学生。当晚，不是我值班。凌晨两、三点钟，我正在熟睡中，突然听到一阵劈里啪啦的嘈杂声，我立刻意识到老团来进攻了。等我出来看时，发现老团已经进了旧土木馆的一楼。我们和一楼的入侵者隔着楼梯上的栅栏门对峙着。他们用长矛隔着栅栏往里面捅；我和几个人站在后面，守住楼梯，用长矛回击；他们用石块往里面扔我们，我们就拣起他们扔进来的石块扔他们。我的头顶两次被石头打中，血从头顶流下来，眼前一片血红色。虽然我们这几个人的身上、头部都受了伤，但老团他们始终没有能够从楼梯攻上来。我们人手少，楼内要守卫的面积太大，照顾不过来。

因为几个人都把注意力集中在楼梯口，突然从楼道上冲来几十个老团。后来从唐金鹤校友的书（《倒下的英才》）中才知道，老团他们是从房顶上下来，占据了旧土木馆的三楼，然后从三楼冲下二楼，上下夹攻。我们只好放弃楼梯，退到睡觉的房间，堵上房门。后来房间的隔墙上出现了长矛；原来墙壁是在芦苇上面抹灰做成的隔断墙，老团们一拥而入，把我们逼到窗口。我的全身都被打中，血流满面；再一看其他的老四也是伤痕累累，一个个都在流血。

我们在受到上下夹攻的情况下，知道旧土木馆守不住了，于是决定跳楼。因为旧土木馆的南面是老四据守的动农馆，我们一个个从旧土木馆的二楼南边跳了下去。不料我在落地以后就昏迷了。我后来才知道，除了刘克明跳楼后逃到动农馆，其余我们八个人全部被俘虏了；其中跳楼的有杨振华、张南清和我。杨振华跳楼崴了脚，至今还有残疾。从而旧土木馆失守了。

团派中至今没有关于这次武斗的内幕的回忆与反思！是什么人提议的？什么人组织实施的？出动了多少人？估计一些知情者是要把这一丑事带进棺材去的。这毕竟是他们的耻辱。我估计，他们出动了不下七八十人（包括围楼、攻楼、爬上屋顶者）。

在团派进攻旧土木馆的1~2个小时的战斗中，我没有看到、听到414有任何救援的迹象。只是在旧土木馆后面不到十几米的动农馆（414占领）的战友站在楼顶或窗口处向团派武斗人员扔砖头。414总部委员、动农系负责人尹尊声同学被团派弹弓车发出的螺丝帽打在嘴上，牙齿打掉两颗。（现在尹尊声同学在美国新泽西大学当教授。）

我昏迷着，老团把我抬到了2号楼，进行了简单的包扎医治。我的身上有八处受伤：右手虎口处缝了8针；头部两处已无法缝合，分别用金属夹子夹起来，手摸起来，好像长了两个犄角；眉毛伤口缝了8针；大腿正面长矛刺伤缝了5针；还有两处伤口，一处在前额，一处在膝盖；有一长矛从我的后背扎入，幸好扎在左肩骨上，要是再往右2cm，就是心脏，那我的性命就难保了。这个伤疤估计是跳楼以后被刺的"纪念"！因为在跳楼前，我一直是面对着团派的，而跳楼落地时是背朝上的。我这是命大啊！我不知道是谁给我进行了伤口缝合，对他，我至今是十分感激的。

5月11日，我被蒙上眼睛，从2号楼，转移到生物馆的楼顶暗室。暗室很小，估计只有三到四个平方米；没有窗户，地下铺着一些稻草和一床被子。在上厕所时，看到顶层很大，好像没有隔断，屋架也看得清楚。从5月12日起，梦魇般的生活开始了。

5月12日，暗室里进来几个人，反绑我的双手，蒙起我的眼睛，把我拉到楼下一个房间。二话不说，先是一通毒打。打得我鼻青脸肿，满地打滚。我只能强忍愤怒，打得实在太痛的时候，只是"哎哟"几声，绝不求饶。他们要我承认反对毛主席，要我承认要打倒谢富治副总理；我当然不能承认。老团他们说：5月2日那一天，一个老团攻入旧土木馆二楼以后，被绑，然后有人用长矛刺了他一下。他们问是谁干的，我说不知道（这是实话，确实不知道此事），他们逼我承认是我刺的。我坚决不承认，他们就变本加厉地毒打。他们在木板上钉上钉子，往我的肩上打，打得我的双肩鲜血淋漓。直到现在，肩膀上钉子打过留下的伤疤仍然可见。而且他们专门朝着你的内脏打，当场打断了我的一根肋骨，全身多处淤血。他们让我跳起来，当我跳起来以后，他们趁势，一脚把我踢倒，见到我摔倒在地上，他们站在旁边开心得哈哈大笑。在他们行兇的过程中，我也偶尔破口大骂他们是法西斯，骂他们是国民党。这就招来更加残酷的毒打。

被打以后，我被架回"牢房"；觉得口渴难忍，他们以喝水以后会死人为由，拒绝给我水喝。这点我不懂，也许守卫人员还有一点人性，也许他们是为了进一步地折磨我。说实在的，他们用这么狠毒的办法折磨我，使我很难相信，在这批打手的灵魂里还有一丝一毫人性！共产党的三大纪律八项注意歌里明明唱着，（对俘虏）不许打骂，不许搜腰包。他们有一丝半点共产党的味道吗？他们早已越过做人的底线，不然为什么蒙起眼睛，不敢让人认出呢？

5月13号，他们又把我拉到楼下毒打了一次，每次折磨长达一、两个小时。

我从12日被打后开始绝食（也吃不下东西），来抗议老团的法西斯暴行，并在暗室的墙壁上刻写了自己的决心，"414战士永远忠于毛主席！""誓死保卫毛主席的革命路线！""毛主席万岁！"等。

2016年8月2、3号，我在美国探亲期间从微信上看到被认定是蒯大富捏造的"12人反党集团"成员而非法拘禁迫害的女同学黄安妮的回忆，她说："我关在生物馆时，曾见到一位被打得遍体鳞伤的男人，衣服被打烂，就像电影里看到的共产党员受重刑的那种印象，真是惨不忍睹。这些年从大家的资料看，恐怕就是那位叫周坚的同学，不知我有没有搞错？"

为了搞清黄安妮所见到的这个"被打男人"是不是我？我2016年8月5日曾通过信息提供人周忠荣（数力系414的头儿）与黄安妮进行时间上的核对并对她表示问候。黄说她是5月8日被转到生物馆的。周忠荣说"肯定是你了"。黄还说当时她估计那个人"很难活着出去"，并表示对我的问候！

后来才知道，生物馆是蒯大富在校内的黑监狱之一。不但我被关押在那里，被他们拘押的校党委"黑帮"（如刘冰等），所谓"十二人反党集团"成员（谢引麟、黄安妮）；在"中央首长"明确批判陈里宁后，为了不让414抓走、被他们明批暗保的"红教联"的头头（陶德坚）等也都关在那里。

我在蒯大富的黑牢里，深知事已至此，没有别的出路，只有以死相拼！我别无牵挂，只是想起年迈的母亲，不禁潸然泪下。她为了供我读书，日夜操劳，纺线织布；到集市上卖布，舍不得吃一碗凉粉！她的大恩未报，难以瞑目。又想起当年务农铡草时苟换伯讲的故事，"我们村出不了读书人（意思是劝我不要与父亲斗争，一心要上学了）。"难道这句话要应验了？再回忆起近一年来与蒯大富的斗争和自己所作所为，深信正义必胜；蒯大富凶相毕露，说明他的末日快要到了。

因我的眼睛被蒙，没有能够亲眼见到毒打我的人长的什么样子。四十年后的今天，我想问一问当年那些打手们：如果当时你们毒打我是因为派性，是因为你们年轻，少不更事；那么今天，你们已是身为祖父、祖母之人，我相信你们对自己当年的恶行，一定已经有所反省，有所忏悔；但为什么不勇敢一点，真正"走出文革"呢？

5月16日，暗室里进来几个人，蒙起我的头，架着我下楼。我以为又要遭受毒打了，或者要转移到更恶劣的地方去了。我已做好必死的准备。他们把我架上吉普车，不久就停了下来。把蒙在头上的东西去掉以后，看到一教前马路两边全是手持长矛的武斗人员，气氛十分紧张。我从吉普车上被两个人架下来，我被交到414人员手中后，扶上小车，立即送到北医三院。

原来，当时414也俘获了一些团派人员。两派达成协议，借"5.16通知"发表两周年，在毛主席塑像前交换俘虏。5月15日，老团他们在一教打死无线电系无01班孙华栋；到了16日，我绝食已进入第五天，老团怕在他们的手上再死人，于是，被交换回到了414。与我一起交换的还有被俘的其他战友。交换的团派人员我现在也不知道（后来听说有武斗头头周大卫）。

2016年9月，我们班到丹东聚会期间，我们班的郭险峰同学告诉我，是他把我送到北医三院的。

在北医三院住了十来天的功夫（现在也记不清确切的时间与日期），我出院后，直接送到主楼414占领区。在医院时，许多老师、同学都来看望，带来许多从来没有见过的好吃的，引来邻床病友的无限羡慕。因为主要是饿的和内伤，刚开始，输液并只喝点稀的，服一些内伤药；两三天后，就能下床活动。但伤口和被打劈的肋骨还痛，而且肋骨处摸着起了一个包。医生说，是劈裂处在外头长了一个箍。几十年过后，现在已经基本是摸不着了。至今，头上、背上、眉毛上的伤口阴天还是觉得麻木，经常需要揉一揉。

我们班的吴保人同学说，他曾在南池子大街南口西侧的皇城红墙上看到过很大的大标语："周坚同志是真正的英雄好汉！"（我估计，这可能是当时的414总部委员汲鹏所领导的414城内兵团在我被交换出来以后贴的）。7.27以后工宣队进校，他曾听到一个工宣队员给同学讲："要是苏修打过来，只有周坚不会当叛徒！"这可能是工宣队在审查武斗问题时，团派驻守生物馆的人员交代中，透露了我在他们迫害中的情况。

看看，当时我是多么傻！

我实在不愿回忆这段痛苦的往事。尽管在1968年以后，我留在清华工作了十四年，但是在这十四年里，我再也没有去过那个生物馆的暗室。我尽量避开生物馆，因为生物馆暗室里的那段非人的折磨，已经深深地刺痛了我的心。

唐金鹤还请房01班的单建学长写回忆，单建写道："老团偷袭旧土木馆后，我亲耳听到老团的大喇叭广播'捷报'，说活捉了'八一军团'的'匪首'周坚和杨振华（土建系房01班）；团派报纸《井冈山》也刊登了这个'捷报'"。

与我一起被俘的原给0班团支书、预备党员张南清同学回忆道：

我从旧土木馆二楼跳下，左脚扭伤，倒在地上，一时爬不起来。这时我见到两支长矛同时向我刺了过来，出于本能，我伸出左手挡了一下，一支长矛把我的左手掌立刻刺穿；另一支长矛刺入我的左肩，在我的左肩上留下了一道长长的永久的疤痕。我的命大啊！这一长矛居然没有刺中我的左肺尖，没有引起大出血，没有刺断我的肌肉筋腱，没有伤到神经，我的左胳臂没有因此而残废。我和其他跳楼的老四成了老团的俘虏，很快就被蒙上眼睛带走了。

在审讯中，他们蒙上我的眼睛残暴地打我。对我的审讯其实极简单，只问了我两句话："什么出身？"答："贫农。""政治面目？"答："党员"。我的话音刚落，我的嘴就被什么东西猛砸了一下，我只觉得眼前金星直冒，一阵眩晕。过后我才发觉，我的一颗门牙已经被打掉了，多颗牙齿松动，我的整个牙床都被打坏了；这导致了我在29岁时，满口牙齿全掉了。我的嘴唇被打得开裂，鲜血一直流到我的大腿上。毒打之后，当晚10点，我的胸部剧烈疼痛，又连吐了三口鲜血，我感觉到，我有生命危险了。我对看守说："给我纸笔，让我写下几句遗言吧。"约零点左右，老团将我抬上吉普车，在长矛队的"护送"下，到了校医院。医生们给我做了认真的检查和伤口处理并服药，左肩伤口缝了5针。天亮前，又在长矛队的"护送"下，将我送到2号楼，一位学长给我送来了一碗面条和一个鸡蛋。几天以后，我才慢慢缓过气来。直至双方交换俘虏，我没有再挨过打。我曾真的以为，我要成为第二个姜文波了呢！【姜文波是他们班同学，在武斗初期团派占领 2 号楼时，被团派追到四楼尽头；姜试图从消防楼梯往下爬时，摔下（有人说是老团用长矛刺下）楼的。是百日武斗中死亡的第一人……作者注】。还算幸运，命大，我挺过来了。其实，当时我系老团也怕再出一个姜文波，所以给了我救护，否则，我也许挺不过去。毕竟老团也是好人占多数。

作者简介：

周坚，男，山西临猗人，1945 年生。1965 年考入清华大学土木建筑系，文革后以清华大学在职硕士研究生毕业。北京建筑大学教授。曾以高级学者赴美交流访问，主持完成过科学基金项目数项，发表科学论文 50 余篇，出版学术专著、教材与技术书籍 15 部；长期从事结构力学、桥梁力学、钢筋混凝土与砌体结构等课程的教学工作。2019 年出版回忆录《犹有傲霜枝——我的命运我做主》。

张南清，男，1946 年 4 月生，江苏无锡人。1964 年考入清华大学土木建筑系，曾任班级团支部书记，1965 年 10 月入党，毕业分配到上海铁路局工作，参加多个铁路、地铁等项目建设；曾任公司副总工程师、总经理等职。其科技成果曾获上海市科技进步二等奖，并发表论文多篇。

关於孙华栋被害经过

——我们所知道的和记忆的

卢纹岱　宋楚强

孙华栋被抓到一教去的事情是团派同学告诉我们的。

我们正在着急，想通过团派同学去设法放他出来时，又传来消息，团派和414要交换俘虏。我们想，孙华栋没有在学校参加武斗，情绪又不很激进，肯定会被放回来。谁知，从团派同学那里又传出消息说："交换名单中没有孙华栋的名字，看来凶多吉少。"我们很担心，凶，又可能凶到什么程度呢？于是同学们到处打听。

航海队的团派同学也为孙华栋着急，到处打听消息。

1968年5月16日两派在毛泽东塑像前（现二校门所在地）交换被俘人员。在所交换的被俘人员中，没有孙华栋。

凶讯终于传来：孙华栋已被自控系五年级学生吴慰庭打死。尸体是团派某女总部委员带着4个人送到医院"抢救"，放下尸体就溜走了，没有留下姓名。到底送到哪个医院，不得而知。

凡是在北京的能够通知到的代表队的同学，都被动员起来，到北京市各大医院的太平间寻找孙华栋。大家冒着酷暑、大太阳，骑着自行车，到北医三院、海淀医院、复兴门医院太平间都去找了，没有！最后找到阜外医院太平间总算找到了。

我们几个人赶到阜外找到了孙华栋遗体。当太平间的师傅把孙华栋的尸体从冷冻柜里往外拖时，没想到，因为孙华栋的肩膀太宽拖不出来，师傅只好伸进手去把尸体侧过45度，才把抽屉拉出来。

我们请当时接诊大夫顾珉写了一个接收孙华栋遗体的经过。孙华栋的遗体是在5月15日早晨由四个人送来的；抬来时，医生立刻为他做了心电图检查，当时，心电图上已无心跳、脉搏的显示，因此证明这是一具已经死亡的尸体。

看管阜外太平间的宏善老先生补充写下了"来人留下了王桂芝的名字及电话号码"。可惜我们没有看到来人留下的这张纸条，不过即使看到了，又怎么能保证名字及电话是真的呢？

我们含着热泪，察看了孙华栋的遗体。我们把孙华栋的遗体放到院子中，拍了照片，作为将来惩罚凶手的证据。可惜这些照片交到414总部后，因为我们不久毕业离校，也就不知道下落。真是惨不忍睹，胳膊、脖子上都是深深的深紫色的勒痕，全身到处是青紫色；尤其左下腹，更是一片深青紫色，我们都意识到，那是致命的创伤。被打内出血是显然的，应该是把脾脏打坏了的结果。到达阜外医院的人都流下了眼泪，这么壮实的一个同学就这么被打至死，什么人干的？真是残忍到极点了，怎么能下得去手？

随着时间的推移，事情逐渐清晰。原来，孙华栋被抓后，团派认为他是414派的奸细，于是严刑拷打。无辜的孙华栋没有参加武斗，什么情况也不知道，打，又能打出什么？在严刑拷打后，他的内脏已经被打出了血，他感到口渴，吴慰庭就给他喝水，促使内脏快速大量出血，但是他还坚持自己走到厕所，在厕所中倒在地上，再也站不起来了。

作者简介：

卢纹岱，女，77岁，北京市人。1961年入清华大学自动控制系学习，1968年毕业分配到辽宁省辽宁发电厂，后到沈阳辽宁精密仪器厂工作。1979年调北京。2004年从北京体育学院退休。曾从事教学与科研工作。

宋楚强，男，78岁，上海崇明人。1961年入清华大学自动控制系学习，1968年毕业分配到沈阳电扇厂工作。1978年考入北京工业大学无线电系读硕士研究生，毕业后在总参某研究所从事科研工作。

编者的话

卢纹岱、宋楚强两位校友的回忆（以下简称卢宋文），是对以蒯大富为代表的团派少数极端分子灭绝人性、惨无人道罪行的血泪控诉！

编者了解到，卢宋文中提到的报信的团派同学，是与孙华栋同在航海队的唐梁校友；唐梁先是告诉宋楚强：孙华栋被一教团派抓去，后又告知 5 月 16 日两派交换被抓人员名单中没有孙华栋，"看来凶多吉少"。这充分说明，唐梁和大多数团派同学一样善良，在涉及同学生命的重大问题上，人性超越了派性。

按照金水高校友的回忆，"凶讯终于传来"的时间大约是 5 月 17 日前后，但不知道尸体放在哪个医院。

得讯后，卢纹岱、宋楚强二人冒着酷暑，骑自行车先后找了离清华比较近的北医三院、海淀医院、复兴门医院太平间，都没有找到；再继续到第四家医院找。

5 月 18 日前后，有人告知 414 总部：阜外医院有清华的无名尸体；卢纹岱宋楚强要找的第四家医院也是阜外医院，他们终于在阜外医院的太平间找到孙华栋遗体。

消息传到 414 总部，总部委员张雪梅和卢纹岱、宋楚强、金水高等人赶到阜外医院，查看孙华栋遗体，在阜外医院，他们亲眼见到了孙华栋被毒打摧残的遗体惨状，并拍了照。

金水高保留了 5 月 23 日值班医生顾珉、值班护士汪效芬、太平间师傅宏善亲

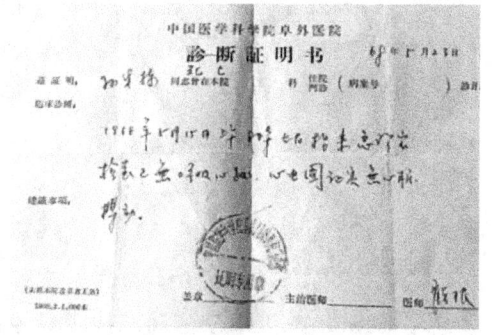

笔书写的接收遗体经过和顾珉医生签字、医院盖章的死亡证明书。

邱心伟原蜀育所编《大事日志》记载，得知孙华栋被害后，"414 人十分气愤，开展调查。孙华栋于 14 日晚 8 点 30 在团武斗队包围

汽车楼时，骑车由动农馆向科学馆去，被一教团派设埋伏抓住，拷问毒打了一夜。15日7点团派将他送到阜外医院，护士讲：'送来，已是死人了'。团派谎报姓名，留下尸体逃走。"

卢宋文指出，孙华栋的尸体"是团派某女总部委员带着4个人送到医院"的，这个女总部委员是谁？不是别人，就是5.30推来油桶为火烧东区浴室"火上浇油"的陈继芳！就是伙同蒯大富制造所谓"罗文李饶反革命集团"和"十二人反党集团"、并直接指挥团专案组毒刑拷打逼供受害人的陈继芳！从顾珉医生和宏善老师傅写的接收遗体经过中我们知道：陈继芳等人欺骗了阜外医院。他们要求将孙华栋遗体"暂停"阜外医院太平间，"随后由陪送者（按即陈继芳等人）处理善后事宜"，并且陈继芳等人自己填写了死亡通知单，留下电话号码和两个名字；但是当天（5月15日）下午他们却拿走了原来填写的通知单，"另留下王桂芝及电话号码"！这不是明摆着"做贼心虚"吗？

《大事日志》还记载，此后"414与公安局、卫戍区、革委会对此事进行长时间的交涉，要求法医验尸，组织专案组，依法逮捕枪毙凶手，但没有得到答复。""公安局15日9点就得到阜外医院的报告，但一直不做处理，不通知414，也不通知家长。现在我们交涉，只派接待员来应付。而卫戍区借口'不管大学问题'，连接待室的门都不让进。革委会大学组、文教组也是如此。十天来，凶手依然逍遥法外，公安局拒不验尸，拒不追查凶手处理后事。414《文攻武卫指挥部》在忍无可忍的情况下决定：5月26日到市内抬孙华栋烈士尸体游行。"

5月26日下午，414到天安门广场集会，反对武斗，参加者600至700人，同时用卡车把孙华栋尸体抬到公安局，与公安局交涉。游行队伍通过前门、珠市口、崇文门,到公安局门前,要求专政机关逮捕凶手,立即验尸。又到市革委会,高呼口号"蒯大富从市革委会滚出去!"

卢宋文中说,孙华栋遗体"真是惨不忍睹,胳膊、脖子上都是深深的深紫色的勒痕,全身到处是青紫色;尤其左下腹,更是一片深青紫色,我们都意识到,那是致命的创伤。被打内出血是显然的,应该是把脾脏打坏了的结果",唐少杰先生则在其《一叶知秋》文章中,根据清华的档案记载指出,孙华栋"内脏完全被打坏,全身80%皮下出血,左腿骨折两臂打烂";由此可以判断,团派吴慰庭等少数打手疯狂毒打孙华栋,凶残暴虐到何种程度!

6月23日,孙华栋遗体火化。

打死孙华栋的主要凶手吴慰庭,绰号"狗熊",当时担任团派"前哨广播台"台长,1968年工宣队进校时曾参与武力驱赶工宣队,后被送解放军农场"劳改",1973年5月被判刑15年。

尽管吴慰庭为"前哨台"少数打手灭绝人性的凶残罪行受到应得的惩罚,但是五十年来包括吴慰庭在内,这少数打手中没有任何一个表示过一丝毫忏悔,他们应该扪心自问:用如此凶残的手段杀害自己的同学,人性何在?良心何在?蒯大富和陈继芳在自己的文革回忆中,选择性"遗忘"了对团派"不利"的许多恶性事件,其中就包括孙华栋被活活打死和刘承娴被逼跳楼后继续遭迫害身亡的事件。

还有一些原团派人士为吴慰庭辩解,说孙华栋的死亡是因为被打伤后喝水造成的,言外之意,如果不给他喝水就不会死。难道孙华栋侥幸存活,就能掩盖"狗熊"们灭绝人性的凶残罪行吗?而且,孙华栋是"内脏完全被打坏",不喝水也不可能存活;用喝不喝水来"淡化"团派极端分子的残暴、为吴慰庭等人的罪行开脱的任何企图,都完全是徒劳的。

吴慰庭和"前哨台"少数打手的罪恶行径,以及蒯大富陈继芳捏造"罗文李饶反革命集团""十二人反党集团"并指挥团专案组残酷毒刑拷打受害人的罪恶行径,都将被钉在清华文革历史的耻辱柱上!

无辜被许恭生抓走，关押一个多月

和 统

我本来是 1966 届毕业的研究生，因文革滞留在校，是属老四观点的一般群众。1967 年初，我去河南串联，患了急性肝炎，所以有相当长时间，我没有参与学校的运动。像 414 串联会的成立，老团和老四曾要大联合，后来又分裂，这些我都只是听说，我都不在学校。我原是校中长跑队的，许恭生是击剑队的。1965 年，我曾代表校学生会代表队工作组赶去外校观看了北京高校击剑比赛，看到许夺得重剑冠军，很高兴并向他及其他清华优胜者祝贺。清华武斗开始后，我就听说许恭生成了老团的武斗教练。我们之间没有交恶，可没想到他竟然来抓我。

1968 年 4 月底，学校武斗升级，我回到北京的父母家居住。有一天，我的同室同学研究生赵先恒（老团）跑到我家来通知我，老团抢占了研究生住的 3 号楼，让我们快去把自己的行李搬出来。于是我们两人骑车回校。由于守楼的老团不让老四进去，赵进去把我们的东西从三楼的窗户用绳子吊下来，我在楼下墙根接应。然后两人再合力，把行李搬回城里各自的家。

5 月 17 日，压 0 班的张友松到我家来，邀我一起回学校看看老四是否有集会；我也想去系馆取五月份的粮票。我们根本不清楚学校武斗的发展。我骑自行车，张乘车到五道口，我们会合后，一起回学校。当年主楼广场南面是一片农田，中间有一条小路通往学校。我推着自行车，和张一起往西主楼方向走去。其间，我看到了有一批农民在田间锄地，就感到很奇怪，怎么这些农民干活排得这么整齐。我心里还在纳闷，突然，这几个农民不干活了，冲了上来，一把就抓住了我的自行车。这下子我看清楚了，为首的就是许恭生；围住我的人拿着的根本不是锄头，而是长矛等武器。许恭生把我的自行车交给没拿长矛、空着手的学校足球队的××。许抓住我的腰带说："和统，你是老四武斗队的。"我听了以后，很生气地说："许恭生，你不可造谣！我没有参加武斗！许恭生，我认识你。"他说："你还威胁我？！"他又大声地对他们的人说："这人能跑，别让他跑了。"他们不认识张友松，误以为张是外校的，是在看热闹，就过去驱赶张走开。我知道我已是在劫难逃了。我怕他们再抢我的手表，就连忙除下手表，扔给离我已有20多米的张友松。但立刻就有人跑了过去，抢走了我的手表。

他们把我从校外押进学校，沿路有不少市民围观。我为自己在校外，光天化日之下，莫名其妙的被抓，感到愤怒，也想不通，为什么许恭生无中生有，说我是老四武斗队的？为什么要抓我？

我被押进9003大楼，他们先把我的白衬衫脱了，用它把我的双眼蒙住，用拳头打我的腹部。由于眼看不见，第一拳打来时，没有思想准备，肚子里疼痛难忍。后来再打，就比较能忍了；因为我是运动员，腹部有一些肌肉，只要腹部一绷紧，就不太疼痛了。也有人用铁棍的一头，捅我的臀部上方，这人还算手下留情，只伤了我的皮肉（后来发现，我的长短裤上都留下圆形血迹），没伤我的骨头。然后，用绳子把我的两手捆着，让我拿着棍子的一头，由别人牵着走。由于蒙我眼睛的衬衫有些缝隙，我凭一些只光片影，判断着行进的路线，从照澜院、经二校门走到学生宿舍区。突然有人喊，"老四打弹弓了！"我听见旁边的人快速移动脚步。突然感到我的头部被重重一击，老四打来的砖头不偏不倚击中我这个"瞎子"的头顶，当时流了不少血，白衬衫被染红了（这是我后来发现的）。我立刻被带到11号楼。在一楼，有一位男护士来看我，解开我眼睛上的白衬衫，并进行了简单的检查和处理。他说："你没有脑震荡。"之后仍蒙起我的眼，送我上到五楼。经过楼道时，故意让我从双人床的一头爬进去，再从另一头爬出来，如此经过了两三个双人床，想造成我对楼道有一种很难穿过的印象。然而，我听见站在我旁边、帮我穿越的一个女生在笑，而且他们根本没有爬越的艰难。我估计这是一种小儿科的计谋。等到第二天我去厕所时,他们不再蒙我的眼,因为他们也嫌麻烦。我一看楼道里,靠墙放了几个双人床,我从旁边空档走过去,根本不用爬床。

吃晚饭时,松开了我的双手。饭后,又把我双手在背后绑住,并固定在一个光床上,没有垫被,没有枕头。虽然睡觉的姿势很不舒服,但由于神经紧张了大半天,一旦松弛下来,很快就入睡了。第二天早上,有人把我从床上解下来,然后登记我的名字、班级等,我坚称自己没有参加武斗。一天三顿白米饭,菜也不错,可能是给武斗队员的伙食,我这个囚犯也享用了。许恭生始终没有露面。我想,既然被抓进来,就不会轻易释放。我担心的是,我父亲被关在他们单位的牛棚里;母亲在家,见我长期不回去,一定非常惦记我。她的血压很高,万一知道我被抓,一定会赶来学校,对她的健康非常不利。但我一时又想不出什么办法,我很着急!

由于我在的房间朝北,对面就是老四的12号楼。虽然老团用木板把窗户钉死了,但有很大的缝隙,我能看到12号楼顶上的瞭望台,也能听见双方喇叭的广播。老团没有再绑我的手,那就舒服多了。我就在书架上找一些书看。晚上由于"灯火管制",天一黑,就只能睡觉,就是大喇叭广播,也照睡不误。

5月30日,天还很黑,就听见楼道里很多叫喊声,外面也不平静。我赶紧趴在窗边往外看。在有限的视角中、强烈的灯光下看到的都是人们在紧张地跑动;也听见人们在呐喊,12号楼发出叫好声。天有些蒙蒙亮、到大亮,也看见12号楼东边的空地上,老团在向东边来的土坦克扔燃烧瓶;在手推车车架上装上自行车内胎,向东边发射砖头等,估计是防守从东边来的老四。到了中午,安静了一会,不久好像一方用火攻了,引起大火。12号楼没声了。老团的广播一片胜利的气氛,我猜想战斗结束了。

傍晚,从12号楼出来几十人的武装队伍,整齐地向东边撤离;在东边还有更多的武装队伍在接应他们。在我的感觉中,老四是被打败了,放弃12号楼了。

但很快,我就听到老团的广播,许恭生死了。我被这个消息惊呆了。两周前，许恭生无缘无故地把我抓了进来，我虽然是无辜的，但是我也为他短暂的生命感到惋惜。许恭生抓了我，却没有能够审问我。后来是一个老团的小头头来审我，他相信我是无辜的，一出门，在走廊里就大声说："尽抓些没用的人！"

后来，我通过看押我的人，寄信给哈尔滨的蓬铁权，请他将我给母亲的信寄到家中，告诉她老人家，我出差外地，短时间无法回家。我们系几位老团的老师和研究生，他们来11号楼看望我，都证明我没有参加武斗。我的弟弟和宽也跑来了。他后来告诉我说：那天他离开关押楼时，有一个看守对他说："你怎么跑出来了？"（把和宽误认是我）。看来，许恭生死后，再没有人诬证我的武斗身份，对我的看管也宽松了。

我在房间里找到一本英文书：爱丽丝漫游记，可以作为消遣。我也从老团的广播中，了解到清华武斗的进展，如老四由刘万章带领，从8号楼撤退到科学馆；老团火烧科学馆，广播说是老四烧的，我不信，哪有自己烧自己的；武斗升级死人，老四在城里的抬尸游行等等。我忧心忡忡，感到中央为什么不管呢？还要死多少人？这个政权不保护学生吗？在被关押后期，老团将被关押的老四人员，集中学习过一两次，每次一个小时；见到被关在12号楼我的研究生导师吴麒、我好友电机系教师阎石，还有老四守东区浴室被俘的人员。

7月上旬，我突然被释放了。我也不知道什么原因。但似乎只放了我，吴麒、阎石也不是武斗人员啊，那些难友都没有被释放！

我一出来没回家，先到学校家属区的吴家、阎家，向两位师母报平安，说两位老师在里面，生活还可以，让她们放心。

武斗后，在我们回校集中学习时，我找到了足球队的××，要回了我的自行车和手表。在那个无法无天的年代，以"革命的名义"，可以随便抓人，可以随便抢走他人的任何东西。我的自行车的内胎没有被拿去做弹弓，我的手表也能完璧归赵，客观上，是受到了××的保护。在那物质匮乏的年代，一辆自行车，一块手表，足以让很多人动心——要据为己有。我被公然抢走的自行车和手表，居然还能够要回来，这在当时是很少见到的现象。

这些事过去已经 50 多年，很多事已经记忆模糊，但有些事的细节却还记得很清楚。趁我们这些人还在，把一些历史记录下来，以便大家反思文革，不希望那段历史重演。

工宣队进校后，我遇到吴先生及阎石老师，他们分别跟我说，他们都挨打了。看来，被老团捉去的人，先暴打一顿，大概是老团的必有的程式。我还没有听到过被老团抓去，而没被打的例子。

作者简介： 和统，男，江苏苏州人，1939 年出生。1957 年考入清华大学电机系，后被分到自动控制系学习。1962 年毕业，考上自控系研究生，因文革滞留学校。1968 年分配到山西太原钢铁公司当工人，1976 年调冶金部自动化研究所，担任轧钢的自动控制系统的设计。1982 年出国，先后在美国西屋电梯、奥的斯电梯公司工作，任工程师、资深工程师。与同事合作获 35 项美国、欧洲及日本专利（电梯运行方面）。2007 年退休。

出了东区浴室却进了"鬼"窝

李作臣

我们从东区浴室走下来以后,没多久,就被老团蒙上双眼,押往老团的非法监狱。

老团打我,当然是蒙住我的眼睛,他们害怕我知道是谁在打我。虽然蒙住了我的双眼,我也知道,这里肯定有我们年级捉鬼队的人。他们不只打屁股,而且还有意地狠打我的后腰,他们照准肾脏的部位打,看来打人者就是有意地要把我打伤、打残。我被毒打时,屏住呼吸,不喘气,不乱喊叫,不说话,我就是一声不响;一直到打人者自己打累了,打不动了,才停手。我用腹腔运气,扛过了老团的毒打,没有留下内伤和残疾,保住了自己内脏的完好。

我一直被老团"优待",单独关押,并且对我限制多多。去厕所要由"狱卒"引着,一直到进了水房(水房和厕所是个套间结构),"狱卒"才摘掉我的蒙眼黑布,完事以后,"狱卒"又把我的眼睛蒙上黑布,领回房间。我在水房厕所内从未遇到其他老四,从没有听到过我熟悉的声音。除了去厕所和吃饭时摘掉我的蒙眼黑布以外,无论白天和黑夜,我的双眼都是被用黑布蒙住的。除了那个看守我的狱卒,我连一个人影都见不到,这种蒙住双眼的单独囚禁,对人精神上的折磨是非常可怕的。

到后来我才知道,浴室大多数人都被关押在12号楼,而且相比我的关押情况,要宽松了许多,他们房间的门不锁,只锁整个五层楼梯口的那个大铁门。可能就我一个人被关押在11号楼,我知道这都是我们年级的"捉鬼队"搞的鬼。

有一天,我感到,门开了,有人悄悄地溜了进来,然后就有人不声不响地拧我、掐我之后,迅速地溜之大吉。我被蒙住双眼,不知道是哪个小人，干这种卑鄙无耻的勾当。我知道，这种鼠窃狗盗是"捉鬼队"的一贯招数。在大规模武斗还没开始之前，电机系0字班的黄瑛璜就曾在自己宿舍里，被数名蒙着面罩，穿军大衣的彪形大汉，莫名其妙地暴打一顿，室内的凳子都被他们打散了，然后他们就扬长而去了。这位同学多年后，一直腰痛，留下严重后遗症。这批打人者的凶残，善良的人是无法想象的。

整天蒙住双眼的单独囚禁反而锻炼了我，使我身陷黑暗时不害怕，我可以忍受孤独；培养了我坚强、刚毅的性格，使我后来能从垃圾通道逃出；这丰富了我的人生阅历，一生受益无穷。这恐怕是决定以单独囚禁来折磨我的"捉鬼队"，无论如何也没有想到的。

我，一个堂堂的男子汉，无法忍受老团这种非人的折磨。多少个夜晚，躺在床上，我翻来覆去地睡不着。我下了决心，一定要离开这个鬼地方，我要逃跑。电机系原来就住在11号楼，我对11号楼的结构很熟。我想，我可以从11号楼的西侧垃圾通道逃走。

我看到关押我的屋内天花板上有一个直径约一尺的不规则的洞，这是什么时候弄的？是谁弄的？我无从得知。我的心里立刻有了一种冲动，我意识到这里隐藏着宝贵的机会，天助我也！借着夜光，我用在房内找到的报纸和图钉，悄悄地盖上了这个洞口。

我重新戴上我的黑眼罩，躺到床上，时间是很多的，我开始详细地考虑逃跑的办法。

从这么小的一个洞口，我是无法钻到顶棚上去的；必须把洞口扩到直径约两尺。于是，扩孔工程悄悄地开始了。

每晚夜深人静时，我就把挡洞口的那张报纸取下，放在一边。我用右手一点点掰下洞口周边的石膏板，掉落的碎渣用左手托着的报纸接住，连同掰落的稍微大一点的石膏块，轻放在双层床上层靠墙处，然后用报纸盖上；再用一些重东西压住报纸，防止报纸被风刮掉而泄露天机。最后重新用原来的那张报纸和图钉，尽量按照原来的样子，把洞口遮好。几天工作下来，直径约两尺的洞孔扩成了。

我人不高，也不胖，但很结实。我虽不是运动员，但在体育课上，我的单双杠、吊环、投掷手榴弹等成绩都不错。平时我很爱体育运动，练就了我强健的体魄。同学叫我"铁蛋"，我认为这个名字送我，那是实至名归。养兵千日，用在一时。"铁蛋"就是要在这个时候体现他的钢铁意志。我相信我有这个毅力，我的强壮有力的肌肉，可以使我手脚并用，从五层楼高的垃圾通道逃出去。

因为我是被蒙住双眼、单独囚禁，我不知道那是几月几号，星期几，大概是7月初的一天，我估计是半夜一、两点钟，我解下蒙眼黑布，蹑手蹑脚，爬到双层床上铺。50多年后的今天，我已经想不起来，我是怎么上到棚顶的，我记得房内没有凳子，有可能是我的双手按住支撑石膏板的两边方木，脚踩着双层床上层的护栏，脚蹬、手撑、一跃而上。我相信平时常练习单、双杠的我，跳上顶棚是不成问题的。不管怎么说，我"登顶"成功了。

从天花板钻上顶棚后，我立刻卧倒，手足并用，在黑暗中摸到吊顶支撑用的粗木方。我要保证四肢完全支撑在粗木方上，手足倒换着向西爬行。我明白，如果我万一失手，或踩到石膏板上，就会发出声响，或者从顶棚上摔下，暴露行踪。若再一次被抓，所受的折磨必将更甚，受罪更大。这是此次行动的大忌！我宁肯缓慢摸索，但绝对不能出现一点点闪失！我要尽可能地爬行在五楼楼道南墙正上方的木方上，避免不小心搞破石膏板。

一面墙壁挡住了我继续向西的去路，我知道我爬到西墙了。我沿墙壁再向右边摸索前进。可能用了半个小时，我就找到垃圾通道在顶棚的入口（按：唐金鹤校友从清华科技档案馆查到11号楼的建筑图纸，此垃圾通道的净空，东西方向54cm，南北方向84cm；深度为16.97m）。

在垃圾通道的入口处，我先用屁股坐在东墙顶部，再用双脚撑住西墙；双手压住南北两面墙上平面，让屁股离开东墙顶，用后背顶压住垃圾通道的东墙，同时双脚撑压住西墙。这时双脚和后背顶压住双墙的摩擦力，已经足够支撑住我的身体。当我再把双手撑压到垃圾通道的南、北侧墙上时，就形成了手，后背，脚5个支点，稳稳地支撑住我的身体。

在黑暗中，我慢慢地移动手、后背、脚这5个支点：先把后背向下移动一点点，两只脚再向下移动一点点；用力向两侧撑住的两只手，再一只、一只地轮流向下移动一点点，我的身体就又稳稳地支撑在垃圾通道的四壁上了。我就可以休息一下，喘口气了。

这一切都不需要光亮，摸索着就都可以完成。自从被老团关押，我就被蒙住双眼，我已经习惯了黑暗，我不怕黑暗，我也不感到恐惧与孤独。一想到我就要自由了，我浑身就充满了力量。

我在垃圾通道内一步一步向下挪动时，还听到两次水房或厕所内有人说话的声音。每次我都要停止挪动，安静地等待一个相当长的时间以后，肯定说话的人已经走了，我才继续往下挪动。

我依次到达了每层楼的垃圾投放口，这时，我一定要更加小心，我知道这里是楼内厕所的位置，我不可以弄出声响，当然更不可以把垃圾门顶开。虽然垃圾通道内是漆黑的，但我的心里却是明亮的，我知道我的具体位置在哪里，我正在一步一步地，向光明靠近。

当我已经离地面不远时，遇到4、5个凳子堆在了通道出口处。这是个艰难的时刻，我必须叫它们给我让路！在如此狭窄的通道内，我只得把它们一个个、依次从空隙处，挪到我的肩膀、头顶上。最后，4、5个凳子都堆在我的头顶上，很重；但一想，自由在招手，我就用力抬头向上，挺直我的脖子，我必须顶住。我下到地面，除了那几个凳子，通道里并没有很多垃圾。

我从垃圾通道口爬出来时，天已经大亮了。外面的空气真新鲜啊！我脱离了苦海，我将要自由飞翔了！

我从11号楼西侧大摇大摆地、漫步向南，再从11号楼和八饭厅之间慢慢走过，向东、一直向东大操场慢慢地走去。走过了操场西跑道，确认身后没有尾巴跟随，我就突然拔腿飞跑，奔向工物馆。太早了，工物馆没开门。我就又跑到中央主楼正门，主楼正门也紧锁着，我就又跑到西主楼东门。我终于回到家里，投入到亲人们的怀抱了。这种开心，幸福，满足，无以言表！

天空多晴朗！自由真好哇！

太高兴了，以致我到了主楼以后，在很多天里都忘记问那是几月几号。

现在有人问我：你害怕吗？你是否想过，刚一进17米深的垃圾通道，就失手，自由落体，一直跌落下去；可能你没有立刻摔死，但摔成重伤，你喊叫，无人应，无人知晓，一直到你在垃圾通道内自生自灭。我听后回答：今天你问我这个问题，我才知道原来我的逃跑还有另外一种可能。我的脑子里从来就没有想过这种可能。整个逃跑过程中，我想的都只是要稳，要十拿十稳。我认为无论是在顶棚里，还是在垃圾通道中，每向前走一步，（应该是每次向前挪动一点点）并不难；从一开始，我就定下了，宁肯缓慢摸索，绝不可弄出声音。我没有害怕，我没有想过我会失败，我没功夫去考虑失败。我只有一个目的——逃出老团的魔爪。

作者简介： 李作臣，男，1944年生，唐山市乐亭县人。1964年考入清华大学电机系读书。1970年毕业留校，从事教学，科研，管理，校办企业多项工作。工作认真，做人正直，淡泊功利，多次受到表彰。从清华控股紫光集团退休。

因为反对蒯大富，我两次被抓并遭毒打的前前后后

周天麒

几年前，在和好友胡鹏池的一次交谈中我曾说过，回忆在清华几年的文革经历，自己从头到尾其实只做了一件事：反蒯。即使在他如日中天之际；即使明知他有硬后台。

我初反蒯大富，感性因素偏多：看不惯他咄咄逼人、小题大做、工于心计、哗众取宠的表演，感觉不是厚道人，更像个政客；6.24辩论后我曾代表本班很多同学连夜写了一份拥叶反蒯的大字报贴于大礼堂西桥上，此文曾有幸入选了老团编写的"反动大字报"目录篇。其后则是因为始终无法接受他那一套充满戾气的"大翻个儿""彻底砸烂"类极"左"的所谓"理论"；极其厌恶他拳不离手、曲不离口的权力经；不敢想象煌煌清华大学如果在这种精英痞子治下会是什么场景。

1966年8月蒯一夜成名，我则顿陷迷惘，跑到外地长时间串联，67年初春才返校。不久，井冈山兵团发生分裂，我很自然地站队非主流派，随后经数力系老四分部推荐到414小报编辑部，协助高季章、胡鹏池做一点文字工作。其后的一年多时间里，由于政见不同，也因为自己幼稚、大意，我两陷蒯大富的魔窟，并遭受了非人待遇。

一、第一次被抓的经过

由于414长时间、顽强和有效的抗争，蒯大富们一统清华的梦想迟迟不能实现，而越来越表现出暴力倾向。小试锋芒后，终于在68

年 4 月 23 日挑起大规模武斗，上演最后的疯狂。

　　武斗造成老四数十人受伤，离校潮又现。两派骨干则纷纷向本派势力占优的学生宿舍、楼宇集中。4.26 深夜老团首次冲击老四控制的 8 号楼。时因 414 小报被迫停刊，我于 27 号随本系部分老四入驻 8 号楼，意在加强夜间值守。此时的清华园据点初现，割据尚未，白天的校园依然平静，我仍在十饭厅用歺，还可回 13 号楼休息。

　　28 日上午，我从 13 号楼前往 8 号楼，远远即发现老团又在冲击此楼，西门周围还有少量围观群众。我想贴近观察情况，刚走到西门对面的土路即被身旁一持矛老团认出，他指着我大喊："他是 414 的，抓住他"！我当时很淡定，站着没动，很快另外几个持矛老团围拢过来控制住我，并蒙上头套强行带离。

　　恢复自由后，曾有几个当时守卫 8 号楼的老四不解地问我："我们都在楼上看见你了，喊你，你干嘛不跑"？我如实相告：因为那时根本没料到他们大白天的竟敢在校园里抓人，当时还想和他们理论几句呢！若知他们这么土匪我根本不会往楼门口凑。

　　很快我这个书呆子就为自己的幼稚和善良付出了代价。

　　他们将我带到一个屋内（我反复回忆，可能是新航空馆），头套未除便有几个人将我围在中间，互相高声提示着："他是 414 报的"！从各个方向一轮又一轮凶猛地拳打脚踢，我的眼镜很快被打坏。他们打够了打累了，将我单囚在一室。客观地说，这次群殴较我第二次被打，无论烈度和时长完全不在一个量级上，至少打手们还没有使用棍棒，被打后一段时间，除了疼痛，我只是感觉头重脚轻，走路有些失稳而已。

　　5 月份"换俘"使我重获自由。交接地点在二校门南的东西向马路上。我和其他被抓的老四排成一长列，南北两侧都有全副武装、神情紧张的老团长矛队夹持。忽然老团武斗总指挥任传仲（由声音辨别，我未戴眼镜看不太清）指着我大声指挥手下："他，414 报的，排最后"！于是我被带至队尾。显然是一旦过程生变，方便先把我抓回去。联想到我被抓当天，老蒯曾喘着粗气大声喊着"谁是周天麒，让我看看"！跑到关押我的室前站定后狠狠地注视我，显然他们是误将我作为重要人质了，很滑稽！其实 414 小报编辑部就是本派内身份和任务有点特殊、写手多一点的战斗小组，如此而已。

脱离老团囚禁后，我即重返仍由老四控制的 8 号楼。

二、关于第二次被抓的前前后后

我二次受难离第一次被抓不足三个月。在叙事前允我简述一些相关且并不离题的史实。人们可从另一个角度再次见证当年的蒯大富一伙丧失人性的法西斯暴行。

先说 6.30 事件，因为无它就无我进、出科学馆，也就不会有后来的梦魇；还因为它其实是清华武斗中非常重要的一个历史事件，唯其没有形成严重后果，以致长期以来并未获得应有的关注。在我见到的多册文革回忆录中，唐金鹤《倒下的英才》算是着墨较多的，但也仅是引用了刘万璋一人的讲述，其交代不详叙事偏粗。本着为历史留痕存真，我做些补正。这些内容在 2019 年某微信群里多位当事人集体回忆 6.30 事件时，我都发表过，大家是认同的。

（1）八号楼突围

6.30 八号楼老四向西突围至科学馆并不是预定计划，不存在所谓"声东击西"，而是在东突主楼无望情况下的机断遂行。

放弃八号楼的确是计划中的，但撤退不是搬家，安全第一，悄然为上，行动前应避免扰动对方；然而由于在 29 日清晨，组织者贸然发动了一次无谓和未遂的清障行动，出现重伤员，送伤员外出就医顿成迫在眉睫的任务，致撤离计划的主动权完全丧失。

29 日晚刘万璋召开全体会，部署当夜至清晨配合主楼前来接应的人员随机向东突围。会上我曾建议若向西突围或有出其不意的效果，被刘否了，理由是总部方案已定，突围目的地是主楼。其他同志或也有西突想法，但会议匆匆结束，并未展开讨论。

应该承认东突至主楼方案是最合理的。首先方便外出三院就医，科学馆虽有医生，但医疗条件有限；其次把包括李文忠学习班和好八连等精英力量向一个被围困的孤岛集中毫无意义，反而会增加后勤负担；而且西向一路都是情况不明的老团据点，我们含伤员总计不足30人（记忆中是26或28人），还有担架拖累，一旦遇阻，后果严重。

而我有西突想法是因为现场情况已经发生变化。东突方案之所以好，在于只要向东冲过了9号楼，再向南就是一马平川，但其难也难在当时穿越9号楼已几无可能。因为下午就发现，原本开放的9号楼南小马路，以及面对8号楼西门向南穿过土建基地的土路，都被老团迅速地用钢丝串起竖立的单人床封死，单兵通过都难，何况担架；而老四参加武卫的大部主力已被分散到科学馆和8号楼，特别是在对方已有充分准备的情况下，主楼兵员数量上较老团肯定是明显劣势，靠冲击破障难上加难；如果出动土坦克使用燃烧瓶补短，对方将更凶残，陷入反复厮杀的拉锯战不可避免，5.30的经验证明，群死群伤是大概率事件，与救援的初衷不符。而向西方向因旧铁道太宽无法堵死，老团仅在新航空馆前向东的小马路上增加了一些障碍物。当然如前所述，西突的方案风险也极大，但总似还有一定的可能性，因一路上老团据点虽多，但路径不太长，关键是必须能在对方做出反应前快速冲过，避免在过程中发生缠斗。

29日夜开始，我们一直在待命状态，主楼战友接应失败退出战斗后，我们亦解散休息。

机会出现在30日清晨。

天放亮，我溜出西门，发现东向和南向老团设置的障碍物依旧，只是9号楼前竖起的单人床附近地面上，砖瓦碎石一片狼藉，而新航空馆南马路上的障碍物却基本不见了，肯定是老团昨晚拆除的，方便他们在我们向东突围时包夹和抄后路。我又登上楼顶观察哨四下张望，半个人影都不见，除了鸟儿啾啾，校园一片死寂。估计是折腾了一夜，老团各（！）据点都休息了，老虎打盹啦，我们的机会来了！

我立即跑去找刘万璋反映情况。据好八连负责人朱顺波回忆，此时的他经过长时间讨论甚至争论，业已和刘万璋达成择机向科学馆突围的共识。于是立即集合队伍，在西门里待命。宋执中向科学馆发出请求接应的旗语后，又恐他们过早出动惊起老团，故未等他们回应，全体战士护卫着担架，悄然而又迅猛地冲出虚掩的大门，一路向西狂奔。

按原部署，老李班负责前出和断后，好八连和数力系战友负责围护担架上的伤员，刘万璋在担架后居中指挥，我被他指定在身边，负责前后联络。当我跑到新航空馆时，看见身材高大的赵厚福和李振汉已抢先冲至馆前，在遮雨板保护下，一左一右持矛抵住大门，锁死出口。被惊起的老团除了从楼上几无用处地乱掷砖瓦石头外，只能眼睁睁地目送我们快速通过。多少年来，两位勇士二虎把门、岿然不动的英姿一直定格在我的脑海里。

最大的险情发生在新水利馆东北侧的水泥桥上。因为老团在桥西侧加了上下两道俗称"豆条"的钢丝，队伍一时受阻，负责抬担架的金元和严德崑等多人急得用身体反复冲撞钢丝未果，一些战友已试图下河道穿过去，幸我出发前带了一把大力钳别在腰上备用，见状冲上前，几下就剪断了拦索，大队呼啸而过。队伍过桥前后用时大概一、二十秒。

即使以这种速度前冲，在到达大礼堂东南侧时依然出现了第二次险情，驻守新水利馆南一线和大礼堂北一线的老团已经分别从南、北两侧出动，新航空馆的老团也正从东边拼命追过来，双方在大礼堂台阶前和大草坪东北角展开遭遇战，老四大部分战士护卫着担架在北对抗，我和三、四名战友在南应战。由于老团是仓促出击，加之人所共知的手榴弹爆炸和手枪吓阻作用，双方只有激烈而短暂的交手，且仅有数人受伤。414战友生死与共，可歌可泣，在大礼堂前反抗老团阻击时担架断了，危急时刻，身负重伤的葛伍群不愿拖累战友，忍着剧痛从担架上爬起来，坚持自己走向科学馆，局面顿时改观，老四突围队伍整体安全地接近目的地。此时我看见科学馆独立排有部分战士散乱地站在西阶梯教室前向东张望，显然队伍尚未完成集结。从8号楼到科学馆，整个突围用时不过三、五分钟。

伤员获救，战友们兴奋不已，颇有置之死地而后生的感觉，多年后还在不断复盘当年的经历。速度决定成败，时间就是生命，胜在一个"快"字。连接应的战友都反应不及，对手的狼狈更可想而知。对老团来说，虽精心策划，却百密一疏，忙活了大半天收获了一场做梦也没想到的失败，且是极其难堪的完败，这在清华百日武斗中应是仅见。至今，除了纠缠手榴弹爆炸，我未见他们有回忆这一事件的更多文字，却也不难理解。

有一个细节可以折射出人性：当我们几个人在大草坪东北角马路上和老团拼长矛时，我猛然发现面对的竟是同班同学×××，四目对视，我一时无措，他也犹疑中未再出枪。在我的记忆里，紧急中是陈邦芙从我左后方赶过来，用手枪指着对方说"再过来老子崩了你！"七、八个老团瞬间僵住，不敢再前进半步。在北边的对抗中刘万璋也用该枪并使用过同一退敌招数，因本人一直身处南线没有见到。

6.30 突围事件的缘起和过程，充分暴露了疯狂状态下的蒯大富们蔑视生命，已毫无人性可言。事实证明，5.30 以后，他们一直在无底线地寻求报复。先是在 6 月 29 日，用铁矛突袭并重伤了在巡视状态下、自始至终没有攻击意图、也没有任何攻击行为、在回撤中不慎倒地、完全失去抵抗能力的一名 414 人员，后又断然拒绝老四送伤者外出就医的人道请求；在羞辱对方的企图未达后，就迅速采取严密封锁、疯狂围堵的方式必欲置老四于死地而后快，可谓机关算尽手段穷尽。如果不是我们出其不意的决策和快速果敢的行动，一场大规模的杀戮势在难免，其惨烈程度未必亚于 5.30，因为激愤状态中的 20 多名 414 战士不可能束手就擒。从人道主义的角度说，无论对团、四哪一方，6.30 事件的最终结果无疑都是最好的，但在当年它肯定是蒯大富最不想要的那一个。

（2）离校又返校

大概是 68 年 7 月 1 日，即我们进入科学馆的第二天，我在京城里的老父亲得知清华武斗升级，不顾危险历经三、四个小时，只身闯入校园，坚持要带我回家，后经老团总部同意进入被围困中的科学馆（他们应该是从我同学处获知我在馆内）。父子长谈，儿不从，父痛哭。（这是我一生中唯一见父流泪且是痛哭，今老父去世多年，我亦入古稀，想起仍是心痛不已）。父亲表示我不走他亦不走，并拒饮食。头头见状也劝我暂且离校，并将此安排广播告知了老团，老团践诺，一路放行我们父子离开清华园。

到家没几天，就听说馆内朱育生、杨志军等人先后被老团的枪手射杀，趁父亲去蔚县战备电厂出长差（1个月），我又从东门返校进入主楼老四总部基地。

（3）钱平华遇难

7月18日钱平华遭枪击，我离现场不远，是否帮助抬过钱我已回忆不清楚，但对钱躺在二区西门附近靠南房间印象深刻。她被安置在一张黄色工作台上，头朝窗户，我和几个男生默默地围在她身旁，却什么也帮不了。钱双眼微闭，安详而面色苍白，微喘但始终无语，身上看不见什么血迹，大家也不便翻找她的伤口。有同学回忆说是将钱放在平板三轮车上，这应当是或前或后的事。

在西主楼一区门前商量送三院的过程我清晰记得，几个会开车的战友一致相互鼓励，车要全力发动，从过街楼向东冲出去，不管老团开枪否，只要有口气，就要保持油门踩到底，用最快速度冲出学校，气氛有几分悲壮。

不久，传来噩耗，到三院后正是午饭午休时间，院部用广播召回大夫立即手术，并未耽误，但发现此时钱的胸、腹腔已积满了血，终不治。子弹入左肩后右向下斜，符合来弹方向是9003楼上。

（4）二次入魔窟

我二次被抓发生在7月20日深夜或21日凌晨。唐金鹤书中有涉及，但若干细节不实。

钱平华遇难后，老四出入校东门都只在夜间悄悄进行，一时平安。20号晚听说有人要出校，但什么人、什么时间出发我并不知情，是自己一时起意去东门转转，所谓"哨兵"的说法并不存在，即我的行踪并不在战友关注中，这也可以解释为什么我被抓后，陈清泰、光积昌不察又二次中伏并中弹受伤。

　　我出东门时，由于天黑和眼睛近视，更由于大意，未发现路北侧有老团设伏，他们几个人同时窜出将我控制，有至少一支手枪抵住我的头，像是周大卫的声音："啊？又是你！"我被蒙眼罩头，迅即带离现场。多年后听说，老团儿当晚设伏抓我，并且随后开枪射伤两名出校414人员的带队者正是蒯大富，他已经无所顾忌赤膊上阵了！

　　感觉走了挺长一段路后，进门并上了几层楼（后知是12号楼5层），进入房间后头套未摘，立即被人又从头上套下一个麻袋类很大的口袋，随之而来的是暴风雨般的"杀威棒"，打手们似有万千种仇恨要倾泻，我经历了刻骨铭心、永生难忘的一夜。

　　与第一次抓我一样，他们仍然沿用老套路，即围殴。尽管什么也看不见，但能清楚地感知我四周站着好几个打手，谩骂着、吼叫着，用拳脚加棍棒从各个方向击打。我无法辨别来击方向，只能屏住气并尽量弓缩身体以减少痛感。打手们会间或停下来问话，嘲弄一番，而后开始下一波打击。他们不断逼问我科学馆内部情况，我告诉他们自己只在馆里停留了一天，哪儿都没转（这是实情，我几乎一直在睡觉的房间和不同的战友说话），根本不了解，他们死活不信，再打。反反复复，不知道他们打了有多久，我开始站立不稳，精神恍惚，好几次感觉自己挺不住，快要死了。绝望中听见他们之间好像嘀咕了几句，终于停手了，我暗中庆幸自己活了下来！有人摘去了套在我身上的大口袋，但眼罩未除，我一只手被绑在单人床立柱上，人可以勉强半卧下来。我偷偷掀起眼罩，知道天已渐明，就是说他们折磨了我大半夜之久。有了第一次被抓的经验，这一次从被抓一刻起，我就立刻把眼镜摘下紧握在手中，即使在长时间被击打过程中也未松开过，尽管遍体鳞伤，但我庆幸眼镜奇迹般完好无损。不然又要难为并不宽裕的父亲了。

　　我感觉全身上下火烧火燎地痛，尤其口渴，舌头都难转动，便向看守要水喝，他竟大声吼我："你要死要活？要活就忍着"！拒绝给水，我认定他是在整我。很久以后我才知道并非如此，人在失血状态下会口渴，但此时必须控制饮水，在出血过多时大量饮水有害，甚至危及生命。

多年后听说老团曾辩称孙华栋并非毒打致死，而是因失血多饮水不当，这种说法于医学上或能成立，但并不能减轻打手的刑责。而真相极其惨烈，孙华栋是多个脏器都被打烂致死，与后来是否喝水已无关系。近看到有资料说，华栋死于非命激起老四强烈义愤，抬尸游行惊动了上峰，谢富治护犊心切，私下曾提醒蒯，说了些"今后不能再把人打死了"一类的屁话，其后虐俘成性的蒯氏打手们应该是会有所顾忌。否则我就极可能成为第二个孙华栋，因为在他们眼里，我的"罪恶"无疑比孙大得多。说我的命有一半是孙华栋给的并不夸张。

临近中午我去小解，他们终于去除了我的眼罩，我看见自己排出的全是殷红的鲜血。多日以后尿色才逐渐转清。

不久他们又有人来，依旧是索要科学馆的部署，我的回答也依旧是"说不清楚"，他们重捶了我几拳，撂下几句狠话离去。

他们走后不久，一个看守拿着纸笔对我说："你不清楚可以按印象写啊，他们会打死你的"，我心里一动。

后来又上厕所，第一次碰见了难友，印象中好像是电机系的，他主动问我是不是刚进来的？还说："昨夜他们打你很厉害吧？我们都听见了"。说起老团追索科学馆材料的事，他说："你就瞎写呗，反正他们也不知道，我们都是瞎说"。我心里又是一动。

几经"思想斗争"，忘了什么时候，我给他们随便画了一个科学馆草图，有意将临马路特别是低楼层的房间大多标为火力点和屯兵处。而我确切知道，馆内除了8号楼带去的一把基本打不响的老式驳壳枪，和几颗威力十分有限的自制土手榴弹，并没有其它热兵器。老团很快有几个人来取材料，清晰地记得他们拿着草图，看看我又看看图，将信将疑的表情。我当时心情也很紧张，不知接下来会发生什么。终于像是个头头的骂了句"净他妈胡说"！朝我胸口猛怼几拳后走了。奇怪，从那以后他们基本没再理会我，或许他们也明白了我真就是一个贫矿。只是不像其他难友，我始终都被单独囚禁在最靠楼西侧的一间屋内。除看守人，几乎接触不到其他人，不了解楼内的任何情况，也忆不起那些天是怎么过来的。

（5）逃出虎口

7月27日深夜至28日凌晨，楼道里一直乱哄哄的，我似睡非睡并未理会。天快亮时，忽然有人来砸我的门，并大声喊着："出事了，老团都跑了！你也跑吧"！我一时闹不明白，出门才发现果然看守的老团都不见了，楼下不断传来跑动声，强烈的求生欲望支使我迷迷糊糊地跟着别人一起往楼下冲，快到楼门时听见有人喊"大门锁了"！我们于是就近从南边窗户跳下，然后拼命向主楼方向跑，中途被工宣队截停到东大操场。其后我曾一度失去意识，有人紧急叫来医生，一番检查后说："应该没大问题，只是太虚弱了"。

此时的我并不知道，清华园里刚刚发生了震惊世界的727事件。

工宣队进校后不久的一天，我在大礼堂前碰到一群科学馆战友在照相，他们嘻嘻哈哈地说："你给老团儿画的图我们都看见了，都是瞎说的"。我答："我就是想真说也说不真呐"！

三、五十多年后的反思

两次被抓都被蒙头痛殴，我一直想知道打人者都是谁？至今却连一个也无从知晓！不同的是，当年是我被蒙着面罩，如今是他们披着面纱。余寿不多，我有个心结待解，就是希望在有生之年看见他们也能像当年一样勇敢地站出来，让我们来一次面对面、心与心的沟通。我无意追责，不需道歉，但求一个解释。因为即使上帝给我一千次机会，我也绝无仅因政见不同，就把自己的校友甚至同窗往死里打的冲动，他们当时又是怎么做到的？我想讨个说法。

清算文革罪行时，曾听说打人凶狠的都是些来京投靠蒯大富的外地造反派，我开始是相信的。但随着"狗熊"和"牙科医生"露出狰容，以及被曝因在清华校内各类暴行被刑罚和追责的一串长长的名单，是清一色的以蒯大富为首的团派骨干分子，我发觉自己又幼稚了一回。

大规模武斗和"罗文李饶""十二人"冤案是清华百年文明史上最丑陋、极黑暗的一页。蒯大富们身为学子，其行为性质却是成人犯罪，而且是共同犯罪。我毫不怀疑，他们如果上台，必然在清华园里实行法西斯式的专政。精英荟萃的斯文之地为什么会有这么多"人杰"沦为"人渣"，秀才变成暴徒，甚至是任意剥夺他人生命的杀人犯，犯下各种令人发指和不齿的罪行，这个"清华之问"一直是各界专家学者和我们这些逐渐老去的当事人热议不休的话题。

我看到一种语焉不详的表述，说"人性有善的一面，人性也有恶的一面"。如果是意指每个人都有做好事和做坏事的可能，则这种说法至少无法解释为什么有相似的教育背景，和在相同的历史条件下，一些人能始终坚守善良从不逾矩，而另一些人却屡越做人的底线，并乐此不疲。

关于人性的讨论是千年话题。我选择相信就个体而言，人性确实存在良莠善恶之分。人性的形成太过复杂，主、客观因素乃至有几分是娘胎里带来的也难说，但即使具体人具体分析，也未必分析的清楚。而且人性一旦形成很难从根本上改造的事例比比皆是。知识既不等于学养，更不代表素质；通过教育甚至高等教育，也难以消除某些人骨子里的自私卑鄙和冷酷无情。上个世纪九十年代波黑战争中，曾经发生过的大规模种族灭绝行为，令世界愕然。因为当时的南斯拉夫是全球高等教育最为普及的国家，而上述反人类罪行从策划到实施，却无不充斥着文化精英们的身影，须知这一切的发生距奥斯威辛焚尸炉熄灭不过五十年！以及当下"不是老人变坏而是坏人变老"的流行语也并非全是调侃，足见通过教育就能改变人性真的不大靠谱儿。是失控的文化大革命和手中握有的权力彻底打开了蒯大富及其团派极端分子内心深藏的潘多拉盒子。

硝烟散去，反思不绝。我或许应该"感谢"当年打手们的不灭之恩，使我除了长年腰痛并无大碍；我还要真心感谢良心未泯，拒绝给我水喝，以及有意无意提醒了我可以耍小聪明躲过大劫的看守们。是他们让我有机会尽孝道，能为父母养老送终。

我还设想，或许当年的我应该表现得更坚强纯粹一些，但那又有何意义呢？同窗间的内卷而已。确信如果自己当年死于或残于老团的拳棍之下，茹苦含辛大半辈子的父母断享不了高年，众多的兄弟姐妹也必然会有不一样的人生，况我永远无法超越自我，故而无悔。

文革中殉难的战友中有数位我相识，工宣队进校后，我曾参与接待了来京料理后事的杨志军、卞雨林等人的亲属，难忘他们表现出来的，只有那个特殊年代的人们才会有的出奇的冷静、冷峻和明显的隐忍；但透过那一双双终日红肿的泪眼，你仍可以强烈感受到他们难以言喻的丧亲之痛，和内心深处的无助与无奈。文革中我只是受了一些皮肉之苦，比起折翅于风华正茂的战友，自己真是幸之又幸了。

岁岁清明，今又清明，深切悼念曾与我并肩战斗，为追求真理和人类尊严而献身的战友们！

有些罪恶或可宽恕，但不容忘记；铭记历史，才有未来！

写于二零二一年四月

作者简介：周天麒，男，1946年8月生，湖南涟源人。1964年入学清华大学工程力学数学系。毕业后在北京市仪器仪表工业系统所属企业长期担任主要领导工作，曾获机械电子工业部科技进步一等奖和国家教委科技进步二等奖。

第二部分

"蒋刘反党集团"及其"第二套班子"冤狱

从生物馆到 200 号

胡鹏池按刘冰著《风雨岁月》改写

2017 年 7 月 24 日,甘肃省人大常委会原主任、兰州大学原校长刘冰因病在北京医院逝世,享年 96 岁。

2017 年 7 月 30 日上午,刘冰遗体送别仪式在北京八宝山殡仪馆举行。近千人参加了刘冰遗体送别仪式。习近平等七常委,胡锦涛等退休老常委赠送花圈,对刘冰逝世表示哀悼。可以说刘冰的逝世备极哀荣。

我于 1962 至 1968 年在清华大学学习期间,刘冰一直是主持日常工作的党委第一副书记,我曾许多次听过他的报告,其它已经都没有印象了,只记得 1965 年 9 月当我们即将下乡参加四清时,他在大礼堂给我们做报告,在谈到处理四清工作队内部关系时刘冰说:感觉上敏锐些,感情上粗糙些。后来,这两句话成为我在四清及参加工作后处理各种人事关系的座右铭,受益匪浅,铭记至今。

1998 年年初,当刘冰的书《风雨岁月》初版时,由唐伟转赠,我曾得到过他的签名书。并一次性购买了 10 本书,以示支持。

有感于刘冰前辈师长在文革中遭受的迫害，前几年我曾根据《风雨岁月》中的有关章节改写成《刘冰在"清华文革蒯氏黑牢"十个月》（即本文《从生物馆到200号》）一文，内容均出自原书，只是由第一人称改为第三人称。

说明：

①本文根据刘冰著《风雨岁月》有关章节的内容改写而成，主要是由第一人称改为第三人称。《风雨岁月——清华大学"文化大革命"忆实》，清华大学出版社1998年2月第1版

②以下所列"刘冰被监禁关押的时间表"，是改写者所进行的时间排序。

刘冰被蒯大富监禁关押的时间表

文化大革命中，原清华大学主持日常工作的党委副书记刘冰被团派专案组秘密关押、残酷迫害10个月，关押地点先后换了六处。兹将其时间排序如下：

① 甲所七个月　1967年10月下旬—1968年5月30日；
② 旧水三天　1968年5月30日—6月2日；
③ 生物馆一个半月　1968年6月2日—7月19日；
④ 200号八天　7月20日左右—7月28日；
⑤ 北航七、八天　7月28日—8月4日；
⑥ 生物馆地下室三天　8月5日—8月7日，
　　生物馆二楼两天　　8月8日—8月9日；

1968年8月9日下午，刘冰被团派释放。

估计其正负误差为1至2天。

（一）甲所，七个月

1967年10月下旬的一天下午，校医院的一个团派头头要刘冰带着行李跟他到甲所。甲所有前后两排，中间有个院子，原是校党委几位书记的办公室，文革中早已被以蒯大富为首的清华井冈山兵团团

派所占领，这时是团派工人组织"革战团"的办公地点。校医院的这个团派头头将刘冰引进后院，顺手推开了一间房门说："刘冰，你把东西放在房里，从现在起，你就住在这里，吃饭由你家里送，听候我们的通知，就这样。"然后，他将房门一关，锁起来就走了。

刘冰在房内急着喊："你们要我来干什么？怎么能不说明原因就把我锁在房里？"

"你以后就会知道的。"头头在门外边走边回答。

院子里就再也没有声音了，刘冰看看表，这时是下午4点半钟。

自从1938年参加革命，刘冰的革命生涯已经有29年，还有一年就是30年。刘冰革命的"三十而立"，"立"在了蒯大富的"黑牢"。

这是刘冰平生第一次被当作犯人关起来，平生第一次失去自由。他在房间内像"热锅上蚂蚁"般地来回地踱步，心想：蒯大富多次讲要"把刘冰打倒在地，再踏上一只脚"，果真"是祸躲不过"，眼前的被囚禁大概就是这种说法的效验了！

天色渐渐黑下来，刘冰打开了电灯，光线微弱，灯泡大概只有25瓦。刘冰察看房间各处，窗子被木条钉了起来，房子里除了一张床、一张条桌、一个凳子外，别的什么东西也没有。刘冰心想，看来他们可能要把我长期关在这里。

7点钟左右，那个头头把房门打开，一位工人师傅一同走进房里来。

头头说："刘冰，以后由这位工人师傅负责看管你，负责给你送饭，上厕所由他给你开门。"头头说罢就退出房间溜走了。

这位师傅手里提了一个饭盒："这是你家里给你送的晚饭，吃完我来把饭盒取走。"

刘冰说："我想见见家里人。既然把我关在这里，我得告诉家里，让他们放心，再说还需要给我送来换洗的内衣。"

师傅说："要见面，那恐怕不行，要衣服你写个条。"看样子，这位师傅在派来前已经被交代"规矩"了。

刘冰找出笔记本，撕下一页纸写："我可能短时间不能回家，给我送来换洗的衣服。"

师傅说："不能这样写，只写送来换洗的衣服。"

刘冰把前面半句话划掉，下面写上名字。

师傅说："勾了不行，划几道，字还看得清楚呀！"

刘冰问："你们是不是怕我家里人知道把我关起来了？"

师傅难为情地说："是又怎么样？你就别问了！"

刘冰想了想，问他也没用。于是从本子上又撕下一页纸写上："先给我送来换洗的衣服，以后需要什么再说。"

刘冰想，还是得让家里知道自己短时间回不去。师傅拿去纸条往外走，砰的一声把房门关上，锁住了。刘冰听着他离去的脚步声，心中想：这也是一场斗争啊！那个年代人们习惯于用什么"革命与反革命""复辟与反复辟"，刘冰称这是一场"切断与反切断"与外界联系的斗争。

刘冰刚打开饭盒准备吃饭，就听到外面有人来了，放下饭盒，门已被打开。

头头凶相毕露地站在门口嚷嚷道："刘冰你老实点，你做什么手脚？你写的纸条不行，要重新写！"

刘冰什么话也没有说，接过纸条用劲撕碎，撒在地上，从本子上又扯了一页纸写上："我需要换洗的衣服，多送几件来。"之所以加上"多送几件来"，仍然是想表达短时间回不去的意思。

头头没等刘冰签名，顺手抓去纸条就撕了。他说："你就写'给我送换洗衣服'，一个字也不准多写。"

刘冰说："不必写了，请你们到家里帮我拿来就是了。"

刘冰想，如果他们去了，家里人必然要问明原因，才会交给衣服，这样就逼着他们非说不可。

头头不干，非要刘冰写，刘冰坚持不写。

头头发火了，大骂刘冰"不老实"，"无事生非"。

刘冰心想，也不知谁在无事生非？这年头和谁讲理去！

刘冰以沉默来对抗，就这样对峙了一会，头头骂骂咧咧地走了。

第二部分 "蒋刘反党集团"及其"第二套班子"冤狱

夜里 10 点多钟，师傅将刘冰带到隔壁一间大房子里。房里灯光很亮，头头坐在办公桌的中间，两边各坐了两、三个人，其中有一个人的衣着像复员军人（下文中我们就姑且称其为"复员军人"吧），他和头头你一言、我一语地要刘冰坐到房子正中间的一个凳子上，也就是一个象征性的"被告席"。

头头说："刘冰，你知道叫你来这里干什么吗？"

刘冰答："你们不告诉我，我怎么知道？"

复员军人说："要审查你的历史。你懂吗？"

刘冰答："我的历史1942年整风运动中早审查过了，用不着你们审查。"

头头说："你的历史不清楚，需要我们审查。不行吗？"

刘冰答："我是中央组织部管理的干部，我的历史只能由中央组织部审查，你们没这个权力。"

头头猛然站起来，用拳头捶着桌子嚎叫着："你放老实点，摆什么资格，你是走资派，是黑帮！"

刘冰回敬道："你吓不倒我，我说的是事实。"

复员军人说："算了算了，不跟他磨牙。刘冰你听着，从今天起，你在这里写材料，集中写你的历史，并且随时接受我们的提审。"

头头说："好了，今晚就谈到这里，你回房间去，明天早饭后，就开始写材料，三天后再找你。"

刘冰回到房间已11点半钟，他把床铺整理好，躺在床上，思索着下午、晚上所发生的一切。刘冰意识到这是一个阴谋，他们是想从我的历史上制造一个什么东西，以达到打倒我的目的。这也就告诉我，他们要想从工作问题上打倒我，已经办不到。但是，他们在我的历史上要制造什么东西呢？

刘冰仔细回顾参加革命29年的历史，估计他们很可能要在"入党"问题上做文章。

刘冰在历史上有过两次入党的经历：第一次是1938年6月在河南地下入党，7月经河南党组织介绍到延安抗大学习，但党的关系直到同年10月还未转到抗大。同年10月间，在刘冰本人一再要求下，学校党组织劝他重新入党，等河南转来党组织关系时再计算那一段党龄，就这样，刘冰在延安重新入了党。到1939年春，中央组织部把河南转去的党组织关系材料转到刘冰当时所在的抗大一分校，这才接上了前一段党的关系。从这时起，在刘冰的履历表上，都据实写明了两次入党的情况，以及什么时候接上了第一次入党的关系。

刘冰反复思索，认为他们一定会在这个问题上制造事端，因为当时正是康生、江青一伙指使天津南开大学造反派制造所谓"六十一人叛徒集团"，到处揪"叛徒"的混乱形势。

刘冰心中肯定了自己的判断，一直到凌晨4点钟才入睡。

早晨，还是那位师傅来送早饭，他把刘冰叫醒后，师傅批评刘冰睡懒觉。

早饭后，刘冰开始写自己的历史材料，尽量详细写了从出生到"文化大革命"45年的历史实情。

第三天上午，刘冰已将材料全部写完，下午又校对了一遍，吃晚饭时就把材料交给了师傅。

送走了材料，刘冰有一种轻松感，自知自己的历史是清白的，心里很坦然。但又想知道材料送去后"造反派"们如何动作？所以每天都盼着师傅带来的消息。

时间一天天过去，一个星期了仍然没有反应。刘冰待在房子里没有任何事情，除了读书，还是读书，而书只有"毛选"和"语录"，为了消磨时间就背"语录"。

11月初的北京天气已经很冷了，这些天又来了寒流，室内温度急剧下降，晚上在被窝里不感到冷，白天在房子里看书就坐不住了，主要是手脚冷，刘冰只好盖上被子靠在床边的墙壁上看书。

送走材料的第十天夜里11点钟，刘冰已睡下，师傅开门将刘冰叫到隔壁房间去。还是那个大房间，还是原班人马，还是那个阵势，头头坐在办公桌的中间，得意洋洋，摇头晃脑。刘冰后来回忆说：他就像我少年时在家乡看到的国民党保长的模样。

头头说："刘冰，这是第二次提审你，希望你老老实实回答问题。

你写的材料，我们详细看了，你的档案我们也看了。"

那位复员军人插嘴说："告诉你，是谢富治副总理让我们在中央组织部看了你的档案。"

头头继续说："按党章规定，18岁才够入党年龄，而你刚过16岁；党章规定入党介绍人是两名正式党员，而你两次入党都只有一人介绍，这为什么？你要讲清楚。"

刘冰回答："我入党年龄及介绍人，材料上都已写清楚了，就是这个情况，这是事实，我认为没有什么要说的。"

复员军人说："我们是要你回答你的入党年龄和入党介绍人为什么不按党章规定？你明白吗？"

刘冰说："我入党时没有看过党章，当然不知道多大年龄才能入党，也不知道入党要有几个介绍人，但我想，入党介绍人他应当知道，党的上级组织更应当知道，为什么又批准我入党，这些都不是我应当和能够回答的，你们应去问我的介绍人和党的上级组织。"

头头站起来拍着桌子，提高嗓门说："我们是问你，是要你回答！"

刘冰说："我已经回答过了。"

头头怒目指着刘冰说："你回答的是什么？"

刘冰说："你们问的问题，第一我不知道，第二你们应该去问我的入党介绍人，问上级党组织。"

猛然间，刘冰只觉得腰部疼痛，眼睛发黑。就在刚才对话时，那位复员军人连推带打，将刘冰打倒在地上。

复员军人骂道："你混蛋！你是混到党里的假党员，你不承认，狡辩是不行的。"

刘冰挣扎着跟跟跄跄站起来，说："我向你们提出抗议，打人犯法。我是真正的共产党员，你们说我是假党员，这是诬蔑。"

复员军人猛然用棍子在刘冰的脊背上乱打。

刘冰大声说："你们可以打断我的脊骨，但打不掉我的党性！""我如果承认是假党员，就是对党的背叛！"

刘冰用力地挺直了腰板呼喊着："你们打吧！要想从我身上打出

个假党员，简直是痴心妄想！"

咔嚓一声，棍子打断了，停下不打了。

头头装模作样地说："算了算了，让他坐下。"

刘冰不坐，依然站着。

复员军人说："不是让你坐下吗？"

刘冰说："我不坐，站着好让你们打呀！"

房子里一阵沉默之后，头头说："天晚了，今天审问就到这里。刘冰，你回房里老老实实地想你的问题。"

刘冰回到房间时是凌晨1点钟，脊背疼痛，辗转翻身，不能入睡。刘冰索性起来，在房间内踱步，思索刚才的"提审会"。刘冰越想越感到他们色厉内荏，挖空心思，制造事端，下定决心要和他们较量下去。直至凌晨3点，刘冰想还不知第二天又会发生什么事呢，还是要爱护身体，抓紧睡觉。为了防止发生师傅开门进来还在睡觉的事，刘冰用凳子顶住房门，吃了两片安眠药，然后盖上被子，慢慢入睡了。

第二天下午，头头来问刘冰对头天晚上"提审会"提出的问题想了没有？

刘冰说："想了。你们搞逼供信，违背毛主席、党中央历来的政策，违反宪法。"

头头骂了一声"顽固不化"，就气呼呼地扭头走了。

从这以后20天的时间没人来问，也没再"提审"。

刘冰以为所谓"假党员"问题，可能不了了之了。但他这一次的估计完全错了。

12月初的一个夜晚，大约凌晨1点钟，头头带了几个人把刘冰从梦中叫醒，先就在房间里劈头盖脸地打了一顿，然后带到甲所会议室"审问"。

头头对刘冰说，我们按你提供的线索，做了调查，无人证明你是党员，你必须交代"如何混入党内来的"？

刘冰说："你们说我混入党内，是对我诬蔑，真的假不了，你们吓不倒我，还是那句话，要想从我身上打出个假党员，是痴心妄想，我一切都准备好了,你们继续打吧!"

刘冰将双腿距离拉开了一些,挺直地站在房子中间等待着,作大义凛然状。

头头说:"坦白从宽,抗拒从严,你既然不交代,一切后果,你自己负责,今天就'审问'到这里。"说着,就让师傅将刘冰带走。

从这以后,刘冰时刻准备着他们的"审问",但一直没有消息。

送走1967年,迎来了1968年,还是没有消息,两派武斗也越来越严重,刘冰以为所谓"假党员"问题,就这样拖下去了。

(二)旧水,三天

1968年5月,学校里武斗升级了。"井冈山"派和"四一四"派分别占据了教学区各高层建筑,用长矛和其它自制武器相互厮杀。两派的广播台相互对骂,昼夜不停,特别是到了午夜,竞相加大音量,信誓旦旦宣示自己一派最正确、最忠于毛主席。当然,孰是孰非,群众自有公断,但国无法治,校无宁日,公断又有何用?!

这是刘冰在《风雨岁月》中的一段原话,他所说的"孰是孰非,群众自有公断",表明刘冰并不认为学校里团四两派的斗争是毫无是非的。刘冰是自动亮相在414这一派的干部,也是414派的干部与同学做了很多工作着力要解放的干部。刘冰的这段话隐晦地表达出他认为414派是比较正确的。

5月30日凌晨,团派"革战团"的一群人,押着刘冰离开甲所,翻过第一教室楼后面的土山,绕过楼前的马路,转移到了旧水利馆楼上。

这一天发生了清华园规模最大的"5.30武斗",两派从凌晨开始大打。团派在发动这场武斗时考虑到驻扎在甲所的团派"革战团"武斗队伍也要投入武斗,甲所不安全,为了防止刘冰乘机逃跑或被老四解救,所以提前将刘冰转移到了旧水。"5.30"这一天的武斗打下来,最终一下子死了3人,重伤数十人。

这些情况,当然是身陷囹圄的刘冰无从知晓的。刘冰当时站在旧水的房间内，透过窗子，看到对面建筑馆房顶上，远处大礼堂圆形屋顶上，都有头戴钢盔、手持钢枪的人在匍匐、在走动。白天，能看到的建筑馆和旧水利馆之间的路上很少有人行走，只偶尔有手持长矛的人从东面机械厂的平房处朝建筑馆跑去。夜晚，建筑馆、旧水利馆灯光昏暗，从礼堂的圆顶到清华园西北部，远处一片漆黑，午夜划破长空的枪声（改写者注：这是不确的，5.30没有动枪。）和两派广播台的对骂声交织在一起，久久不停地在夜空回荡。刘冰躺在楼板上体味着这阴森森的武斗夜景，好像在做着一场噩梦。此刻，在教学大楼，在科研中心，在工厂车间，在东西两大操场，在教工住宅，在学生宿舍，人们或在愤怒，或在哭泣，或在议论，或在沉默，偌大的清华园没有一个平静的角落。

刘冰在旧水利馆楼上待了三天，吃饭喝水都需要多次催要才给一点，对他的看管也放松了。

刘冰在房间里可算自由自在，但思想沉重。作为一个在清华大学工作了十多年的主要校领导，他时刻担心着学校的建筑物、教学仪器、科研设备处在被毁坏的危险之中。

（三）生物馆，一个半月

三天过后，"革战团"的一伙人押着刘冰转移到了生物馆，关在二楼北边的一个房间里，给刘冰布置任务学习"毛选"，写检查。

空气平静了几天，刘冰从广播中听到，两派仍然在武装割据，构筑工事，战云密布。这一阶段，除了每天送三次饭外，没人过问。

从5月30日以来，刘冰已十多天与家人失去联系。为了减少家人的担心，刘冰考虑尽快与家里取得联系，尽可能让家里人知道他被关在生物馆楼上。

在刘冰被关进甲所之前，作为已被打倒的走资派，他的家已经被迫从九公寓搬到学校最北边与清华附中隔壁的二宿舍。那里距离生物馆很近，刘冰每天从生物馆二楼透过窗子眺望着二宿舍的上空，他是多么盼望能见到亲人啊！

有一天早上 7 点半，刘冰从窗户朝下看，突然发现小儿子夏阳骑自行车通过河渠上的小桥朝南驶来。夏阳渐渐地走近了，刘冰看见孩子背着沉重的书包，看见孩子幼稚的脸颊上蒙着愁云，看见孩子的两只眼睛四下里张望着，似乎怕什么似的，慢慢行驶。刘冰多么想大喊一声："夏阳！爸爸在这里呀！""夏阳，你抬头看一看，爸爸在这里！"但是刘冰不能喊，他无法预计他这一声喊出来会给孩子和他自己带来什么样的噩运。

眼前亲儿喊不得，低眉回首泪满襟。

刘冰心如刀绞，意识到孩子这是在到 101 中上学去。在中午 12 点、下午 1 点半和 5 点这三个时间刘冰继续观察，发现 12 点 20 分，孩子经这里回家，1 点半经这里上学，5 点半又经这里回家。

就这样，刘冰每天都能三次看到他的亲儿子，精神上得到的既有无法言表的痛苦，也有无法言表的安慰。后来几天，刘冰还看到了他的另外两个儿子春阳和红阳路经生物馆后门前面的小桥。

刘冰看得是那么的真切，他甚至看到春阳穿的是一双懒汉鞋，立刻灵机一动，写了一张纸条："我需要洗换的内衣，鞋子也破了，给我买一双像春阳穿的懒汉鞋送来。"刘冰的意思是让家里人知道自己在武斗中还平安地活着，并说明自己还能看到儿子脚上穿的鞋子，这样家里人也许会从儿子走过的地方猜想到他被关在什么地方。

刘冰向"革战团"一位负责人说明所需要生活用品，把纸条交给了他，他答应把纸条送到家里，等准备好了再给取来。纸条家里收到了，东西也送来了，但家里人始终没有猜到他被关在什么地方。因为儿子穿着那双懒汉鞋走过二宿舍周围远近许多地方，好几处建筑物都是"井冈山"派的据点。

刘冰在生物馆一直待到 7 月上旬，这一段时间，除了基础课教研组造反派来"审问"过一次并动了武外，其他来人询问某件事或要他给写什么证明材料，都还讲理，没有侮辱之词，生活也较为安定。刘冰除了学习"毛选"，在房子里一天三次进行身体锻炼。刘冰是个老革命啊，他立志不能把身体搞垮，要健康地走出蒯大富的牢笼。

（四）200号，八天

7月中旬一天拂晓，"革战团"头头把刘冰叫醒，让他立刻整理行李准备转移。随后，一群学生模样的人手执长矛，让刘冰背好行李，再用绳子紧紧捆住他的胳膊，用毛巾蒙住他的眼睛，一个人抓住他的衣襟，要刘冰跟着他走。

出了楼门，过了生物馆到校医院去的河渠上的小桥，跑步过了西大操场，经过学生宿舍一、二号楼，绕过电厂，从清华附中校墙后的稻田里，押到北京体育学院门口。刘冰听到那几个拿长矛的人小声嘀咕了一阵子后，又被拉着跟他们走，透过蒙面毛巾，刘冰看到是沿着体院的校墙转弯向北走。刚走了不远，后面一个人叫喊："不要走了，停下来在这里等车。"于是那几个人用手摁着刘冰原地坐下，摘去蒙面毛巾，然后给松了绑。

刘冰回忆说：这时太阳已从地平线上露了头，火红火红的光焰，映衬着绿色的原野，晨风阵阵拂面而过，我的心情突然间舒展了许多，这大概是大自然神奇的魔力吧，我是多么渴望自由啊！

猛然，从体院门口校墙转弯的地方又走过来一群人，押着党办主任何介人和宣传部副部长林泰朝刘冰的方向走来，并要他二人也就近坐下。三人互相看了又看，往日的战友形同路人，想说话有口不能言，近在咫尺远在天涯！过了一会儿来了一辆华沙牌小轿车，那些人把刘冰等三人重新用黑布条紧紧缠住眼睛，推到车里开上走了，这一下就什么也看不见了。

车子飞速地奔驰，三人在座位上紧挤在一起，用身体接触传递着战友之情，但谁也不能说话，因为前面座位上的人和开车的人都是"铁杆造反派"。

刘冰虽然看不见，但他熟悉清华和体院朝昌平方向的道路与地形，凭感觉知道车子先向东而后再向北，他猜到是向昌平方向行驶，估计可能是把他们运往三堡（清华教工疗养所），要路经昌平、南口而后顺关沟上山。车子向北行驶着，约一个小时后，突然转向西行，跑了约两公里后又转向北，路一直较平。刘冰感到这不是去三堡了，

第二部分　"蒋刘反党集团"及其"第二套班子"冤狱

因为昌平到南口最少也有三、四公里，并且快到南口时要下一个大土坡，因此刘冰断定这是到200号（即清华原子能研究所）。

果然不错，车子很快地停下了，一些人骂骂咧咧把三人拉下车，把刘冰送到一个房间后，去掉缠眼睛的黑布，刘冰立刻认出这里是200号的宿舍楼。那些人问刘冰："你知道这是什么地方吗？"刘冰说："200号。"那些人惊奇地骂道："你这老家伙怪聪明呀，你怎么知道是二百号？"刘冰说："从参加工程规划讨论、看地皮，到参加开工奠基，直到建成，我多次到过这里，这些房间我都看过，你们骗不了我。"

刘冰在200号住的这个房间窗户也早就全部用木板钉住了，屋子正中央吊了一个100瓦的大灯泡，到了晚上，通夜不关，照得眼睛发花。一张双层床，一张抽屉桌放在床边，床就是凳子了。刘冰注意到房门的上方正中间有一个筷子粗细的小洞，估计是用来监视的。

这天夜里12点钟，看押的人将刘冰带到另一个房间"审问"，要他交代所谓"自觉反毛主席和清华有个自觉反毛主席集团"的问题。（注1）

这个问题的提出，使刘冰顿感震惊和突然。这是他自"文化大革命"以来第一次听到居然还有这样的问题。

刘冰回答说："第一，我最崇敬毛主席，跟着毛主席干革命，几十年来，从没反过毛主席，更说不上什么自觉反毛主席了。第二，我不知道也没听说过清华有个自觉反毛主席集团。第三，你们说我们党委有人交代清华有个自觉反毛主席集团，谁交代你们去问谁！"

审问的人拍着桌子大骂："你不老实！"

一个女学生横鼻子竖眼睛，怒不可遏，拿着记录本抖擞着说："刘冰！你刚才的话都记在本子上了，板上钉钉儿，这是你不老实的罪证。"

审讯一直进行到凌晨2点钟，才让刘冰回到房间。一连几天都是午夜12点"提审"。

有一天夜里"审问"时，刘冰听到不远的房间里有重重的鞭打声和惨叫声。

审问的人问:"刘冰!你听见了没有?是什么声音?"

刘冰说:"这是拷打,是逼供信,你们用这个办法吓唬我吗?坦白地说,我不怕。"

那些人接着就打起了刘冰,他们用棍子、板子和拳头猛打了一气。

刘冰被打昏了,但仍然坚持站立着,依靠着墙壁没有倒下。

他们看到没有用,就变换手法。

一个姓孙(注2)的头头说:"刘冰,告诉你,我们已经把你的儿子抓起来了,他交代在家里你骂毛主席,这就是证据,你不交代,也能判你的罪。为了你的孩子,你也应该说吧。"

一听到儿子被抓起来了,刘冰立刻难过得揪心疼痛。刘冰冷静了一会儿,心想这可能不是真的,也许这是他们的攻心术,我不能上当,要揭穿他们。刘冰当时没有想到,他们果然抓了他的两个孩子。

刘冰说:"你们抓未成年的孩子,用这个办法吓唬我,只能证明你们违反政策,理屈词穷。"

审问的头头说:"看起来你是一个老顽固,真是顽固不化了。"

这帮人几天来对刘冰进行连续不断地"审问",逼刘冰承认"自觉反毛主席"。

此时的刘冰已作了死的准备,他估计他们会"狗急跳墙",为了某种需要可能要害死他。刘冰心想,必须要人们知道真相,不能被诬陷。

刘冰用了很小的一张粉白纸条,写上:"他们逼我承认'自觉反毛主席',我没有,永世也不会反毛主席。刘冰遗言。"

刘冰将棉被的边子多次折叠与压缩,用手轻轻把缝在边上的棉线拉长,用手从被边的缝中伸进去,直到被里的中央。刘冰把纸条夹在里边,然后慢慢放松让被边还原,居然不留一点痕迹。

刘冰将"遗书"一事处理停当后,内心感到有一种从未有过的超常坦然,也有一种从未有过的勇气和力量。他似乎将一切准备好了,随时准备牺牲了。

残酷的迫害在日以继夜地继续进行着。

拷打和威胁的办法没有产生明显的效果，歹徒们就用"罚站"的办法。24小时不准坐、不准躺，让刘冰站在屋子中央的大灯泡下，歹徒们在屋外通过门中间的小空洞随时监视着。刘冰的脚腿都站肿了，为了坚持同他们斗争，刘冰躺在地下闭目养神，把两条腿抬高蹬在墙壁上或放在床边上，使血液回流，这样既可减轻腿脚的肿胀，又可得到全身的休息。歹徒们发现后冲进房间，再猛打一顿；他们一离开，刘冰又照样抬脚躺在地下，保存体力，有时还真能睡上一小会儿。

刘冰就这样和他们斗争了两天两夜，到了第三天拂晓，不顾一切地躺在床上睡熟了。一觉醒来，已是上午10点钟，睁开眼睛，桌子上放着一碗粥和一个窝窝头，房子里只有大灯泡还在发亮，一切都静悄悄的。

刘冰说这标志着他们又失败了。刘冰坐起来，大口地喝完了那碗粥，靠在床上啃着窝窝头又睡着了。12点半来送午饭的人把他叫醒时，刘冰的嘴里还啃着没吃完的那块窝窝头。

刘冰在200号度过了一周真正的囚犯生活，准备迎接更加艰苦的日子到来，开始了室内锻炼，并要求每餐饭增加到两个窝窝头，如果不给，刘冰就绝食抗争。刘冰说我要千方百计保持身体健康，作长期斗争的准备。

（五）北航，七、八天

突然，在第八天的夜晚，那个姓孙的头头通知刘冰打好行李，准备离开。看押的人一个个鬼鬼祟祟、神神秘秘地在楼道上穿梭走动，看上去还有点惊慌。刘冰估摸不透他们又要干什么。

过了一会儿，听到楼下有汽车马达声，头头大声吆喝着："快！快把他们带上车！"接着他们用几层布蒙住刘冰的眼睛，又用电线紧紧捆住刘冰的手，勒得两手全都麻木了，然后把他推到卡车上。

车上已经挤满了人，好像都是被捆绑着，刘冰碰到背后的一个人，也是双手被捆绑的。车上空气沉闷，没有人说话，只有那些手持长矛的人吆喝着:"人齐了没有?快开车!"

汽车驶出 200 号,跑到公路上,先向东跑了一段,而后向南开去,这是去北京城的方向。刘冰估摸着车子已到了清河镇,但没有向西拐弯,却继续向南。到哪儿去呢!?

突然,车内有一位女同志大声呼叫:"救人啦!有人抓人呀!"

有个人说:"快拿毛巾捂住她的嘴。"

接着就是一阵乱打。另一个人喊:"狠狠揍,打死她!"

车内乱起来了,那位女同志挣扎着,人们相互碰撞。看押的大声骂着:"妈的!动什么!不准动,谁动我揍谁。"刘冰的耳边又响起了噼噼啪啪打耳光的声音——

那位呼叫的女同志,声音好熟悉呀!是谁呢?

刘冰想了许久,判定是党委办公室副主任饶慰慈同志。刘冰又判断车上捆绑的人大概都是校党委和系总支书记以上的学校干部。

车子飞速奔跑,上下颠簸,刘冰的双手被电线勒得不仅麻木,而且有一种难忍的热辣辣的疼痛感。刘冰向看管者说:"我的手已经疼得不行了,你们给我松松行不行?"看管说:"不行,你忍着点吧。"然后捅了他一拳。

刘冰说:"你们是哪家的政策?这样对待干部?"接着,他就又挨了一拳。刘冰只好老实了。

车子终于停下来了,好像到了一个灯光明亮、人声嘈杂的大院里,接着听到"北航广播站"几个字从喇叭里传出,于是判断这是来到了蒯大富的铁杆造反派战友韩爱晶管辖下的北京航空学院了。

大家被拉下车,带到房子里。

刘冰住的房间有三张双层床,里面住满了人。刘冰被指定在门口的下铺。

刘冰说:"我的手疼得厉害,你们赶快解开吧!"

一个人说:"给他解开。"

手是解开了,但肿得厉害,两只手的指头都不能弯曲了,疼痛难忍,痛苦不堪。刘冰请他们弄点热水泡泡手,他们根本不予理睬。

刘冰忍着疼痛,强行活动手指手腕,一个星期后才消了肿。

但是，蒙眼睛的布他们不给去掉，只是吃饭时才给解开。那时正是7月底8月初北京最热的季节，每天汗流浃背，汗水浸到眼里，严重损害了视力。

在"北航"的七、八天，什么事也没有，每天除了三顿饭，都是蒙着眼睛，生活在黑暗中。刘冰躺在床上听着"北航广播站"的播音，想知道的清华情况听不到，不想听的，却没完没了地大吼大叫，听疲乏了睡觉，睡醒了又听，昼夜不停，天天如此。（注3）

（六）回到清华生物馆，五天，被释放

8月初的一天夜里，刘冰又被秘密地转移了。

刘冰敏感到这次转移与以往都不一样，虽然也被捆了双手，但没有被蒙眼睛。刘冰看到车子离开了航空学院是向五道口方向开去的，啊！这次是回清华了！

已经是午夜，天漆黑漆黑，但还能看得清两旁农田里一片片齐刷刷、略比人高的老玉米，夜风一阵阵从玉米地里吹进车窗，带着秋庄稼与熟土地的香味，沁人心脾。

车子进了南校门，经过照澜院、静斋、强斋、职工食堂，刘冰失望地看到又把他送进了生物馆，而且这次是被关在阴暗潮湿、蚊子乱飞的地下室里。

这一夜，刘冰躺下时已是凌晨两点了。地下室里蚊声嗡嗡地，刘冰心潮翻滚睡不着，索性起来打蚊子，有时一巴掌下去就能打上两、三个。

第二天上午，一个造反派头头来向刘冰训话，还是往日一副嘴脸、一副腔调：好好学习毛主席著作啦，老老实实交代罪行啦等等。头头大约讲了一刻钟就溜之大吉了。

刘冰在地下室待了三天，每天除了三顿饭，主要工作和乐趣就是打蚊子，当然还有学毛著、背语录。

第三天夜里12点钟，刘冰还躺在床上分析形势。他觉得很奇怪，造反派对他的管制显然放松了，在地下室也听不清两派的大喇叭，学

校里究竟发生了什么事呢？他想啊想，挖空心思也没有想出所以然。他忽然想起中午发的两个窝窝头还剩下小半拉，如果不吃掉放到明天就坏了，于是打开抽屉取出那半个窝窝头坐在床边吃起来。

刚咬一、两口，房门突然被打开了，看押的人带来一男一女两个解放军走到房里来。刘冰立刻放下窝头，从床边站了起来。

一个解放军问道："你在吃什么？"

刘冰说："我在吃窝头。"刘冰还将半夜吃窝头的原因一五一十地做了汇报。

两个解放军问了问他的身体情况，大约待了10多分钟就走了。

这件事又让刘冰感到蹊跷，想到是不是他认识的什么老领导或老战友想起他来了？但这不可能，他认识的那些人一个不落地全都被打倒了；他想是不是他于66年10月与67年2月两次给毛主席、周总理写的信起作用了呢？可能也没有这样的好事吧？刘冰想啊想，一直琢磨到天亮，也没找出个答案来。

第四天上午来了两个造反派的小头目，要刘冰整理行李，搬到二楼，关在二楼中间朝北的房间里。居住条件改善了，刘冰当然有点高兴。下午两、三点钟，刘冰看到楼下北面的桥上先后走过了三批群众队伍，打着大横幅"拥护工人解放军毛泽东思想宣传队进驻学校"。刘冰这才知道清华园终于变天了。

刘冰太兴奋了，这一晚他又没有睡好觉。

第五天下午，团派的一个头头带着一位解放军与刘冰谈话。头头说："现在把你交给宣传队了，今天下午你可以回家了。"解放军说："你回家后，可以休息一天，换洗一下衣服，理理发，后天上午带上毛主席语录，到工字厅报到，参加学习班的学习。"

大约只过了20分钟，那个头头又回来说："你可以走了。"

真的可以走了吗？刘冰简直不敢相信自己的耳朵。

一位工人师傅送刘冰回到二宿舍，老伴苗既英接过了行李，送走了那位老工人。苗既英回到房里，上下打量着刘冰，失声痛哭："你照照镜子，看看他们把你折磨成什么样子，头发胡子快长成辫子了，你瘦多了，把你关了整整10个月啊！什么造反派，简直是造孽派！

第二部分 "蒋刘反党集团"及其"第二套班子"冤狱

他们不仅打伤了好多人还打死了人,主要是几个头头干的,同学们是被煽动起来卷进去的,这些你全不知道啊!我带着四个孩子,整天提心吊胆,我怕再出事。红阳和夏阳被蒯大富的人抓去关了一天,红阳被他们打了一顿,孩子有什么错,你的工资也停发了,怎么能这样对待干部呢!"

5点半钟左右,孩子们从学校回来了。见到父亲回家都非常高兴,围起来问长问短,过了好久才发现父亲的头发、胡子太长了。大家又骂起造反派。

刘冰记得那天晚上吃的烧茄子、豆角烩粉条,煮了一锅小米粥,从食堂买来馒头与窝头。十个月来全家总算在一起吃了团圆饭,那顿晚饭可真香!

晚饭后红阳、夏阳讲了他们被造反派关押的情况,刘冰也讲了10个月来受到的摧残折磨,大家又在一起咒骂造反派。

第二天,儿子给刘冰理了发,刘冰自己烧水洗了澡,来了一次全身大扫除。苗既英对刘冰说:你看上去精神多了。

第三天早晨七点半,刘冰带上毛主席语录,到工字厅向工宣队报到。

不管以后还要怎么着,刘冰就算活过来了。

注1: 67年11月,团派《险峰》战斗组的《浅谈新资产阶级知识分子》与鲍长康的《新资产阶级知识分子与大翻个》两篇大字报,系统地提出了"新资产阶级知识分子论"。

    自控系总支书记凌瑞骥赞同"新资产阶级知识分子论",在此基础上又进一步提出了"中上层干部自觉反党论",他在团派召开的批判吕应中的全校大会上说:中上层干部由于经历和政治水平不同,对中央两个司令部、两条路线斗争的自觉程度不同,有些中上层干部是自觉意识到两条路线斗争的,是自觉反党的。

注2: 刘冰在回忆中道了此人姓孙,但没有点名。此人是谁?肯定不会是孙耘,孙耘因为"罗征敷事件"正被公安局关押。罗文李饶专案组

有个打手是孙万华，他是否也参与对刘冰的审讯？我们不知道。

注3：刘冰的时间表：

刘冰从200号转移到北航的时间一定发生在1968年7月28日或29日深夜。因为727工宣队进校，728凌晨蒯大富才作出了撤离清华的决定。

以这个时间点为基准往后推：

刘冰在北航呆了七、八天才回到清华，也就是说回到清华的日期是在8月4日左右；回到清华第五天才被释放，也就是8月9日。

以这个时间点为基准往前推：

刘冰在回忆中说他是于7月中旬一天拂晓从生物馆到200号的，可是他在200号只待了一星期，第8天就被转移到了北航，而他在北航也只有七、八天，所以可以推断刘冰从生物馆转移到200号的时间是7月20日前后。

团派将案犯的每一次转移当然都是有原因的。

7月28日或29日晚从200号转移到北航是因为发生了"七二七事件"，蒯大富在7月28日凌晨虽然下达了撤离清华的命令，同时却保留了9003、化学馆、生物馆几个据点。那么200号的案犯怎么办？蒯大富则下令撤离至北航。这件事虽然未经文字记载，却是有根有据的合理推测。

附录：有关刘冰逝世的报道（含刘冰生平）

7月30日上午，甘肃省人大常委会原主任、兰州大学原校长刘冰遗体送别仪式，在北京八宝山殡仪馆举行。7月24日，刘冰因病在北京医院逝世，享年96岁。

有近千人参加了刘冰遗体送别仪式。

第二部分 "蒋刘反党集团"及其"第二套班子"冤狱

习近平、李克强、张德江、俞正声、刘云山、王岐山、张高丽七常委，马凯、刘延东、张春贤、赵乐际4位中央政治局委员，胡锦涛、李鹏、朱镕基、温家宝、宋平（与夫人陈舜瑶）、李岚清、曾庆红、吴官正、李长春等退休老常委，赠送花圈，对刘冰逝世表示哀悼。

此外，国务委员、国务院秘书长杨晶，国务委员王勇，国务院原副总理曾培炎，第八届全国人大常委会副委员长王汉斌，第九届全国人大常委会副委员长彭珮云，最高人民检察院原检察长贾春旺，第九届全国政协副主席胡启立，国务院副秘书长丁学东、汪永清、江小涓、丁向阳、舒晓琴、江泽林、孟扬、彭树杰、李宝荣，中央纪委驻国务院办公厅纪检组组长辛维光，中组部常务副部长陈希，毛泽东之女李讷（与丈夫王景清），教育部部长陈宝生，河南省委书记谢伏瞻，陕西省长胡和平，辽宁省委书记李希等，也赠送了花圈。

刘冰出生于1921年12月，河南伊川县人。抗日战争爆发后，1938年6月他秘密参加地下工作，后任中共渑池县委副书记、宜阳县委书记，中共豫西区党委青年工作科科长，豫西解放区青年联合会主任等职。1949年后，他先后担任中共河南省委青年工作委员会书记，青年团河南省委书记，团中央办公室主任、办公厅副主任、农村青年工作部部长。1955年到中央高级党校学习。

1956年5月，在清华大学第一次党代会上，刘冰当选为清华大学党委副书记。从此直到1966年"文革"爆发，他一直担任校党委第一副书记，协助时任校长蒋南翔的工作。

"文革"爆发后，刘冰被打倒。1970年，才被"结合"进当时的领导班子，任校党委副书记、革委会副主任。

据《人民文摘》2011年第9期报道，2002年，福建省省外大学校友会等机构编写《福建博士风采》丛书时，习近平在第一卷中发表了题为《自述》的文章，讲述了自己进入清华大学的曲折过程。文中写道：

"我1969年从北京到陕北的延川县文安驿公社梁家河大队插队

落户，7 年上山下乡的艰苦生活对我的锻炼很大……我那时一边当村干部，一边总渴望有机会能上学深造。那时候报大学，清华有两个名额在延安地区，一个分给延川县。我三个志愿都填了清华大学。县里将我报到地区，地区不敢做主，清华大学来招生的人也不敢做主，请示清华大学。这又是一个机遇。1975 年 7、8、9 三个月，正是刮所谓的'右倾翻案风'的时候。迟群、谢静宜当时顾不上清华大学的具体工作，刘冰同志主持工作（此三人都是当时清华的负责人）。当时我父亲刚刚解除监护，下放到洛阳耐火材料厂，耐火材料厂开了个'土证明'：'习仲勋同志属人民内部矛盾，不影响子女升学就业。'于是，我踏进了清华园。"

1975 年 8 月和 10 月，刘冰先后两次参与联名写信给邓小平，转呈毛泽东，揭发被"四人帮"安插在清华大学的党委书记迟群等人的严重问题，被指为"诬告信"，再次受到错误批判，并由此引发了全国"反击右倾翻案风"运动。

1978 年 12 月，刘冰被平反后，赴甘肃，任兰州大学党委书记兼校长，后任甘肃省副省长，甘肃省委副书记，甘肃省人大常委会主任。1988 年后，刘冰任全国人大常委会教科文卫委员会副主任委员等职。

吕应中在"清华文革蒯氏黑牢"8个月

胡鹏池

（一）

文化大革命中，有一条语录脍炙人口："凡是敌人反对的，我们就要拥护；凡是敌人拥护的，我们就要反对。"

蒯大富在与414的斗争中几乎不折不扣地遵从了毛的这一教导，尤其是在干部问题上，每当414要解放某个干部，蒯大富就反对。不仅反对，而且迫害。

例如，罗征启原来也被团派认为是革命干部，在表示支持414前好端端的，1967年1、2月份曾受托于团总部编集列宁和毛泽东"反对无政府主义"的语录（载二月十五日《井冈山》报第十七期头版）；但4月23日罗征启代表文学宓、饶慰慈等六名中层干部在414召开的大会上发言后，就引发团派火力猛烈的批判；5月3日，团广播台发表《蒯大富致谭浩强的一封公开信》，定性罗征启是"坚持不改，屡教不改的走资本主义道路的当权派"，1968年4月更炮制"罗文李饶反革命集团"冤案。当然，随着该冤案平反，蒯大富搬起的这块石头，却砸在了自己的脚上。

所以，蒯大富晚年总结自己一生失败的原因，不无感慨地说：我是跟着毛主席干革命没干好。

笔者曾多次指出：老蒯啊，别拿这一点自责！更别拿这一点为自己开脱。

别自责，连刘少奇、林彪跟着毛主席干革命都没有干好，何况你蒯大富呢！

更别为自己开脱！正如一位校友在校友微信群里指出的那样：

"为使领袖脱罪而把一切坏事推给下面,那是卑鄙;为证杀人凶手无罪而归于上面唆使,那是无耻。"

414 要解放刘冰,这在当时是一个有超前意识、且有相当胆略的决策,超过了 414 一般群众当时的觉悟程度。但虽然"超前"却没有"脱离",414 的广大群众在有片刻的犹豫和思考后,想一想就想通了,因为他们有这个思想基础。

但是,解放刘冰对于蒯大富一类思维极端、意识极左的人是不可能接受的。他们应对的方法只有一条:凡是 414 拥护的,我们就要反对;凡是 414 主张的,我们就要破坏。于是蒯大富们将刘冰定性为蒋南翔黑党委的副帅,非法关押、残酷迫害了近十个月。

414 又提出了要解放吕应中。414 以响应毛泽东的"三结合"为由向解放清华中上层干部发起不断冲击,在"大胆解放干部"的问题上从理论到实践尽得先机。蒯大富的干部政策处处被动,他们仍然采用的"414 拥护的,我们就要反对;414 主张的,我们就要破坏"这样一个法子,于是蒯大富们就将吕应中定性为蒋南翔"第二套班子"的"黑少帅",设立吕应中专案组,非法关押、残酷迫害了八个月。

我们注意到,原校党委副书记何东昌、胡健、艾知生虽然被蒯大富列为"蒋刘反党集团的主将",但因为 414 没有提出要"解放"他们,他们也没有公开表现出对 414 观点的支持或同情,所以他们也没有"享受"到如刘冰、吕应中一样的"待遇",这又从反面证实了蒯大富一伙确实是把"414 拥护的我们就要反对;414 主张的我们就要破坏"作为其行动"指南"。

(二)

早在 1967 年 2 月,《红旗》杂志第四期社论《必须正确地对待干部》发表后,吕应中就和清华许多干部一样,写了大字报"亮相";由于他的观点倾向 414,团派在 5 月 23 日召开批斗大会,给吕扣上了"蒋刘死党、反革命修正主义分子"的帽子;7 月 9 日,吕应中在

414主持召开的"干部问题辩论会"上发言，立即被团派警告，指责他"挑动群众斗群众"。

1967年10月份前后，中央陆续发表了毛主席视察大江南北时所作的最新指示，强调大联合，三结合，强调解决干部问题。

414总部乘此形势，为解放吕应中做了许多周密的前期工作，于11月4日，发起成立《教育革命串联会》，安排吕应中在成立大会上亮相发言；接着又召开了两次批判帮助吕应中同志的大会；召开批斗蒋南翔的全校大会，让吕应中第一个发言批判蒋南翔，为解放吕应中大造舆论。

团派马上作出反应，将吕应中定性为"坚持不改、屡教不改的走资派""漏网大右派"；接着又于11月16日，召开大会揪斗吕应中。

蒯大富本人亲自出马，他在11月22日的会上说："吕应中道路是彻头彻尾的反党反社会主义反毛泽东思想的道路""必须彻底批判"，"200#就是要彻底砸烂"。但他又说："希望吕应中走上革命道路""三划一站做得好，还可以担任领导工作"，"但要批斗了再说"。

12月3日，蒯大富特地跑到吕应中家里无耻地对吕说："你如果亮相亮在414一边，我用两千人拉着你，肯定你是走资派，你也无法工作。"

但是吕应中并没有按照蒯大富希望的去做。

1967年12月4日上午10时30分，团派保卫组趁吕应中去北医三院看病之机，将他非法绑架。下午，团派突然召开大会，斗争吕应中，将吕应中定性为"反革命修正主义分子""漏网大右派"，宣布对他实行无产阶级专政。

与此同时，团派批判吕应中的大字报充斥了整个清华园，还在甲所办了展览会，展示吕应中的所谓"罪行"。

蒯大富对吕应中突下毒手，也完全出乎414的意料，414无奈之中只有写信向中央求助。（见【附件】：414给中央首长的一封紧急请示信）

当晚,由沈如槐带领数名总部委员先到国防部,后到文津街九号总理办公室,亲手把信送到有关接待人员手中,期望中央能够鉴于吕应中同志核物理专家的特殊情况引起重视,并出面干预,也许能使吕应中同志获得自由。然而,414的信如泥牛入海,毫无回音。

12月5日,团派再次召开"斗争反革命修正主义分子、漏网大右派吕应中大会"。

吕应中在蒯大富的"黑牢"中度过了漫长的八个多月,受尽严刑拷打、百般折磨,身心健康遭到极大摧残。

迄今为止并没有看到吕应中本人的回忆,也没有其他知情人的披露。但吕应中是除刘冰以外已知在蒯大富黑牢中被关押折磨时间最长的人,长达249天。可以猜测吕应中所受到的迫害甚至超过刘冰。

(三)

吕应中于1968年7月27日工宣队进校后才恢复自由。沈如槐所著《清华大学文革记事》P257页回忆了他与吕应中见面的情景:

吕应中同志在蒯大富私设的囚室中度过了漫长的八个多月,受尽严刑拷打、百般折磨,身心健康遭到极大摧残。而最为卑劣的是团派专案组要从吕应中同志嘴里挖出414破坏文化大革命的阴谋,大搞"逼供信"。

有一天,他专门到清华中央主楼来看我,非常愧疚地告诉我,他对不起414,他连累了414。他没有经受得住团派专案组的"逼供信",编造了一个谎话,说414曾和他密谋策划引爆200#原子反应堆,造成巨大的国际影响,以此说明文化大革命是失败的。团派专案组还强迫他详细描述了破坏200#的技术方案。不过,他又告诉我们,他在技术方案中做了手脚,只有真正的核物理专家才能看出,他的技术方案根本不能破坏200#。他想日后以此证明,他所交代的口供完全是假的。一个解放后我国自己培养的极有作为的科学家,不能专心致志从事科学研究,却要挖空心思编造虚假的技术方案,去应付革命小将对自己肉体和心灵的迫害，可悲也夫？

看了沈如槐所叙述的这一细节真让我们目瞪口呆，试问一个科学家会在怎样一种处境下才会编造出如此荒诞的口供？

也不是吕应中骨头软，而是蒯团专案组精神折磨与肉体迫害的手段实在太厉害了！

附件：

414给中央首长的一封紧急请示信

1967年12月4日

总理、中央文革、聂副总理、谢副总理：

鉴于我校当前运动面临着严重局势，我们以万分焦急的心情向中央首长请示汇报如下：

1、吕应中同志是我校原党委常委，200#原党总支书记及该项目工程主要负责人，国家某任务技术核心成员之一。自今年6月份以来，我们按照毛主席的一贯教导，对他的全部历史和全部工作做了全面的详细的调研和审查，并且按照毛主席的最新最高指示解放吕应中同志，从教育着手，对他的错误进行了多次批判、帮助，目前他对自己的错误有了一定的认识，并通过大小会20余次向群众进行了检查，听取了群众的批判、帮助，初步做到三划一站。他有决心站出来继续革命，为人民立新功。我们认为吕应中同志是我校的革命领导干部。

2、最近我校某些决策人在阶级敌人的煽动下，变本加厉地对抗毛主席的最新最高指示，制造了许多谣言，煽动群众，挑拨干群关系。在这种情况下，今天出现了一起严重政治事件。今天中午某些人突然强行绑架了重病去医院治疗的吕应中同志，一路上进行非法的武斗，并在当天下午召开斗争吕应中同志的大会，进行变相体罚。在会上还宣布了一项非法"通令"，对吕应中同志实行所谓无产阶级专政，剥夺了他的人身自由，会后用汽车绑走，下落不明，吕应中同志的人身自由和生命安全遭到严重威胁。

3、200#是我国国防科研生产的重要基地，担负着国防科研生产的重要任务，吕应中同志过去是此项目的主要负责人，并在科研生产中有重要贡献。但是目前某些人借斗吕应中之名，大量泄露工程及某部重要国家机密，严重危害和影响此项国防科研生产和建设，给阶级敌人、美蒋特务、苏修特务、日本特务以可乘之机。

上述情况，我们认为事关重大，为了对革命事业负责，特紧急汇报中央，望速派人前来调查，采取相应措施并予以指示。

清华大学井冈山兵团联合总部核心组成员：
沈如槐、孙怒涛、宿长忠、
龙连坤、汲鹏、刘万璋
414干部办公室，200#教育革命串联会

第三部分

"罗文李饶反革命集团"
和"十二人反党集团"冤狱

试析蒯大富们制造的清华"两案"

陈楚三

对于清华大学的文革历史，已有不少文章论及，有反思、有回忆、有揭露、有忏悔，特别是樊思清的忏悔，真诚而感人，他在分析了造成文革武斗的大环境之后，痛心地指出：自己开枪打死同学，"文革武斗环境因素固然重要，然而环境只是外部条件，内因还是我自己漠视生命的人性"，坦承自己的"人性底线在'武斗现场的直观仇恨'的欺骗、激发下失守"。樊思清说，"充分揭露真相，认真厘清事实，廓清事件原本，忏悔方现真谛。"（注1）他正是这样做的。

十分遗憾的是，清华文革中最血腥、最黑暗、最恐怖的一段历史，即蒯大富们制造的清华"罗文李饶反革命集团"和"十二人反党集团"的历史，至今无人揭露真相，也无人进行"现真谛"的忏悔！

清华文革中，蒯大富们制造了三大冤案，即"蒋（蒋南翔）刘（刘冰）反党集团""罗文李饶反革命集团"和"十二人反党集团"；其中，"蒋刘反党集团"囊括了运动初期就被打倒的校级主要领导，实际上已是"死老虎"，蒯大富自己承认："对于原来的校党委，我们没有过多关注。蒋南翔当时已经被打倒了，在我们那时的眼里，就等于'死狗'啊。"蒯大富们打"蒋刘反党集团"，只是陪衬，是为打"蒋刘反党集团"的"第二套班子"=>"罗文李饶反革命集团"，以及"十二人反党集团"（本文简称为清华"两案"）作铺垫，后者才是"活老虎"，蒯大富们处心积虑下死手要搞成"铁案"。

陆元吉校友关于"十二人反党集团"曾经发帖称："四个女生被关近三个月，受尽折磨。近五十年了，却始终不知此事的来龙去脉，无人出来说过真相。好像这事不存在，又好像加害她们的是一群外星人。这类既非小事，更非细节的真相难道不应当追问吗？"（注2）实际上"十二人反党集团"案被关押的不仅是四个女生，而是五个女生，还有一名团委干部和力603班的一个男生被关押四个多月，以及"罗文李饶反革命集团"案被关押的五名干部，他（她）们在蒯大富的黑牢中遭受种种酷刑，一名女干部刘承娴被逼死，因罗征启逃离三堡，其胞弟罗征敷被抓毒打后窒息而亡。陆元吉发帖至今四年又过去了，只有四名受害人（罗征启、谢引麟、邢竞侯、饶慰慈）本人或子女的文章较详细地揭露了遭受残酷迫害情形，而且在近二百万言的清华文革回忆反思及校友讨论文集中，这四篇文章也未被收入；同时，更没有看到清华"两案"加害方的知情人，包括策划者、指挥者、执行者、直接加害者（凶手）和在场者出来"揭露真相"。依然"不知此事的来龙去脉，无人出来说过真相。好像这事不存在，又好像加害她们的是一群外星人。"

本文会告诉读者，"两案"的真相为什么揭不开，并根据所收集到的团派的有限资料，试图分析蒯大富们制造"两案"的目的、手段和方法，至于具体细节，自有受害者和受害者知情人的揭露文字，本文不赘述。

一、"两案"的真相为何一直揭不开？

清华"两案"的总负责人是团总部核心委员陈继芳，她可能不

第三部分 "罗文李饶反革命集团"和"十二人反党集团"

是直接加害者，但肯定是策划者之一和主要指挥者。当诸多原两派校友都在参与到清华文革大事的回忆中时，陈继芳却警告原团派骨干："写回忆录应当写对我们自己有利的事！"（注3）换言之，凡对团派不利的事，都不准写。

什么是对团派"不利"的事？对414的谩骂、污蔑、造谣、栽赃，策划搞武斗，抓人打人，反军乱军反总理，这些事都对团派不利，但对团派最不利的，是极其丑恶凶残、灭绝人性的"两案"黑幕。

沈如槐校友指出，从团派制造的"罗文李饶反革命集团"和"十二人反党集团"两大冤案来看，团派抓人打人有四大特征：老蒯决策、头头主持；组织健全、目的明确；私设刑堂、严刑逼供；手段凶残、惨无人道。

团派抓人打人的共同特点是手段凶残。仅举数例：1967年10月20日，团派保卫组将414总部核心委员宿长忠毒打至重伤，脑震荡，髂骨、肋骨骨折（注4）；1967年12月5日，414总部委员郭仁宽被团派保卫组毒打至肾出血（注5）；同一天，414派的学生唐海山、教师李兆汉被团派保卫组"贴饼子"（几人抬起一人多高使劲往地上摔）；12月6日，团广播台工人师傅卢振义因持414观点也被"贴饼子"并被赶出团广播台（注6）；12月20日，414总部核心委员陈楚三被团保卫组绑架、毒打，钢丝钳夹手指、烟头烫脸、火柴烧脖颈；1968年5月12日，团派打手用钉了钉子的木板毒打被抓的414总部委员周坚，当场打断周坚一根肋骨（注7）；5月14日，团派《前哨台》打手更是将414派学生孙华栋活活打死，内脏完全被打坏，全身80%皮下出血，左腿骨折两臂打烂（注8）。至于"两案"中人员所受酷刑，更是骇人听闻。

严刑逼供、手段凶残，是在团派主要头头操纵下少数极端分子所为，但这种罪恶行径是广大团派群众并不了解而且坚决反对的、见不得人的，因此是对团派最"不利"的，也是陈继芳等一些头头最忌讳的；所以，陈继芳才下了"禁令"。

陈继芳自己的回忆录，就完全回避对她本人及团派不利的事实。

罗征启的弟弟罗征敷被团保卫组绑架致死，是陈继芳带人把遗体送到北医三院的；孙华栋被毒打身亡后，也是陈继芳，带领四人把孙华栋遗体送到阜外医院，留下假名字和假电话后溜之大吉，可陈继芳的回忆录却"选择性遗忘"，对罗征敷和孙华栋之死一字不提，因为对她本人不利、对团派不利。

5.30团派攻打东区浴室，正是自称"反对武斗""必须尽快结束这场武斗"的陈继芳，推来一桶油，使浴室被燃烧瓶点燃的小火"火上浇油"变成大火，据说陈继芳还找来两袋干辣椒投入大火中，可谓火烧东区浴室的"功臣"，但因为对她本人不利，在其回忆录中，她却左一个"不知为什么"，右一个"不明白"，更不提她本人的"壮举"，把自己写成似乎只是旁观者。

陈继芳提到团派段洪水和许恭生"阵亡"，并说"414抓走了团派干部陶森，还抓走了团派的总部委员陈育延，我们每个人都做好了被抓、被打、甚至被害的准备"，好像她"每隔一星期"能去看望男朋友、还能在北京"陪妈妈玩了几天"的陈继芳，处境比414被严密封锁、"死者不准外运、伤者不准医治、生者格杀勿论"的科学馆还危险，濒临绝境了！陈继芳真能装啊！怎么不提陈育延被抓前几天，414的孙华栋被活活打死？怎么不提陈育延被抓十天就放回？怎么一字不提她主管的团派专案组"抓、打"的吕应中、罗征启等十多名干部和学生？怎么一字不提作为414总部核心委员的陈楚三"被抓、被打"，一字不提已经"被害"的罗征敷、谢晋澄、卞雨林、刘承娴、朱育生、杨志军、杨树立、钱平华？是陈继芳"健忘"吗？当然不是！是因为指挥和实施抓、打、杀害这些干部和学生的正是蒯大富和她陈继芳及其主管的团专案组！

陈继芳的回忆录提到"罗文李饶反革命集团"案时，说"团派专案组……不时传来惊人的消息"，"因为他们都是414派的干部，所以团派一些人认为，这是整垮414的最好契机"，似乎也和她无关，她只是局外人。陈继芳又"健忘"了吗？忘了她自己就是团派"罗文李饶专案组"的总负责人吗？正是她，指挥团派专案组制造

第三部分 "罗文李饶反革命集团"和"十二人反党集团"

出那些"惊人的消息",也是她,根据这些"消息",在 1968 年 4 月 18 日团派的大会上做了长篇发言(注 9),第一次公开把罗征启等六名干部打成"反革命集团"。她又是"选择性遗忘",企图把这个对她不利的事实向读者隐瞒。至于"十二人反党集团",陈继芳在回忆录中完全回避。

陈继芳提到 7.27,竟然再次"选择性遗忘",绝口不提工宣队被团派杀害五人,轻重伤七百三十一人的血淋淋事实!虽然她当天不在现场,却硬要言之凿凿地为蒯大富开脱说,蒯大富要求"避免和工人冲突""无论如何不能伤着工人",反而被"扣上了是他下令开枪的罪名"。陈继芳极力为蒯大富涂脂抹粉,蒯的自述却狠狠打了陈继芳的脸!蒯大富自己说,当时的决定是"守住楼,工人攻楼的话我们就抵抗反击","谁进来就打谁,进楼我们就坚决抵抗!"(注 10)

就连对待迟群的态度,陈继芳也只"写对我们自己有利的事",回忆录说"从我见他的第一面起,我就十分厌恶他","我和陈育延不知暗地里骂过他多少次";但是她在给蒯大富的信中却坦言:"越看迟群(所作所为)越像是我们的人"(注 11),这是她的真心话,但讲出来对团派"不利",所以回忆录中当然不能写。

(涉及陈继芳回忆录的内容,参见陈继芳马小庄著《潮起潮落》有关部分)

陈继芳如此,蒯大富呢?

蒯大富口头上也赞成写回忆录要留下真实的历史,但实际上和陈继芳一样,力图回避对团派和他本人"不利"的事,实在回避不了时就尽量推卸责任。

例如清华的武斗,蒯大富说武斗的导火索是 414 抓了"团派保护的干部"陶森,却同样"选择性遗忘",只字不提在 414 抓陶森前,他下令抓了 414 保护的干部吕应中,抓了支持 414 的干部罗征启、文学宓、李康、饶慰慈、刘承娴、贾春旺,还抓了 414 总部核心委员陈楚三;

清华武斗为什么停不下来？蒯大富谎称在武斗死了人后就对武斗"后悔""巴不得停止"了，却避而不提他停止武斗的条件"蒯四条"（注12）；明明是蒯大富们认为"对414停止武斗"的问题"根本不存在"（注13），明明是蒯大富们认为"彻底摧毁"414才是"解决清华问题包括武斗问题唯一正确的途径"（注14），蒯大富却栽赃说是因为"四一四的头头坚决不同意"停止武斗；

　　再如对团派打死人的问题。蒯大富说"强调过，不准打人"，又说发生罗征敷被抓致死事件后支持孙耘等三人去公安局自首；可是，罗征敷事件发生于4月4日，在此之后，4月29日发生谢晋澄被团派汽车撞压而死事件，5月14日发生孙华栋被活活打死的恶性事件，6月12日又发生刘承娴被迫害致死事件，蒯大富采取什么措施了吗？不但没见蒯大富责令凶手去自首，而且在蒯大富的口述回忆中，也"选择性遗忘"，只对谢晋澄之死表示"难过"（因为他曾在蒯被打成反革命时支持蒯），竟然对孙华栋、刘承娴两起事件只字不提！

　　又如对他一手制造的清华"两案"，蒯大富不得不笼统地承认"整过很多人"，可又说整他们是因为"他们私下议论的时候，……说了些当时被认为很反动的话"；虽然蒯大富不得不承认"抓人一般都是我下命令抓的"，"说他们是反革命集团，这是我给定的"，但却强调"那时是所谓革命利益至上，根本不讲什么人道主义"，"打人、武斗、暴力这个都是很自然的事"，在1983年法庭审判时还为自己辩护说："在1968年我错整过一些干部和群众，我有强有力的证据证明我不是有意陷害""在单位隔离审查某些干部和群众，乱扣帽子，包括有刑讯逼供的情节，也远远不构成犯罪"。他始终把残酷毒刑逼供的结果作为加罪于这些干部学生的"强有力的证据"，不承认是"诬陷"；试问："乱扣"反毛、反林、反革命的"帽子"，横加"反革命"罪名，如果这不是"诬陷"，什么才是"诬陷"？

　　（涉及蒯大富回忆的内容，参见米鹤都采写、蒯大富口述：《潮起潮落》）

公平地说，蒯大富对文革中整人还多少有忏悔、有愧疚；而陈继芳，作为直接处理罗征敷和孙华栋尸体的当事人，作为清华文革"两案"的总负责人和直接主持者，回忆录通篇竟然没有丝毫悔恨、内疚之意，确如谢引麟所言，良心的拷问会伴随陈继芳的一生！

清华"两案"的总负责人陈继芳下禁令，团总部一号头头蒯大富则对"两案"的逼供信"成果"予以肯定，这是"两案"真相揭不开的根本原因！

二、蒯大富们制造"两案"的目的

罗征启认为，"团派之所以抓我，是因为他们知道我是《必胜》这篇大字报的主要修改人"；其次是杀鸡给猴看，阻止党员和干部支持414，"除了《四一四思潮必胜》以外，还有就是干部问题，因为多数党员和干部支持414，团派十分恼火，一直想搞点事件出来，用以吓唬和压制多数党员和干部。于是就把六名敢于公开亮明自己观点，支持414的中层干部打成了'罗、文、李、饶反革命集团'"（注16）。罗征启的话没有说到点子上。

其实，蒯大富们制造"两案"的主要目的，一是消灭414，建立单独的红卫兵政权，实现蒯大富一统清华的美梦；二是企图通过消灭414，进而"揪出黑后台"，为其反周总理提供"炮弹"。而其根本目的则是为了实现蒯大富们日益膨胀的政治野心。什么"誓为九大立新功"，什么"全国的造反派都在看着我们"，还有那"北航黑会"，无一不透露出蒯大富们赤裸裸的政治野心，那就是以全国造反派领袖的身份挤进九大，挤进中共中央。毛主席早把蒯大富们看透了，批评他们"头脑膨胀、全身浮肿"，直指蒯大富们的政治野心。

蒯大富靠反工作组起家，为打倒刘少奇立了头功，成为名震全国的北京学生文革"五大领袖"之一、中央文革小组的"铁拳头"，但是由于414的存在，清华被认为没有实现革命大联合，因而权力机构革委会未能成立；414成了蒯大富一统清华的最大障碍。

先是把 414 说成"逆流""右倾""老保",没有压垮 414;

后来说吕应中、罗征启等支持 414 的干部是"蒋刘反党集团的心腹死党、第二套班子",是"伸进 414 的黑手",还说 414 "死保走资派""死保蒋刘反党集团第二套班子"、被"黑手""操纵",这些帽子,仍然没有压垮 414;

王关戚事件和杨余傅事件相继发生后,团派宣传集中火力,大肆编造王关戚和杨余傅与 414 关系密切、是 414 后台的谣言,进而说王关戚只是"小爬虫",杨余傅也只是"中等爬虫",还有"尚未揪出的变色龙"、"大变色龙"、"更大的后台"(注 17),要"把谭震林、王关戚林、杨余傅以及 414 的总后台——陶二世揪出来"(注 18),把矛头指向敬爱的周总理。

蒯大富声称,"两案"涉及的人员有一系列"恶攻(恶毒攻击无产阶级司令部)"言论,团派抓"两案",就是为了"保卫无产阶级司令部";

蒯大富当然知道,谣言不能长久,谣言也压不垮 414。文革时期,打垮一个群众组织的办法有两手,文的一手,是抓住这个组织"恶攻""炮打"的言行猛批,只要毛、林或中央文革表态即可;武的一手,即武力剿灭。蒯大富两手并用。他以笔名"肖达"发表文章,把"操纵 414 的黑手"升级成"罗文李饶反革命集团",说这个集团"疯狂炮打以毛主席为首林副主席为副的无产阶级司令部",是"414 核心的黑参谋部","414 政治方向的重大决策,都是由这个反革命集团根据其黑主子的旨意制定的"(同注 9),蒯大富认为,大造"由一个反革命集团控制着 414"的舆论,上可以争取中央文革对镇压 414 的支持,下可以欺骗不明真相的两派群众。但是,欺骗是不能长久的,蒯大富在团总部会上坦承:"再不搞武斗,革命干部从此就要离开我们,战士们也灰心丧气纷纷不干了,我们的队伍就要分裂、垮台"(注 19),为了"扩大事态,迫使中央表态",他继 1.4 武斗之后,进一步挑起了延续百日的清华大规模武斗。

"罗文李饶反革命集团"都是清华干部,而 414 是以学生为主体,主要负责人是学生,蒯大富还要从学生中、从 414 头头中抓反革命，以为这样一来414就"死定了"。团派自己整了大量陈伯达的材料，414周泉缨反陈伯达众所周知，于是蒯大富们先造谣说414成立了"陈伯达专案组"（同注17），后来更进一步，"陈伯达专案组"变成12人"中央首长专案组"（即"12人反党集团"），"罗文李饶反革命集团"也升级为"沈如槐—罗文李饶反革命集团"（注20），沈如槐成了"沈—罗反革命集团首恶分子"（注21），并且"类似的反革命集团在反动流派414内部也不只此一个"（注22）；蒯大富是恨不得把整个414打入十八层地狱啊！

直到工宣队进校后，蒯大富们仍然念念不忘消灭414，念念不忘揪"黑后台"，还在叫嚣"誓与沈罗反革命集团及其黑后台血战到底！"（注23）

三、蒯大富们污蔑414和攻击周总理的卑劣手法

蒯大富的宣传机器，对414惯用造谣、栽赃、污蔑、颠倒黑白的伎俩，特别是"战歌事件"团派惨败后，更是不择手段。

"战歌事件"，414战歌的歌词是一段林彪语录，吴法宪否认林彪讲过这样的话（注24），谢富治、戚本禹说是造林副主席的谣言，蒯大富们则说是法西斯语言、反动歌曲；当414以确凿证据证明是林彪语录后，蒯大富们以一副无赖嘴脸坚持说414"造谣造到我们敬爱的林副统帅头上，硬要把中央首长一再辟谣的'完蛋歌'强加给林副统帅"（注25），并悍然绑架陈楚三，说炮打谢富治戚本禹就是反革命；1967年12月27日，谢富治戚本禹被迫承认414战歌歌词是林彪语录，其后戚本禹倒台了，不久杨余傅也倒台了，蒯大富们就改口说414是"用战歌问题帮助杨余傅集团陷害吴法宪同志"（同注17），后来更倒打一耙，说这是"杨余傅反党集团为了达到他们陷害谢富治、吴法宪同志，进而陷害林副主席的一个大阴谋"（同注18）。

王庆云，是团派沈阳联络站的骨干，武汉"7.20"事件后在东北收集部队番号、部署、历史、首长姓名等汇编成"沈军简况"严重泄

密，1967年10月被拘留审查，1969年6月才恢复自由。可是，团《井冈山》报却硬要说王庆云是"414观点"，"打入兵团作战部，并为414通风报信"（注26）；不仅如此，还造谣说414也派人"绘制了××军区的军事地图"，"将××省各地驻军番号、机场等详细制成地图"（注27）。

林刚，是团派杭州联络站成员，以"跟踪毛主席视察"的罪名被中央专案组拘留审查，这在清华两派尽人皆知（按："跟踪毛主席视察"的罪名系误传。实际罪名是"攻击毛主席""窃取、扩散"国家核心机密和反军，被在秦城监狱关押七年十个月之久，1980年5月平反）。可是，团《井冈山》报却大言不惭造谣说，"414总部委员陈楚三的秘书邢××""跟踪主席视察大江南北，窃取情报"，"王允方直接参与此事"，并且暗示王庆云也与此有关（同注27）。

当然，蒯大富们没有解释，团派作为中央文革的宠儿，王庆云、林刚都被有关部门拘留审查，既然不受中央文革待见的414也有人收集"驻军番号、机场"，也有人"跟踪主席"，罪行相同，为什么414人员却平安无事？

蒯大富们为了"证明"王关戚、杨余傅是414的"黑后台"，郑重其事地编造了大量谎言。例如，造谣说414冲外交部，而且事先"电话请示王力，王力同意去冲"；造谣说戚本禹在垮台前夕还"特别叮嘱沈如槐"，让谭浩强"参加'三结合'权力机构"等等；更离奇的是，造谣说什么沈如槐出席了杨成武在1967年10月召开的策划倒谢的"黑会"，什么傅崇碧在1968年3月4日"接见"沈如槐、3月15日再次"秘密召见沈如槐"，什么张雪梅在"革命到底学习班"被傅崇碧"接见"，甚至"请吃饺子"！（同注27）

蒯大富们大造谣言污蔑414，是为揪"黑后台"服务，是为他们反周总理服务。

团派《捉鬼队》1967年1月6日骗斗王光美，周总理第二天就予以严厉批评，说这个行动"不正常""不光明磊落""不是堂堂正正的政治斗争"，"是背后耍鬼"，《捉鬼队》得知后公开攻击周总理"说出了王光美不敢说的话，发泄了刘少奇不敢发泄的恨"，蒯

第三部分 "罗文李饶反革命集团"和"十二人反党集团"

大富全力支持《捉鬼队》对抗周总理，坚持"1.6行动"好得很！（注28）虽然在全校师生的压力下《捉鬼队》后来做了检查，但团派一些人反总理之心不死，一再说"总理肯定了1.6行动是革命行动"，采用栽赃手法攻击周总理，并暗示总理"死保王光美"（注29）；为"纪念"骗斗王光美一周年，团总部发出通告表彰《捉鬼队》是"英雄集体"，《捉鬼队》还发表专文：《1.6革命行动永放光辉》，影射周总理"收罗尽了人间最恶毒的字眼攻击我捉鬼队和其他无产阶级革命派的1.6革命行动"，向总理反攻倒算（注30）。

1967年5月30日团"革委会"流产，更使蒯大富们对周总理怀恨在心。蒯大富的口述回忆轻描淡写说总理不参加成立大会只是团"革委会"流产的"其他因素"，实际上这恰恰是团"革委会"流产最主要的原因。

早在5月2日，周总理明确对蒯大富说"等你们成立革委会时，我去参加。我们准备很快派军代表到你们学校去搞三结合试点。这件事我已经和萧华同志讲过了。"

5月6日，总理又在蒯大富的信上亲笔写道"清华还是试行军代表制，以革命造反派为基础来实现三结合好。"

蒯大富明目张胆违背周总理的指示，在谢富治的支持下，搞了一个既没有军代表参加，又没有实现两派大联合的"革委会"名单。

5月29日，蒯大富到人民大会堂，书面邀请总理参加清华大学革命委员会成立大会，写便条如下：

敬爱的总理，你好！

清华大学革命委员会将于5月30日成立！

您在5月1日和5月23日曾两次答应我们一定来参加我们的成立大会。我已经把这天大的好消息告诉全校革命师生员工，全校革命师生员工万分高兴，急切地等待这一天的到来！这一天终于来到了！我们敬爱的总理即将第三次参加我们学校的大会，也是第一次参加我们井冈山人掌权后的大会！

总理这一次无论如何要抽出一点时间参加我们的大会。总理参加我们的大会将对我校文化大革命和北京各学校的文化大革命产生巨大的影响！

总理如果不去，我们没有办法向群众交代，明天的大会将无法开下去！

急切盼总理回音！

我们很想与您交谈几分钟，我们在门外等着！

等！！一定要见！！！

蒯大富，5.29

"无论如何"，"一定要见！"，总理若不来，"大会将无法开下去！"口气如此强硬，蒯大富哪里是在恳求，几乎是在强求总理啊！

总理当时就写了便条回复：

蒯大富同志：

清华大学革命委员会要在大联合的基础上召开，才合乎毛泽东思想的指导原则。现在听说你们革命派还没有联合起来就宣布开会，我们就不好参加了。谢副总理正为另事约见红代会谈话，请就近解决。

周恩来，5.29（注31）

周总理的回条表达了三层意思：1、"革命派还没有联合"，指的当然是团派和414派，414也是革命派，绝不是什么"逆流"；2、既然革命派还没有联合，所以这样成立的革委会并不"合乎毛泽东思想的指导原则"；3、因此，"我们"不能参加。显然，这里的"我们"既指总理本人，也包括谢富治；谢富治就是再偏袒蒯大富，他也不能参加被周总理定性为"革命派没有联合"、不"合乎毛泽东思想指导原则"的团革委会成立大会！所以团"革委会"不能不流产，可是蒯大富他们不敢把周总理的回条公之于众，而是造谣说"戚本

第三部分 "罗文李饶反革命集团"和"十二人反党集团"

禹的黑爪牙周景芳扣押了我校上报周总理的成立革委会的报告，上下配合，扼杀了我校的革委会"（同注 17），"414 在其黑后台的支持下，搞垮全国第一个革筹小组"（同注 9），"在王关戚反党小集团及其黑后台的操纵下……，他们血腥的黑手扼杀了谢副总理亲自批准的清华大学革筹小组"（注 32），还发表专文《从五月三十日谈起》，重复所谓周景芳扣押给总理报告的谎言，公然说"由于王关戚的破坏……，我校革委会未能如期在五月三十日成立"，"五月三十日成立革委会被王关戚之流扼杀"（注 33），对周总理的愤恨之情，到了无以复加的程度！

蒯大富们在挑起 4.23 武斗之前，就明目张胆把矛头指向总理；其中最露骨的是团《井冈山》报 130、131 期合刊（1968.4.5）的社论、评论员等三篇文章，口口声声"大变色龙""尚未揪出的变色龙""更大的后台"，特别提到 414"上送材料 3.11 黑信时，就是不给伯达同志、江青同志，对无产阶级司令部封锁消息"。文中所谓的"3.11 黑信"是 414 关于解放刘冰的报告，是由沈如槐亲手交给周总理等中央首长（包括陈、江）的，蒯大富们竟有意造谣说"就是不给"陈、江，其目的无非要表明送给周总理是"对无产阶级司令部封锁消息"，公然把周总理排除于"无产阶级司令部"之外，反总理之心不是昭然若揭了吗？！团《井冈山》报 132、133 期合刊（1968.4.12）则在以一报两台（《井冈山》报、团广播台、前哨台）编辑部名义发表的长篇文章中，猖狂叫嚣"把陶二世揪出来！""是把谭震林、王关戚林、杨余傅以及 414 的总后台——陶二世揪出来的时候了！"

挑起 4.23 武斗之后，蒯大富们反总理更加疯狂。团《井冈山》报 137 期（1968.4.26）第一版头条位置，在评 4.23 武斗事件的观察家文章中，八次提出揪"杨余傅的黑后台"，叫嚣挑起武斗"是对杨余傅反党集团及其黑后台的一个强大示威"；团《井冈山》报 138 期（1968.5.2），刊登了 4 月 28 日通过的团总部扩大会议纪要，其中提到"杨余傅的黑后台"十四次；团《井冈山》报 149 期（1968.6.28），登载了团总部扩大会议 6 月 23 日通过的《清华运动两个月总结（草案）》，其中提到"杨余傅的黑后台"竟然达到 25 次！并且狂叫"杨余傅的黑后台一定要被揪出来接受人民审判"！

7.27 工宣队进清华，蒯大富给中央发电报说是"杨余傅黑手"派出工人"包围洗劫清华园"（注 34），甚至在 7.28 召见时毛泽东亲口说"黑手就是我"之后，蒯大富仍然支持并布置继续抓宣传队的"黑手"，仍然要求团《井冈山》报发社论时留"伏笔"："宣传队里有扒手，将来揪出来再看"（注 35）。

当年的蒯大富们，不仅对 414 恨之入骨，而且反总理、揪 414 的"黑后台"、揪"杨余傅黑手"也已经走火入魔了！

四、蒯大富制造"两案"的路线图

1、确定目标：搞垮《东方红战团》

蒯大富一伙很清楚，414 内部的《三七战团》和《东方红战团》两股势力中，强硬派《东方红战团》斗争更坚决，而且在 414 领导核心中占主导，搞垮《东方红战团》是搞垮 414 的关键。

1968 年 1 月 25 日晚，蒯大富和 414《12.25 战团》《向东支队》座谈时，公开表示："414 是由代表保蒋、否定文化大革命势力的《东方红》控制的"；并透露："春节后我们将大力揭发他们是如何操纵 414 的，连我们都感到惊人"（注 36），蒯大富的这段话说明，团总部已经预谋，要通过抓一批 414 的人、逼取"否定文化大革命"的口供来压垮 414；蒯大富的这段话还说明，团总部的目标，是全力打击 414 内与蒯大富斗争最坚决的《东方红战团》。这时团派已经关押李康一个月左右。

1968 年 7 月 15 日，蒯大富回应谢富治关于停止清华武斗的要求时提出"蒯四条"，其中第二条就是："宣布沈、陈、张、刘等四头头为反革命"；沈（沈如槐）、陈（陈楚三）、张（张雪梅）、刘（刘万璋）四人均为 414 总部核心委员，且都是《东方红战团》成员，从而再次表明了蒯大富全力搞垮《东方红战团》的目标。

2、绑架吕应中、李康、罗征启，揪 414 的"黑手"

毕竟，414 是从井冈山兵团分裂出来的，也是学生为主体，蒯大富只能说"站队站错了，站过来就是了"，还算是"革命小将"，要抓就要抓 414 后面的"黑手"，而只有干部、"走资派"才有充当"黑手"的资格；蒯大富们宣布，"我们的对手，根本不是出现在我们面前的什么 414，而是躲在 414 背后的一小撮党内走资派和一批坏干部，而是操纵着 414 的一只黑手"（注 37）。

于是，支持 414 的、特别是观点鲜明又有一定影响的干部，就成了蒯大富们抓"黑手"的对象。

起初，是把以吕应中为"黑少帅"，包括罗征启、谭浩强等人在内的所谓"蒋刘反党集团"的"第二套班子"作为"伸进 414 的黑手""414 里的坏干部"，并于 1967 年 12 月 4 日绑架吕应中；绑架吕应中后的第三天，就宣称"吕应中、罗征启、谭××的基本队伍，就是臭名昭著的 414 东方红战团"（注 38），把"黑手"和《东方红战团》挂上了钩。

对于吕应中，蒯大富起初想拉拢，曾表示"希望吕应中走上革命的道路，……'三划一站'做得好，还可以担任领导工作"（注 39），在绑架吕的前一天还和鲍长康一起到吕家中，软硬兼施要吕"亮相"到团派未果，才实施绑架（注 40）；蒯大富的如意算盘，应该是企图从吕应中入手挖出一个干部中与《东方红战团》关系密切的"集团"，但一方面"证据"不足，另一方面吕的人际小圈子（能否加以"集团"之名）和活动范围（与《东方红战团》的关系）也难以达到蒯的要求。

通过关押刑讯李康，实现了绑架吕应中想达到而没有达到的目的。

团《井冈山》报说，李康"于 67 年 12 月底被我兵团隔离审查，在我兵团的有力斗争下，现已被迫低头认罪"（同注 20），所谓"认罪"，就意味着"证据"。

李康的人际小圈子，可以说成是"集团"，而这个"集团"中的罗征启，与 414《东方红战团》的一些成员有密切联系；于是，1968年 1 月 30 日又绑架罗征启，意图深挖他们与 414 总部、特别是《东方红战团》的关系，以找到蒯大富关于"他们是如何操纵 414"的更有力的所谓"证据"。

3、绑架邢竞侯、贾春旺，造谣 414 有个"陈伯达专案组"

无论怎样宣传罗征启他们是"伸进 414 的黑手"，都不足以搞垮 414；蒯大富一伙认为，要真正搞垮 414，就必须把 414 的"司令"及其"死党"——即沈如槐和《东方红战团》打成反革命。

《东方红战团》的周泉缨写过多篇大字报反陈伯达，而沈如槐始终不认为周泉缨是反革命，虽然周泉缨不是 414 的核心人物，但沈、周的行为却显示出《东方红战团》反陈伯达的倾向；"反陈伯达"成为蒯大富们搞垮《东方红战团》的抓手。

1968 年 3 月 16 日，团保卫组绑架邢竞侯；3 月 27 日绑架贾春旺。从 4 月 5 日起，团《井冈山》报就不断造谣说，414 设立了"陈伯达专案组"，"组长就是张雪梅、贾春旺"（同注 27）。贾春旺是团委干部，曾与沈如槐等人于 7.20 事件后赴武汉调研，而张雪梅则是 414 总部的核心委员，并于 7.20 事件后在武汉设立了 414 联络站。

蒯大富一伙宣称，414 的"陈伯达专案组"是"沈如槐们指使 414 几个战斗组组成"（同注 9），这是在为绑架更多的 414 人员制造借口。在蒯大富一伙的策划中，沈如槐"指使"的"几个战斗组"一定要属于《东方红战团》。沈如槐所在的《千钧棒》、陈楚三所在的《战地黄花》和张雪梅所在的《八八探照灯》，这三个战斗组都是《东方红战团》的骨干战斗组，肯定被蒯大富们内定为所谓"陈伯达专案组"的成员。已被绑架的邢竞侯是《战地黄花》的，被封为"组长"的张雪梅是《八八探照灯》的，所谓"副组长"贾春旺则与《千钧棒》关系密切；蒯大富还要继续抓人。

4、继续绑架支持 414 的干部，制造"罗文李饶反革命集团"

让蒯大富始料不及的是，罗征启 3 月 27 日从团专案组成功逃脱，随后 4 月 3 日绑架其弟罗征敷又暴力致其死亡，使团派陷于被动；这反而更强化了他们把罗征启等人打成"现行反革命"的决心。

在罗征启已经被骗自承"反林副主席"的基础上，蒯大富一伙又绑架了文学宓、刘承娴、饶慰慈，严刑逼供指供、横加反毛反林罪名，终于制造出"罗文李饶反革命集团"。蒯大富以"肖达"为笔名撰文，宣布"罗文李饶反革命集团是老保 414 核心的黑参谋部，罗征启是这个参谋部的黑参谋长"，罗征启被陈继芳冠以"414 东方红核心组联系人""414 写作班负责人""东方红形势讨论组核心组成员"（同注 9）；团《井冈山》报则宣称，"罗文李饶反革命集团……是 414 的领导核心和决策参谋部，操纵了 414 的整个大方向"，并借李康之口说"六人小组的反革命阴谋活动，主要通过《东方红》核心组付诸实践"，"和《东方红》核心组互相配合，进行分裂、炮打无产阶级司令部，翻案复辟的活动"，并且"罗征启早就是《东方红》核心组成员"（注 41）。于是，罗征启成了根本不存在的什么"东方红（战团）核心组""形势讨论组""414 写作班子"的重量级人物。

5、继续绑架 414 人员，制造"十二人反党集团"

蒯大富们虽然捏造出什么子虚乌有的"陈伯达专案组"给 414 栽赃，但他们自己就反陈伯达，坦承"搜集了好多陈伯达的材料"（同注 10），大约觉得以此罪名搞不垮《东方红战团》，又处心积虑，继续绑架 414 人员，除了《东方红战团》，其他被认为可能"有料"的（如广播台人员）也不放过，企图获取 414 "恶攻"的"铁证"。

被团派封为"陈伯达专案组组长"的张雪梅回忆，在 1968 年 4 月份，团派曾经企图绑架她，幸而有人给她通风报信躲过了；4 月底 5 月初，团保卫组曾到 13 号楼力 03 班宿舍抓捕宋执中李燕翔，当时宋李不在未能抓到，在场的胡逢淦与团保卫组争执被打伤住院，宋李胡三人都是沈如槐所在《千钧棒》战斗组成员，7.20事件后，宋曾随沈如槐到武汉调研，李则参加了414武汉联络站；5月9日，团派企图绑架414广播台鲍朝明（女）未遂；

从5月7日到9日，三天内团派先后绑架了人事处档案科朱×等六人，414"干办"成员、自零学生姚×，物八学生赵××，以及谢引麟、黄安妮、张琴心，"团派大搞白色恐怖，这些天来便衣绑架414成风"（注42）。

以后又绑架了董友仙、楼叙真等414女同学。其中，董属于《东方红战团》的《一月革命》战斗组，楼与《东方红战团》的《小鹰》战斗组关系密切。

同时，蒯大富们把捏造的414"陈伯达专案组"升级，造谣说"414成立了12人'中央首长专案组'反革命小集团，大整无产阶级司令部各成员的黑材料"，"其组长就是张雪梅"，贾春旺则被封为"副组长"（同注20）。

这就是蒯大富们挖空心思制造出来的所谓"十二人反党集团"。

蒯大富们处心积虑要给414栽赃，而且如俗话所说"造谣不打草稿"，就不想想，414如果真要找几个人整"无产阶级司令部"什么人的"黑材料"，怎么会傻到命名"陈伯达专案组"或者"中央首长专案组"？

6、"罗文李饶反革命集团"和"十二人反党集团"合二为一

蒯大富们对所谓"十二人反党集团"被绑架的贾春旺和邢竟侯等几个学生毒刑拷打，除了一些对陈伯达的猜疑、对江青"文攻武卫"讲话的评论之外，并没有得到414任何反毛、"恶攻"的钢鞭材料，于是硬说"罗文李饶六人小组反革命决议实质上是一次一次成为沈如槐东方红战团的行动纲领，得到了他们完满贯彻"，"罗文李饶等六人小组是一个反革命集团，沈如槐、陈楚三、张雪梅等是这个反革命集团的成员"，"这个反革命集团已经完全成为414的政

治轴心，主导了414的政治方向"（注43），把414总部核心组中的三名《东方红战团》成员诬陷为捏造的"罗文李饶反革命集团"成员，《东方红战团》成了被这个"反革命集团"控制的行动组织；

接着，干脆把"罗文李饶反革命集团"和"十二人反党集团"合二为一，变成"沈如槐—罗文李饶反革命集团"（同注20），原来陈继芳把罗征启定为"罗文李饶反革命集团"的"首恶分子"，现在沈如槐成了"沈—罗反革命集团首恶分子"（同注21）。

既然毒刑逼供也得不到414反毛、"恶攻"的证据，团专案组干脆自己编造出414开过"黑会"讨论"九大的人事安排"的谎言，并刑讯逼迫被关押人员承认；然后蒯大富一伙便耸人听闻地宣布，"这个反革命黑帮集团的最高纲领，就是企图在九大配合资产阶级司令部，推翻以毛主席为首的以林副主席为副的无产阶级司令部"（同注22），"他们的最高纲领是准备在九大上搞掉林副主席，搞掉伯达同志，搞掉江青同志，进而推翻毛主席的领导"（同注32）。

显然，说这些学生和最高不超过局级的中层干部开"黑会"去讨论"九大的人事安排"，"推翻毛主席的领导"，这种匪夷所思的谎言，虽然没有什么清华人会真的相信，但却凸显蒯大富们把矛头指向周总理的阴险用心。

五、"两案"抓人的由头及过程

团保卫组抓414的人，其实不需要什么借口，蒯大富说："抓人一般都是我下命令抓的"，蒯大富的命令就是抓人的依据。对于"两案"，蒯大富说："他们是反革命集团，这是我给定的"（同注10），理由就是"恶攻"，攻击无产阶级司令部。

1、所谓"罗文李饶反革命集团"

也被团派称作罗文李饶"六人小组"，这六人是：罗征启、文学宓、李康、饶慰慈、刘承娴、徐一新。罗征启回忆，1967年4月，他们在工字厅组织了一个"学习组"，成员就是这六人，文学宓为召集人（注 44）。

原团派总部委员孙耘说："我们掌握一些材料，揭发罗征启反对中央文革，讲过'极左的根子在林彪'这样的尖端言论，根据'公安六条'足以将他定为反革命。于是，总部决定派保卫组和代表队一起抓捕罗征启。68 年 1 月 30 日大年三十，罗征启回家过年时被抓获"（注 45）。

实际情况也许和孙耘的说法有出入。所谓"尖端言论"，很可能是在抓了罗征启后才被专案组"骗"到手的。

1967 年底，团《保卫组》首先关押了"六人小组"中的李康；一个月后才绑架了罗征启。前引蒯大富 1968 年 1 月 25 日的谈话表明，团派起初的目标是"挖掘"罗征启等人和 414 总部的关系、特别是和《东方红战团》的关系，以坐实"414 头头的确是保蒋的一套班子"，坐实"414 是由代表保蒋、否定文化大革命势力的《东方红》控制的"。

可以佐证这一点的是，就在蒯大富上述谈话的同一天，团《井冈山》报第 112、113 期合刊登载文章《清华"桃园"里的罗征启》，批判罗征启 1964 年在土建系搞"假四清"，只说他是"黑手""蒋刘反党集团的心腹死党"；同一天，以"414《12.25 战团》"名义写的大字报《打倒派性，把钻进我们队伍的坏干部李康揪出来示众》（载于 1968 年 2 月 15 日团《井冈山》报第 116 期），也只说李康是"挑动派战的大黑手""钻入我们 414 的坏干部"。罗征启回忆，被团派绑架后的初次"审问"，"问得最多的，是 414 总部内部的情况。他们没想到我一次总部的活动都没参加过"（注 46），后来冯家驹拿着说是李康的交代材料，"他们念了几段内容，我觉得根本就对不上号"，"我不了解总部的情况，李康比我更不了解"（注 47）。

直到 1968 年 4 月 5 日，团《井冈山》报 130 期的文章《打倒地下复仇军的黑干将罗征启》，才给罗征启上纲到"恶毒攻击我们伟大领袖毛主席和林副主席"。这样上纲的背景，一是团专案组骗取到罗征启自承"反林副主席"的口供，二是罗征启 3 月 27 日成功逃离三堡，团专案组 4 月 3 日抓其弟罗征敷致死，涉事的孙耘等三人被公安机关扣留。

为什么说团专案组是"骗取"罗自承反林的口供？在罗征启被关押期间，打手冯家驷曾给他看一张有他签名的字条："印甫盛说过，林彪是极左思潮总根子"，罗回忆说："签名似乎是我写的"，但"我不记得我签过这个字条"，"我怀疑是我在罚站到精神恍惚、神志不清时他们拿给我签的字"，来不及判断真伪，立即揽过来"这不是印甫盛说的，是我说的"（同注 16）。按正常思维，当时的环境下，即使真有此事，以罗征启的谨慎、机警和正直，也绝不可能留下这样指名道姓"恶攻"而且"出卖朋友"、还签上自己名字的书面证据；连"作为负责人之一全程参与"审问的孙耘都表示，涉及印甫盛的"这句话我毫无印象"。罗征启回忆，每次审讯的记录，都要求他"签名按指印"；我们有理由怀疑这个字条上罗的签名是伪造的。

至于抓捕罗征敷致死，孙耘说，"我们进班房的三人都是校体育代表队的成员，当传出可能判刑的消息后，以代表队成员为主导的专案组自然更为着急，就力图把'现行反革命案'做实做死，以减轻我们的罪责。我总觉得，这是他们扩大为'罗文李饶专案'并大搞逼供信的一个心理因素。"（注 48）当然，"扩大为'罗文李饶专案'"肯定不是专案组自己就能定的，而是蒯大富、陈继芳拍的板。

68 年 4 月 14 日，团专案组绑架了文学宓、刘承娴；饶慰慈因外出当天未抓到，后来为避免亲人受牵连，饶慰慈第二天主动去团总部"报到"。

六人中，罗征启被绑架后虽遭刑讯逼供，但 58 天后逃出，徐一新在科学馆内未遭绑架，其余四人在蒯大富的魔窟中饱受毒刑折磨，刘承娴被迫害致死，饶慰慈落下终身残疾，文学宓被打得尿血，还被冯家驷掰断三颗牙。

2、所谓"十二人反党集团"

团《井冈山》报并没有明确提出"十二人反党集团"，而是提

"12人'中央首长专案组'反革命小集团",但团派"打倒清华414十二人反党集团"的大标语却不仅在北京到处刷,还刷到了上海。

与罗文李饶"六人小组"的六人有名有姓不同,蒯大富们编造的"12人'中央首长专案组'"究竟是哪十二人?原团总部核心委员王良生告诉陈楚三,"对所谓12人反党集团我当时从未听说,也没有人向我透露过任何信息。连12人反党集团专案是谁负责,当时我都不知道","当时从来没人和我说,我当时也不知道有这专案组。一直到军工宣队进校一个多月以后,我才听军宣队一个同志说的";原团总部核心委员陈育延则表示:"团派所有专案组的材料都是鹰派组织掌握的,对鸽派保密,他们不信任鸽派,认为是团老四,所以我不可能知道,直到(按指工宣队进校后)交换俘虏,我是主谈代表,专案组才把人员报上来,具体材料和内容也不告诉我"。

但是,从陈育延回忆录提供的人员名单,却可以确认,在团派绑架的414人员中,哪些人被划入蒯大富们杜撰的"12人反党集团"。陈育延自己的日记,记载了团专案组报给她的被关押28人名单,其中罗文李饶"六人小组"被押的刘承娴、文学宓、饶慰慈、李康均被注明是"现行反革命",刘承娴还被注明"已自杀身死",贾春旺也被注明"现行反革命",在押414的学生八人,其中六人即董友仙(女)、谢引麟(女)、黄安妮(女)、邢竞侯、张琴心(女)、楼叙真(女),被注明"现行反革命"(注49,但名单中错误标注董友仙为男性);以此看来,这六个学生应当和贾春旺一起,同被归于"12人反党集团"。

这十二人,除了蒯大富们所封的"组长"张雪梅、"副组长"贾春旺,以及已被绑架的前述六个学生之外,其余四人是谁?恐怕只有蒯大富、陈继芳等少数团总部核心头头以及专案组少数人知道。

1968年3月16日,邢竞侯在圆明园被绑架。

414内有种说法,是邢竞侯在回北京的火车上与同伴议论时被团派《捉鬼队》的人听到,说414有人反江青,因而被抓;邢竞侯本人则认为是在宿舍闲谈,班上的团派同学"告密"而被抓。

五十年过去了,现在才知道,所谓"火车上妄议"的说法纯属猜测，班上的团派同学"告密"也只是猜测中的可能因素之一，绑架邢竞侯的直接动因是一封举报信。

2017年10月，原团派总部委员孙耘到加拿大，与当时正在多伦多的原团派总部委员张云辉一起，约也在多伦多的陈楚三餐叙，孙耘是当年绑架邢竞侯的参与者，他就此事托陈楚三向邢转达他的道歉；陈问起绑架理由，孙说有举报信，陈分析此举报信应当是认识并与邢有交往的人所写，很可能是同班同学，但孙不置可否。到2018年，孙耘才告诉汲鹏，举报信是高级党校的两人（夫妻二人）署名。当陈楚三告知邢此消息后，邢认真回忆，的确在1967年秋冬之际，他曾去高级党校，到原在上庄（即北京西郊国营农场）一起搞四清的一位女同志家中，和她夫妻二人聊了一会儿，时间不长就离开了，聊的内容也无非是小道消息和一些看法。

团派抓邢竞侯后的审讯，首先认定他议论林彪江青就是反林、反江，是反革命，然后查究邢的行踪（何时去过何地，同行何人，有何活动等），其中反复追问陈楚三是否在场、有何言行等等，而邢竞侯7.20事件后的武汉之行，引起了蒯大富一伙的高度兴趣，决定借此大做文章。

7.20事件震惊全国，事件后清华414在武汉的活动引人注目。"清华大学414派在（八月）上旬由张雪梅带领在武汉建联络站，发表《给曾刘首长的一封公开信》，写大字报《武汉军区必须大乱》《再论武汉军区必须大乱》；曾刘接见414代表。414代表会见李迎希，认为他是反对陈再道的夺陈军权的左派。"（注50）也许，这就使蒯大富们对张雪梅高看一眼，封她为他们捏造的"陈伯达专案组组长"。

蒯大富一伙知道《东方红战团》有反陈伯达倾向，也知道周泉缨炮打陈伯达后是被邢竞侯所在的《战地黄花》战斗组保护起来，正处心积虑要给《东方红战团》栽赃。张雪梅是《东方红战团》的《八八探照灯》负责人，邢竞侯是《战地黄花》成员，当时的沈如槐则带领《东方红战团》的《千钧棒》《小鹰》等一批人也在武汉调研，《东方红战团》的人扎堆儿在武汉！

1968年3月27日，团派绑架了随沈如槐赴武汉调研的贾春旺；并立即造谣说414有个"陈伯达专案组"，"组长就是张雪梅、贾春旺"。

在对贾和邢残酷殴打、刑讯逼供的过程中，团专案组又把捏造的414"陈伯达专案组"升级，变成414的十二人"中央首长专案组"。

68年5月8日、9日谢引麟、黄安妮、张琴心被团保卫组绑架。

楼叙真回忆，工宣队进校后的第二天，7月28日，她在北航看大字报时被团保卫组绑架。

董友仙被绑架时间不明。

所谓"12人"，除了已经被团派绑架的七人，以及虽未被绑架但被团派封为"组长"的张雪梅，还有4人是谁？有人回忆说，当年团派曾广播12人名单，但无人证实此说；有猜测说，应该都是当时一同去武汉的人，但已被抓的谢引麟和董友仙并未去武汉；更合理的推测，团派锁定的"12人"可能是：1、《东方红战团》核心战斗组的成员，2、和《东方红战团》关系密切的人。

如果推测无误，则已被绑架的7人以及"组长"涉及了《东方红战团》五个核心战斗组：贾春旺和《千钧棒》关系密切，邢竞侯属于《战地黄花》，"组长"张雪梅属于《八八探照灯》，楼叙真和《小鹰》关系密切，董友仙属于《一月革命》；张琴心、黄安妮虽不在《东方红战团》，但与沈如槐张雪梅同时在武汉活动，谢引麟虽未去武汉，但和张琴心、黄安妮关系密切，她们也被认定参与了《东方红战团》的"黑会"。

蒯大富、陈继芳以为，制造出这样一个"十二人反党集团"，《东方红战团》就死定了，沈如槐、陈楚三、张雪梅等414头头就死定了，整个414就死定了。

3、江青过问了清华"两案"？

清华"两案"本来就是蒯大富一伙为搞垮414而蓄意捏造出来的，但两派都有人要把"两案"和江青挂上钩。

团《井冈山》报第149期（1968年6月28日）以1、2、3三个

第三部分 "罗文李饶反革命集团"和"十二人反党集团"

整版和 4 版的半个版面刊登团总部《清华运动两个月总结》的长文，其中特别提到："在 414 的领导核心中揪出了沈—罗反革命集团时，江青同志又明确指示北京卫戍区，成立这个反革命集团的专案组"。

我们对此求证时，只有老蒯回答"确认"，而原团总部核心委员王良生说："我可以明确的回答，江青从来没有指示成立罗文李饶专案组，她也从来没问过此事。老蒯曾经拿着罗文李饶交代材料中摘抄的部分内容向谢富治汇报过，谢瞅了一眼，说：这些东西我不敢看，你们也别扩散。你们不能搞逼供信，不能打人，把人打坏了，你们将来就交不了账。你们应该把他们移交到北京公安局。"孙耘的回答是"与江青无关"；询问过的陈育延等其他团总部要员也表示不知道江青有此"指示"。

显然，这是蒯大富一伙惯用的造谣手法。我们前面已经揭露，团《井冈山》报造谣傅崇碧接见沈如槐、张雪梅，没想到这一次，造谣竟然造到江青头上！

事实是，蒯大富把逼供信得到的所谓"罗文李饶反革命集团"材料上报后，北京卫戍区吸取了战歌事件的教训，并没有轻易相信蒯大富上报的东西，而是由李钟奇副司令员带了联合调查组进行调查；据《联合风暴》第 169 期报道，李钟奇强调指出："一方说是坏人，一方说是好人，我们要进行深入调查。""结论只能产生于调查的末尾，而不能产生于调查的先头。"

五十年过去了，原 414 派竟然也有人说，所谓"12 人反党集团"是江青授意让蒯大富搞的，据说是当年 414 认为武汉 7.20 事件真相并没有报纸宣传得那么严重、而江青的"文攻武卫"口号导致武斗升级，传到江青那儿，导致江青记恨，因此让蒯大富查处。

如果说团派关于江青指示成立"罗文李饶反革命集团"专案组的说法只是宣传的需要、并无事实根据，原 414 派却有人举出江青让蒯大富查"12 人反党集团"的所谓"证据"：毛泽东 7.28 召见"五大领袖"时，江青说"有人反我！"毛泽东回应"人家在屋里说说，又没写大字报"。想以此说明，江青说"有人反我"的"有人"就是清华 414。

很可惜，这个"证据"是张冠李戴，江青说"有人反我"的"有人"指的不是清华414，而是北大井冈山。韩爱晶对这次五个半小时的召见有详细记录，摘取有关的段落如下：

江青："我听说，北大井冈山想油炸江青"，……．

江青激动起来说："我住的地方，你们都知道，要油炸就油炸，要绞死就绞死……"

毛主席说："可以不提了，宰牛杀猴断羊腰，牛可以耕田嘛，宰了它干吗？我们为什么要杀猴呢？你们举例的罪状无非是攻击江青，攻击总理、林彪和我。统统一笔勾销，人家在小屋子里讲的嘛，又没有在外面贴大字报。"

毛泽东这里说的"宰牛杀猴断羊腰"，是当时北京大学聂元梓一派提出的口号，"牛"是牛辉林、"猴"是侯汉清、"羊"是杨克明，都是北大井冈山的头头。联系前后文就很清楚，"人家在小屋子里讲的嘛，又没有在外面贴大字报"这句话指的是北大井冈山反江青的事，而不涉及清华。

所以，清华"两案"完全是蒯大富为剿灭414而精心制造的冤案，和江青没有半毛钱关系。

六、"两案"的组织机构以及逼供手法

团派打手们的凶残暴虐，是善良的人们难以想象、难以相信的。

团保卫组是团派搞打砸抢抄抓的专门机构，前述宿长忠、郭仁宽、唐海山、李兆汉、卢振义、陈楚三等人被抓被打，肋骨断、肾出血，都是团保卫组的"功绩"；至于清华"两案"涉及的414干部、学生，则是由团保卫组出面绑架后，移交给团专案组刑讯逼供。团保卫组、专案组之外，也有团派少数极端分子丧尽天良，如《前哨台》把孙华栋活活打死。

团总部的"两案"是从抓罗征启开始的，头头挂帅，组织严密。起初称为"130支队"，应为表示立案日期（罗征启被抓日期），孙

第三部分　"罗文李饶反革命集团"和"十二人反党集团"

耘是负责人；随着被绑架的学生、干部增多，后扩大为"罗文李饶专案组"。

客观地说，当时无政府主义泛滥，小道消息满天飞，不论是团派还是 414 派，私下议论"无产阶级司令部"除了毛以外的成员几乎司空见惯，但根本不能构成"恶毒攻击"，而团专案组却是捏造出大量"恶毒攻击"言论，通过各种逼供信手段迫使受害人承认。

1983 年 11 月底，中共中央整党工作指导委员会办公室（简称"中整办"）调查组发出调报字【83】3 号文，指出：根据北京市委的调查，清华团派"不少人干了大量坏事"，排在第一的就是"残酷迫害干部群众，大搞刑讯逼供"（反周总理也被列入所干坏事）；文件中关于清华"文革"期间两派群众组织的资料，列出了两派"问题较多的"机构，团派的第一个就是"罗文李饶专案组"，附件中还简要记述了团派少数打手的毒刑逼供手段。

关于"罗文李饶专案组"，资料指出，蒯大富一伙先后抓捕、关押了罗、文、李、饶以及刘承娴、贾春旺、邢竞侯等人，"为了对他们进行刑讯逼供、残酷迫害，组成了 100 余人的专案组，并按人头分成六个小专案组和专门打人的凶手班子，即专案组内的'保卫组'。采用极凶残的手段毒打、用老虎钳拔牙、烟头烧脸、灌氨水等残酷手段，严刑逼供，造成 2 人死亡，数人重伤致残的严重后果。该专案组的直接主持者为团总部核心成员陈继芳，组长王子瑜，副组长王良生、王士元；'罗征启专案组'组长王子瑜（兼），'文学宓专案组'组长李天麟，'李康专案组'组长朱以文，'饶慰慈专案组'组长阎德成，'刘承娴专案组'组长夏毅，'贾春旺及邢竞侯等六个学生专案组'组长王士元（兼）"。

这六个小专案组，前五个自然是针对所谓"罗文李饶反革命集团"，而"贾春旺及邢竞侯等六个学生专案组"则是专攻所谓"十二人反党集团"；当然，要是蒯大富陈继芳如愿抓到了他们捏造的十二人"中央首长专案组"中的其他人，这第六个小专案组名称也会随之改变。

团专案组如何进行毒刑逼供？请看资料附件中对一些人"主要

问题"的记述：

李天麟，"审讯罗、文，用残酷刑罚毒打逼供，罚站九天九夜"；

朱以文，"主持组织对李康刑讯逼供"，"毒打文学宓"；

夏毅，"毒打刘"（指刘承娴）、"致使刘跳楼受伤，后又强迫刘提前出院，对刘的迫害致死有直接责任"；

阎德成，"主持组织对饶刑讯逼供，将饶臀部打烂，形成残疾"；

李木松，"专门打人，以打人取乐。1968年4月14日对被关押的干部轮流毒打一遍"；

陈奋光，"专门打人，用酷刑毒打逼供。在1968年4月14日对被关押的干部轮流毒打一遍"；

冯家驷，"主要打人凶手。他采用各种刑具拔牙、灌氨水迫害干部"；

唐元时，"主要打人凶手。刘承娴跳楼前，对刘进行残酷折磨，打耳光、连续摔打、烟头烧脸、脚踢腹部、用棍子捅……。对其他被关押的干部、群众也打过"；

肖元星，对贾春旺"用皮带、皮管、木棒打屁股和腿。当贾全身是伤时，还逼贾做下蹲动作和仰卧起坐"，"还打过罗征启、黄安妮等"；

沈石楠，"多次毒打李康，还参与对文学宓和饶慰慈的刑讯"；

周启柔（女），"专案组中搞逼供信的骨干。主审文学宓和贾春旺等，在审文过程中，用铝管、竹棍、扫帚把打文的脸部，打肿左脸又用匕首去划破右脸"；

宋恩宽，"用方木打李康、贾春旺的腰，头撞墙，烟火烧脸"；

孙万华，"专用方木打人，多次毒打文学宓，打肝区，踢小腹，用椅子压脚趾，致使文学宓尿血昏过去"；

常焕生，"多次毒打文学宓，打肝区，踢小腹，用椅子压脚趾，致使文学宓尿血昏过去"；

韩锡九，"两次罚贾春旺举着凳子站七天七夜。用皮靴踢、踩，使贾有严重内伤"；

章和邦，虽然不是专案组成员，但也参与刑讯逼供，"参加对罗

第三部分 "罗文李饶反革命集团"和"十二人反党集团"

征启、文学宓等同志的刑讯逼供。68年5月31日,章伙同打人凶手唐元时残酷毒打刘承娴同志,采用扫塘脚、踢肚子等法西斯手段毒打折磨,致使刘于当天下午跳楼重伤,而后死亡"。

除了团专案组,资料附件还列出其他团派头头和骨干的问题,例如:

刘才堂,"指使司机李正明开车压死对方武斗人员谢晋澄";

陈继芳(女),"策划、组织、指挥'罗、文、李、饶'冤案,迫害干部","参与武斗策划,'5.30'武斗由她负责运来汽油火烧东区浴室";

任传仲,"'7.27'武力对抗工宣队,亲自刺伤两名工宣队员";

谢德明,"在攻占三号楼时把对立派学生姜文波抓来毒打,致使姜跳楼身亡";

吴慰庭,"无故活活打死无线电系学生孙华栋"。

有人说,这些人的"问题"是文革中"清查五一六"时的"黑材料",是"官方逼供信"的产物,水分多,靠不住;但是以上的这些记述,哪些不是事实?质疑者却回答不出。

就我们所知,上列诸人的资料,可能有两件与事实稍有出入:一是李天麟,"审讯罗、文,用残酷刑罚毒打逼供"完全符合事实,但"罚站九天九夜"或许不准确,只从罗征启回忆中得知,"文学宓说他站了五天五夜",罗本人被罚站三天三夜80小时;另一个是陈继芳,资料中说"她负责运来汽油火烧东区浴室","油"确实,"汽油"可能有误;还有一件与事实有大的出入,就是任传仲,资料说他"亲自刺伤两名工宣队员",实际上他"一人就用长矛刺中七名工宣队员的腰或腿或臂部。"(注51)

倒是应当指出,团专案组残酷刑讯毒打逼供的资料,基本上是关于干部的,只有一句涉及学生黄安妮,这是很大的不足。谢引麟在魔窟里"经常连续站几十小时","连续站了五天五夜",还"双手举凳子""连续跪了几十个小时",以及邢竟侯、张琴心、黄安妮、董友仙、楼叙真等人所受酷刑折磨,资料中都没有,十分遗憾。

从这个资料附件可以知道：

团专案组的"直接主持者"陈继芳，以及主要执行者王子渝、王士元，是知晓"两案"的"来龙去脉"并了解这段最血腥、最黑暗、最恐怖历史真相的知情人；

参与对罗征启毒刑逼供的有：冯家驷、李天麟、孙耘、肖元星、章和邦等人；

参与对文学宓毒刑逼供的有：冯家驷、李天麟、孙万华、常焕生、唐元时、李木松、陈奋光、朱以文、沈石楠、周启柔（女）、章和邦等人；

参与对李康毒刑逼供的有：朱以文、沈石楠、冯家驷、宋恩宽、唐元时、李木松、陈奋光等人；

参与对饶慰慈毒刑逼供的有：冯家驷、阎德成、唐元时、李木松、陈奋光、沈石楠等人；

参与对刘承娴毒刑逼供的有：夏毅、唐元时、章和邦、冯家驷、李木松、陈奋光等人；

参与对贾春旺毒刑逼供的有：冯家驷、肖元星、韩锡九、宋恩宽、唐元时、李木松、陈奋光、周启柔（女）等人；

我们点出这些人的名字，并不是要追究责任，而是因为这些人（除孙耘外）至今没有为他们当年丧失良知、丧失人性的罪恶行径，向受害者表示过真诚的忏悔和道歉。

资料附件点了团专案组中"记录在案"的 19 人，实际上参与刑讯逼供的专案组人员远不止这 19 人，谢引麟的控诉中就提到这 19 人之外的两名女生也对她刑讯逼供。谢引麟指出："前前后后毒打过我的人，不只是几个人，而是一帮人。那些站在旁边，以看我挨打作为消遣取乐的人也是一帮人。现在，我并不能确切地说出这两帮人到底有多少？是 10 多个还是 20 多个？但是那一张张狰狞的面孔，深深地刻在了我的脑子里"。

有"好心人"指出，前述这些人之中，有不少在"清查五一六""揭批查""清理三种人"等多次运动中反复挨整，心灵创伤很重，不愿提及往事的心情可以理解；但是，他们挨过整，就可以抵消他们丧失人性、毒刑摧残老师同学的罪行吗？相反，他们挨整心灵受创，应该由此对因自己的罪恶行为给受害者不但造成心灵重创、而且造成身体伤残的后果有更加深刻的感受，从而痛切反省，并向受害者真诚道歉忏悔；说什么因挨整心灵受创而不愿提及往事，其实只是拒绝忏悔道歉、坚持错误、掩盖真相的借口而已。

团专案组采用毒刑逼供获取被害人的所谓恶攻"证据"，他们最常用的逼供手法是诱供和指供。

他们用毒刑拷打逼取供词，每得到一句他们觉得有用的供词就用录音机录下来或让受害者写下来，最后断章取义、加工修补成一个可供定罪的"供词"，刑逼受害者照抄或照念录音。

如果得不到他们所要的供词，他们就自己编造，用毒刑拷打逼迫受害者承认这些编造的东西；或者编出一套供词，用毒刑逼迫受害者照抄签字；或者干脆拿出誊抄好的一套供词，用毒刑逼迫受害者签字、按手印。

然后用甲的"供词"去攻乙，用乙的"供词"去攻丙，再用丙的"供词"去攻甲。

团广播台反复播放、团《井冈山》报141、142期合刊（1968.5.24）登载的文学宓、李康、饶慰慈、刘承娴四人的所谓《认罪书》，就是这样炮制出来的。所谓"十二人反党集团"贾春旺、以及邢竞侯等同学的"罪行材料"，也是这样炮制出来的。

七、良心的拷问将伴随"两案"加害者的一生

"十二人反党集团"受害人之一谢引麟定居美国波士顿，当她得知陈继芳也在波士顿后，曾托人带话给陈继芳希望见面弄清真相，陈继芳竟然回复说"不认识谢同学，也就不必见面了"，为此谢引麟请带话人转告陈继芳："不认识谢同学？如果1968年5月8日之前，你说你不认识我，那之后，你怎么会不认识呢？不认识，你为什么抓我们？""事实上，你是不愿意见面，你无法去面对我们的问题，你回答不了。""我的问题是：你们老团的决策人是如何捏造出

十二人反党集团的？这个问题，作为总负责人的你是能回答的。你可能说具体的事情你不知道。在老团监狱的三个月里，我们所受到的肉体上及精神上的法西斯般的折磨，我们自己会向全世界揭露，不要你说细节。你们的毫无人性的暴行，今后我们还会不断地、进一步向世界揭露。"（注 52）

清华"两案"的加害方有关人员至今不肯揭露真相，企图让这段历史被尘封、被遗忘。然而，"历史不是任人雕刻的大理石"，清华的文革史上最血腥、最丑恶的这一页如果缺失，就不是真实的清华文革史！

人们都在谈论清华文革两派的"和解""宽容"，实际上对于原两派的绝大多数，"和解"早已是事实，即使对一些问题的认知有分歧，也能"宽容"，唯有"两案"的加害者，隐瞒真相、装聋作哑，怎么可能得到受害者的谅解？怎么可能得到包括原团派在内一切有良知的人们的谅解？

如果说樊思清开枪，也许是扣动扳机时的"一念之差"，那么团派少数人在几十天至几个月长时间内对"两案"受害人的种种惨无人道暴行，只能用这少数人"没有良知""丧失人性"来解释。

谢引麟告诫陈继芳："人难免犯错误。敢于忏悔，上帝是能原谅的。否则你良心的拷问会伴随你的一生。"

这句话同样适用于"两案"的其他加害者：敢于忏悔，上帝是能原谅你们的；否则，良心的拷问会伴随你们的一生！

注1：樊思清忏悔，引自孙怒涛主编《真话与忏悔》

注2：见孙怒涛主编《真话与忏悔》第 379 页

注3：团派朋友披露，蒯大富夫人罗晓波亲耳所闻

注4：见原蜀育、邱心伟编《清华文革亲历 史料实录 大事日志》第 281 页

注5：见原蜀育、邱心伟编《清华文革亲历 史料实录 大事日志》第 301 页

第三部分 "罗文李饶反革命集团"和"十二人反党集团"

注6: 见原蜀育、邱心伟编《清华文革亲历 史料实录 大事日志》第302页

注7: 见周坚：《犹有傲霜枝》第171页

注8: 见原蜀育、邱心伟编《清华文革亲历 史料实录 大事日志》第347页

注9: 见《井冈山》报135、136期合刊（1968.4.19）

注10: 引自米鹤都《蒯大富口述：潮起潮落》

注11: 引自李子壮：《十年风浪 一笔烂账》，见孙怒涛主编《历史 拒绝遗忘》第602页

注12: "蒯四条"，见许爱晶《清华蒯大富》第170页：1968年7月15日，谢富治等接见蒯大富，要蒯大富停止武斗、拆除工事、解除对科学馆的封锁，蒯大富提出停止武斗四条件：(1)逮捕罗、文、李、饶；(2)宣布沈（如槐）、陈（楚三）、张（雪梅）、刘（万章）等四头头为反革命；(3)科学馆414向团派投降；(4)拆除414的工事。

注13: 见原蜀育、邱心伟编《清华文革亲历 史料实录 大事日志》第355页

注14: 引自团总部扩大会议《清华运动两个月总结（草案）》，见《井冈山》报149期（1968.6.28）

注15: 见罗征启：《清华文革亲历记》第120页

注16: 见杨继绳：《罗征启访谈录》

注17: 见《井冈山》报130、131期合刊（1968.4.5）

注18: 见《井冈山》报132、133期合刊（1968.4.12）

注19: 见原蜀育、邱心伟编《清华文革亲历 史料实录 大事日志》第340页

注20: 见《井冈山》报141、142期合刊（1968.5.24）

注21: 见《井冈山》报152期（1968.7.19）

注22: 见《井冈山》报150期（1968.6.28）

注23: 见《井冈山》报154期（1968.7.31）

注24： 吴法宪对师东兵说过："林彪大概在1967年5月接见我的时候，曾经对我说：'跟着我们走将来可别后悔呀，文化大革命也要做好失败的准备。革命就是要有杀身成仁的思想考虑。我在每次打仗前都要跟叶群说：上战场枪一响老子下定决心今天就死在战场上。你们都是跟着我南征北战过来的，都要有这样的考虑'"（引自师东兵《政坛秘闻录》），如果属实，说明吴法宪出于迎合或者有意误导而对蒯大富说了假话。

注25： 见《井冈山》报增刊（1967.12.21）

注26： 见《井冈山》报107期（1968.1.4）

注27： 见《井冈山》报130、131期合刊（1968.4.5）和135、136期合刊（1968.4.19）

注28： 见原蜀育、邱心伟编《清华文革亲历 史料实录 大事日志》第113页

注29： 见《井冈山》报135、136期合刊（1968.4.19）和139期（1968.5.10）

注30： 见原蜀育、邱心伟编《清华文革亲历 史料实录 大事日志》第317页和《井冈山》报109期（1968.1.12）

注31： 周总理回条，见清华大学档案，卷宗号：2，案卷号：0169；转引自唐少杰：《清华大学1967年5月"革命委员会"成立流产记》，载《记忆》2012年10月31日第89期；蒯大富的便条也在此案卷中

注32： 见《井冈山》报151期（1968.7.5）

注33： 见《井冈山》报143、144期合刊（1968.5.31）

注34： 见米鹤都《蒯大富口述：潮起潮落》

注35： 引自陈育延回忆：《7月27日工人解放军宣传队开进清华园 我亲历了武斗的结束和两派相反的态度》，载《史实与求索》第12期

注36： 见原蜀育、邱心伟编《清华文革亲历 史料实录 大事日志》第324页

注37： 见《井冈山》报增刊（1967.12.21）

注38： 见《井冈山》报102期（1967.12.7）

注39：见原蜀育、邱心伟编《清华文革亲历 史料实录 大事日志》第294 页

注40：见原蜀育、邱心伟编《清华文革亲历 史料实录 大事日志》第301 页

注41：引自所谓"李康认罪书"，见《井冈山》报 141、142 期合刊（1968.5.24）

注42：见原蜀育、邱心伟编《清华文革亲历 史料实录 大事日志》第346 页

注43：见《井冈山》报 139 期（1968.5.10）

注44：见罗征启：《清华文革亲历记》第 34 页

注45：引自孙耘：《我的文革心路历程》，见孙怒涛《良知的拷问》第 143 页

注46：见罗征启：《清华文革亲历记》第 47 页

注47：见罗征启：《清华文革亲历记》第 80 页

注48：引自孙耘：《我的文革心路历程》，见孙怒涛《良知的拷问》第 146 页

注49：引自陈育延回忆录第十六章：《清华两派最后的谈判》

注50：引自徐海亮编著：《东湖风云录》第 376 页

注51：引自唐少杰：《清华文革"七．二七"事件》，载《南方周末》2001.3.22

注52：引自谢引麟与团派带信人的微信聊天记录

罗征启在清华文革蒯氏黑牢 58 天

（一）我被蒯大富团派绑架、刑讯和逃离魔窟的经过

摘自罗征启著《清华文革亲历记》

按：本篇摘自罗征启著《清华文革亲历记》，略有删节，原文中个别错漏处，经作者同意予以补正；标题为编者所加，小标题是原有的。

绑架：1968 年 1 月 30 日

1968 年 1 月 17 日，团派在清华大礼堂开大会批判罗征启、黄报青，罪名是搞"假四清"。

正在家里养病的黄先生闻批判声，从五楼窗口跳出，坠地身亡。

我也仓皇逃出清华园，一直躲在人民大学新闻系的摄影实验室里。（我姐夫是人大新闻系的老师。人大当时也分两派，一派叫"三红"，另一派叫"新人大公社"，两派的矛盾没有清华那么严重。我姐夫是"新人大"的，大体上也是地派观点的。这个暗室属于他们管。）我在实验室里安了张床，拉上厚厚的窗帘。暗室里听不到吵闹的高音喇叭声，但是又进入了一个没有声音、没有光亮的世界，也够恐怖的！就这样在黑暗里过了一天又一天。姐夫每天给我送饭，给我讲一些新闻，我的吃喝及与外界的联系就全靠他了。

我的妻子梁鸿文本人仍留在学校。虽然她可以见到天日，但我相

第三部分 "罗文李馈反革命集团"和"十二人反党集团"

信她的处境比我好不了多少。

1月29日，鸿文也来到人大姐夫家，当晚她留住在姐夫家。我们在姐夫家见了面。十几天来，一直比较平静，我们都麻痹了，觉得好像没什么事了。于是商定第二天中午到托儿所接孩子，然后到日坛公园玩一阵，再一起回我父母家吃年夜饭。

晚上，印甫盛、万润南来看我，我向他们说了明天的计划，万没有作声。

印低声说："有点儿危险。"

我说："回家吃个年饭，吃完就走。"

他没有再说什么。

1968年1月30日，虽然这天是大晴天，阳光灿烂，但在我的记忆里，却永远是"阴冷灰暗"的一天。

这天上午，鸿文接到女儿，我们一起到了日坛公园。这个公园很大，离我父母家很近。文革以前，我们将孩子放在父母家附近的一个托儿所。平日，由父母接送和照顾这个孙女。鸿文去了四川绵阳建设三线分校后，周末就由我接送和陪孩子过，给我父母"放两天假"休息。我经常带女儿去日坛公园。那里有个儿童游戏场，我们常常玩上两三个小时。文革开始，这规律就打乱了。有时一连几个星期看不见孩子，好想啊！

1月30日这天比较早接了孩子，我和女儿都很高兴，在日坛公园的儿童游戏场玩了两个多小时，然后一起回家。

我父母本来住在现在的北京火车站附近一个传统的三合院里。大门是一座殖民地式的门楼，进门是以木板为材料的影壁，后面是北、东、西共十几间房子，房子是父亲买下来的。父亲当时在锡兰驻华大使馆（即今天斯里兰卡驻华大使馆）工作，虽然是与我国公安部门联系的，但当时不准暴露。我们家里除了父亲和我以外都不知情。

文革开始，父母就被当地的街道"积极份子"批斗。父亲因在外国驻华使馆工作，故被认为是里通外国的"汉奸"。母亲虽然和农村毫无关联，却被认定是"地主婆"，每天早上扫马路。家被抄，自住的三合院，被四户"积极分子"分了。全家五口人（我的父母亲、我的女儿、我的两个弟弟。一个59年响应号召，到黑龙江开发北大荒，五年后回来，在第一机床厂当工人。另一个有些弱智，勉强在读初中）被赶到附近农业部大楼脚下一个大杂院里一间半朝北的十几平方米的小房子里。暗无天日，没有厕所……但是，我们知道，我们家的情况还不是最糟的，还有许多比我们更糟。我们还可以苦中作乐，高高兴兴地准备过个年，两个姐姐也全家都到我父母家一起来过年。

我和鸿文各骑了一辆自行车。我的车前大梁上放了一个小座椅，女儿坐在上面，这是当年北京最普通的家用交通工具。我们到了大杂院的门口，我推开门，连人带车一起搬过大杂院的门槛。这个动作以往重复过多次了，从来没有发生过什么问题。但是当时，怪事发生了，女儿坐在车上的小座椅上，突然无缘无故地大哭不止。我以为车子的什么地方碰伤了她，或弄疼了她。我仔细检查，没碰着她什么地方。四岁的孩子应该听得懂我的话了，但是不管我说什么，她只是哭。我赶紧把车子支好，把她抱起来放在地上。她抓住我的衣服不放，我只好抱着她，直到她的爷爷奶奶出来接她了，她才止住哭，但一边走一边回头看着我，好像怕我走了一样。我感到很奇怪，是不是要发生什么事情？这是不是一个凶兆？

我站在离大杂院大门口约30米的我家的门前，停好了车。我低头看我的车，没有抬头，眼睛却往大门口方向窥探。靠近大门口的第一家是新搬进大院的，这家有多少口人我也不知道，但他们有一个女孩叫小青。这时她正和家里的大人说话。我进到房间不久，小青就蹦蹦跳跳地进来对我母亲说："罗大妈，我妈让我出去买点东西，你要不要带什么？"一边说一边眼睛滴溜溜地转，扫视我家屋里的情况。我更加怀疑。我母亲对小青说了什么我也没听见，只见小青蹦蹦跳跳地走了。如果我果断地骑上车就走，大概还来得及。而我犹豫了一阵，这正是我性格上的弱点：遇事犹豫不决。

以后，我从各种途径得到的消息证明：当我进院门的时候，对面农业部大楼上有三四个人在盯着我家，加上小青这个密探，报告我确实回到家。他们一方面通知清华派车派人过来，另一方面监视我的动向。我虽感觉有危险，但不能准确判断是什么危险，以及危险来自何

第三部分 "罗文李饶反革命集团"和"十二人反党集团"

方?而我女儿则敏锐地感觉到了危险。她还小,无法用语言表达这种微妙的感觉,所以用反常的哭声引起我的警觉,但我没能体会到。

我一直心神不安,一句话都没有说。女儿的感觉可能更强烈,一直依偎在我身边,生怕我跑了。快吃饭了,掌勺的大姐夫已开始吆喝准备吃饭,我没有出声,我不愿惊动大家,尤其不愿惊动两位老人和女儿。心想快点吃完就走。唯一察觉我有心事的是母亲,她靠近我低声问:"你回来有没有危险呀?"我说:"应该不会,越南前线春节还停战呢!两派吵架,没事,我吃完就走。"

我们谁都不知道,危险已近在咫尺了。

晚上八点多了,年夜饭还没有开始,突然敲门进来几个人,说是查户口的。其中一个人穿着军大衣,看起来很眼熟,但想不起来,在何时何处见过(我立即使劲地想)。后面还有两三个人,他们的眼睛在这间不大的房子里搜索了好一阵子,像是看看有没有其他的通道可以让我逃跑的。这时,我突然想起了,这个穿军大衣的年轻人是学校修建队的一个工人,以前我们"劳改"时他看管过我们。他的身份似乎是团派总部保卫组的。想到这里,我知道,这下子我完了,他们都是冲着我来的。

这伙人退出去径直向大院门口走去。看见院子里突然来了许多不速之客,大杂院里许多邻居都出来看,也都感觉气氛不对。

母亲急得眼泪汪汪。隔壁一对夫妻,江浙一带人,讲上海话的,平时和我们家关系很好。他们用上海话和我母亲说了些什么。我母亲是上海长大的广东人,会讲上海话。这时她跑过来低声说:"隔壁那位叔叔婶婶说,这些人是冲着你来的!"

我说:"是的!"

母亲说:"他们叫你到他们家暂避一下。"

我说:"不了,替我谢谢他们,我不想连累更多的人。妈妈,以后你们对院门口小青那家人要小心,他们也是监视我们的。"说完我就向门口走去,当时我没有穿棉衣,只穿一件毛衣和一件棉背心。

母亲说:"你穿上棉衣,我给你拿去。"我说:"来不及了,我不想让亲人尤其是孩子看见我被别人抓走!妈,请你替我照看好鸿文和孩子，拜托了。不好意思，给二老增加负担了。"

我加快向院门走去，拉开院门看见外面有四五个人，包括那穿军大衣的人，形成半圆的包围圈，两边各一个人跳上来按住我的胳膊，并且推着我走。

我说了一句："请等一下，我母亲要给我拿件棉衣来。"

一个人厉声说道："用不着，我们有棉衣，冻不死你，快走！"

向前走了十几步，从右侧农业部大楼的正门那条胡同里飞驶出来一部吉普车，嘎的一声急刹车，停在我前面。立即，我被几个人从后门扔在冰冻的车底板上。

几个人飞快地上车，几只脚踏在我身上。一个人用块布蒙住我的眼睛，并且阴森地说："你老实点！不听话，我们就不客气了！"他们还没坐好，车子已经开动了。

我很"老实"，一动不动，尽量凭感觉判断方向。北京东城是我读书成长的地方，但是转了几次，我就失去了方向。

先农坛，防空地下室

大约 20 分钟以后，车停了下来。周围很安静，连公共汽车的声音都没有。他们经过短暂的交换意见之后，把我拉起来，又把蒙住我眼睛的破布扯下来。汽车里没有灯光，看不清这几个人的长相。只听到一个北京口音的人说："老实跟我们走，不管碰到什么情况都不许出声，不听话别怪我们不客气，下去！"

我下车后用眼睛左右扫视，发现这是后开门的吉普，车上连我和司机一共七个人。我们站在车行方向的右侧路边，向左看去正是南长街的牌楼，于是，我知道我的位置是南长街的路东，离牌楼约 50 米。他们发现我在左右张望，其中一人推了我一下："看什么看？走！"我被夹在他们当中向北走去。

一路上没有人说话，路上既无车也无人，可能因为是年三十，周围出奇的安静。本来我很希望碰上巡逻的解放军，我会挣扎着跑向他们求援。但是后来我又想幸亏没有碰上解放军。如果真的碰上，就算

第三部分 "罗文李馄反革命集团"和"十二人反党集团"

我够胆挣脱这六条比我高大的汉子跑到解放军跟前,两三个巡逻的解放军战士也不一定对付得了这五六个大汉。

一行人过马路到了路西。又走了十几、二十步,进了一条弯弯曲曲的小巷。他们敲门进了一个小院,小院的情况没看清楚,两眼又被他们用同一条脏兮兮的破布蒙上。我被推进一间小空房间,从蒙眼破布的细小缝隙中看到一丝灯光,因而知道房间中悬挂着一盏电灯。但从感觉上知道,房间虽然不大,却是空荡荡的。这时他们又把我双手在背后捆绑起来。严冬时节,没有穿棉衣的我,连续打了几个寒噤。

还是那个北京口音的说:"老实待着,别出声,别乱动。"然后他们锁上门,到旁边不远的另一个房间去了。我还能听到他们说笑的声音,时不时传来一阵阵哄笑。我猜他们在又吃又喝,好不惬意。

大约一个多小时以后,有人敲大门。开门以后,我听得到他们在房间里商量了一会。过来两个人,带来一件棉大衣,他们帮我穿上。这一个多小时里,一方面我被蒙着眼看不见,另一方面又被命令"别出声,别乱动",我快冻僵了。这件棉大衣救了我的命。穿上棉大衣,还没有暖过来,房间的门响了。走进两人,一边一个押解我出了房间,又出了院门,听他们和里面的人道别。

听到门关上以后,有个人扯下蒙住我眼睛的布。一行人又走上南长街,向着长安街方向走去。没走几步,就看见那辆吉普车。但车停在南长街路西,车头向南,他们让我上车,但这次可以坐在后面的座位上,两只手也没有绑住,只是眼睛又被蒙上了。

我又努力地辨别方向。南长街转右,应该是天安门广场。连汽车的声音都能听出来是在一个空旷的大广场上。远处还有稀稀拉拉的爆竹声,点缀着过年的气氛。

我的女儿,我的亲人们,他们吃过年夜饭了吗?应该是吃不好了。这个年不好过啊!后来我得知,我的妻子和姐夫,我的母亲,分别连夜去到蒯大富的总部,给我送一些衣物,并且问他们要人,当然只能无功而返。

之后,车向左拐向前门,又一直向南开去,似乎没有变过方向。最后停下了,应该是还没有到永定门的某处。副驾驶座位上的人出去了一会，听到喊了一声："行了，快点！"

于是我又被两个人左右押解着进了一个可以两向开的摇头门，迎面一股暖气。走了几步向右转，又经过一个摇头门。突然，两边的人喝道："快点！"把我架起来，两脚悬空了。他们好像在跑一样，气氛很紧张。

奇怪的是，我闻到一股医院的味道。难道我被带到一座医院？这一带没有医院呢！

又进了一个摇头门，我那悬空的脚踢到一步台阶，我知道这是楼梯了。那两个人继续架着我快步跑上楼梯。加上后面跟着跑上来的几个人，在空荡的楼梯间，脚步声音很大、很急促。刚开始我还默记着"休息板、二楼、休息板、三楼……"后来被这样紧张的气氛打乱了，最后不知在几楼停下。又经过一个摇头门，进到一个空旷的大厅。

他们在大厅的边上找了一间储藏室，把我塞进去让我坐下，并且说："老实待着，不许乱动。"说完了，锁上储藏室的门就走了。

他们似乎忘记了我的两手并没有绑上。过了一会，我偷偷地扒下蒙眼布，从门缝看。外面灯光虽然很弱，但能看到似乎是一个球类练习厅，我看见一个篮球架子。我想可能是先农坛北京体育代表队的大楼。

又过了个把钟头，他们又来了。开了储藏室的门，把我拉出来，走了几十步，我猜大约是储藏室的对面，打开一个门，把我推进去，扯下蒙眼布。我看见原来是一间厕所，有便桶、浴缸、洗手盆，相当宽敞。马赛克地上铺了一层稻草。北京口音的又说："今晚委屈你，就睡这里吧。"

我回头，大厅里灯光是昏暗的，我看了看墙上有没有电灯开关。

那个人看见我这个小动作就说："开关在外面，不许开灯，睡吧。"说完锁上门就走了。

这一夜，我就躺在冰凉的厕所马赛克地上，居然很快就睡着了。

在睡前，我做了一件事，检查我身上的东西：清华的工作证、工会会员证、一张十元和一张五元的钞票。我想他们可能会检查和搜走我身上携带的东西。我下意识地感觉到，我随身必须有个身份的证

第三部分 "罗文李饶反革命集团"和"十二人反党集团"

明，还要有点钱。因此，我把我的底裤脱下，前后反过来再穿上。我的底裤后面右侧有一个小口袋，调过来穿，这个小口袋就在左前方腰带附近。估计他们不是很专业，不会搜到那里的。我把工作证和五元的钞票放在这个小口袋里，把十元钞票和工会会员证等其他物品放在上衣的口袋里。后来，他们并没有搜查，但是借着问我要饭钱时，看了看我口袋中的东西，搜走了那张十元的钞票，说是我的伙食费。我藏下的工作证和五元钱没被他们发现，这在我越狱逃跑时起了很大作用。

我被"嘭、嘭、嘭"打球的声音吵醒了。大厅里的灯全亮了。因此，通过门缝和门上亮子射过来的灯光也多，厕所里亮了许多。

我用洗手盆水龙头的水漱了口，洗了脸。没有毛巾，只好等待自然干。

我真应感谢清华马约翰先生，他在我们一年级开学上课的第一天，亲自到班上讲课，怎样吃饭、怎样洗澡、怎样洗脸等等。我们许多人一直是按照他教的方法，洗脸用冷水，洗澡用冷热水交替洗澡。因为一直按照马先生的教导洗脸洗澡，所以在目前极其恶劣的环境下，也可以保持健康不病。文革中，我是"黑帮"，不许进浴室洗澡，只得改用冷水洗澡，冬天用冷水擦身。

一边等待脸上自然干，一边揣摩着自己的前途命运。

八点半，大厅里有些动静，有打球的声音。从钥匙孔里看出去，大概因为是年初一，打球的人不多。

突然有人推厕所的门，而且讲的像外国话，又用普通话说："把这个门打开！"过了一会儿，门打开了。我看到四个穿运动衣的人，为首的是少数民族，大概不是维吾尔族就是哈萨克族。他用生硬的普通话说："怎么，这里有人？"没等我说话，他上前来打了我几个耳光，还说："肯定不是流氓就是小偷，打！"那几个人中有两个人也上来打，好在他们手轻。

我马上争辩："我不是流氓小偷，我是清华大学的干部，是昨天夜里井冈山蒯大富把我抓来的，今天他们不知为什么还没有来。"

其中没有动手的那个人（也是少数民族）看了看我，大概看我不像流氓小偷，他们就用他们的语言交流了几句。

为首的对我说："蒯大富不好，但是我们现在也不能放你，如果他们今晚以前，还不来，我们就放你走。"

我说："谢谢！"

他们又锁上门，走了。

但是没等到晚上，蒯大富的人就来了。他们给我带来一些吃的，给我约半个小时吃饭。

半小时后，他们进到厕所里，也不说话，又把我眼睛蒙上，还是一左一右两条大汉架着我走。走了几十步，突然喝声："快点！"我又被悬空架起，这次是下楼梯。

我默默地注意着多少层。大约是六层或七层，然后把我放下，向前推着走。突然，一阵阴气袭来，我猜我到了一个阴冷潮湿的地方，可能是地下室。但我因穿着棉衣，感觉比昨天晚上好多了。他们把我向前推了几步，叫我转身，坐下，把蒙眼布拉下。

原来是防空地下室，我坐在墙下一条约四十公分高的地梁上，小房间黑乎乎的，挂着一盏低瓦数的电灯，在灯下放有一张小方桌，两个人分坐在桌子两边，两侧前方还各站两个人。他们在较亮处，我在较暗处。两边站着的大汉，都歪戴着一顶棉帽，一个护耳在前，一个护耳在后。他们无非是想造成一种震慑的恐怖气氛。实际上我倒觉得他们所营造的气氛，真像威虎山上土匪窝里的气氛，一点也不恐怖，反倒有点滑稽。

我发现"审问"我的人和昨晚到我家里找我的人不同了。昨晚大部分是修建队的工人，今天大部分是体育代表队的学生。我平日管文工团较多，与体育代表队接触不多，但是大体上能分辨工人和学生。以后接触的代表队学生，多是击剑队、航海队和羽毛球队的。羽毛球队的是几个华侨同学，他们虽然有时会动手打人，但都出手不重，至少对我是这样。

"审问"进行了好几个小时，到八点多钟才结束。在这几个小时里，他们时而疾风暴雨，声色俱厉，时而和风细雨、和颜悦色。我知道这叫做变换方式，使受审人心慌意乱，说出他们要的东西。但是他

第三部分 "罗文李饶反革命集团"和"十二人反党集团"

们要的,也问得最多的,是414总部内部的情况。他们没想到我一次总部的活动都没参加过,他们也没有想到,无论交替使用各种手段以施加压力,一个人在巨大压力下,一个半小时以后,就没有什么感觉了,也就不感到恐怖了。

大约八点半以后,他们结束了审问,给我吃了点东西,又把我蒙眼架回到那间厕所。

这段时间里,我想得最多的是默默地祝愿我的亲人、家属,不要受到恐吓、虐待,我宁愿多承担一些。我不信教,所以我不会祈祷或许愿,不会祈求上帝或观音菩萨保佑。但是,我对佛教的因果报应之说却很认同。所以当我独处的时候,我时常在想,我有什么不好的思想或行为,该受如此严酷的报应?思来想去,可能是对我们在思想工作当中,一些"左"的思想和行为的一种过"左"的报复!

次日上午九点,他们送来早餐。吃过以后,又蒙上眼睛,没有上下楼梯,走了二三十步进了一个门,门里非常热,我感觉至少有二十三四度。拉开蒙眼布,我看到的是一个很宽敞的房间。我猜想这是先农坛北京体育代表队运动员的宿舍。按当时的标准,算是相当豪华了。

为首的一个学生指着一把坐椅,让我坐下。因为室内温度太高,他们都除下帽子和外衣。我能看清他们的面目。房间内只有四个人,我预感到又会有什么变化,比如说改换地方之类。我也脱下棉大衣,看着他们,接受审讯。

结果并没有太多的问话。他们提出几个问题,我回答了。其中大部分是前一天在防空地下室里问过的。他们问过以后,让我写成材料。我故意拖延写了很长时间,他们也不在意。天渐渐黑下来,他们又让我看前一天的审讯记录,并在每一页上签上名,按手指印,有改的地方也要签名按指印。看完厚厚的一本记录,天已完全黑下来。他们又给我吃了点东西,穿上棉大衣,蒙上眼睛,又被送回厕所,锁上门就走了。

又过了个把小时,我估计是八点多钟,厕所门开了。他们一句话不说,蒙上眼睛,一边一个人又把我押出厕所。

突然，左边的人大喝一声："快！"我被悬空架起来，进了楼梯间的防火门，快步跑下楼。我以为又要去防空地下室。但跑了四五层楼梯以后，出了摇头门，到了有医院味道的地方。他们像跑一样，跑出去这条走廊，出了摇头门，再经过一道门，就闻到室外的味道。虽然冷一些，但新鲜空气还是比较舒适。他们推我上了汽车，我猜大概还是那辆吉普车。汽车启动，我默默地记着转弯的情况，但是不一会儿，我就失去了方向，不知道这辆车驶向何方。

这时，我思考着另一个问题，那地方是不是先农坛北京体育代表队？这个大楼的平面应该是这样的：进一楼入口大厅以后，正面是楼梯，或者还有电梯。右边是医务室。我猜左边应该是食堂或办公室。二到五楼是运动员宿舍。宿舍东西两边尽头各有一个防火楼梯。医务室东的防火梯通到防空地下室，正面楼梯和电梯直达顶层的运动大厅。我觉得我的设想是相当完善的。

汽车走了个把小时，突然，我捕捉到一股气息，一股味道，是清华园的味道！这是我近二十年学习和工作的地方，不会错的……

神秘的武斗据点

早就听说，设在第一教室楼的前哨广播台是团派的一个重要据点，今日深陷其中，得识其庐山真面目。

这是我们当年三校建委会一工区的最后一个项目。当时，大部分同学都已回去上课，只留下我们少数几个同学再多干了些天。这座第一教学楼，也可以说是"我们盖的"。我现在一点恐怖感都没有，一边走一边在想，这个楼的砖瓦灰沙石说不定还是我买的呢。

进门以后，走过大厅，上了三跑楼梯。楼梯都用课桌和椅子堵住，留下很窄的一条缝，只够人们侧身走过。楼梯不是封闭的，不符合今天的防火规范。在楼梯向着二三层楼走廊较宽敞的空间，还放着许多桌椅，估计是准备发生武斗时就可以随时用来堵塞楼梯，便于防守。在以冷兵器为主的武斗中，这样的防守是足够了。教室的高度与厕所等服务房间的高度不同，所以利用三跑楼梯的休息板作了夹层入口。

第三部分 "罗文李馆反革命集团"和"十二人反党集团"

这个设计我们以前是知道的,我在搞毕业设计时还专门来看过,想不到今天我被关在这里。

我被押送到一个夹层里。夹层的里面是广播台"重地",当然是"兵家必争之地"。所以我也明白不会允许我进入的。我被命令留在靠近楼梯夹层入口处的一个小房间里。这里没有暖气。里面的广播室有煤炉,我可以嗅到煤火的味道。

我的小房间连门都没有,只用几个小桌子、椅子堵塞。我看不见外面,当然,外面也看不到我。虽然没有火炉,但不算冷,就静静地坐在那里等待事态的发展。我听到里面房间有几个人在说说笑笑,但听不清他们在说什么,也不时有人出入这个夹层。小房间很暗,只高高吊着一盏低瓦数的电灯。

我随便扫视了这个小房间,一张双屉书桌、一把椅子,还有一个空的已经破烂的书柜。我不经意地拉开抽屉一看,里面塞了许多烂纸,下面露出一本油印的小册子。上面有图像及说明,但是无头有尾,当中还有缺页。我快速翻看,却倒吸一口凉气。原来是本教授怎样打人、挨打怎样防备的小册子。因为没有前面几页,故不知其名。

册子上描述:打人要用拳头和手掌,不要用棍棒等物,尤其不要用铁器等硬物。可以打腹部、胸部等肉厚的地方,不要打头和肉薄的部位,这样可以不留痕迹,否则要闹出大事;如果用铁木等硬物打,最好用厚布包上……

虽然此前对前哨台有许多传说,而且后期这里出过几条人命,打死打伤几个同学,尤其后来在蒯大富的指挥下使用步枪、手榴弹等武器杀死、杀伤多名前来制止武斗的"工人、解放军毛泽东思想宣传队",闯下了大祸,造成"井冈山"以至于整个红卫兵运动的覆灭,但是我在"前哨台"短短的两个小时里,却没有感到这个据点隐藏着这么大的杀机和能量。

我听到里面的人在讨论,有时在争论着什么问题。虽然我很注意听,但听不清楚,断断续续听得到一两句话:"反正我不赞成打人。""我们也不赞成打人,但有时情况会失控。"

两个小时之后,来了几个人,搬开了桌椅,叫我出来。又蒙上我的眼睛。出门以后走到校卫队门前，推我上了车。车子启动，听声音，还是那辆车。我从转弯的方向和气息判断，车子一直在校内和离学校不远的路上转，转了大约半个小时左右，忽然我嗅到了一股非常熟悉的气味和信息，我立刻就可以断定是音乐室附近。

虽然现在听不到熟悉的琴声，但是从入学的第一周起我就开始在这里向一位名叫普洛武罗夫斯基的白俄学小提琴，每天来练习一、两个小时，风雨无阻，除非外出实习，从不间断。可以说，我在清华学习的第一是建筑专业，第二就是小提琴了。

车停了，"下车！"一声命令。但我双眼被蒙上，虽有命令，但不敢动。大概还是那辆吉普车。我被两个人半推半扶地从后车门下了车。又被左右架着押解进了门。一股烧木材的味道扑面而来，还有刺鼻的烟味，大概是刚刚在生煤炉子。又左拐右拐了几个弯道，终于停下来，拉开蒙眼布。我看到我在一间没有窗，只有一个大木门的房间。房间里没有火，所以没有烟味，只有一张小木床，上面放着一床被和一床褥。这里是哪里呢？

这时，我看见大木门是实木的，而且是精工制造的，门框周围有很好的线脚。我认识这里，我到过这里。再结合音乐室的信息判断，是化学馆。押解我的人开口了："知道这是什么地方吗？"

我很老实，说："是化学馆二楼正门入口大楼梯下的房间。"

"你这老小子，怎么知道的？"

"我毕业设计的题目是清华的土建馆，学校的老房子我都观察过。"

我不敢说我的毕业设计的指导老师是黄报青先生，那肯定会引起新的风波。当时黄先生叫我们参观清华的老建筑，有时带我们参观，边看边讲解：搞设计一定要注意，所有的建筑元件都应该是成一系列的，统一的。不能大体型是中国传统的，小建筑是西洋古典的，线脚装饰是阿拉伯的，室内摆设是埃及的。这就乱套了。黄先生现在已不在了，可是来到这里，我仿佛又看见他站在前面侃侃而谈。

"听着！"一个陌生的声音把我从对老师的怀念中拉了回来。他边说边打开大木门，前面是一条黑乎乎的走道。"现在这里很冷，等会儿我们会给你拿个木炭炉来取暖。过来！"他叫我走出大木门,到了走道上。就在大木门的门口,叫我掀起一块大铺地石板。一股臭烘烘的味道,我知道这是一条管道暗沟,主要是走暖气管道的,向西通到化学馆和音乐室间的一个旱井。到冬天供暖气的时候,那个旱井还冒热气呢。我马上一个闪念：这条管沟到那个旱井可以逃跑呢……

"听着！"他又打断我的遐想。"这是你大小便的地方,我们在前面,有事可以敲走廊左边的门。今晚就这样了,你睡吧,但别关灯。"

在我睡前,我的"监护人"拿来一块 60 公分见方的铁板,下面堆着一些烧红的木炭和木柴,放在房间中央,转身关上门就走了。

我躺下没多久,就感到迷迷糊糊,出现许多幻觉：我看见我的母亲,我向母亲走去,似乎跌倒了,母亲不见了……这样的幻觉反复出现,为什么,我在哪里？忽然,我明白了,这是八九岁的时候,我不舒服,出现幻觉,我去找母亲,看见她以后,我叫声"妈"！扑过去,没有知觉了。

"煤气！"我惊醒了,感觉心跳加快,头疼,头晕,但思维还清晰,我慢慢起身,披上棉衣,打开门,刚才还觉得臭烘烘的暖气沟,现在却似一股清新的空气。我走到左边一扇门,用力敲了几下。

立刻有人问："什么事？"

我说："煤气！煤气！……请你们把木柴和炭拿走！"

他们也没说话,把炭火拿出去,又关上了门,捣弄了一阵桌椅家具,又睡下了。我躺了一阵,确信不会有煤气了,才进入梦乡。快睡着时,我想：我又逃过一劫。

被非法刑讯逼供

化学馆是清华早期的一座建筑物,它雄伟孤傲,远离其他的教学行政建筑,紧靠校园的北墙,从校园的西北角,冷眼看着我们,带有一些神秘感。我在清华学习工作多年,除了做毕业设计时来这里观察过,就是这次被抓来关在这里了。许多同学只知道这是化学馆,却从来没有进去过。

现在，神秘感变成了恐怖感，尤其到了夜晚，如果没有"审讯"，那就一点声音都没有，只听到自己呼吸和血液流动的声音。这时才体会到，没有声音——连噪音也没有的世界是最恐怖的。这种效果，可能是连囚禁我的人也没有想到的。如果这种"万籁俱寂"的"静音"时间长了，可能人要发疯的。

我开始面对被刑讯逼供的一段日子。

我承认，我并不十分相信那个阶段我的记忆。因为那时候我的思维是处在一个高度紧张、混乱的状态中，许多记忆可能是相互矛盾的。

最让我迷惘不安的是，打我、骂我的年轻人是大学生吗？是敌人吗？我该如何应对？尤其是当他们用刑越来越重的时候，这样的问题就不断浮现。我知道，如果他们失手致我残、致我命的话，我只好认倒霉，而这种倒霉事是不会有结果的。但如果打你的人是敌人，是日本鬼子，是法西斯匪徒，那就另当别论了，而他们却是我们的学生！

还有一个在"审讯"中经常碰到的问题，他们常说："如果你的态度好，敌我矛盾可以转化为人民内部的矛盾。而像你这样恶劣的态度，人民内部矛盾也可以转化为敌我的矛盾！"这是一个错误的命题，而且逻辑混乱。后来工宣队和军宣队也经常这样讲。本来没有问题，他们可以乱扣帽子。你不同意，就是态度不好，就可能"转化"成敌我矛盾。

我把老团对我的刑讯逼供分为三个档次：

第一个档次（最轻档次）是一般地刑讯逼供。我遇到的多数是这个档次，也就是说，多半是用拳掌打击，不用器械重物。

四人帮倒台以后，我见到文学宓、饶慰慈，他们所受的刑罚重得多，有的伤势惨不忍睹，可能多是第二档次。

第二个档次是重刑逼供。这时他们会换几个人上场，这几个人是打手，残暴无人性。

对我用重刑的一个叫冯家驷（他们称"老四"）的打手（也是学

第三部分　"罗文李饶反革命集团"和"十二人反党集团"

生）就非常残暴（注1），他一般打你后，听到你痛苦的喊叫声，他会露出得意的"狞笑！"他的行为让我读懂了"狞笑"这个词。

我在"前哨台"看到的小册子里介绍说，被打的人大喊出声，就可以将疼痛散开。另外被打时顺势倒下，别硬挺住，也是消散疼痛的办法。我在被打时就用了这一招，还真管用。

不过几次以后，就被"老四"发现。他狞笑着虚晃一下，我不知有诈，马上大喊一声，然而他并没有出手。他看出我懂防备时，就在我身后2米左右的地上，放倒几张桌子、椅子，并对我说："你看清楚，你如果装着被打倒，也是倒在这些桌椅腿上，你就装吧。"，说完，趁我不备，一拳打在我胸上，我就倒在这些桌椅腿上，等于用木棍、铁器等打我。但他说："这不是我打的，是你自己躺下去的。"这样一来，我就必须屏气挺住，而挺住的后果就是伤重些。至今我手腕上还留有当时受伤的疤痕。

有一天，大概是周末，他们放假休息，没有审讯。大约是下午三四点钟，不声不响进来两个人，不像学生，前面守卫的人也不过问。我坐在木板床上，他们站在我面前，命令我站起来。我刚站起来，他们中一个插到我身后，将我两手擒住，另外一个手里拿着类似手电筒包着布的东西，我明白他们是要下手打人了。我来不及思考怎样防范才能减轻伤害程度，他们就下手了。

他们用那个东西直接打在我肋骨之下的腹部，我痛的连喊都喊不出了，肚、肠、肝、胃像被撕裂般疼痛。他们从轻到重大概打了十多下才放开我，我没有躺下，像患佝偻病一样卷曲着身体……

我听见他们似乎在议论什么……也不知几时，他们走了……

留给我的是难以言状的疼痛和惊恐，我知道这算是重刑了。

一年以后，即1969年春节后，学校组织义务献血，我也报了名。在体检照X光时，我被照了很长时间。

医生问："你的肝有什么病？"

我说："据我所知，没病。"

"那你这块是什么东西？"医生又请来几位医生会诊。

一位医生问:"你这几年发生过什么事没有,例如肝病、车祸等?"

我问:"挨打算不算?"接着,我把这次被打的情况说了。

医生说:"你命大,你的肝已被打破了,就剩了外面一层膜,如果这层膜再破了,那就会大出血,就完了。"医生还是同意我献血。

两年多后,我被查出患了血吸虫病。从此,我不能献血了。但在检查时,发现那个凝血块已经被身体吸收了,未治自愈。

第三个档次(更高档次)是对身体和精神的双重刑罚。

在化学馆的前几天,虽然也用了刑,但他们的用刑目的不是很明确。有一天冯家驷说:"你的态度不好,逼得我们换一种方法对付你。我们准备明天开始罚你站。蒋南翔硬吧,站了三天三夜,怎么样,全招了。看你年轻,比蒋南翔硬,就多站一会儿试试看吧。"

第二天,果然开始罚站了。首先宣布了要求说:"我们也不问问题,不提示,你有要交代的就交代,不交代的就站着,给你两顿饭,站着吃,只有大小便允许动一下。我们三班,每班八个人陪着你,现在开始了。"

我本以为很简单。我记得幼儿园的时候被罚站过一次,什么原因被罚可不记得了。老师在地上用粉笔画个圈,不许出圈,大概半个小时就完了,得个教训是要听老师的话。

这次的罚站可不同了。我的手表一直放在褥子下。这天我戴上了,我提醒自己,一定得比蒋校长站得多点时间,他比我大20岁有多呢。

第一天过去了,还可以。脚和小腿有点发胀,但不严重。我很有信心,对自己能挺住很满意。拉撒大小便是到我的囚房门口的暖气沟去,他们并不跟着我。我尽量多耗点时间,用来活动腿脚。

第二天过去了,我觉得还行。腿脚开始发胀。上眼皮老往下掉,但我觉得我能挺住。我无论如何也得站得长过蒋校长站的时间。

第三天,腿脚非常疼、胀,另外就是困,想睡觉。有时候,站着睁着眼就睡着了。有时候他们跟我说话,我听不见,他们大声喝骂,我才惊醒。有时候会出现白日梦。有一次,我甚至喃喃自语,被他们听到，大声问我是不是交代什么？我摇摇头，但是我觉得自己还行，能坚持这么久也不容易！

第四天早上，我一看表，72小时，三天了。这个"三天"像咒语一样，一到三天我马上垮下来了。如果他们说蒋校长站了四天四夜96个小时，那我可能站到100小时也没问题。但当时我知道，我就要全线崩溃了。

到80小时了，这时我感觉挺不住了，身体和精神都不行了！

我看到监护和审讯的人在换班了，下一班有冯家驷！这时，我完全不行了，开始出现许多幻觉：我看到蒋校长和冯家驷手挽手一起进来……

值班人拿来我的口粮让我吃时，我对他说："我要上厕所！"

没等他同意，我就跌跌撞撞地往我的囚室跑去，没到已经掀起盖板的洞口，我就失去了知觉！

人声嘈杂，我渐渐恢复理智。我听到一个熟悉的声音："他装蒜，没事！"

另一个反驳道："心跳过慢是装不出来的，已经很危险了。"

这时，有一个人抬起我的头，要用调羹灌一些水给我喝。我无意识地一喝，却是一勺滚烫的水，烫得我立即大叫了一声！

睁眼一看，正是冯家驷狞笑着说："我说是装的嘛，你们还不信。"

旁边一位穿白大褂的医生反驳说："心跳过慢，不会是装的，还是要注意。"

从这天晚上开始，我被允许睡一会儿了。他们也没有再提罚站的事。

后来我问过文学宓、饶慰慈等，他们也都被罚站过，文学宓说他站了五天五夜。我说，我不如你（注2）。

除了允许我睡了一会儿以外，他们还给了几片药让我吃。一种是酸的，我认识是维生素C，黄色的发苦的则可能是维生素B，再有一种是白色小片，不知是什么。第一次吃了我睡下不久，冯家驷又"提审"，我昏昏沉沉不知说了什么。

第二天，他拿来一张纸条，上面写着："印甫盛讲过，林彪是极左思潮的总根子"，签名是罗征启，字像我的，但我不记得有这回事。

我马上冒虚汗，因为一方面我不记得我写过这张纸条，如果确实是我写的，那有可能还写过别的东西。同时，这说明我已违反自己定下的"只讲自己，不讲别人"、更不能"揭发"别人以减轻自己的压力的原则。还有，那张写有攻击性言论的字条涉及"林副主席"，我们 414 战友内部还有一条不成文的规定，就是死守"毛主席和林副主席"这条线，现在这条线也破了。我马上说："这话不是印甫盛说的，是我说的。""那你写下来"，一个审问者说。"我写下来可以，这张纸条可要还给我。"得到肯定的承诺以后，我写下了这张条子。但是那张使我终身引以为憾的字条，也没有能收回。

我很难过，如果他们趁势猛追，那可能还有更大的斩获，但是，不知为何他们却停手了。

我在化学馆一楼"被审讯"了大约 10 至 14 天。

一天审讯结束后，他们给了我一盒晚饭，并说："快吃，吃完收拾一下东西，我们要换地方了……"

七点多钟，我"被离开"了化学馆。

三堡疗养所的囚徒

三堡疗养院是五十年代末、六十年代初，清华在远郊区修建的一个疗养院。地处居庸关后面一站，八达岭前面两（或三）站。穿过山沟峡谷有一条铁路，车站就在几条山沟汇合处的一个小平原上。

铁路和公路并行，有时在一个水平面，有时公路在上面山腰俯视着铁路。山沟里潺潺流水声，四季不停，因为冬季不结冰，水生植物很茂盛。山沟里长着许多广东人喜欢吃的西洋菜。以前我和我的堂兄以及几位广东同学常常来采摘西洋菜吃。附近的农民看见，颇不以为然，他们说这菜叫野芹菜或水芹菜，人是不吃的，喂猪的。

疗养院在火车站上方的一条最大的山沟里，在这里，我有一段传奇性的经历。

我被押解出了化学馆一楼北门,还是那辆吉普车,停在旱井附近。我从车子的后门上了车,又被蒙上了眼。从他们谈话声音来看,又换了人。有两个人口音像华侨。后来我撤掉蒙眼布以后,看清是羽毛球队的,我看过他们的比赛。大个子的体力好,技术一般。小个子体力不好,技术较好(注3)。我听他们中有人叫"蛮子",不知叫谁。我蒙眼坐车有点经验了,感觉车子穿过礼堂前广场,向东出主楼前的东校门,再向东过铁路转向北,应该是穿过清河往昌平的方向。

大约行驶了一个小时后,他们扯下了我的蒙眼布。刚刚我感到车子左转弯,现在睁眼看出去,虽然天黑看不大清楚,但大体上看到路两边的行道树和路灯。行道树是迎面倾斜的,所以,这应该是刚转向昌平往西去南口的公路上,应该是1964年我"用心观察"过的地方。

1964年我带学生到部队当兵军训时,部队带队的吴姓少校团长曾对我说:我们带兵的有一条要求,走过什么地方,就要熟悉这地方有什么特点。大到山形地貌。小到花草树木都要记得,到打战时是很有用的。一会儿到达目的地后,我要考一考你,看你能记住多少。"他虽然没有考我(也许他忘记了),但我一路上却很用心地观察了,从昌平向西转向南口后,我发现沿途只有一个特点:就是路两边的行道树都自西北向东南倾斜,角度一样,非常整齐。这是北京冬季西北风的杰作。

这时大个子华侨望着我说:"喂,知道这是什么地方吗?"我随口应声说:"好像是昌平往200号的公路上。"我感觉得到,不仅大个子华侨,车上几个人都有点吃惊。"嚯!你怎么知道的?"

我没有回答,因为我说了这句话,立刻就后悔了,我不该让他们知道我熟悉这一带的方位和地形环境。大个子华侨说:"还是把他蒙上吧!"

我觉得应该到200号公路了,但是车子没有向北转弯,那就应该向南口走。又过了十几、二十分钟,向右(也就是向北)转弯了,听到采石机的声音。从采石机的声音判断,该是过了采石场,进南口了,同时汽车的马达吃力地喘着气,一定是在爬坡,这使我更加肯定是已经进了南口，方向是八达岭，那么，只能是去三堡疗养院了。

车子左右摇摆着，这肯定是走弯弯曲曲的盘山路了。大约半个多小时，车停了，有人在里面喊话，似乎是在叫我们进去。车子又开了几十米的样子，大个子华侨说："下车吧。"同时把那条肮脏的蒙眼布扯下来。我下了车，往前即向北看，就是三堡疗养所无疑，但右手边多了一些没见过的平房。我们站在入口处的大桥上，下面桥洞的流水声依旧清晰可闻，这个大桥，一点也没有变。只是在桥的东北角方向修了一座岗亭。

大个子华侨又开腔了："喂！这是什么地方？"我犹豫了两秒钟。我不能说"不知道"，但又不想说"知道"。最后我说："我应该是来过的，这是三堡疗养院。但是东北面的一些平房，我没见过。"

大个子哼了一声："你今晚就先睡在这边，明天再重新安排。"

房间里没有什么变化，只是多了一个大铁桶，是给我大小便用的。小便没有问题，大便可不"便"，每天要有一刻钟时间练"骑马蹲裆式"，之后，还要在他们监视下，把大铁桶拿到大桥外面一个常年流淌山水的泉眼外，把那个便桶洗干净。在化学馆的时候，我的"监护人"给我一条毛巾，一个牙刷，我认得这些东西是我家里的，一定是家属送来的东西。

第二天，开始了"审讯"，又问了许多问题，大部分是老生常谈，有时候也有人动手打我几下，但总起来说，没有进展。

第三天，审讯完毕，已过了午夜，这是月光皎洁的夜晚。

我被送回"囚室"。关了灯，坐在椅子上冥思苦想：我到底犯了什么罪？为什么那么倒霉？并且，似乎思想上逐渐形成了一个想法，开始还是模模糊糊的，后来慢慢清晰了。

这时，走廊的门响了，我马上躺下，拉上被子，假装睡着了。脚步声近了，走到我的囚室门口，从门上的洞口射进电筒的光亮。我不动声色。灯灭了，脚步声远去，走廊的门又响了。一切归于静寂。这是"三堡"囚室每夜必演的一个"段子"。

我刚起身，披上棉袄，想继续再坐一会儿，忽然听到窗外面有些动静，有人轻轻地敲了几下窗子。

第三部分 "罗文李饶反革命集团"和"十二人反党集团"

这是一层的平房，窗子不高。我的"保镖"们在外窗台上用几块大石头顶住两扇可以向外开启的窗。要从里面搬开石块，开启窗扇是很难的，尤其再想重新关上更是不可能的。

这时我看见窗外的人影，把石块搬开以后又敲了敲窗子，做手势叫我把窗子打开。

我犹豫了一下，还是打开了窗。那人背着月光，我看不清他的脸。从声音上判断不是知识分子，似乎是个文化不高的人。

"你是不是清华的？"那人问。

我点了点头。

"他们打你了？"我不置可否。心里在想着：这人是干什么的？来者"善"，还是"不善"？不能判断，还是小心为好。

"你走不走？你要想走，我们可以带你到南口，或昌平。今晚月亮好，我们骑车带你走。"

"我什么都没有。"我终于说了一句话。

他说："我明白你的意思。这样吧，我们就是想帮你一把，你肯定没钱也没东西。你随便给点东西吧，你的手表、棉袄，有缘将来见面再说。"

我还是不吭声，我觉得这事有些不合逻辑，应该说，他无非是想要钱，现在我没有钱，他就随便要点东西，似乎不可靠。

我问了一句："你是干什么的？"

"我在这里做工的。行！你再想想。如果今天你走，就过个把小时再来，或者明天再来也可以。也就这两三天，没月亮时这条沟谁也不敢走。要明天走的话，还是这个时间。"说完他把两扇窗推进来示意我扣好，他在外面把几块大石头又摆好，倏忽不见了。

我一直睁眼躺到天亮，毫无睡意，那人也没有再出现。

我分析了有几种可能：第一种可能：他们就是想要点钱，没钱要个手表也行，但是，如果中间碰到危险，他们会弃你而去，他们没什么义务要帮你。那人几次讲都说"我们"如何、如何……这说明他不是一个人，还有同伙，一个人或几个人，都是不可信的，几个人还会起内讧的。

第二种可能，是我的"监护"人考察我的一种策略。这不论什么策略和什么结局，对我都是大凶的，没有好结果。我当时比较倾向是这种可能。

第三种可能，是团派内部有不同意见，有人想救我出去，但这也不合情理。"团派"这时正是如日中天，形势好得很，不会有这么严重的反叛思想和行为。

第四种可能，是"团派"想再搞出点事，比如说逃跑事件，或者出现一些意外伤害，或者借助外力（非学校内部）的伤害事故，没事也会变成有事。

这几种可能，都会搅乱我头脑逐渐形成的一些想法，我决定把这事挑开。

第二天早晨九点钟，审讯开始，今天是孙耘主审。

他还没开口，我就抢先说："我有些事想说！"

孙耘似乎有些吃惊。他问我："是有什么东西要交代吗？我们有个安排，你配合我们的安排交代就行了。"

我说："不是交代问题。"

孙耘似乎有些迟疑，看了我一会，慢慢地说："等一会再说吧！"他的表现，使我怀疑第二种可能性，因为似乎他不知道当中有什么特别的安排。

那天上午，"审讯"似乎马马虎虎地过去了。最后，孙耘说："上午到此暂停。你说说，有什么事？"

我将夜里发生的事描述了一遍。当然我没说我估计有几种可能。

孙耘听了后，没有做声。

午饭以后，下午的审讯又草草收场。孙耘又和我谈了一次话，他说："你昨晚的选择是对的。我是说，你没有选择跟他们走，这是对的。这可能避过一次大灾难。你知道，从南口到八达岭这条沟，不用说夜晚，就是白天，大车队都得结队而行。除了坏人，还有狼群。你若跟他们走，不定会出什么事呢！"

我保持沉默，他说的是实话。但是，他的话冲击了我头脑里逐渐形成的计划。我要放弃吗？在以后的审讯中，即使是受刑逼问的时候，有时也会"走神"，想着我的计划。

当晚，孙耘又布置了一个计划，叫我锁上房门和窗户。"无论听到什么声音，也不许动，不许做声，直到我们给你信息。"

这晚，我当然也睡不好。直到夜里三点左右，走廊的门响了，脚步声走到我门口，敲了几下，低声说，"没事了，你睡吧。"

次日，情况有些变化，先是把我调到疗养院西翼二楼一间朝南的房间。后来，他们又发现朝南的房间可以观察到疗养院大部分的活动，尤其是晚上，如果有什么动静，他们不想我看到，只好用几只手电筒照射我的窗口，使得我看不到外面。这样当然还是不方便，于是把我调到朝北的房间。囚室在二楼，审讯在一楼西头朝北的一个套间。

最残暴的打手冯家驷又出现了，我认为这意味着他们的审讯又要升级了，至少又要施行一项新的计划了，审讯方式也将有些变化。

他们分成几个组，每组两三个人。这两三个人里面通常有一个人是打手，真正动手打人或审讯中用一些恶毒的恐吓性的语言来施加压力的，一般是这个打手。

我曾怀疑冯家驷是不是学生。我认为一个学生对老师下不了这样狠毒的手。然而后来了解到，他是一年级的学生。而且他打我不是最狠的，打饶慰慈、文学宓更厉害。对饶慰慈，根本不能提起此人此事。如果有人提起，她会全身颤抖，精神崩溃。

因为冯家驷又到了三堡，我估计不是好兆头。因此，我重新修订了我的计划，必须加快进度。

基度山伯爵助我逃出三堡

有两本小说是我青少年时就喜欢的书：一本是中国的《三国演义》，另一本是外国的《基度山恩仇记》。这两本小说，我更喜欢的是《基度山恩仇记》，因为他描写的东西和我们的现实生活更接近一些。读《三国演义》，我崇拜的偶像是诸葛亮和赵子龙，而读《基度山恩仇记》，我崇拜的偶像是爱德蒙·邓蒂斯和法利亚长老。

……（按：此处省略与绑架无关的若干段落）

在 1.30 被绑架以后，我常常想起这部小说，我会联想到其中的许多情节。有时我会和小说中的人物对话，我会问爱德蒙·邓蒂斯："我现在该怎么办？"我也问过法利亚长老："我这样做对吗？"开始，还只是模模糊糊的想法，后来慢慢清晰了，具体了。渐渐地我知道，我常常想从《基度山恩仇记》里挖掘的是什么？是"越狱"，是"逃跑"！

当我在化学馆一楼被命令掀起走廊里暖气沟的大方砖时，立刻就想起这条沟通到化学馆和音乐室之间的旱井，这是一条很好的逃跑路线。但当时因井里的屎尿太多了，没有选择那条线路。

后来，我被关到三堡疗养所西翼二楼朝北的房间时，一眼就看见房间中间系着一条粗的铜芯电线，可能是用来晾衣服的。但是送我进此房的人并没有注意。他一走，我马上将这条电线摘下来，卷好藏在床板下面。因为，法利亚长老挖地道用的铁工具，都是从他睡觉的床上拆下来的铁件改造成的。这条粗的铜芯电线，说不定将来也能派上用场呢。

他们每天晚上审讯我以后，吃过晚饭就在我的囚室正下方的一楼房间打麻将，有时很热闹，甚至是吵闹。每天夜里差不多 12 点时，有一列火车喘着气爬坡上来，整个山谷天崩地裂地震动二十分钟，我想这是我逃跑的最佳时机。法利亚长老也是这样来选择时机的。

很多偶然的因素碰撞在一起，就会出现一些奇迹，似乎冥冥之中一切都有所安排。

有一天，冯家驷主审。除了随意耍了一会拳脚以外，他皮笑肉不笑地说："给你透露两个好消息，一个是李康来了。你不是不承认吗？那我可要你们当场对质，你们互相咬，互相打吧！第二，我们从学校搬了录音机来，给你们录下音，在全校一广播……嘿嘿……。"

听了"老四"这一说，我的确有些紧张。我不怕录音机，因为有没有录音机也是一样的。我担心的是要我和自己的同事、老师和同学对质，甚至如 66 年 8 月在科学馆那样，逼迫林泰和何介人对打……

我不能揭发，更不能动手打自己的同事，我要提前实现我的逃跑计划。然而，坏消息里面也有好消息，那就是从冯家驷口音判断，饶慰慈和文学宓现在不在他们手上。

法利亚长老在死牢里会认真研究狱卒们的活动规律，我也研究我的"监护人"或"保镖们"。我发现他们每天七、八点钟起床，在我的窗下大便，所以我窗下大约有十几、二十摊大便，在上面看得很清楚。要是黑夜里在一堆大便上跳下去，我真有些不情愿。

但是，时不我待了。我不知道准确的日期。但是按月亮圆缺望朔，可以估计日期已经到了阴历二月底，正是没有月亮的时候。月圆天空皎洁时运输马车结队而行，逃跑是不安全的。如果没有月光，听到有追兵的声音，还可以躲藏一阵。

还有一些没有解决的问题，也都在一些偶然的机会互相碰撞以后，意外地得到了解决。

3月25日早晨，他们叫我："出来，提上你的水桶。"我提上水桶跟着他们从西翼的西门出去。"放下水桶，这里有把铁锹，去把北墙下清理一下。"这正合我意，首先我把那些大便清理了，挖了个坑埋起来。

同时，我发现我窗下的土地是松软的没有散水，二楼窗下还有一条线脚，距室外地面大约有2.8米，从二楼窗口出来可以蹬踩。我曾从2.5米的高度跳下过，估计跳下2.8米也不会成问题，何况下面是松软土质呢！

清理完了，放回铁锹。一个人说："上前面小水沟那里洗一洗吧。"我没吱声，这已经有过两三次了，我就提起水桶向大门口的石桥走去，而他们大约有六七个人离我有十几步远跟着我。

大门口的石桥和疗养所主楼前广场有不到2米的高差，用十几步石台阶相连。

机会来了，这种机会是常常可遇而不可求的。我下了几步台阶，我的"保镖们"落后我十几步远。正好有个空档，他们看不见我，或者不能看见我的全部。这时，从下面走上来一个邮差，和我面对面近距离打个照面，但是我后面的"保镖"却刚好看不见。我在和邮差擦肩而过的时候，大胆地问了声："师傅，这里到南口有多远？"他答："三、四十里吧！"我赶紧说了声："谢谢！"我没有回头看我的保镖，我已经得到我想得到的答案。也就是说，如果我从午夜12点钟开始走，三、四十里走四个小时，无论如何都可以走出南口。我会成功的！

于是，我的逃跑计划就臻于完善了。我兴奋不已，开始做最后的准备。

最后，难得的机遇，又助了我一臂之力。

3月27日上午，还是冯家驷主审。除了例行公事的打骂以外，他到中午快结束的时候说："你还是不肯交代吗？没关系，我们总有办法撬开你的嘴。我不会打死你的，我们要的是活口。你们不是有'攻守同盟'吗？告诉你们，那没用。你看，你们之中不是有人招了吗？那时，有人被动，有人主动，那是你们自己可以选择的。我给你24小时的思考时间，这24小时我们不干扰你。24小时后，明天下午，你再不交代我们就不客气了。"

我不担心什么攻守同盟，我在想这个"老四"所说的时间安排，刚好和我的逃跑计划相吻合。

中午，他们把一天的干粮送到我房间：两个窝头、一块咸菜，一暖壶冷水。这是我一天的标准口粮。这人放下就走了，临走还说了句："明天见！"

下午，我把整个计划又在心中排练了一次，并默默地问法利亚长老："我这个计划有问题吗？能成功吗？"我听不见长老的回答，但是眼前出现一片云雾，云雾后面有一片密林的山沟。我明白，那是三堡西翼北面的山沟。那条山沟我知道，这是长老明示我就走那条向下通到车站的山沟。

1965年暑假我们带学生军训后在"三堡"写总结报告时，向武装部借了一支小口径手枪，就曾在那条山沟里练习打枪。

我知道只有从左侧一条土坡走下去，才能最安全最短距离地走出这条山沟，走到公路和铁路上。但是这条路线还有几处地形不是很清楚，似乎还有陷阱，这时已无法搞清楚了，只能选择这条路线了。

第三部分 "罗文李饶反革命集团"和"十二人反党集团"

白天，我从窗口向外搜寻，发现灌木丛中有一段树枝，长约1.2米左右，粗约2公分，到时可以拣来防身或当拐杖用。

我打开窗向下看，一切都满意。不过，我原计划是将我收藏的电线绑在暖气管上再打上几个结子，从窗口慢慢滑下去。这样做，被发现的可能性大。首先是距离窗口太近，容易弄出声音，或可能从室内看到。还有，这条电线只能留在窗外，早晨他们起床外出大便时，就会看见这条电线，这样我就少了几个小时的时间。所以，我决定修改计划。

晚上十点钟了，我将房内有些文件、草稿纸之类的东西销毁，尽量少留可以成为"罪证"的东西，又将棉大衣塞到被里，弄成像是一个人睡在床上的样子。

我心想，爱德蒙·邓蒂斯是调换了法利亚长老的尸体，自己钻到装尸体的布袋里，而将法利亚长老的尸体放在自己的床上，骗过了狱卒，使他们对长老实行"海葬"时，从悬崖上抛下装尸体的布袋，爱德蒙·邓蒂斯乘机逃了出来。我现在没有他那么复杂，但是，我这是真的，他那是小说！

夜晚十二点，窗外天空漆黑，没有一点光亮。近处，我的囚室楼下，人声嘈杂，我的"保镖们"早已开台赌上了。远处渐渐由小到大，火车吐气挣扎费力爬坡的声音越来越近了。我下定决心，把电线盘在身上，把没吃完的口粮包好扔在窗外地上，小心地翻出窗外，双脚踩在外窗下的线脚上，小心地关好窗子。转身看看，一切都满意，自己对自己笑了笑，默默地感谢基度山伯爵和法利亚长老！当火车声最大时，我跳了下去。

我完成了逃跑计划的第一步，但是跳下、着地时，右脚腕扭伤了，疼得我喊了一声！我必须忍着痛走到南口。

午夜逃亡，与狼同行

……（按：此处省略两小段）

火车在山谷中轰鸣。我赶快向右滚到黑暗中，看看"麻将友"们打得正欢。我在黑暗中躺了半分钟，活动活动那受伤的脚腕，发现还能动。虽然很痛，但还有感觉。我爬起来，捡起吃剩的窝头和那根粗的树枝，忍着脚腕的疼痛，跟跟跄跄地从左边一个小山沟滑下去。临下滑的时候，我回头最后看了看二楼黑暗的囚室和一楼打麻将的灯火辉煌处。

我对这个山沟并不陌生，1964年和1965年我曾在这里练习打小口径手枪。现在天色黑暗，没有月光，居然还有些光亮，伸手可见五指。我这时才明白什么叫"星光"。如果连"星光"也没有，可能要恐怖得多了。借着星光，我看到早春的残雪。我摸索着慢慢走到疗养所北边的另一条小沟，顺着这条沟就可以到三堡火车站。

五年以后（即1973年），我们从江西鲤鱼洲农场撤回北京，分批到三堡疗养所疗养的时候，我又到这条山沟踏勘了一下。我看到当年逃出三堡所走过的路，实际上是一条极为危险的小山沟，宽不到30公分，左边是一个70-80公分高的坎，右边是山中积雪和已经开始融化的湿地，我居然平安走过，没有掉到坎下或踩到积雪融化了的湿地里！

突然，"呜……"一声拉长了的凄厉的声音从右边的山林深处发出。

我明白这是狼嚎！同时，远处传来许多不知是山谷回声，还是远处狼群的回应声。以前在疗养所时也常常在夜里听见过，不过没有这么近、这么恐怖。本来狼嚎已很恐怖和阴森，而远处的回声或回应，听起来就更加恐怖和阴森。然而现在顾不上这么多了。怕也没用，也没处躲了。

我立刻把缠绕在身上的粗铜芯电线解下来，摸黑弯成一个约60公分的圆圈。听说狼怕圆圈。五十年代，我和同学们到八达岭玩，看见山上的房子和围墙上常常画了许多圆圈，据说就是用来防狼的。另外，听说狼多疑，你越害怕，它就越凶恶。所以我左手执圈，右手拄着粗树枝，一瘸一拐地向北山沟走下去。

走到三堡火车站时，火车已走远了。车站灯火通明，不见人影，安静得可怕。我在一个电灯杆下坐了一会，看了看脚腕，有些肿，吃力时还很痛，但可以动，我知道没有伤到骨头。我下决心继续走，走出南口。我没有选择，只能向前走。我起身，作了几下深呼吸，又艰难地上路了。

我只能沿着公路走，没有路灯，偶尔有几间房子门口有电灯，能照亮前后几十米远，然后又是一片漆黑，只有星光伴我孤零零的一个人走着。

山谷里潺潺水声虽然很有诗意，但是另外还有一些奇怪的、我分辨不出哪里来的声音，还有就是狼嚎声。有时，狼的嚎叫好像近在咫尺。我马上环顾四周，能看见暗红的或暗绿的、恐怖的、阴森的眼光。走到有些光亮的地方时，这些阴森森的眼光就不见了。再走到黑暗的地方，又出现了。如果没有出现，就一定会有一声长长的狼嚎，接着远近又有呼应。有时我虽然看不见他们的身影，但阴森森的眼光告诉我，它们离我很近了。我知道，遇到狼或野狗，都不能逃跑。跑，你就完了，何况我的脚受伤了，还真跑不动呢！所以它们离我很近的时候，我就把弯成的铜线圈和那根粗树枝前后舞动，又在路边借着星光找到几块稍稍大一点的石头放在路中间。狼多疑，不知我搞什么诡计，不敢轻易上前。有时走累了，我就坐在悬崖边的护路石墩上休息，背对悬崖，我想狼群不可能从背后袭击我。

大约四点钟，转过一个小山口，突然，前面山里出现一些亮光，同时还传来一些山谷中不应该出现的声音。渐渐地，亮光和声音都大了，我认出来，这是南口采石场的灯光和采石机械的声音。到南口了！我兴奋极了，甚至一时忘记了受伤脚腕的疼痛。当我想起跟了我一夜的狼群时，才发现它们都不见了。我面对那茫茫的大山、星空和长夜，心里默默感谢这些没有找我麻烦、并陪送我一夜的狼群。

五年以后，当我再次到三堡休养时，也曾一个人夜访山沟、野林和公路，希望能碰到那些狼群，至少能再听到那凄厉、可怕的狼嚎。可是什么都没有，这就是人们常说的"可遇而不可求"吧！

这时，公路分了岔。直走，可能到南口火车站。左拐则是可达昌平的一个跨过铁路的道口。守着道口有座小房子，小房子里外都有电灯，所以这个道口很光亮。我刚想找块石头坐下休息，忽然，小房子门开了，有一位铁路工人咳嗽着出来，向路边泼了一盆水。

我就势向前问道："师傅，经南口的火车有几趟？"

"两上两下。"师傅说："北上去张家口方向的下午一趟，夜里一趟。南下北京城的上午一趟，下午一趟。"老师傅说着，又看了看我说说："您怎么一个人走夜路啊！这黑里吧唧的，够胆子！"

"谢谢您啦！"我不敢多说。

我心里算计着，现在唯有经昌平去北京一条路最安全。我估计，如果现在休息的话，伤脚就可能再也走不动了。

我又迈开那受伤的脚，向昌平前进。我觉得最坏的可能已经过去了。这就是如果半夜大约两点左右，他们巡查时，发现我的被窝里不是我，而是棉衣；或者他们早晨打完牌，准备睡觉时巡查一下，发现被窝里不是我，发现这两种情况，他们会开出那部吉普车展开追捕。但当他们追到昌平时，我已到北京了。我藏在北京这么个大城市里，他们要抓我可不是很容易的事呢！于是我坚决地走下去！

走着，走着，天渐渐亮了，周围人和车的声音渐渐多起来了，还有些部队战士早晨出操了，"提高警惕，保卫祖国！一、二、三、四……"

又累、又困、又饿的我，虽然咬紧牙关，硬挺着走下去，但也渐渐支持不住了。我想，如果我真的走不动了，在南口，我可以去找×××部队；在昌平，我可以找昌平工程兵技术学校，他们一定会帮助我的。

渐渐地，我出现了幻觉：

有很多影像出现，我仿佛觉得自己也在解放军的晨操队伍里，喊着口号……

这时，我仿佛看见那辆吉普车，看见开车的是冯家驷……

我仿佛看见昌平公路上转向"200号"和南口方向的路口，从那里往南一点就是昌平到北京德胜门的公交车站，我到了……

我失去了知觉……

第三部分 "罗文李饶反革命集团"和"十二人反党集团"

最危险的地方,也许是最安全的

当我恢复知觉,睁开眼睛时,看见几位解放军正在看我上衣口袋里的东西。

"清华的工作证,清华的。"一位解放军说。

"醒了,醒了!"另一位说。

"喂,同志,你是不是要回清华去?我们通知清华来接你,我们是工程兵技术学校的。"

我摇头。

"我们送你上公共汽车?"

我点点头。

他们扶我起来,护送我慢慢走向汽车站。站台上正好有一辆空车待发,他们小心地扶我上车,安排我坐在司机后面第二排的位子上。

他们又问:"你认不认得路,身上有钱吗?"

我又点了点头。

"走好,我们回去了。"他们说完,又跟售票员说了几句什么。

过一会,车开了,我趴在前面座椅的靠背上,昏昏沉沉地睡着了。

"同志,同志,醒一醒,你是上北京还是上清华?清河到了,上清华在这里转,上北京就到德胜门?"

我好像好久没有说话了,现在低声说:"德胜门!"

"您有钱买票吗?没钱不要紧——"售票员说。

我递给售票员一张5元的钞票,她给了我一张票和找回的一些钱。我也没注意看,就放回口袋。接着又趴在座椅靠背上,但没再昏睡,并逐渐清醒了。很快,车就到德胜门站了。

售票员对我说:"您走好,要不要我们帮您?"

我摇头,并说了声:"谢谢!"

下车一看,是德胜门外大街的南端。我慢慢走到护城河边,有一条石头台阶从河岸可以下到水边。护城河水虽然不是"清澈见底",但至少不是浑浊的。

水面上映出了我的面孔:苍白、清瘦、眼睛无神,须发很长,鼻孔处还有些血痂……很像个逃犯。我手捧护城河水洗了洗脸。

看了看周围，没什么人。我就在台阶上坐下来休息，同时，计划下一步棋该如何走。

首先，我应该决定先和谁联系？是先和家里联系，还是先和学校联系？我想，和学校联系太危险，因为学校所有机构目前都被团派控制，我没办法直接找到我最信任并与我关系最密切的几个人。我逃跑以后，学校会乱一阵，老团会发疯一样追捕，而老四也会乱一阵。老四不乱，那肯定知道我已经安全了。老团就会拼命从老四内部探听有关我的信息。这种局面对我是很危险的。

然而，无论如何，我的目标还是要回到学校。虽然回学校相当危险，但往往最危险的地方也许是最安全的。比如我深夜独自从坏人、野狼出没的山沟里走出来，非常危险，但事实也证明这是最安全的逃跑路线。

所以我决定先和家里联系。怎样联系？我脑子里已大致形成了一个计划。

我以前常常从学校骑车回我父母家，或从父母家回清华。都经过这里，对这里很熟悉。1964年带学生到部队军训时，我记住了解放军团长的教导，走过什么地方，都要记得这地方有什么特点。现在派上用场了，我现在要用公共电话……

这时，时间已是早晨8点多了。我起身，慢慢走到德胜门内大约是鼓楼西街路北的一间小商铺前，我记得这里有个公用电话站。

我走上台阶，掀起厚厚的门帘，走进去。里面两个人，一个女的背着门蹲在地上在整理什么东西，另一个男的坐着，和我打了个招呼。

我平时都讲标准的普通话，现在我却用广东口音的普通话说："师傅，可不可以用一下电话。"

那人说："可以，本市一毛钱一次。"

我拨通了我父母家的传呼电话，我还必须用广东口音，因为那边的管理传呼电话站的正是查抄和占用我家房子的"街道积极分子"。

第三部分 "罗文李饶反革命集团"和"十二人反党集团"

我用浓重的广东口音说:"我找铃铛胡同15号院内李曼云(我母亲)家听电话,我姓刘。"

那边接电话的人说:"请稍等一下。"

也就两三分钟时间,但我感觉很长、很长。"喂,哪一位?"那边传来的是我父亲很重的广东口音。

我立即用广东话说:"爹爹,是我,阿启,请你一定讲广东话,不要讲普通话。"

"他们放你回来了?"父亲问。

"不是,我逃出来的。请你告诉妈妈,请他放心。我现在去梓哥家(梓哥是我大姐夫何梓华,我大姐一直下放在昌平,经常不在家)。你知不知道鸿文怎么样?"

"她昨天好像进城正在梓哥家,你大家姐周末回来了,昨晚才回昌平。"

"孩子好吗?"我问。

"很好,放心啦。我叫你妈给你弄点吃的送去梓哥家。"父亲说。

"不要,今天中午以后,你们都不安全,他们会下令搜捕我。你们和孩子都要特别注意。如果送吃的东西给我,也不要到梓哥家里。今天中午12点以前送到日坛公园儿童游乐场去。"

打完电话,我准备去饶慰慈家。她家在一个深宅大院的最后一层院落,里面不知住了多少人家。我进了大门,从右侧直巷走进去。我走了一半,连一个人影都不见,感觉不妙,立即停步。我想这样到她家,或被人看见,会不会给她带来麻烦?还是马上回头吧!今天回想起来,我还后悔当时应该到她家,告诉她立即躲藏起来。也许她就可以逃过这一劫。

从大宅院出来,我搭公共汽车,经过三个站到张自忠路人民大学教工住宅区。

我艰难地走上我姐家所在的五楼。敲了门,是姐夫和他的一位同事开的门。姐夫一见我,吃了一惊,赶快叫我进去。我看见他家三房中最大的一间房里面坐满了人,好像在开会,他们也都看见我了。

我心里暗想:"糟糕!"

姐夫看出我的心思，就说："没关系，都是自己人。"

但同时，他又提高嗓门，似乎有意让屋里的人都听到，大声说："这里不安全，快走。"

这时，我看见鸿文走出来了。两个月没见了，我看她面容憔悴，目光呆滞，我很内疚，是我害了他，但现在顾不上这些了。

姐夫拿出两把自行车钥匙说："快走。"

然后似乎是不想让同事们听到，压低话音用广东话（他是广东南海人，和鸿文是同乡）说：晚上七点以前你们在什么地方？"

我小声说："在日坛公园附近。"

他说："好，晚上七点在建国门向西行的马路上见面。"

我们很快下楼，骑着自行车离开人大宿舍。这时我才注意到院里贴满了大字报，许多人在看大字报，因此也没有人注意我们。

出了张自忠路一号（原来是铁狮子胡同一号）大门，鸿文问我："怎么走？上哪儿？"

我说上日坛公园方向。这时已经11点了，我告诉鸿文，母亲可能在12点以前到日坛公园来看我。

她批评我："不应该让老人家冒这个险。"

这时，我才感觉自己很饿。一想到两个月来都是一天四个窝头一块咸菜，而且走了一夜，只吃过一点点干粮。这样一想，我更觉得饿得不得了。我叫鸿文去旁边小食店买点油饼或肉肠之类的熟食。她立即去买了，我也顾不上是否体面，就在大街上吃起来。吃完了，我们就骑车向日坛公园东门而去。

快到东门的时候，我忽然见到清华建四（64年建筑系毕业的学生）的陈书栋骑车迎面而来。我们两人对视了一秒钟，他似乎没有感觉。我则肯定不会认错人，是陈书栋无疑。我们向相反方向走过之后，我回头看他，他没有回头，说明他没有认出我。我曾想过：如果他认出我怎么办？我想我会如实地告诉他我如何被绑架，如何逃出来，蒯大富们正在追捕等等。我相信他听了会帮助我的。

……（按：此处省略两小段）

第三部分　"罗文李馄反革命集团"和"十二人反党集团"

到了日坛公园的儿童娱乐场，鸿文注意到离东门不远的地方有一座较大的建筑物，是肿瘤医院，她说去看看，必要的时候可以混到复诊病人当中，可以躲避追捕。她很快就回来了，她说这个地方必要时可以用。但是我们后来并没有用这个"避难所"。

母亲来了，带了一饭盒炒饭，我狼吞虎咽地吃个精光。我们嘱咐母亲要小心保护自己和孙女，母亲含着眼泪离开公园回家去了。

差不多整整一个下午，我们在公园里，躲在灌木丛中的一小块能照到太阳的空地上休息，我脱了鞋晒太阳。

鸿文欲哭无泪，她感叹说："怎么办，以后的日子怎么过？"

我说："如果市政府或专政机关也说我是反革命，也要抓我，那我就真要反革命了！"

鸿文困惑地看着我说："我不懂你的意思。"

我也没再说什么，我怕她害怕，不敢再说了。

天慢慢暗了下来，公园里已空无一人，这里太静反而不安全。下午六点多的时候，我们商量了一阵，决定先去看看林维南。他住北京日报宿舍，就在日坛公园附近。

我们到他家，停靠好自行车，爬上四楼，敲了几下门，林维南开了门。跟以往不同的是，他家走廊里的几个房门都是关着的，似乎有什么事。他见我们马上说："小杨（他的妻子）刚生了个女儿，住了几天医院，今天才回家。你们别进去了，我妈妈为躲避印尼反华也刚回到北京……"

我把我的情况简单说了一下，他叫我们到里面一个小房间，给我拿了一小瓶广东人喜欢用的跌打伤湿油，鸿文立即帮我涂抹并按摩了一阵。林维南又给了我一些粮票和钱，就催促我们赶紧离开，也没问我们到什么地方去。我们都心知肚明，情势是非常危险的，到什么地方去最好不说，也不问。

林维南送我们出门。但和平时不一样，没有送我们下楼。我们慢慢走下楼。走到一楼单元门口，我开自行车锁时，不经意地看了右边单元的厨房一眼，发现一位男士正在注视着我，我心中有些不安，因北京日报很多人认识我。不只因为林维南，而且因为我负责宣传工作，和北京的几个报社都常有来往，认识不少人。几天以后发生的事情证实了我的担心（注）。

七点钟，我们准时骑自行车到建国门大街，从建国门向天安门方向骑去。

不一会，姐夫不知从什么地方赶上来了。他说："我找到了郁正汶，他答应我们先到他妻子的弟弟的家。他们两口子都姓李，都在五道口商场的一个餐厅工作，人挺好，我们到他们家再商量怎么办。反正你们总不能在街头游荡。你们从这里向西走，在火车站口的方巾巷向北直走。到朝阳门大街往东拐，出朝阳门再直走到三里屯街口右手边，在那里会面。郁正汶带你去她爱人的弟弟的家。现在我和你们分开走。"

我们七点二十分到三里屯街口，黑暗中似乎有好几个人影。我先看见姐夫，然后看见郁正汶。他是中国青年报的体育记者，是我大姐、姐夫的燕京新闻系的同学。院系调整后，燕京撤销，他们"改嫁"人大。从燕京时起，他们就常在我家聚会、碰头，似乎他们几位男生曾被打成"反动小集团"，后已平反。他在报社两派中很活跃，但他是天派的。不过，这在文革中是个很普遍的现象。正因为他是天派的，与414是对立的，对我而言更安全一些。

我刚和郁正汶打招呼，问声好。

旁边闪出一个人，一把搂住我哭了。我吃一惊，这才认出是大姐征敬。她很激动，断断续续地说："受苦啦，挨打了没有？我昨天才回昌平，心里总不是很平静，似乎有什么事，整晚睡不着。今天一早晨我就决定赶回北京，一进门，阿梓（姐夫）就告诉我说你逃出来了。你看，我到现在心还在乱跳。"

姐夫厉声下令道："别婆婆妈妈的，快点！马上随郁正汶走！下一步如何再商量。"

然后对大姐说："你回家吧，这里人多了反而不安全，引人注意。"大姐很不情愿地离开了。

我们一群人则随郁正汶骑车进了三里屯小区，左拐右拐转到了小李家。他们很热情地接待了我们。

第三部分 "罗文李饶反革命集团"和"十二人反党集团"

当晚,鸿文帮我从头到脚擦洗了一遍,并在受伤处上了药。

这时已过午夜十二点,正是我昨晚跳下楼的时间。现在回想起来,有点后怕,如果麻将友当中有一位外出小便,正在这时撞上我跳下来;如果麻将友当中有人听到一个重物坠地的声音,同时还听见有人喊了一声;如果……。

"喂!"姐夫唤醒了我。"现在要有个打算。现在这里虽然安全,但你总不能永远躲在这里!"

我说:"我正在想,我应该回学校去。"几个人一起摇头反对。

我说:"最危险的地方也许正是最安全的。"大家不说话。

姐夫说:"这样,明天我们出去看看形势,看看情况再说。"

郁正汶说:"我明天到清华去探听一下,最好能跟你们414的人接上头,听听他们的想法和意见。如果他们也认为你回清华去最安全,那就听他们的安排了,但你得给我一个最安全可靠的接头人。"

我告诉他的接头人是李兆汉。

他随口问我:"可靠?"

我说:"100%。"

姐夫问:"你为什么不找印甫盛和万润南呢?"

我回答:"不是不想找。但是将近两年来,学生宿舍变化很大,我没有把握能安全地找到他们。而且'老团'一定很注意他们,因为他们和我关系很密切。"

讨论完了,我们已困得不行了。

临睡前,我还没有忘记问一问法利亚长老:"我这样做行吗?"

我没听到回答,就已进入梦乡。两个月来,我第一次安稳、平静地睡了一夜。

414总部指挥救援,回到学校

次日(三月二十九日),我们以急切的心情等着郁正汶。他去清华探听信息了。

天色渐暗,夜幕降临了,我们都有些焦虑不安了。一直等到午夜才听到楼下有搬自行车的声音,郁正汶回来了。这时已是三月三十日凌晨了。

郁正汶侃侃而谈,仔细描述了他去清华探回的以下信息:

"我到了清华,学校里还算平静,大字报栏里的内容并没有关于征启的事,看样子谁都摸不清真相,不愿先发制人。

晚饭以后,我去十七宿舍找李兆汉,他不在。他的夫人廉慧珍老师警惕性很高,盘问再三。我开始没有说谁叫我来的,她也躲躲闪闪。

最后,我说:是罗征启叫我来的,我是他姐姐罗征敬和姐夫何梓华的同学。罗征启逃出来了,他说除了李兆汉,别人都不能说!

廉老师说:'李兆汉在主楼后厅开 414 的形势讨论会,我带你去。'

我们一起骑车到主楼,她很快在后厅找到李兆汉,李立即在后厅的大柱子后面和我见面,我只简短地说了几句。

他说:'行了,等一会儿一起说吧。我去通报一下,你稍等。'

我不放心,又叮嘱说:'这事绝对不能泄露出去,要绝对保密。'

他笑了笑:'你放心吧,等一会你见到这些头头就知道了。'

我当时还不明白,后来我参加了 414 高层会议'讨论救援罗征启的事宜',我才知道我的顾虑是多余的。

主楼后厅的会开完了,也许是因为我有事,所以觉得会是提前收场的。

换了一个小房间开会,只七八个人。为了保密,即便总部委员,也不一定都参加。414 的第一把手沈如槐主持这个会,先请我介绍一下情况。我只说了大概情况,连罗征启现在藏在什么地方也没有说,他们也没有问。

沈如槐说:'现在情况很清楚了,我们下一步应该怎样做,罗征启自己有什么意见?'

我说:'罗征启的意见倾向于回到学校,他觉得老团一定认为他不敢回学校。最危险的地方也许是最安全的。现在所有的车站、关

口,一定有人监控的,可能外逃比回学校更危险。'

讨论进行得很平静,很理性。大家比较倾向接罗征启回学校。于是沈如槐拍板,成立'救援小组',由宿长忠指挥。

沈如槐、宿长忠和其他414头头真的都堪称将才,指挥作战,沉着又灵活。沈如槐拍板以后就叫无关的人退席,我知道这事越少人知道越好,但是这事也不是三五个人能干的。这时我才发现,小房间门外已经有几个人在等待宿长忠的命令。

沈如槐、宿长忠分派任务有序而且果断,从派汽车、司机是谁、车长是谁,接头地点、回学校的行车路线、进校以后的路线、校内外几个关键路口各派414战士若干守候,等汽车过了再散,到要求从下午起,守卫科学馆的人全部换成和罗征启比较熟悉的人,并且由'223战团'印甫盛负责……宿长忠一口气说完,简直滴水不漏。又指定了和我联系的人,以及指示如果情况有变化,如何联系。大家还对了表,规定行动时间是3月30日下午两点半,接征启的地点是朝外大街邮局。十点半左右先去邮局周围看看,如果有变动,会及时通知我们。

然后叫我先走,他们还在商量什么。我离开时已是3月30日的一点多。"

听完郁正汶有声有色的介绍,已快深夜三点了,我们都松了一口气,安心休息,准备迎接即将到来的营救回校行动。

上午,郁正汶来了。他说:"从我们住的地方到朝阳门外大街邮局骑车来回几次,测得平均时间是9分钟。但是,当我十点半钟去邮局联系的时候,414总部派人来说,情况有变,这个地点不能用,因为邮局里有三个'老团',不知为什么,就是不走。虽然看样子不是为了我们,但总部为保险起见,还是决定修改计划。时间不变,地点改在邮局后面,有一个饭馆,门口是三条路,丁字形的交叉口,有情况时比较机动。总部说,汽车早晨已经出动,在市里转,同时注意有没有跟踪的尾巴。我看他们部署的还是很严密的。"

郁正汶说完,又去测新的联系地点到我们住的地方的距离和需要的时间。他昨夜没睡好，又跑来跑去，很辛苦，但看来他很兴奋。新的接头地点离住地的距离稍近了一点，需要五分半钟，这是他午饭前多次实测的结果。

我们一起吃过午饭，时间越来越近了。两点二十分，我们和主人告别，我也和鸿文话别，慢慢走下楼。虽然过了两天，我受伤的脚腕，吃力的时候还是很痛的，因为脚痛，不能跳上自行车后座，只能先坐好，请郁正汶从前面跨上车，我的脸顶住他的后背。

只听他说："还有四分半，三分半，两分半，一分半，一分钟，前面已经看到接头地点了，还有30秒，20秒，快到了……"

这时从后面那条小街里冲出一辆吉普车，"嘎"的一声在我们的前面急刹车，这情形和两个月前"老团"抓我的情况几乎完全一样，我都来不及想，来不及惊慌、害怕，从车上跳下来几个人，一个大个子（注4）把我从自行车上拦腰抱起，轻轻放进吉普车后座，车里几个同学轮番拥抱了我，同时，车子几乎没停就加速开走了。司机我认识，是汽车实验室的张德禄，他扭过头来对我亲切地笑了笑说："受苦了。"

这时我才想起郁正汶，却早已看不见了。事后他说，当他听到急刹车的声音，也吓懵了，后来看到上车以后互相拥抱，才放下心来。

坐在司机旁的同学是这次救援行动的现场指挥，名字叫尹尊声。他没怎么理我，眼睛一直警惕地注视着道路周围的情况，不停地问"有没有异常？"

坐在我旁边和后面的几个同学都报告说："没有异常。"

尹尊声和这几个同学一直不讲话，很紧张地注视着左右和后边道路上的情况。每到重要的路口，都会报告是否有异常情况。

吉普车在北京市区转了半天没有发现什么异常。张师傅就说："好！那咱们就上三环奔学校东门了。"

过了林学院，快到学校东门外的铁路和去清河的公路交叉口，几个同学都说："看见安全暗号了，可以进学校，大家准备。"

一位同学给了我一件工作服上衣，一个帽子，还有一个平光眼镜，并轻松地说："没事，别紧张。"

第三部分 "罗文李饶反革命集团"和"十二人反党集团"

车子开到东门，尹尊声说："看见我们的人了，看见安全的信号了，别停，中速进校门。"

进门以后，车子径直钻过主楼左侧的过街楼洞口向学生宿舍区开去。这条路要绕道稍远一些，而且经过学生活动区、宿舍区，两派学生都很多，一般人考虑不会选这条路的。

奇怪的是，已是下午 4 点左右，我居然看见不少同学在这个时间里，还在操场上锻炼身体，可惜马约翰先生已经去世，不然看到这个现象会很高兴的。

因为路上人多，车速还是慢下来了。车到大礼堂后面西侧的桥，开过去就是礼堂、闻亭、阶梯教室，科学馆后门。这时，张师傅发话了："准备好，安全到达了！"

我只看见汽车对准科学馆后门前的小路，一位同学用一条大麻袋把我的头蒙起来。同时，张师傅一踩油门，汽车冲到后门前，戛然刹住停下。还是那位大个子同学，把我扛进门。

只听得守门人问道："抓了个什么人？"

大个子说："老团三动的。"

守门人说："好呀！"

我被扛着上楼梯，又走了一段，进了个房间。把我放下，扯下麻袋，我看见印甫盛、万润南、沙春元等几位同学微笑着看着我，我这才感到"回到家"了。

作者简介：罗征启，男，1934 年生。1955 年毕业于清华大学建筑系，留校任教并兼任清华大学团委副书记。1964 年后任校党委宣传部副部长。文革中被打成反革命备受迫害。文革后任校党委副书记，曾到中央党校中青年干部培训班学习。1983 年调深圳大学任常务副校长、校长兼党委书记。1989 年风波后被免除公职、开除党籍。90 年代在母校和校友支持下创办清华大学建筑设计研究院深圳分院，后独立、更名为深圳市清华苑建筑及规划设计研究有限公司，任董事长。

注：罗征启成功逃出后，蒯大富一伙为了追查罗征启的下落，不但抓了罗征启的父亲和弟弟，还抓了林维南，从印尼躲避反华浪潮回国的林维南的母亲上前阻拦，被团保卫组打手踢倒在地受伤，三天后含冤去世。

（二）一定不能让罗征启再落虎口！

摘自沈如槐著《清华大学文革记事》

按：本文摘自沈如槐著《清华大学文革记事》，标题为编者所加。

罗征启是1月30日被团派抓走的，一直被囚禁在清华大学教工疗养院——三堡。3月27日，罗征启利用专案组的疏忽从三堡"越狱"逃跑，在一些好心人的帮助下逃到北京。他想，此时此刻，团派一定在北京布下了天罗地网，到处搜捕他。他躲在一个邮局，打电话到科学馆，希望414能够帮助他，他确信414一定会帮助他。接听电话的正好是尹尊声，尹尊声放下电话后，立即向我汇报。我们决定马上采取营救行动，与团派争时间，抢速度，一定不能让罗征启再落虎口。我们深知，偌大的北京并无罗征启的藏身之地，唯有科学馆里最安全。我们决定派车把罗征启接到科学馆保护起来。

我记得很清楚，那天是尹尊声亲自带队执行任务。开车的司机是动农系张师傅，他是一位铁杆的414战士，开车技术顶呱呱。尹尊声他们如何在城里兜圈子以避开团派的耳目、如何甩掉团派可能的跟踪等等，自不必说。我所关心的是他们回到清华后的这段路上会不会出问题。我们拟订的路线是：汽车从东校门进校，一路往西，在二校门转弯往北，直奔科学馆。这条路线，路面宽阔，笔直平坦，过了东校门，只需五分钟的时间，汽车就可开到科学馆。我们分析，最危险的地段是东校门，如果门岗要求停车检查，就会发现车里的罗征启。

如果这个门岗是团派的人，他就会打电话报告团派总部。为防止意外，我们派尹尊声同班同学张文法守在东校门，暗中接应。一旦执行任务的吉普车通过东校门时被团派发现了，张文法就设法控制门房的电话，必要时干脆扯断电话线，不让门岗向团派及时通风报信，确保汽车有足够时间安全到达科学馆。

尹尊声顺利地将罗征启接到科学馆后，安排他住在三楼朝南的一个房间。我立即与罗征启见面。我最关心的问题是他向团派专案组交代了什么，什么把柄落到了团派专案组手里，致使团派专案组弄出这么大的一个假案来。罗征启告诉我，团派专案组对他施以酷刑，无所不用其极，在严刑逼供下，他所交代了不少问题，其中最严重的是：他与别的干部说过"林彪是全国极'左'思潮的总根子"，"中央文革执行了一条过左的路线"之类的话。但他和文学宓、李康、饶慰慈等人在一起也仅仅是议论议论而已，没有什么特别之处，至于所谓反革命集团纯属子虚乌有。

罗征启的话，证实了我的判断，我心中更加有底。文革当中，议论中央领导，司空见惯。在414，对中央文革的某些大人物早已嗤之以鼻，议论林彪、江青也不是什么秘密。我认为，罗征启他们议论的那些言论算不上反革命，更谈不上集团。

罗征启住在科学馆的消息一直保密得很好，不光整个团派蒙在鼓里，就是在414，也只有包括核心组在内的极少数人了解情况。我只允许223战团的几个同志负责和他联络并给他送饭送水。

罗征启在科学馆住了一个月左右。百日武斗开始前夕，在征得我的同意后，罗征启的好朋友陪同他悄悄离开北京，躲到了这位同学的家乡广东汕头。

作者简介：沈如槐，男，江苏兴化人，1945年生。1964年考入清华大学工程力学数学系；文革初期主张批判工作组，后因反对蒯大富的极"左"和宗派政策而发起组织"四一四"并担任一把手。毕业后长期从事计算机应用系统工程的研究开发工作，曾获国家科技进步二等奖和电子工业部科技成果一等奖。历任电子部六所副总工程师、康华实业公司代总经理等职。著有回忆录《清华大学文革记事》。

（三）编者的话

罗征启是蒯大富捏造的"罗文李饶反革命集团"的"首恶分子"，他的回忆，生动地再现了他被蒯大富绑架后58天的黑牢经历。

事隔五十年，罗征启的回忆肯定会有所错漏，但他被绑架、关押、转移，特别是被刑讯逼供的惨痛和逃离三堡的惊险，已经深深地刻在他的记忆中，主要关节是不会偏离事实的。而且，这一段经历，除了罗征启本人作为被害人的回忆之外，只有孙耘作为加害人之一有过简略的忆述及歉疚，如果不算团《井冈山》报说段洪水为抓罗征启"在风雪中等了三天三夜"（注5），团保卫组和专案组还没有其他人披露绑架、刑讯罗征启的真相。

罗征启逃离三堡到北京市内后，怎样和414总部取得联系？414总部如何营救他回科学馆？对此，除了罗本人的回忆外，还有沈如槐、孙怒涛的回忆，说法不一，倒是有搞清楚的必要，参与者还健在，搞清楚也有可能。

孙怒涛的回忆：罗征启逃离三堡，"历尽艰辛，死里逃生，躲在城里的亲戚家里。老团在城里搜捕他，他觉得非常不安全，于是给沈如槐写了一封信。"沈如槐在随后召开的核心会上"念了他向414求援的信件"（注6）。孙的回忆没有说这封信是寄来的还是托人带来的。但当时的清华园，寄信来求救既不及时又不安全，显然是不可能的；如果是托人带来，则带信人完全可以口述罗的情况和要求，写信是多此一举，而且同样不安全（可能被团派截获）。孙的回忆不靠谱。

沈如槐的回忆：罗征启逃离三堡回到城里，"他躲在一个邮局，打电话到科学馆，希望414能够帮助他，他确信414一定会帮助他。接听电话的正好是尹尊声，尹尊声放下电话后，立即向我汇报。"当

第三部分 "罗文李饶反革命集团"和"十二人反党集团"

时的清华园,打电话到科学馆求救,也同样不安全,以罗征启的机警和谨慎,他不会这么做,尹尊声也无此记忆。但老四救援车的接人地点确实是邮局(朝外大街邮局),具体参与策划救援方案的也确实有尹尊声,沈如槐很可能对此印象深刻,几十年后回忆时,"邮局接人"就错记成"邮局打电话","尹尊声接电话"。

罗征启回忆是请郁正汶到清华找李兆汉,后与 414 总部商讨救援方案,确定了接人时间、地点和联系人;这个回忆应当是可靠的。

关于老四总部如何救援,孙怒涛的回忆是:"一天晚上,罗征启化了装,乘小车闯过南校门,到二教下,拥入科学馆"(同注 6),这也和罗征启、沈如槐的回忆相差太多。

罗、沈的回忆大致相同:尹尊声带车指挥,司机张师傅,从东校门进入校园;但在进校后的行进路线却不相同:罗回忆是绕道学生宿舍区,通过大礼堂西侧小桥到科学馆后门,沈回忆则是由东门直接开到二校门右拐,从大礼堂前到科学馆后门。

编者为此联系了尹尊声和参与救援的陈天晴。尹尊声说,"罗征启关于我进城接他回清华的记忆有误。是陈天晴和老李班的人接的,不是我。我后来在科学馆见过他,大概讲过接他的事,也许他因此记错了。沈如槐安排我在主楼前东门接应,一旦老团发现,要阻止门卫打电话报告,防止截车,留出足够时间让车到科学馆。我和班上同学张文法一起执行这次任务。"陈天晴说:"从城里救罗老师回清华的整个过程是由我带着李文忠学习班人员完成的。行动计划是我和尹一起讨论的。但行动中,尹的确不在车上。尹当天应也在东门","我将老李班人员分成几个组,分别布置在东校门、二校门、大礼堂前、科学馆西门;我亲自带两个人去城里接罗老师,返回清华东门,再从主楼向西、经二校门向北,从大礼堂前拐到科学馆西门。""从清华出发,直到科学馆西门内,现场指挥一直是我"(注 7)。

因此,尹尊声不在车上,带车指挥是陈天晴,罗、沈的回忆皆有误;张文法确在东门接应,沈的回忆正确;进入东校门后并未经过宿舍区,而是经过二校门、礼堂前到科学馆后门,沈的回忆正确,罗的回忆有误。

可见，完全还原真实的历史很不容易，有时甚至不可能。

罗征启在蒯大富的黑牢 58 天，他的回忆也不可能完全还原当时真实的场景，但是他遭受毒打、刑讯逼供、被罚站 80 小时，却是绝对真实的历史，以冯家驷为代表的打手们的凶残、暴虐、无人性，也是真实的历史！至今，除了孙耘，未见陈继芳和其他的加害人对罗征启老师表示忏悔和愧疚，他们可以选择遗忘对罗征启及其他被害人的暴行，可是清华文革的历史耻辱柱不会遗忘他们！

注1：冯家驷，清华电机系电 002 班学生。（即大学一年级）

迄今为止，披露出来了一批团派打手，冯家驷是其中的代表人物，而且是最残暴的凶手。除了打人最凶狠以外，冯家驷更以拔牙为其特色；他曾用克丝钳瓣断文学宓三颗牙，夹碎贾春旺两颗牙，故被校友们憎恨而轻蔑地称之为"牙科大夫"。

注2："罚站"是团派打手们刑讯逼供所采用的常见方法。

蒋南翔曾被罚站三天三夜；刘冰曾被罚站两天两夜（在 200 号），到了第三天，刘冰则不顾一切地躺下了；罗征启仗着自己年轻，想要比蒋南翔表现出意志上更坚强些，在三天三夜后，又继续站了 8 个小时，也即共站了 80 个小时，然后人事不知，晕倒在上厕所的路上。

文学宓被罚站五天五夜，贾春旺两次被罚站七天七夜。

注3：据校友微信披露，羽毛球队的这两位华侨，大个子叫李木松，水利系七字班；小个子叫陈奋光，工物系八字班。二人均为团派专案组的打手，文革后清查时都被"记录在案"；二人已先后去世。

注4：陈天晴校友说，"去城里接罗老师的是我带领的几名老李班（即 414 的"李文忠学习班"）成员，但不记得具体人了——也许，那个大个子就是我吧。"

注5：段洪水，团保卫组成员，5.30 攻打东区浴室时坠梯身亡；引文见团《井冈山》报 145 期（1968.6.7）。

注6：见孙怒涛著《良知的拷问》595 页

注7：引自编者与尹尊声、陈天晴的微信聊天内容

罗征启的亲弟弟罗征敷窒息致死案

（一）重要当事人之一孙耘的陈述

"罗征敷窒息致死案"的重要当事人之一孙耘陈述（注1）：

"在校内，我们搞到罗征启的'活材料'，抓了他们的'现行'，就等于掐到414的七寸，足以在政治上把他们打垮，所以很有些得意。没想到大意失荆州（按：指罗征启逃脱），我们只好做两手准备，一方面由保卫组和代表队继续抓捕，另一方面准备开批判大会发通缉令，抛材料、造声势压老四。我曾拿着材料找到海军宣传队的办公室负责人胡保清（注2），要求他们支持发通缉抓捕。他只能含混地回答：是反革命就要抓嘛。不敢明确表示反对。保卫组和代表队这伙人胆子越来越大，侦察、抓人的手法也更纯熟。为了找到罗征启踪迹，还抓过他老父亲及同学林维南。我们自恃抓'反革命'是'革命行动'，就随心所欲毫无顾忌地蛮干，套用罗兰夫人的一句话，'革命，革命，多少罪恶假汝之名以行'。

"我听到代表队那些人讲述跟踪、蹲守、化装查访等活动，感到新鲜、刺激，就想跟他们一起去见识见识。抓林维南那次我去了，没有进屋，只在楼道下边观看。强行带走林维南时，屋里发出了凄厉的尖叫声。后来听说，他的老母亲受到惊吓，做下病根，没有多久就去世了（编者注：林婆婆于三天后逝世）。前些年我问过罗老师，得知林维南一家作为华侨已离开大陆多年。我无缘与林维南先生见面，只有借此机会向他及他们全家表示我真诚的歉疚之意，祈望得到他们的原谅。"

罗征启从三堡逃跑后，团派"按照计划，抓不到人就发通缉令，而印通缉令缺照片，因为他们在清华的小家已经'坚壁清野'了，于是决定去城里他父亲家抄照片。

"4月3日晚，我们一行9人乘坐苏式嘎斯69型吉普车出发。这种车体型较大，两排靠边的长板凳可以挤下8个人。当时罗家被驱赶到北京站附近一个平房小院的偏房居住。车在院门外停下，留下司机小李和张建国（注3）、王庆章（注4）两位同学。我带人进屋，有人找照片，有人宣讲'政策'，有人哄骗他的小弟弟。大约二十分钟后，我们拿着一本相册出大门时被告知：抓到罗征启弟弟了。我上车后见到一人俯卧在车厢中央，开车后将他翻过身来，才看到他嘴唇与脸面都呈青紫色，心里不免打鼓，就让打开后面篷布通通风。车回到保卫组所在地甲所，几个人抬着他下车，放到地板上就开始做人工呼吸。我心知不妙，赶紧找来刘汉忠医生。他略做检查，就摇摇头委婉地说：脉几乎摸不出来了，赶紧送医院吧。我急忙从总部会议上叫出陈继芳和王良生，说明情况，一起去北医三院。到三院时人家不接收，只开出'人已死亡'的证明，这时大约是晚上11点钟。闻讯我们很为震惊，人命关天哪。可是我们想不出什么原因导致死亡，遂决定马上去卫戍区报案。夜半时分，军管会一位领导出来接见，听了事情的过程汇报，就问：谁是带队的？我说：是我。他在我的名字上画了一个圈，又在抓人的张建国、王庆章名字上画了圈，然后说：这三个人留下，别人都回去吧。第二天早上把我们三人一起送到半步桥看守所。

"在拘留审查中我们都如实讲述了事情的经过，公安局很快就弄清了案情。实际情况是，当我带人进入罗家时，留在车上的张、王两人发现了一个急速跑出的身影，于是就驱车追赶，追出几百米后将他抓到车内，发现是罗征启的弟弟。他们将其按在车厢中间的地上，绑缚双手，怕他叫喊声惊动广场上执勤的解放军，就向他口中堵棉纱。王同学并无此类经验，竟将棉纱塞得过深，堵住喉咙，结果'闷住呼吸孔道，窒息死亡'。根据这个情节，军代表说：'你们这事还算误伤'。

第三部分 "罗文李饶反革命集团"和"十二人反党集团"

"我心里明白,人命关天,即使强调动机是'抓反革命',也不能随意伤害生命。俗话说'杀人偿命,欠债还钱',你既敢为,就得敢当;况且,出于责任和义气,作为头头还应该多承担责任。抱着这样的心态,初进班房时尽管杂念很多,我还能表现得比较从容冷静,而且像我们心目中的革命者一样,总要写点不合辙的诗文激励自己。

"罗征敷之死给他本人和全家带来巨大的伤害和痛苦,是外人无法想象的。几十年来,我的愧疚和悔罪,我所接收的惩罚,都无法弥补其万一。尽管罗老师代表全家多次表示了原谅之意,但我无法心安理得,无法原谅自己。"

作者简介: 孙耘,男,本名孙毓星,天津人,1945年生,1962年考入清华无线电系;1980年到哈工大读研究生。先后在内蒙古、黑龙江、北京工作,担任过工人、工程师、教师、职业经理人等。曾在孙怒涛《良知的拷问》书中发表《我的文革心路历程》,在孙怒涛主编的《历史 拒绝遗忘》和《真话&忏悔》书中分别发表《往事 真情》《关于清华文革反思的感想和思考》等文章。

(二)唐金鹤的书中所陈述的罗征敷致死案

唐金鹤校友对此案的陈述如下(注5):

"罗老师从三堡逃跑后,团派专案组急了。孙毓星带领老团保卫组的人把罗老师的父亲抓走,把他太太的同班同学林维南抓走。林维南的太太刚生孩子,吓坏了。林维南的母亲从印尼为躲避反华浪潮回到祖国,她只会讲印尼话和客家话,不会讲普通话,无法和专案组成员沟通。她上前阻挡专案组的人员抓自己的儿子,专案组的×××一脚就把老人踢倒,老人当场摔伤,没过几天老人就死了。

"老团保卫组从林维南和罗老师父亲那里问不出罗老师的下

落，4月3日晚，团保卫组孙毓星带领校足球队、精仪系精702班王庆章和摩托车队、机械系制84班（编者注：应为光8班）张建国一行9人，由张建国带路，乘坐校汽车队司机小李开的一辆苏式嘎斯吉普，又来到罗老师父母家。

"当时罗老师的父母亲被驱赶到北京站附近的一个平房小院的偏房居住。车在院门外停下，留下司机和张建国，王庆章。孙毓星带人进到屋里，一通乱翻。留在车上的张、王两人发现了从院子里急速跑出一个身影，于是就驱车追赶，追出几百米后将他抓到车内，发现这个人是罗老师的弟弟罗征敷。28岁的罗征敷是北京第一机床厂的工人，当时正在家里写信，控告清华井冈山团派，私自抓走清华校外的人——罗征启老师的父亲。

"这种苏式嘎斯吉普车体较大，在车身两侧靠边的长板凳上，可以挤下很多人。他们就把罗征敷扔到这两排对面座中间，绑缚住双手。王庆章用脚踢、踩拼命挣扎的罗征敷；王是校体育代表队足球队队员，他的脚很有力，当场踢断了罗征敷的两根肋骨。他们怕罗征敷的叫喊声惊动广场上执勤的解放军，就决定向他口中堵棉纱。张建国说：'棉纱！'司机小李就顺手递给张一团擦汽车用的棉纱，张建国把这团棉纱塞到罗征敷的嘴里，再用麻袋把罗征敷套上。

"车回到老团保卫组所在的清华甲所，王庆章对脚下的罗说：'到了，你自己下车吧。怎么不动弹？上车是我们把你抬上来的，怎么下车也要等着人抬啊？'但罗趴在那里，就是不动。取下麻袋，才发现罗征敷已经没有呼吸了。可能因棉纱塞得过深，堵住喉咙，被闷死了。无辜的罗征敷就这样，被活活折磨死了。"

唐金鹤在书中愤怒声讨："孙毓星带领老团专案组的人，抓了三个清华以外的人：罗老师的爸爸，罗老师的弟弟罗征敷，还有罗老师太太的同班同学林维南。光天化日之下，这伙人私闯民宅，强行绑架，把上前阻拦的老人踢倒、摔伤、致死；把无辜的罗征敷折磨至死。他们的'革命行动'搞出了两条人命。他们与旧社会的地痞流氓、土匪强盗有何不同？"

第三部分　"罗文李饶反革命集团"和"十二人反党集团"

作者简介： 唐金鹤，女，北京市人，蒙族，1944年生。1962年毕业于北京101中学，同年考入清华大学冶金系。1968年毕业分配，先后在鞍山钢铁公司和电子部计算机技术服务公司工作；期间于1979—1982年在清华大学读研究生。1990年后在香港谋生。从2004年开始，花费十七年的时间和精力，撰写反映清华大学文革武斗的纪实作品《倒下的英才》初版、再版、第三版，2021年推出该书英文版。

（三）唐金鹤的质疑和编者的点评

对比孙的回忆与唐的记述，我们看到有许多不同。比如：孙文中说塞棉纱的是王同学，即王庆章；唐书中则是张建国。有关文件资料似乎证实了唐的记述。

唐金鹤书中曾质疑孙耘的陈述，认为：

"在这里，我们见不到罗征敷被套上麻袋，被踢断肋骨，见到的只是孙毓星他们在全力抢救。他公然地为自己，为他们这帮人的罪行做辩护。"

但我们注意到，孙耘回到吉普车上看见的是罗征敷"俯卧在车厢中央"，他并没看到王庆章用脚踢踩罗征敷，也不知道罗征敷被踢断肋骨，所以没有写也不奇怪。至于以后是否知道了，我们不得而知。当然不排除孙耘知道罗征敷被踢断肋骨的事实但在陈述中有意回避了。

我们还注意到，孙耘的回忆提到他参加了抓捕林维南的行动，而未提参加抓罗征启父亲的行动，这也和唐金鹤书中的记述不同；陈楚三曾直接问孙耘抓罗征启父亲时他是否在场或事先知晓，孙耘否认说，是在甲所或生物馆看到一个老人，一问才知道是罗征启父亲被抓来。几十年过去，孙耘如果参加了或事先知道这一行动，似乎没有必要隐瞒，应该相信他本人的回忆。

孙文和唐书的另一个重要区别，是"麻袋套头"问题。按唐书记述，给罗征敷口中塞棉纱后就用麻袋套上，回学校到了甲所才取下麻袋；而按孙文所说，他回到车上时看到一个"俯卧"的人，开车后就"将他翻过身来，才看到他嘴唇与脸面都呈青紫色"，显然是没有套麻袋。不过我们认为，这个区别，可能是时间过久造成的回忆误差，对事件的主要情节和性质并没有影响。

胡鹏池曾参加清华2014年社区校友聚会，亲眼看到孙耘夫妇向罗征启满含热泪的道歉、忏悔与感激，所以，胡鹏池并不认为孙耘的行为是虚伪、伪装、做作、演戏，而是有很多真诚的成分。

尽管如此，胡鹏池仍然怀疑孙耘是否对该案情节遮遮掩掩，避重就轻，但孙耘对于现在已经众所周知的主要情节没有回避，也是回避不了的。作为一篇40多年后写成的文章，孙耘同学的反思显然是不够深刻的；尤其是受到受害人罗征启的"宽容、宽大、宽厚"的召唤，孙耘同学的反思还有很多遗憾。

（四）罗征敷案件对清华文革的影响

孙耘认为：罗征敷事件对清华文革的进程产生了很大的负面影响：

"首先，它是两派斗争中第一件命案，强烈刺激了414群众，大大激化了两派矛盾，催发了20天后的'百日武斗'。同时，它对'罗文李饶专案'的形成和发展也起了催化作用。

"我们进班房的三人都是校体育代表队的成员，当传出可能判刑的消息后，以代表队成员为主导的专案组自然更为着急，就力图把'现行反革命案'做实做死，以减轻我们的罪责。我总觉得，这是他们扩大为'罗文李饶专案'并大搞逼供信的一个心理因素。因此，我同样愧对专案中受迫害的老师、同学，尽管我没有直接伤害他们。专案组的许多成员在后来的政治运动中屡受冲击，影响了出国、入党、提升，甚至背负着'三种人''严重政治错误'等罪名。对他们，我总有一些歉意。"

我们认为孙耘的这几点认识都有一定的道理。其中，他认为专案组成员大搞逼供信的一个心理因素，是为了减轻战友的罪责，这种说法仔细想想也不是没有一点道理，但未免以偏概全了。

陈楚三对孙耘的观点提出不同的看法。

陈楚三不认同孙耘关于罗征敷事件"催发"百日武斗的观点。孙耘说，罗征敷事件"强烈刺激了414群众，大大激化了两派矛盾，催发了20天后的'百日武斗'"，言外之意，隐含着认为4.23武斗是由414为"报仇"而挑起的意思，这是不符合事实的。陈楚三告诉孙耘，"我不讳言，我确实很在乎**谁挑起武斗**'这件事，正是因为在'谁挑起'问题上有不同看法，才仍有必要争论清楚、以正视听，因为**这是反映人性善恶的重要指标**，是鉴别'武攻（进攻）'还是'武卫（自卫）'的首要根据，是不可以也不应该含糊其辞的。陆小宝说'早在工宣队时期，有关部门就已经查明：最先策划挑起武斗的，是团派一方'；其实，不只是'最先策划挑起武斗'，从4月23日到5月30日，不到50天，团派向老四据点发动十一次进攻（加上1.4，是十二次），而老四除了被迫应战之外，没有一次主动进攻。事实摆在那里，所谓'不同看法'能否认这个事实吗？我倒是很想听听你是否有不同看法，并且说明你的理由。你说罗征敷事件'激化矛盾'当然不能算错，但这与'催发'百日武斗并不是一个概念，从字面理解，'催发'就是促使或导致发生之意，'催发'百日武斗，就是罗征敷事件促使或导致了百日武斗发生的意思，如有其他解释，请赐教。我已经说过，罗征敷事件对老四的作用，就是'通过罗征敷之死更加认识到团派少数人为了击垮414可以不惜采取任何残忍手段'，以后姜文波被迫跳楼致死、谢晋澄被撞压而死、孙华栋被活活打死，你都可以说是'激化矛盾'，但老四仍然只取守势。老四一方死了那么多人，但始终反对'以错对错'，始终坚持自卫原则，这就是我不认同你'催发'看法的原因。"

陈楚三不否认罗征敷事件可能是团专案组大搞逼供信的心理因

素之一，但也提醒孙耘："**团派少数人的令人发指兽行**，与罗征敷事件并没有内在的必然联系，更没有因果关系，产生这些兽行的**首要心理因素仍然是'人性之恶'**，以至一段时间内'丧失人性''兽性发作'，你'对他们心存内疚'的心理负担实在是'超重'了"。

注1：本文中所引孙耘的记述和观点，均见孙耘《我的文革心路历程》，全文载孙怒涛《良知的拷问》119—162页。

注2：胡保清：海军宣传队的办公室负责人，有材料显示胡保清对清华两派的态度是倾向于414的，整个海军宣传队从领导至大多数成员都是倾向于414的，少数人支持团派。

注3：张建国，精仪系光8班学生，校摩托车队运动员；团保卫组打砸抢抄抓的骨干，文革后清查时被"记录在案"。据唐金鹤《倒下的英才》第三版33页介绍：文化大革命结束以后，在贵阳的张建国已经升为副局级领导干部。但是，在全国开展清理"三种人"的运动时，他因在清华期间的行为被定为"三种人"，下台了。下台后，他离职，下海经商。经商不利，离婚，离开贵阳，回到北京。在京期间无业，染上吸毒恶习，贫病交加，于前些年离世。

注4：王庆章，又名王大力，精仪系7字班学生，校足球队运动员；团专案组打手。据唐金鹤《倒下的英才》第三版33页介绍：王庆章从劳改处出来后，在河北省一个小县城工作，直到退休。

注5：本文中所引唐金鹤的记述和观点，均见唐金鹤《倒下的英才》第三版。

附件：陈楚三与孙耘往来的四封邮件

一、陈楚三发给孙耘的第一封邮件

孙耘（注1）：

你提到要我"批评指正"，我确实不敢当。但你的这句话，使我鼓起勇气就若干问题与你商榷。

你的两篇文章，我都拜读过。我的回忆录里，也引用了你《心路历程》中的观点。你的反思是认真的，道歉是真诚的。你特别提到李磊落对你的深刻影响，我理解你的感受，也使我了解了李磊落；他当时的许多思想和行为与大多数造反派（包括你，也包括我在内）的思想和行为是一致的，这也正是我在回忆录中支持老蒯在法庭上为自己的"反革命"罪名辩护并反诘法官的理由。

你提到"文革亲历者的反思有三个层面：还原历史、回顾心路、追根溯源"，我十分认同，而且认为还原历史是基础。你记得你们伉俪来多伦多、咱们见面时，我提到冯家驷拔牙的事；后来你问我是谁被拔了牙，我请你查阅唐金鹤的书。不知你是否找到了答案，我可以说明，被拔了一颗牙的老四不是别人，正是贾春旺（注2）；而文学宓是被掰断了三颗牙。如果冯家驷连这个事实都企图否认，还能指望他反思什么？你说邢竞侯的控诉是第一次看到，其实在唐金鹤的书中就有他的控诉。

你提到你成人后唯——次打人是审罗征启时打了他一拳头。在《罗征启访谈录》中，罗说"有的人如孙耘，并不主张打人，但受压力很大，有一次，孙耘正在审讯，孙铮担任记录，忽然听到外面有人进审讯室，孙耘马上跳起来，左右开弓打了我十几巴掌，并不疼痛，说明他不会打人，但怕人说'右倾'，是打给别人看的。"我认为罗的感觉是符合你当时的思想状况的。这说明，你知道专案组里有少数人打人很凶残，你虽然不赞成但没有勇气公然反对（当然也无能为力）。罗征敷事件后你进了局子，这期间专案组发生的惨无人道、灭绝人性的罪行，你并不知道，以后听说了也可能不相信。但是，刘承娴被逼死、饶慰慈被打烂半个屁股、孙华栋被活活打死，以及上面所说牙科大夫的恶行，却都是血淋淋的现实！你进了局子，孙铮还在专案组，应该知道甚至看到过这些场景（孙华栋不在专案组，是在前哨台被打死的）。

你提到，当时抓老四的人都有所谓"恶攻"的"证据"。在抓罗之前抓了吕应中，又抓了我，难道是因为吕和我有什么"恶攻证据"吗？其实不必讳言，抓人的目的并非打击"恶攻"，而是打击老四，完全是从派性出发，因为老团内部的"恶攻"言论绝不比老四少；而且被抓的老四，即使有"恶攻"也只是私下议论几句（周泉缨反陈例外），老团一些人"恶攻"周康却是公开的，正如我在给叶志江的邮件中所说"不得不承认，老四确实没有老团那样的胆量和魄力，老四只是个别人如周泉缨贴了几张反陈伯达的大字报而老四总部立即强烈反应，老团却有那么一批人（而不是个别人）'一贯'反周总理但也'一贯'得到老团头头的坚决保护。"除此而外，那些所谓"证据"的真实性也十分可疑。例如你提到对于邢竞侯的举报信，其真实性、可信度以及是否构成"恶攻"，就有很大疑问。至于罗征启"恶攻"的所谓"证据"，估计你们拿不出来，所以才通过逼供信获取"证据"；罗的回忆是，有一天冯家驷"拿来一张纸条，上面写着：'印甫盛讲过，林彪是极左思潮的总根子'，签名是罗征启，字像我的，但我不记得有这回事。"为了不牵连别人，他被迫自承，说不是印甫盛讲的，是他自己说的。被抓老四干部和学生的所谓"交代材料"和录音，都是毒刑逼供指供的产物。

特别要提出的是，你认为罗征敷事件催发了百日武斗，并且因传你三人可能判刑而成为"他们扩大为'罗文李饶专案'并大搞逼供信的一个心理因素"，这个观点我完全不能认同。

第三部分 "罗文李饶反革命集团"和"十二人反党集团"

414战歌事件，使老蒯对于通过文斗斗垮老四彻底绝望，那时团派核心就已经决心诉诸武力。首先是抓我，并且在抓我的同一天，20多名支持414的干部和教师被团派抄家，41名414的各级负责人被团派点名"通缉"；接着，就挑起68.1.4大规模武斗。这些可都发生在罗征敷事件之前。百日武斗只是1.4武斗的自然延续，仅仅由于2月初北京市革委会举办的高校两派头头学习班而推迟，学习班4月19日结束才四天，老蒯就再次挑起大规模武斗。罗征敷之死对于老蒯来说最多算是一个意外，他并不在乎老四方面死人：老四方面死人越多，老四头头压力越大，对团派只有好处；而老四这边，通过罗征敷之死更加认识到团派少数人为了击垮414可以不惜采取任何残忍手段。你说罗征敷事件催发了百日武斗，是否隐含着认为4.23武斗是由414为"报仇"而挑起的意思呢？如果这样，你就上了团派宣传的当了！

至于因传你三人可能判刑而成为"他们扩大为'罗文李饶专案'并大搞逼供信的一个心理因素"，更不成立。

原校党委中层干部，正是罗征启代表文学宓、饶慰慈、李康、刘承娴、徐一新等六人，在67年4月全校的辩论会上发言，支持了414的一些观点；此后，罗不断被批判、点名打倒，饶被抄家，李康也被点名打倒……，可见，打"罗文李饶"并非偶然，这六人已经成为团派的眼中钉。六人中除罗被抓后逃脱，徐事先躲进老四据点外，文李饶均被酷刑毒打三个多月，刘被迫害致死。

为了击垮414，团派少数人可以不择手段。大专案组内除了罗文李饶刘各一个小专案组外，还有"贾春旺及邢竞侯等六个学生专案组"，除了制造"罗文李饶反革命集团"，又制造了"十二人反党集团"，这都不是为你们脱罪服务，都是为剿灭414的总目标服务的；再说，难道证明了罗文李饶有问题，致死罗征敷就有理吗？

说为你三人脱罪是他们大搞逼供信的心理因素，完全与事实不符。抓我是在罗征敷事件之前，他们毒打、钳子夹、烟头烫，算不算逼供信？这还是"小蒯开恩"呢！罗被抓后，罚站三天三夜而后晕倒（你说你也参与了"连续几天昼夜不断的审问"），医生说心跳过慢,"已经很危险了",这种非人道的审问不是逼供信吗?他在化学馆被用重刑毒打导致肝破裂,一年后医生说"就剩了外面一层膜,如果这层膜再破了,那就会大出血,就完了。"这也在罗征敷事件之前。所以,并不是想为你三人脱罪成为他们大搞逼供信的心理因素,特别是饶慰慈、刘承娴、孙华栋遭遇的骇人听闻的毒刑(饶臀部被打烂,刘被逼跳楼,孙"内脏完全被打坏,全身80%皮下出血,左腿骨折两臂打烂",被活活打死),牙科大夫的恶行,以及谢引麟邢竞侯的血泪控诉,说明团派极少数打手的"心理因素"只有三个字:无人性,他们已经丧失了人性,因为只有丧失人性的人才能做出那些灭绝人性的事(不否认有的人以后人性有所回归)。

你把百日武斗及专案组的残酷逼供信都和罗征敷事件挂上钩,是你因罗征敷事件而有负罪感、想多承担一些罪责的心态使然,这我能理解;但是不能被这种负罪感遮住自己的眼睛,以至看不到或不愿看到事情的本质。

对"罗文李饶反革命集团"的事,团派当然无法否认;对"十二人反党集团",当时团派大造舆论,大标语甚至贴到外地(如上海),但现在却集体"失忆"。蒯大富在法庭上为自己辩护时,公然说"我有强有力的证据证明我不是有意陷害",妄图让毒刑逼供、指供形成的所谓"证据"合法化,甚至说"在单位隔离审查某些干部和群众,乱扣帽子,包括有刑讯逼供的情节,也远远不构成犯罪",竟企图把那些灭绝人性的暴行非罪化甚至合法化!而四十年后,老蒯口述的《潮起潮落》中,还仍然坚持说当年414"反毛泽东,反文化大革命"。蒯大富的态度很有代表性,或许正是在他的这个态度引领下,团派从头头到专案组骨干人物才极力回避清华园文革"两案"的酷刑"情节"(酷刑早被多个国际公约所明文禁止),才极力回避取得所谓"强有力的证据"的途径、方法和手段;这就是在掩盖真相,这就是我坚持要求蒯大富揭开清华文革"两案"黑幕的原因。

我清楚记得,在2011年张学堟操办的宛平小聚会上,孙铮对我说过,她愿意把她所了解的罗文李饶专案组的情况告诉我。我相信你,也相信孙铮。我期待着,等待着。

由于你的鼓励,我直言不讳。可能有得罪,也希望你直言不讳,交换不同看法。

注1:此信写于2018年7月下旬
注2:后经与贾春旺当面交谈,得知当年贾春旺不是被冯家驷拔掉一颗牙,而是被冯家驷用钢丝钳夹碎两颗牙。

二、孙耘对陈楚三第一封邮件的回信

陈楚三学长:你好!

自去年11月底多伦多一聚以来,多次相约都没能相见。这次收到你的长信,要感谢你拨冗品读了两篇拙作并直言不讳地提出意见。我因为有些家事,还出门一趟,其间又讨论你的大作,使这封回信写写停停,耽误时间很久,请见谅。

读了你的信,感觉我们之间还是有基本的共同认识,比如都认同"文革亲历者的反思有三个层面:还原历史、回顾心路、追根溯源";关于造反派,你说"我理解你的感受,也使我了解了李磊落;他当时的许多思想和行为与大多数造反派(包括你,也包括我在内)的思想和行为是一致的";特别是这句评语:"你的反思是认真的,道歉是真诚的",尤让我感受到暖意。

东北有句俗语:人怕见面,树怕扒皮,意思是人们只有通过直接交流才能增进了解和互信,而这正是目前还欠缺的。所以我也愿借此机会直言不讳谈谈我的想法,与你坦诚交换意见。

先说我自己。毫无疑问,"罗征敷事件"对我一生影响极大。我为此两进班房、4次审查、3年劳改,写过的交代材料远超尺厚;另一方面，不断的自我检讨和批判也使我加深了对自己、对社会的认识，其间更感受到人间真情，体味到理性的力量和人性的光辉。朋友们都说我是不幸之中的幸运者。然而幸运何来？要有贵人相助，也要有自身正常的心态，即能以比较客观的态度对待自己的遭际。

罗征敷之死是清华两派内斗中第一个致人死命的恶性事件。事发突然，人命关天，老实说谁不害怕？但又想，怕与逃避都无用，唯有硬着头皮去面对。"杀人偿命，欠债还钱"天经地义，我们既然闯下大祸，就理所当然要接受惩罚，而且作为负责人更不能回避，要主动承担责任。所以我很快平稳下心态，没有怨天尤人，而是主动配合公安局审查，并直面可能的责罚。

在当时的历史条件和认识水平之下，我们自然要强调主观动机是追捕"反革命"，力图以"革命行动"之名行减轻罪责之实。当时进班房的3个人是体育代表队成员，罗征启的专案组——所谓"130支队"的骨干都是体育代表队的队友。当传闻可能判刑时，他们的心情自然万分急切。斯时斯地许多人的真实心态就是一定要把专案做实做死。罗征启老师看得真切：团派的大字报铺天盖地，广播台也不断叫骂，主要目标是"反革命分子罗征启"。接着又在4月15日左右抛出一个"罗文李饶反革命集团"，似乎这个集团能"定性"，孙耘等人就可以无罪释放了。后来专案组这些人犯下更大的错误并为此付出了沉重的代价，所以我一直对他们心存内疚。我说：成为"他们扩大为'罗文李饶专案'并大搞逼供信的一个心理因素"，就是表述了这样的事实。请你注意一下我的用词："一个"心理因素。这里的"一个"意味着是诸多心理因素之一，而心理因素又是诸多原因之一。你将我那句话里的"一个"忽略，从而得出"完全与事实不符"的结论实在太偏颇而有失公允。

同样，我其后的表述：这个事件"大大激化了两派矛盾"，从这一点来说，对于20天后的百日武斗起了"催发"作用。我从"激化矛盾"这一点来说难道不符合事实吗？而你居然推论出"是否隐含着认为4.23武斗是由414为'报仇'而挑起的意思呢？"真让我无语，只能说，你的推理能力太强了，因为你太在乎"谁挑起武斗"这

第三部分 "罗文李馋反革命集团"和"十二人反党集团"

件事了。尽管对"谁挑起"有不同的看法（据我所见至少有三种），但时至今日还有争论不休的必要吗？跳出清华园的小天地看，当年的武斗遍及全国几无例外，成为一时的风潮。人们都在思考：为什么会这样？罗老师的观点有一定代表性：其实，"武斗"，或者"战争"，都不会无缘无故地发生，总会有前因后果的。战争是政治的继续，战争也需要有发生的土壤和气候。…现在四十多年过去了，…我认为，还有一个最根本的问题没有解决，这就是发生在上世纪六七十年代清华园的大混乱，罪魁祸首是谁？难道是蒯大富吗？**【清华文革亲历记】**

在清华，罗老师是对文革以及自己亲历的政治运动进行理性反思的第一人，也是我的第一个贵人——恩人，但我并不是他施以恩惠的第一个人。在我之前，他已宽恕了同案的王庆章同学（足球队，精七）。1980年暑假我在工字厅与罗老师第一次见面，当我鞠躬道歉时他却要解释这次上告我们的缘由。这让我无地自容，"我深知，罗征敷之死给他本人和全家带来巨大的伤害和痛苦，是外人无法想象的。几十年来，我的愧疚和悔罪，我所接受的惩罚，都无法弥补其万一。尽管罗老师代表全家多次表示了原谅之意，但我无法心安理得，无法原谅自己"。**【直面良知——我的文革心路历程】**此后近三十年来，只要有机会我俩都会去看望罗老师，也会聊聊感兴趣的话题。

2007年左右清华同学开始新一轮文革回忆和反思，年底我俩专程到深圳面见罗老师，长谈了2天，其后杨继绳又去访谈，并将他访谈中有关部分发给我征求意见。后《访谈录》成书发表，似乎基本上是原样。2015年孙怒涛将这一部分加上校友跟帖收录于文集《历史拒绝遗忘——清华十年文革回忆反思集》中（第697页）。不知你是否看到我的跟帖，其中谈道："罗老师身体力行，做出表率，在推进清华两派和解，共同深入反思文革方面堪称第一功。遗憾的是，改革开放至今，文化大革命的'真相'依旧如雾里看花。罗老师的理想不仅没有实现，而且还为自己的坚持付出惨痛的代价。《访谈录》记述了这段沉重的历史，足以引起人们更多的思考。"同时指出："毋庸讳言，因年代久远，谁的记忆都难免失真，《访谈录》也不例外，其中有些事实是不准确的……"。罗老师在新的回忆录中参考了我和其他人的订正意见，还说了一段坦诚的话：我只想记下我看到的、感受到的、思考、胡思乱想，甚至是我的梦幻，我肯定是负责任的。但有些细节，如发生的时间、地点、条件、有关联的人物等等，则未必都非常准确。我会认真听取所有人的批评，但我不解释、不辩论，有错一定核实改正，欢迎大家批评、斧正。**【清华文革亲历记】**

罗老师四十年前就开启了清华的文革反思之路。今天情况如何呢？资料被封锁，讨论被打压，只有民间在紧迫地抢救历史，而个人回忆又难免有模糊甚至失真之处，真相依旧如雾里看花，这就是文革历史探究和反思的令人遗憾的现状，清华的情况，包括"罗文李饶"专案自然也不会例外。不言而喻，官方对文革反思的态度，如封闭原始资料及档案甚至禁言文革等等，是造成这种状况的根本原因。

具体到当年的"罗文李饶"专案组，确实存在着越来越升级的体罚、殴打等逼供信行为，情节恶劣、后果严重，有关成员亦受到程度不同的惩罚。据我所知，专案组几十名成员至少历经三次审查。第一次是工宣队进校后从"大联委学习班"开始，持续了一年多。其间人人过关，都要写"揭发交代材料"。其中专案组组长王子渝（物七）被扣在学校达 2 年，1970 年才与物 0 一起分配。第二次是 1970 年的清查 5.16 运动，我被揪回学校，而专案组的负责人和骨干大多在原单位"隔离审查"，一般历时数月，自然又有了无数审问笔录和"交代材料"。第三次你也算亲历者，即始于 1982—83 年的"记录在案"和"清理三种人"运动，一直延续到 86-87 年。以你的阅历不难想象，这些运动依旧离不开"逼供信"的老套路，只不过逼供的手段更高级而已，从而引发更多的伤害和自杀事件。比如清查 5.16 运动中，团派在校内有 3 人、校外至少有 3 人自杀身亡，还有被逼成精神病的，被判刑劳改的等等。我有亲身体会，谁都想赶紧"竹筒倒豆子"了事，但是你永远倒不干净，迫不得已就用稗子、沙子之类虚假夸大的成分混充。你可以想一想，在这种情况下谁还能"掩盖"什么"真相"吗？他们作为"老运动员"一次再次地受审查、做

第三部分 "罗文李饶反革命集团"和"十二人反党集团"

"结论",加上有形无形的处分,犹如面带黥刑艰难前行,历经几十年才过上安稳的生活,以至其中多数人不想再谈论文革,有些人甚至刻意切断联系拒绝晤面。我并不赞成他们的想法和做法,但尊重他们的意愿。当年受害的同学(包括你在内),强烈谴责那些恶劣行为,要求弄清真相完全合情合理,但你把"掩盖真相"的责任归咎于他们是不客观不公道的。

经过几次大规模的"运动"(特别在前两次)官方专案组收集到数量庞大的材料。罗文李饶专案组的基本情况、发展历程和重大事件应该是清楚的。问题在于,广大群众包括当事人对这些资料都没有全面的了解。就我所见,好像仅唐少杰、沈如槐二位看过清华文革档案。如果他们读过有关资料,应该对团派专案组整体情况有基本的了解。沈如槐书中有"荒诞故事"一节,引用档案资料中迟群的一段讲话。后来在唐金鹤书中有更仔细地描述。我看到谢引麟同学的控诉时感到非常震撼,确实有很多事我是不了解的。比如"拔牙医生"一事,老实说,给贾老师拔牙和掰掉文老师三颗牙等细节我是第一次听到。你在微信中说:我从不同渠道得知,所以我马上询问你信息的来源,你的答复是让我看唐金鹤的书。我手头有唐书2009年的第一版,其中仅列出几篇参考文献(包括有你署名的文章),并未说明具体来源,而且也没有找到你罗列的那些内容。那么,除了唐金鹤的书你还有哪些渠道?我想你应该认识贾春旺部长,拔牙的事是不是他亲自告诉你的?说到这里还想拜托一件事,你如能见到贾部长请转达我的道歉之意,当然,如果他方便的话,我更希望当面去道歉。

写此信期间恰逢微信群里讨论《人间重晚晴》,你的大作内容丰富,议论精辟,态度鲜明,体现了你独特的风格。我很赞成大家给予的多方面高度评价。大概因为有自身的切肤之痛,所以对"记录在案"、清理"三种人"的批判尤为深刻,不仅引证有关文件,而且据实剖析揭示本质,有理有据入木三分,是最精彩的段落,获得海内外一致的热评。不知你是否记得,是我第一个将陈云批示发到清华校友社区的。2013年,我从米鹤都手里拿到刚出版的孔丹口述史《难得本色任天然》，看到附录中陈云两次点你的大名，很为吃惊，旋即转发到社区并呼吁你回应，第二年你在《炎黄春秋》发文概略解说了这桩公案。

对某些历史的评价有校友提出不同意见，你也做了答复。我认为对一些问题有不同的认识是正常的，能在平和的氛围里各抒己见合乎民主精神，体现了社会的进步。还有校友说，书中内容有些前后矛盾难以自洽之处，我也有类似的感觉，可能反映你思想深处还存在某些纠结没有化解。

你特别提到近年得到的调报字（83）3号（你误写成8号）文件，有"来信人陈楚三"的字样，但你对最后一句话缺少体会：清华大学党委根据中央有关清理"三种人"的精神，正在对这些人的问题作进一步深入清理。据我所知，"进一步深入清理"历时4、5年，依旧由各省市的组织部负责，涉及数百名清华同学和老师。罗文李饶专案组成员是重点"清理"对象，大多都得到一个"结论"（分三等：三种人，严重错误，一般错误），有些人受到党纪或行政处分。

你引用一份关于"记录在案"的资料：**《清华大学文革期间两大派群众组织的产生和演变（未定稿）》**，其附件罗列了团派"问题"人员76人，414派"问题"人员8人。你强调该材料"既没有找我'核对'（可能因为'没发现什么问题'，无'错误事实'可核对），又没有征求过'本人意见'"。那么，对于其他几十名有"错误事实"的人（包括你的414伙伴如蒋南峰）会怎样呢？以你的阅历不难想象，同样不会"核对"和征求"本人意见"。如你所指出的，这违背了中央有关文件的规定，因而，此材料"掺杂着一些虚假不实的内容"（孙怒涛的评语）就不奇怪了。

我在2014年参与编撰《历史 拒绝遗忘——清华十年文革回忆反思集》时就得到该资料（我猜测与你见到的是同一份）并做了"解读"，即与张比、唐少杰合写的《对一份后文革年代资料的多重解读》一文，想必你是看过的。今天回过头再看，当时对清华当局的批评言辞过激，但我所列的事实都有根有据，经得起历史检验。

今年5月，文革50周年清华校友讨论集《真话与忏悔》出版。

第三部分 "罗文李饶反革命集团"和"十二人反党集团"

孙怒涛撰写了**《一份关于清华造反派"记录在案"的资料》**一文，首度公开发表了这份资料。在开篇"说明"中他道出该资料的来龙去脉和发表目的，特别指出：通览这份资料，就我比较了解的那部分内容而言，我认为大部分是属实的，但存在两个比较严重的问题：1，掺杂着一些虚假不实的内容和文革中特有的"罪名"。2，带有明显的派性。……所以，这份差错颇多的资料只能起参考作用，其内容不宜作为证据使用。最后特别注明：为了避免某些副作用，突出公开发表这份资料的主要目的，我把所有涉表人员的姓名都匿名了。近几年文革反思中孙怒涛所做的工作有目共睹，在校内外都获得高度评价。我认为他站位较高、眼界开阔、思虑缜密，因而能鸟瞰清华、超越派性，在尽自己所能做了一些调查"核实"后才做出上述"说明"，表现出客观求实、对历史对他人负责的态度。

我在前述"多重解读"一文中已指出该资料某些不实之处。你将"问题"二字加上引号，同样表明对该资料总体的质疑态度。那么，难道你没有对资料中涉及旁人的、特别是团派人员的具体内容也打个问号吗？你义正词严地谴责当年专案组的恶劣行为，理所当然无可非议。然而你对同一份材料采取了自相矛盾的双重标准，断然确认此表的"真实性几乎无可置疑"，将它"作为证据使用"，未加分辨地全盘照抄每一个人的"问题"，实在令人遗憾。你的心情我可以理解，但你的做法是不负责任的。

类似的情况还表现在另一件事情上。在 2014 年的《历史 拒绝遗忘——清华十年文革回忆反思集》中有一篇但桑、樊程等同学写的《"迷糊"之貌，清澈之心——怀念谢晋澄同学》，原稿开篇说：在 1968 年文革时期清华两派武斗中，谢晋澄被团派司机李正明开卡车**故意**撞倒后碾压致死，他是清华两派武斗中遇难的第一个人。当时我作为评审顾问感觉这**故意**二字分量不一般，与我所了解的情况不符。为此，我千方百计找到当事人李正明，得知法院定的罪名是"过失伤害"致人死亡，判刑 2 年。因他在学校被"专政"年限大大超过 2 年，所以不断申诉，学校也以不同方式为他"落实政策"（落实情况为校方主管人员所证实）。我将有关情况告知孙怒涛（具体内容附后，供你参考），提出修改意见。几位作者通情达理，定稿中删去了"**故意**"二字。我得知后真的很佩服他们并感谢他们。遗憾的是，你的大作中依旧使用"故意撞压而死""有意撞压致死"以及"在团派第三号头头指使下驱车直撞谢晋澄"等词语。我知道当年学校的批判大会和校刊等材料上都充斥着"故意撞人"的说法，但并不符合事实。你我都知道，"上纲"唯恐不高是当年政治运动的特点之一，并不奇怪。你轻易采信了某些"资料"，并没有去了解该案全面的确切的情况，就白纸黑字刊发，过于轻率。希望你再做一些调查，做出客观的描述和评论，同时弥补我所做调查的不足。

最后要开诚布公地告诉你——本想见面时直接说的，我意见最大的一点。书中谈团四两派的不同，结论为：孙怒涛和我都认为，**区别在于人性**。而在去年的访谈中回答高伐林提问时，你表述得更直白更明确，强调两派"**根本的区别就是人性**"。我认为这个提法是你的本意。当时我在美国，听到这话的第一反应是非常惊讶。查阅词义，"**根本**"意为：事物的根源或最重要的部分，指基础或本质。那岂不是说，团派——作为一个整体——从本源上就是"恶"的吗？按当年的政治逻辑，恶人就是"地富反坏""流氓痞子"，岂不是又回到派歌所唱，团派就是"流氓痞子要掌权"吗？你后边虽然也说了一句"团派中的极少数人"所为，但相对于"**根本的区别**"这言之凿凿的定论却显得不能自洽和言不由衷。

"人性"是一个复杂的论题。以派别划分人性善恶是"阶级斗争"理论的余毒，也不合乎文革的历史。我不能同意你"**根本的区别就是人性**"这个派性十足的论断。实际上，在近年的文革反思中不止一次涉及人性问题，对文革激发人性之恶的种种行为大家都深恶痛绝。对人性善恶是否以派别划分多数人也有共识。还以唐金鹤同学《倒下的英才》（2009年）一书中引用的你们几位头头的文字为例。孙怒涛说：我一直在探究，为什么老四的表现比较善良一些？为什么两派武斗期间不幸丧生的人多数是老四？难道善良的人都跑到老四这里来了？而恶魔都跑到老团那边去了？就现象而论，似乎是那么

第三部分 "罗文李饶反革命集团"和"十二人反党集团"

一回事。但是，真的要以团四派别来划分善恶，那无疑是一种早就过时的派性观点。他随后以较长篇幅谈了自己的反思，认为"邪恶的继续革命理论"毒害了老团，也毒害了老四。唐金鹤表示赞同：我觉得老孙的思考是相当公正，相当客观的。她接着引用了你和沈如槐对两派的评述：我们——文革时的青年一代——包括团派和四派，既非神仙圣贤，亦非妖魔鬼怪。我们思考过，我们奋斗过，我们无怨无悔。建议你重新翻看一下该书的"反思"一节和你自己的文章。

你书中提到百日武斗中朱玉生同学遭枪击身亡一案。在文革爆发 50 周年之际，作为"凶手"的樊思清（张行）同学在有百人参加的清华校友讨论群里公开了他的忏悔书：**《我要忏悔——直面我失落的人性》**。他说：2016 年 4 月 4 日清明节到了。我愿跪在朱 YS 同学面前，向在清华大学百日武斗中被我打死的您做忏悔！再次进行道歉。我对我自己往昔所造之恶行感到无比惭愧！无地自容！我发愿以后不再做恶。群里的校友们踊跃发言，给予他支持和鼓励，也谈及反思、忏悔、人性、真相与和解等等，留言约 10 万字之多。蒋南峰和孙怒涛还相约与朱玉生的弟弟见面，转达樊思清想当面赔罪忏悔的意愿。

人性一直是反思的课题。樊思清说：在文革这个反人类良知的运动里，我作恶犯罪；文革武斗环境因素固然重要，然而环境只是外部条件，内因还是我自己漠视生命的人性。在始作俑者人为地制造阶级斗争，激发人与人之间仇恨的同时，我的人性之恶被他的阴招调动出来，人性底线在"武斗现场仇恨"的欺骗激发下失守，可怕地沉沦到最阴冷的区域——对生命极度冷漠且无视的人性盲区。林贤光老师说：好制度、好环境下，坏人可以变成好人。坏体制、坏环境下好人也会变成坏人。实际上，樊思清的遭遇，我们其他人也是有可能遇上的。如果你拉开大弹弓把一块大石头打过去，正好打在一个人的头上，把他打得脑浆崩裂，那你的遭遇岂不是和樊思清一样？陆小宝说：我是在深夜一点多读完樊思清同学的长文的。这是一篇让我心灵颤动的文章。在读的时候，我一再在"如果这事碰上我会怎么样"地扪心自问。不少校友纷纷"扪心自问"，使反思到达更深的层次。文集中还有专文记录樊思清从"潜在的忏悔和反思意识"到勇敢地公开忏悔、历经几十年的艰难的心路历程。

我由于自身的经历，感触尤深，所以在发言稿"关于清华文革反思的感想和思考"中说出这样的话：出于我个人的经历，使我格外关注这些犯有严重错误甚至罪行的同学的命运。我相信还有不少同学与张行的心态类似，他们因自己造成严重后果的行为一直受着内心的煎熬，常常引发自责和忏悔，但由于种种原因没能公开地表达出来。这样的同学在团派里多一些，在 414 里也有，在老红卫兵里也有。我希望大家**对他们多一分宽容和理解；宽松、包容、和谐的环境有助于**他们放下包袱，更加勇敢地面对历史。我希望他们晚年的生活幸福平安；如果能像张行这样鼓起勇气现身说法地反思，那就要送给更加响亮的掌声。

我想，在清华校友群中进一步创造"**宽松、包容、和谐的环境**"，促使更多的同学"放下包袱，更加勇敢地面对历史"应该是我们共同的目标。

这封信断断续续写了好久，其间我几次搁笔，不愿触及当年两派的一些争论，因为这不是反思文革的着眼点和真意。但我又考虑，第一，要兑现给你回复的承诺；第二，有些情况你可能不太了解，有必要给予说明；第三，恰好你的大作发表在微信群里，我也应开诚布公地谈谈主要的意见，所以写这封私信给你，作为你我之间的一次交流。

我很赞同罗老师谈及历史事实真实性的一番话：但是我得补充一句："事实"也不一定是完全"真实"的。同一事物我从左边看，它偏右，你从右边看，它偏左，都是事实。但是个人感觉，可能不同。你我一起都从正中看，他不偏了。但是我们只能看到他的一面，那另一面如何？不知道。因此，我们不能说，我是绝对真实的。……我会认真听取所有人的批评，但我不解释、不辩论，有错一定核实改正，欢迎大家批评、斧正。【清华文革亲历记】这段话讲得平实又深刻，也是我前面所讲、所论、所为的宗旨。罗老师不愧是清华文革反思第一人。

就此搁笔。即祝

中秋快乐，阖家安康！

孙耘

2018-9-25 于北京

附：关于司机李正明和 4.29 武斗的有关情况

（摘自 2014 年给孙怒涛的信）

李正明现年 80 周岁，身体尚健，思维清晰，他多年来一直与清华交涉"落实政策"问题，因而对法律法规等有关条文十分清楚，而且不回避具体问题。综合他的谈话，就 4.29 撞人致死事件的处理过程，可提供以下情况：

1. 当年工宣队进校后，他先到鲤鱼洲农场，1973 年 4 月被带回学校戴上"反革命杀人犯"帽子，秋后送到三门峡水利系"开门办学"工地监督劳动改造，停发工资，失去自由。1978 年 4 月押回北京，学校开批判大会，并与蒯大富等五人一起送交公安局逮捕法办。（注：当时学校并没有立即"开除公职"）

2. 在看守所，公安局做了认真审查，当年也有现场勘查结论，是前保险杠将人刮倒，碾压致死。当时情况是：他受井冈山头头指派去"抢运"粮食，武斗现场的学生一个也不认识，双方混在一起，根本分不出老团老四；车到现场受到石块长矛攻击，前风档已被击中，钢化玻璃成蜘蛛网状，无法瞭望（注：这个情节很重要），不得已砸开一个小窟窿，观察视野自然很小，撞人时他根本不知道；案发在左转弯处，车速不可能很快，快了会翻车（前后有两辆车都翻了）。当年"新清华"载文说他拉着 100 名武斗队员开快车故意撞人根本没有根据，法院也没有采信。考虑到具体情节，1980年4月以"过失伤害"致人死亡的罪名判处他2年有期徒刑。据说学校想通过检察院抗诉，未果；又宣布开除其公职而拒绝接收。宣判后一个月即释放。

3. 按当时法律规定，文革期间的"审查""专政"应折抵刑期。他应服2年刑期，却被专政七八年。所以，出狱后他一边烧锅炉打零工以维持生计，一边找学校要求落实政策。1991年，经请示市委后，学校提出：恢复公职不行，因为"水利系不接收"，为"照顾生活"，可以按学校的"大集体"职工退休，退休金很低。当时李正明已57岁，只得接受这个方案。

4. 办了退休，仍然背着"开除"处分，显然是自相矛盾的。李正明继续找学校讨说法，直到2004年，陈希书记顾秉林校长当政时，在人事处帮助下，给他按1952年入校的退休职工待遇（注：算在"清华同方"退休），退休金属于同等司机的较高水平，将近4000元。为补偿18年（1973-1991）的工资，分给他西北小区一套一居室房子，现在出租（他们住其妻名下的两居室房子）。至此，李正明个人的问题最终得到解决。

你建议我综合整理4.29武斗的"专题回忆"，我找到手头的所有资料（包括网文和那几本书），发现内容都零散、片面，即使收集在一起也描述不出大致的轮廓，所以只能放弃。比如，老团的余本农看到谢同学阻挡汽车，沈昆看到他拚长矛，而李司机汽车上的一位看到他用长矛捅汽车，这些回忆都是孤证不足为凭。老四一直很少在网上谈武斗的事，只有胡鹏池讲了点4.29的经历，再有唐书中有很形象的描写（如上房揭瓦等）。大家的回忆都可能片面，但长矛加砖石瓦块的武斗场景是相同的。而樊程的描述，他们似乎只拿着长矛如站岗般"对峙"，也没有人投石块瓦片助攻，只是被动地挨打挨撞，显然失之偏颇。或许樊同学只看到或只记得这些情景，但形成文字时总要做些资料收集和调查考证吧。我从中遗憾地看到一些同学根深蒂固的偏见。

三、陈楚三发给孙耘的第二个邮件

孙耘：你好！

拜读了你的回信。

首先，应该感谢你的坦诚。看了信中关于李正明的情况，他属于"过失"的确有说服力，请你有机会见到李正明时，代我向他致歉。在此我应说明的是，当时看到文件中"杀人凶手"栏内，其他人至少（胡远）判十年，唯独李正明只判了两年，感觉他本人可能不负主要责任，是否指挥者（刘才堂）责任更大？所以我说的"故意"实际指向是刘，强调"是在团派第三号头头的直接指使下"，"反映了两派头头的态度"；我在真话群答铁藩的帖子中，也是说"团派少数头头指挥汽车压死谢晋澄、运汽油纵火烧东区浴室、带队冲击刺伤工宣队"。当然，说刘"直接指使"或"指挥"撞人，并非主观想象，有记录在案材料的佐证，也符合刘才堂对老四一贯的强硬态度。（注1）

张行的忏悔文章及相关帖子，我基本上都看过，他是真诚的，而且事发当时他的表现已经表明他内心的不安和后悔，他允许工宣队进入大礼堂则体现他对制止武斗的支持。我钦佩他公开忏悔的勇气，赞赏他披露自己心路历程的坦荡。

你"意见最大的一点"，是我关于两派区别在于人性的观点。你抓住我在明镜访谈时说了一句"根本的区别就是人性"，在"根本"二字上做足了文章（我的回忆录中并无"根本"二字）："那岂不是说，团派——作为一个整体——从本源上就是'恶'的吗？"如果给你造成这样的印象，我应该为我的失言向你道歉。不过我想，这是你的误会，如果你认真看了我的回忆录就会知道，我绝没有"团派——作为一个整体——从本源上就是'恶'的"意思，相反，我在书中提到团派谭昌龄被迫跳楼重伤一事时指出，但桑说"文革中令人发指的暴行，不论是团派做的还是四一四做的，都应该揭露、鞭挞。而两派中的绝大多数人是无辜的、善良的"，我表示"完全赞成"。同时在涉及人性问题时，我并不是"也说了一句"，而是**始终指向**"团派极少数人""团派少数人"和"团派少数打手""个别头头""少数头头"，我在真话群"答铁藩群友"一帖中也明确指出，"我所说的人性之恶，是指'以蒯大富为代表的团派少数人''部分头头和少数打手'，而不是指你这样只有'小小的报复心'甚至没有报复心的团派大多数。"书中有关的文字内容照录如下："以蒯大富为代表的团派少数人的'左'，已经远远超出了理论和思潮的范畴，他们把极'左'的东西'落实在行动上'，变成了打杀迫害狂。也许，这才是四派的'左'和蒯大富为代表的团派的'左'之间泾渭分明的原则区别""团派少数打手的行为只能用'灭绝人性''丧尽天良'来形容""团派个别头头下手狠毒，毫无恻隐之心，极少数打手穷凶极恶，人性泯灭""团派极少数人用手榴弹炸、开枪打、长矛扎，致使工宣队受伤731人，……五位工宣队员被杀害""这少数团派头头，竟然指挥手下并赤膊上阵，对手无寸铁、挥舞毛主席语录的工人、解放军大开杀戒，他们的人性何在、良心又何在？""团派极少数人的恶行"，等等。

你提到沈如槐和我对两派的评述："我们——文革时的青年一代——包括团派和四派，既非神仙圣贤，亦非妖魔鬼怪"。这和但燊所说"两派中的绝大多数人是无辜的、善良的"观点是一致的，也表明我们并不认为团派作为一个整体就是"恶"，我现在仍持这一看法。然而，"绝大多数人是无辜的、善良的"，并不排除少数极端分子人性泯灭，也不排除个别头头人性恶劣。至少从已有材料看，"人性恶劣"的个别头头和"人性泯灭"的少数极端分子，都集中在团派，这是不争的事实。

你引用孙怒涛的观点，"以团四派别来划分善恶，那无疑是一种早就过时的派性观点"，他认为"邪恶的继续革命理论"毒害了老团，也毒害了老四。对此，我完全同意。我的回忆录中也已指出，"老团和老四，都是极'左'路线的产物，都深受极'左'思潮的影响，只不过老团比老四更'左'而已"。然而，孙怒涛反对"以团四派别来划分善恶"，其本意正是反对"团派（作为一个整体）就是

第三部分 "罗文李饶反革命集团"和"十二人反党集团"

'恶'",而"四派(作为一个整体)就是善"这样的观点。"人性善恶"当然不能以派别划分、也不能以阶级划分,但"人性善恶"是客观存在的。对于团派少数极端分子"令人发指、丧尽天良的兽行"和老四相关表现的"截然反差",孙怒涛明确指出"是至善的人性与至恶的人性的生死搏斗"。请你看看我书中所引孙怒涛的原话:"我认为在四一四这个群体中,人性善良的学生、教师、干部聚集得更多些",团派"某些极端分子对一般干部宓用虎钳拔牙、将无辜学生孙华栋钱平华活活打死,以及封锁科学馆,死者不准外运、伤者不准医治、生者格杀勿论等等。直至七二七那天对只佩红像章只拿红宝书来宣传停止武斗的工人们大开杀戒。这种令人发指、丧尽天良的兽行,与老四对陈育延虽拘捕而最终还是释放了她,罗征启以德报怨、对为其胞弟之死负有直接责任的团派骨干孙某网开一面是无法相比的。这些都是截然反差的典型例子。这里已经不是什么政治观点的较量,也不仅仅是派性的恶意发作,而是至善的人性与至恶的人性的生死搏斗"。请注意,我引用孙的文章是经过他本人同意的。

你认为,我说两派的区别在于人性,是"派性十足的论断"。我则仍然坚持回忆录中的观点:"在打人问题上,不得不说团派部分头头和少数打手的作为,已经**完全不能以'派性'大小来衡量,只能以'人性'有无来解释**"。

我在书中指出,"人性善恶,尤其表现在如何对待已经被'解除武装'的'俘虏'问题上","我这里强调了两点区别,一是'头头们的态度'不同,二是'具体实施者的行为'不同"。

先看"具体实施者的行为"。老四一方的团派"俘虏"揭露被"毒打"情形的,当以叶志江《救美》一文为典型,说自己曾七次被"毒打",不过没说留下什么伤痕或后遗症;支持团派的干部陶森和开车压死谢晋澄的司机李正明也被老四关押,未见他们及其他团派"俘虏"写的关押期间被打情形,但我敢肯定,他们所受的"待遇"比老团一方的四派"俘虏"要文明得多!老团一方的四派"俘虏",我被"毒打"的情形在本人回忆录中有记述,自认比叶志江七次被"毒打"的总和还要"毒"得多,但与下面说到的那些老四同学和支持老四的干部的"待遇"相比,对我的毒打简直可以称作"温柔"了!

孙怒涛只是概括地说到团派少数人的恶行,例如对文学宓拔牙。你信中说,冯家驷拔牙你是"第一次听到",还问我"拔牙的事是不是他(按指贾)亲自告诉你的?"看来,你仍然不太相信。我确实是"从不同渠道"得知。你说从唐金鹤书中没有找到相关内容,这可能是因为你缺乏耐心,唐书第一版第90页写了贾被拔牙的事。唐金鹤写书过程中强调"孤证不取",我曾问过她拔牙的消息来源,她还为此骂了我一通,不过在我的坚持下,最后还是告诉我至少有两个来源,其中包括目睹者;此外,我虽然没有机会直接向文、贾求证,但有同文、贾关系密切或问过此事的同学向我证实了此事。罗征启访谈录中说到,"冯家驷是专案组里打人最残暴的学生,个子不高,寸头(文学宓说,用老虎钳拔牙的就是他;后来工宣队告诉我,用带钉子的木棍打饶慰慈的也是此人,但他打我时只用了拳掌,下手很重)","我同文学宓交谈过。他说:他被抓后也被罚了站,站了多长时间他也说不清了,至于挨打,老虎钳拔牙等等,都是确有其事的,他的双腿被打得两年后还没有完全恢复好。"前不久,胡鹏池、但燊合著《清华7.27事件》书中也明确提到:"文学宓被掰断3颗牙,终身内脏致伤、终身脊椎神经致伤;贾春旺被拔掉一颗牙(注2)"。海军宣传队朱勇在访谈中表示,"罗文李饶的问题。把人的牙给拔了","确实的,百分之百的准确!8341的张荣温,副团长,曾经在会上公开地给我们讲,在清华的三堡别墅,在中午的太阳光照射下,用弹弓打文学宓的脑袋,还用老虎钳生生地把人家的牙给拔了!"工宣队负责人之一吕方正则指出,"当北京卫戍区把文学宓送回学校时,他差不多是耳也聋了,牙也掉光了,——那是团派在南口的看守拔掉的,他们要他招供,每次当他没有完全照办时,就拔掉他的一颗牙齿"。一般来说,出于种种考虑,写书者不会轻易透露具体消息来源;你如果一定要知道"拔牙"的事实真相,建议你首先还是找你熟悉而又信得过的原团派专案组成员**私下**了解,这不是更直接吗?

第三部分 "罗文李饶反革命集团"和"十二人反党集团"

关于邢竞侯被抓后的"待遇",他的控诉你说是"第一次看到";你信中说,看到谢引麟的控诉后"非常震撼";贾被拔牙、文被掰断三颗牙,你也是"第一次听到"。其实,还有更多你不知道的团派少数人的残酷恶行。罗征启从被抓到逃离近两个月,你是"全程参与"逼供信,"包括连续几天昼夜不断的审问"("连续几天昼夜不断的审问"本身就属于反人性的酷刑范畴),你当然知道打手们是怎样打他的;但是你知道他遭到毒打,"肝已被打破了,就剩了外面一层膜,如果这层膜再破了,那就会大出血,就完了"吗?饶慰慈右耳耳膜被打破、半个屁股被"带钉子的木棍"打烂,她女儿回忆,"几个打手一进屋,就先扔给她一个脏枕头,母亲必须死死咬住枕头才不至于发出令人恐怖的惨叫声。几个年轻力壮的人用粗粗的木棍狠狠打她的臀部,直到打累了才罢手。裤子和血肉粘在一起使母亲每次大小便都痛苦地像被剥掉了一层皮。这样反复多次的殴打持续了几个月,加上炎热的夏天,母亲的伤口开始严重感染,溃烂发臭,引来了苍蝇。最后母亲由于伤势过重,失血过多,高烧不退,在死亡的边缘上徘徊。工宣队进校后,九死一生的母亲被送去治疗。由于臀部的伤口过大过深,自身已经完全无法愈合。医生只得从她两条大腿的前部取下多块大面积的皮肤,然后采取自体植皮的办法帮助伤口愈合。母亲的性命勉强保住了,但从此落下了下身前后许多可怕的伤疤和常人难以想象的无数伤痛。"

罗征启、文学宓、饶慰慈、贾春旺、谢引麟和邢竞侯都是在团派专案组手上遭遇毒刑的。

你应该看过叶志江的回忆文章,其中说到孙华栋的死因时,轻描淡写地说是"喝水喝死的"(我想他确实是不了解真相),这是5月15日的事,你已经进了局子,当然不会知道;何况,就算你还在学校,也不一定能知道打死人的真相。代表队的同学回忆在阜外医院找到孙华栋遗体的情景:"真是惨不忍睹,胳膊、脖子上都是深深的深紫色的勒痕,全身到处是青紫色,尤其左下腹,更是一片深青紫色,我们都意识到,那是致命的创伤。被打内出血是显然的,应该是把脾脏打坏了的结果。到达阜外医院的人都流下了眼泪,这么壮实的一个同学就这么被打至死，什么人干的？真是残忍到极点了，怎么能下得去手？""尸体是团派某女总部委员带着四个人送到医院'抢救'，放下尸体就溜走了"。孙华栋"内脏完全被打坏，全身80%皮下出血，左腿骨折两臂打烂"。这不是在团派专案组，而是在前哨台发生的事。

你应该听说过"老母鸡"周坚吧？他在团派5月2日攻打土木馆时跳楼昏迷，八处受伤，被抓到2号楼，有大夫给他包扎、缝合伤口，后来在5月16日双方交换"战俘"时回到动农馆。他回忆，"5月11日，我被转移到生物馆的楼顶暗室。暗室很小，我估计只有三到四个平方米。从此，梦魇的生活开始了。""5月12日，暗室里进来几个人，反绑我的双手，蒙起我的眼睛，把我拉到楼下一个房间。二话不说，先是一通毒打。打得我鼻青脸肿，满地打滚。我只能强忍愤怒，打得实在太痛的时候，只是'哎哟'几声，绝不求饶。他们要我承认反对毛主席，要我承认我要打倒谢富治副总理；我当然不能承认。老团他们说：5月2日那一天，一个老团攻入土木馆二楼以后，被绑，然后有人用长矛刺了他一下。他们问是谁干的，我说不知道，他们逼我承认是我刺的。我坚决不承认，他们就变本加厉地毒打。他们在木板上钉上钉子，往我的肩上打，打得我的双肩鲜血淋淋。直到现在，肩膀上钉子打过留下的伤疤仍然可见。而且他们专门朝着你的内脏打，当场打断了我的一根肋骨，全身多处淤血。他们让我跳起来，当我跳起来以后，他们趁势，一脚把我踢倒，见到我摔倒在地上，他们站在旁边开心得哈哈大笑。在他们行凶的过程中，我也偶尔破口大骂他们是法西斯，骂他们是国民党。这就招来更加残酷的毒打。5月13号，他们又把我拉到楼下毒打了一次，每次折磨长达一、两个小时。""说实在的，他们用这么狠毒的办法折磨我，使我很难相信，在这批打手的灵魂里还能够有一丝一毫人性。共产党的三大纪律八项注意歌里明明唱着，（对俘虏）不许打骂，不许搜腰包。他们有一丝半点共产党的味道吗？他们早已越过做人的底线，不然为什么蒙起眼睛，不敢让人认出呢？""四十年后的今天，我想问一问当年那些打手们：如果当时你们毒打我是因为派性，是因为你们年轻，少不更事；那么今天，你们已是身为祖父、祖母之人，我相信你们对自己当年的恶行，一定已经有所反省，有所忏悔；但为什么不勇敢一点，真正'走出文革'呢？"

周坚受刑也不在团派专案组，是在生物馆。你看，饶慰慈在团派专案组、周坚在生物馆，都遭到带钉子的木棍或木板毒打，据说孙华栋在前哨台也遭到钉板毒打，"不约而同"啊！

和周坚同时跳楼的张南清回忆，"我从旧土木馆二楼跳下，左脚扭伤，倒在地上，一时爬不起来。这时我见到两支长矛同时向我刺了过来，出于本能，我伸出左手挡了一下，一支长矛把我的左手掌立刻刺穿；另一支长矛刺入我的左肩，在我的左肩上留下了一道长长的永久的疤痕。我的命大啊！这一长矛居然没有刺中我的左肺尖，没有引起大出血，没有刺断我的肌肉筋腱，没有伤到神经，我的左胳臂没有因此而残废。我和其他跳楼的老四成了老团的俘虏，很快就被蒙上了眼睛带走了。在审讯中，他们蒙上我的眼睛残暴地打我。对我的审讯其实极简单，只问了我二句话：'什么出身？'答：'贫农。''政治面目？'答：'党员'。我的话音刚落，我的嘴就被什么东西猛砸了一下，我只觉得眼前金星直冒，一阵眩晕。过后我才发觉，我的一颗门牙已经被打掉了，多颗牙齿松动，我的整个牙床都被打坏了；这导致了我在29岁时，满口牙齿全掉了。我的嘴唇被打得开裂，鲜血一直流到我的大腿上。毒打之后，当晚10点，我的胸部剧烈疼痛，又连吐了三口鲜血，我感觉到，我有生命危险了。我对看守说：'给我纸笔，让我写下几句遗言吧。'约零点左右，老团将我抬上吉普车，在长矛队的'护送'下，到了校医院。医生们给我做了认真的检查和伤口处理并服药，左肩伤口缝了5针。天亮前，又在长矛队的'护送'下，将我送到2号楼，一位学长给我送来了一碗面条和一个鸡蛋。几天以后，我才慢慢缓过气来。直至双方交换俘虏，我没有再挨过打。""还算幸运，命大，我挺过来了。其实，当时我系老团也怕再出一个姜文波，所以给了我救护，否则，我也许挺不过去。毕竟老团也是好人占多数。"

张南清也没有关在专案组，而是在二号楼。

陈光海回忆说，"工宣队进校后，有一天我在八饭厅前打排球时，发现一块儿打球的电机系一老四同学（个子较矮，皮肤白净，偏爱排球），腿上有多处伤疤，问及方知他在守九饭厅浴室时被捉，老团要他用手提扩音器向老四喊话'策反'，不从就捅一刀，被捅了多刀之后，他实在忍受不了，向老四喊话。"

再看"头头们的态度"。我在回忆录中提到，武斗初期科学馆曾经抓了两名团派武斗人员，其中一人"不老实"，被"教训"皮破出血，"当时在场的一位负责人立即制止，回到科学馆后对我们说：决不能这样对待团派人员，要再发生伤害俘虏的事，我就辞职不干了！"我不记得这位负责人的名字。近看罗征启回忆录也提到，他在科学馆时听到房间外蒋南峰"非常坚决明确地反对打人，搞暴力"，"你们再这样，我不干了"。反对伤害"俘虏"，是老四头头们的共识。

罗征启还回忆，他逃离三堡被接到科学馆后，"有好几位414的同学问我，在老团那边打人最凶的是什么人，我说了冯家驹等人的情况。立即就有人提议采取报复性措施，并主张马上动手。但是沈如槐、汲鹏、宿长忠等坚决反对，他们认为不可以这样。打人和被打的人都是好人，打人者中除了个别人外，大部分人都是为了信仰，只是方向错了，我们不能以错对错，不断升级，这是不对的"。反对以错对错，也是老四头头们的共识。

"5.30"东区浴室武斗是团派挑起的清华最大规模武斗。两派头头表现截然不同。数十名团派武斗人员曾经在十一号楼十二号楼之间被老四包围、缴械，沈如槐的态度是："留下武器，统统放人"，他说："我们没有扣押这些团派作为俘虏，只是希望他们回去以后不再参加武斗。"而团派头头始则火烧浴室，继则在守楼老四为救人放下武器后将他们抓走关押，部分人遭到毒打，还有的被逼向老四"策反"，"不从就捅一刀"。

就在蒯大富下令用枪封锁科学馆后的7月1日，老四总部决定单方面释放团派被俘人员十多人；反观团派，却在工宣队进校之后的7月28日，专案组竟然又在北航绑架老四一名女同学。

第三部分 "罗文李饶反革命集团"和"十二人反党集团"

"7.27"工宣队进校,两派头头的表现更是天壤之别。老四头头下令拆除工事欢迎工宣队,并迅速与工宣队达成停止武斗协议;而团派头头呢?团派核心大员亲自率队向工宣队冲杀并刺伤多名工宣队员,多达十名团总部委员参加武力驱赶工宣队,酿成惊天血案。

当然如前指出,"指挥手下并赤膊上阵"打工宣队的,只是"少数团派头头";"下手狠毒,毫无恻隐之心"的,也只是"团派个别头头"。"5.30"东区浴室被俘的老四苏鹏声回忆,他们起初被关押在13号楼,"据看守说,很多攻打浴室的老团想来这里查找打死段洪水的'凶手',但都被挡在了外面,不让进,说这是总部的命令。我想,可能是团派的头头害怕孙华栋事件再次在我们这些被关押的战俘身上发生,他们总结了教训,这样也使我们免遭那些武斗人员的一顿狂揍"。不论出于什么原因,这一保护"俘虏"措施都是团派头头人性的反映。

孙怒涛说"在四一四这个群体中,人性善良的学生、教师、干部聚集得更多些";根据以上团派专案组、生物馆、二号楼、前哨台等**多处发生**的这些**令人发指**的事例,以及团派少数头头的作为,我说在团派这个群体中,人性恶劣、甚至有时丧失人性的人聚集得更多些,难道不是事实吗?"人性善恶,尤其表现在如何对待已经被'解除武装'的'俘虏'问题上",在这个问题上,两派的区别太悬殊了!尽管相对于团派整体而言,有如此恶行者只是少数,但俗话说"一粒老鼠屎,坏了一锅汤",这少数人的恶行以其后果之严重、影响之恶劣,在清华文革史上写下极其丑陋、极其血腥的一页,而写下这一页的少数人,皆属于团派(迄今未发现四派有此类恶行)。如果说,原来团、四这"两锅汤"只是一锅辣一点、一锅咸一点,那么,有了团派少数人丧尽天良、令人发指的兽行这粒"老鼠屎",两锅汤的区别就不是口味不同了,区别就是这粒"老鼠屎"了。

请看周坚校友的评论,"至于说到两派谁更正确一点,我的看法是谈不上'谁更正确'。而应该问'在同样的指导思想、同样的社会环境、同样的基本语境中,谁在最最基本的问题上更多一点常识、人性与诚信'!常识是'打死人要偿命的',变着法子虐待俘虏、捏造罪名、用渣滓洞手法折磨人是没有人性的，'为革命造谣好得很、政治斗争无诚实可言'是不道德的。两派都犯错误，但程度大不同、性质大不同"，"从结果来看，工宣队的时候，就追查打死工宣队员和武斗中打死人的凶犯，凡是打死人的都判了十年以上；在团派中抓了10个，而414没有一个。两派头头中蒯大富坐牢17年，指挥攻打工宣队的团派《文攻武卫指挥部》副总指挥任传仲判了12年，而414头头却没有一个人受到刑事处分；一把手沈如槐最后结论是'一般错误'"。周坚也强调，"两派都犯错误，但程度大不同、性质大不同"，**"变着法子虐待俘虏、捏造罪名、用渣滓洞手法折磨人是没有人性的"**。

陆小宝校友指出，"我不想说，在清华武斗中团派和四一四派犯了同样程度的错误，你错我错大家错，没有什么差别。这种差别是客观存在的，早在工宣队时期，有关部门就已经查明：最先策划挑起武斗的，是团派一方；发动530大战的，是团派一方；几起恶性事故，将人活活毒打致死的，是团派一方；放火焚烧东区浴室和科学馆顶楼的，是团派一方；开枪打死同学的，是团派一方；七二七那天，打死打伤多名来校阻止武斗的工人群众的，还是团派一方。在文革中和文革后，受到法律惩处和政治处理的人数，团派方确实比四一四方要多得很多。这些早已成了不争的事实。"陆小宝所说两派这种"客观存在"的"差别"究竟是什么？不就是"人性"二字吗？

关于罗征敷事件对团派专案组的影响，我接受你的批评。罗征敷事件只是团派专案组大搞逼供信的"诸多心理因素之一，而心理因素又是诸多原因之一"。所以我把那句话里的"一个"忽略，从而得出"完全与事实不符"的结论，确实偏颇而有失公允。当然，我还是要强调，我所举出的事例只是想说明，**团派少数人的令人发指兽行**，与罗征敷事件并没有内在的必然联系，更没有因果关系，产生这些兽行的**首要心理因素仍然是"人性之恶"**，以至一段时间内"丧失人性""兽性发作"，你"对他们心存内疚"的心理负担实在是"超重"了；其次，即使"定性"罗征启为反革命了，可被剥夺生命的人并不是罗征启而是罗征敷，虽然罗征敷是罗征启的弟弟，然而并不是

第三部分 "罗文李饶反革命集团"和"十二人反党集团"

反革命，清华也无权给罗征敷"定性"；所以，"定性"罗征启并不能使罗征敷事件"脱罪"。此外，我知道你的反思很认真，所以也想听听你对团派专案组大搞逼供信的"诸多原因"和"诸多心理因素"的较细致的剖析，相信你的认识会比"槛外人"的我更加全面、更加深刻。

同时，我仍然不认同你说罗征敷事件"催发"百日武斗的观点。我不讳言，我确实很在乎"**谁挑起武斗**"这件事，正是因为在"谁挑起"问题上有不同看法，才仍有必要争论清楚、以正视听，因为这**是反映人性善恶的重要指标**，是鉴别"武攻（进攻）"还是"武卫（自卫）"的首要根据，是不可以也不应该含糊其辞的。陆小宝说"早在工宣队时期，有关部门就已经查明：最先策划挑起武斗的，是团派一方"；其实，不只是"最先策划挑起武斗"，我的回忆录中指出，从4月23日到5月30日，不到50天，团派向老四据点发动十一次进攻（加上1.4，是十二次），而老四除了被迫应战之外，没有一次主动进攻。事实摆在那里，所谓"不同看法"能否认这个事实吗？我倒是很想听听你是否有不同看法，并且说明你的理由。你说罗征敷事件"激化矛盾"当然不能算错，但这与"催发"百日武斗并不是一个概念，从字面理解，"催发"就是促使或导致发生之意，"催发"百日武斗，就是罗征敷事件促使或导致了百日武斗发生的意思，如有其他解释，请赐教。我已经说过，罗征敷事件对老四的作用，就是"通过罗征敷之死更加认识到团派少数人为了击垮414可以不惜采取任何残忍手段"，以后姜文波被迫跳楼致死、谢晋澄被撞压而死、孙华栋被活活打死，你都可以说是"激化矛盾"，但老四仍然只取守势。老四一方死了那么多人，但始终反对"以错对错"，始终坚持自卫原则，这就是我不认同你"催发"看法的原因。

的确，如罗征启所说，"战争也需要有发生的土壤和气候"，清华的乱局和惨剧，是在文革的大背景下发生的，但正如张行在反思文章中说，"我作恶犯罪；文革武斗环境因素固然重要，然而环境只是外部条件，内因还是我自己漠视生命的人性"，同是文革大背景，同在清华园，老四这个群体中却没有发生（至少没有发现）前述那些极端恶行，这个事实恐怕无人能够否认；你不同意我用"人性善恶"解释，不知道你又是如何解释这个事实的。"为使领袖脱罪而把一切坏事推给下面，那是卑鄙；为证杀人凶手无罪而归于上面唆使，那是无耻。"用这样的观点评判蒯大富对清华乱局特别是清华惨剧应负的责任，不知你是否赞成？

你提到，罗征启宽恕了你和王庆章（但你写道"当我鞠躬道歉时他却要解释这次上告我们的缘由"，此处"上告"何所指？）其实，不仅罗征启如此。肖元星是贾春旺专案组主要成员，多次毒打贾，也打过罗征启和黄安妮等，文革后清查时有关单位曾找过贾，贾表示宽恕，不再追究了。

你提到经历过三次审查，并说"第三次你也算亲历者"，实际上你所说的"第二次"我也是亲历者。我的书中写了清查 516 时对我的审查，不过是在工地上批我，大会上宣布我是"反革命"，只派人到学校外调材料而没有把我揪回学校。至于"第三次"即清理三种人，也许因为"没发现什么问题"，所以没有直接触动我，既没人找我了解情况，也没有让我写任何材料；只有那封信让我"躺着中枪"。CHY 批示，是一位朋友传给我《华远》登载的孔丹信及批示才知道的（当时孔书尚未传入），你在校友网转发 CHY 批示并呼吁我回应，因我并不在校友网，故不知此事。

对于清华"记录在案"的文件（如你所说，我回忆录所引的文号有误），我的确认为其中有不少"问题"，而且主要涉及团派。不过，我在书中提到该文件，目的是揭露团派少数人的法西斯暴行，而不是要对文件进行"解读"（更不会为老团"申冤"），所以"对资料中涉及旁人的、特别是团派人员的具体内容"未做评论，但并不等于不打"问号"。对于老四一方，所列炸高压线、火烧英代办、抢枪等确属错误，抬尸游行虽当时就知道不妥但确属无奈；一共只有 8 人，成为"问题"的并不多。而对于老团一方，"问题"就太多了，首先是以文字定罪"问题"，除了唐少杰点的吴炜煜，还有刘泉、翁文斌；其次是反走资派"问题"，刘邓、蒋等，以蒯为首，涉及人更多；再次是联络站"问题"，还有竟把参加总部会议也作为"问题"（如陈育延、潘剑虹）；总之，符合文革基本大势的政治、思想领域的"问题"都应排除在外，但挑起武斗、打砸抢烧，特别是冲军区、冲监狱、抢武器抢档案、抄家绑架抓人、毒刑拷打之类，不在我的排除之列。例如老蒯，我在回忆录中说过，"如果起诉他打砸抢、挑起武斗、指挥打死打伤工宣队、刑讯逼供致死致伤多名干部教师学生等，这属于刑事犯罪，即使判刑再重，他也无话可说，罪有应得"，但诉他的罪名有"反革命宣传煽动""颠覆国家""颠覆社会主义制度"，文件中指出的"问题"是："积极追随林彪、江青反革命集团，进行大量犯罪活动"，这当然不能服人，我在书中也肯定了他在法庭上为此所做的辩护。顺便指出，《多重解读》里张比的文章中，引用叶剑英和中共中央党史研究室等合编的《建国以来历次政治运动事实》一书所列出的文革中被迫害及死亡等数字，我在写回忆录时也曾想引用，但多方查找叶讲话和该书无果，不能认定这些数据来源的真实性，所以最终没有采用。

你说我"对同一份材料采取了自相矛盾的双重标准，断然确认此表的'真实性几乎无可置疑'，将它'作为证据使用'，未加分辨地全盘照抄每一个人的'问题'，实在令人遗憾"，并指责我"不负责任"；你的这一批评，在你举出足够的具体例证之前，恕我暂不接受。关于罗征敷事件对团派专案组的影响，你曾批评我忽略了"一个"二字；关于记录在案材料的"真实性几乎无可置疑"，你却忽略了十多个字！我的原文是，"至少就'罗文李饶专案组'而言，这个材料的真实性几乎无可置疑"。首先，团派"上榜"者共76人，其中记录在案53人，我只是点了记录在案的刑讯逼供者19人，其中专案组17人（王庆章我有意未列，常焕生则是无意漏掉），军事动态组1人（只涉及他参与毒打罗、文、刘），其他1人（只涉及他刑讯逼供顾廉楚王遵华），基本局限于"罗文李饶专案组"，另外点名的团派头头10人（只提到他们冲打工宣队）；可见，我并未列出"每一个人的'问题'"，更没有"全盘照抄"，所以，你指责我"不负责任""未加分辨地全盘照抄每一个人的'问题'"，是否也"太偏颇而有失公允"？其次，"几乎"无可置疑，就是考虑到也许"有可质疑"，我举了你的例子，不过还未见其他例子（我曾看望吴慰庭，据传他也是代人受过）。你说在《多重解读》中你已指出该资料某些不实之处，我仔细看了几遍你三人的文章，没有发现具体指证我所引用的这些人对干部、学生进行刑讯逼供的材料有何"不实之处"，也没有发现具体指证其中哪些材料是逼供信的产物，倒是张比写道："被列入专案组、文攻武卫指挥部及武斗队、保卫部、杀人凶手类别里的人，行为极端，十分凶狠，调查报告所反映的情况基本属实，而且还有些没有全部列入（如团派中的某些人对来串联的外地学生和北京中学生，怀疑是'特务'而严刑拷打）"；他说"基本属实"，和我说"几乎无可置疑"，意思应该差不多，"而且还有些没有全部列入"。至于孙怒涛的评论，他也首先肯定"大部分属实"，遗憾的是，他说"差错颇多""掺杂着一些虚假不实的内容"，但也没有举出与我引用材料相关的实例。虽然你提醒我对"进一步深入清理"缺少体会，但你也只是说"进一步深入清理"后，有关人员大多得到一个"结论"，并没有指出否定了哪些我所引用的具体材料。你如果能有根有据地指证我所引用的材料的"不实之处"，我会很高兴承认错误，并愿意根据你的指证，向有关人员公开赔礼道歉。

　　你说的不错，文革真相至今如雾里看花，包括清华在内。在清华造反派掌权的20个月内，照我看来，"雾"最浓、甚至看不到"花"的，就是团派制造的清华"两案"（罗文李饶集团案和十二人集团案）的真相。你知道，在深圳参加但燊同学遗体告别仪式后，我曾公开发帖《良言苦口》给蒯大富，指出：我在回忆录中"点名引用有关文件中列明的团派少数人骇人听闻、惨无人道、灭绝人性的恶行，这样做是迫不得已，因为清华文革史上最黑暗、最丑恶、最血腥的'两案'——所谓'罗文李饶反革命集团'和'十二人反党集团'的黑幕，至今被掩盖着，有关'涉案'人员闭口不谈、讳莫如深。"这里说的"黑幕"，主要指那些所谓"认罪"的口供和录音是如何产生的，事先又是如何策划的。你说，经过几次运动，"官方专案组收集到数量庞大的材料。罗文李饶专案组的基本情况、发展历程和重大事件应该是清楚的。"可是，蒯大富在法庭上的辩护和他的口述回忆

第三部分 "罗文李饶反革命集团"和"十二人反党集团"

中，却说"四一四的基本立场，是对毛泽东的文化大革命持否定态度"，"我有强有力的证据证明我不是有意陷害"，力图继续把反毛反文革的罪名安到所谓"罗文李饶集团"和"十二人集团"头上，安到 414 头上。老蒯的态度极具指标意义。"罗文李饶集团"在团派小报上连篇累牍被点名批判，白纸黑字；被害人有死有残，事实俱在；大多数施暴者却保持沉默，除你而外未见其他施暴者向被害人忏悔、道歉；团派广播点了"十二人反党集团"，团派小报上造谣说这是 414 的"中央首长专案组"，但现在团派头头矢口否认说不知道什么"十二人集团"，蒯大富则说是下面人搞的他不清楚！还在继续掩盖真相！谢引麟的控诉只是揭开了团派炮制"十二人集团"的黑幕一角，已经触目惊心；然而，除你之外，迄今未见文件中点名的任何一个人向贾、邢、谢、黄、张等受害人忏悔和道歉，更无人揭露此案的策划和实施过程。除张行外，其他身负命案的人，包括追逼姜文波跳楼致死的人、毒打致死孙华栋的凶手，以及毒打周坚和张南清的凶手，也未听说有人道歉。刘才堂和李正明是否向谢晋澄家人道过歉？不得而知。这些事实，使我很难相信如你所说，"他们因自己造成严重后果的行为一直受着内心的煎熬，常常引发自责和忏悔"（例如你提到的冯家驷）。

你的信中说，"就我所见，好像仅唐少杰、沈如槐二位看过清华文革档案。如果他们读过有关资料，应该对团派专案组整体情况有基本的了解。"从唐少杰的一些文章判断，他应该看过部分清华文革档案；但沈如槐肯定没看过。几年前为一件往事，我曾问过沈，谓他写《清华大学文革纪事》时是否查阅过清华档案，他回答我说，没让查档案，只让他查阅文革时的小报、大字报（照片）等公开资料，而且过一段时间后连这些公开资料也不让查了。几年前我曾请唐教授查工宣队进校后老四总部批谢的"八三声明"（档案中肯定有，见我书中 312 页的"反谢材料销毁目录"），他答应了但无下文，估计后来也不让他查文革档案材料了。

当年南非成立的《真相与和解委员会》，为今天南非的稳定与和解奠定了基础，该委员会的目标是"在弄清过去事实真相的基础上促进全国团结与民族和解"。"事实真相"或者（按照你的说法）"还原历史"是团结与和解的基础，也是你所希望的"宽松、包容、和谐的环境"的基础。虽然你说"官方专案组收集到数量庞大的材料。罗文李饶专案组的基本情况、发展历程和重大事件应该是清楚的"，但不仅"广大群众包括当事人对这些资料都没有全面的了解"，并且还存在部分加害人借口这些材料是逼供信结果而予以否定的可能性。一方面，如蒯大富的表态，要把清华"两案"残酷逼供信得到的东西继续作为414反毛反文革的"强有力的证据"；另一方面，也有人企图把团派少数极端分子（他人揭发和自己交代）的灭绝人性的法西斯暴行以"官方逼供信"和"带有派性"为借口予以弱化、虚化甚至否定。换句话说，**我**（过去交代或被揭发）的那些残酷逼供信恶行，是"官方逼供信""派性"的产物，水分太多，不能"作为证据"；而**我**通过那些残酷逼供信恶行所得到的东西，却"不是有意陷害"，而是"强有力的证据"。这两种倾向，实质都是企图"掩盖真相"。只有揭露真相才能"还原历史"，才能"面对历史"；掩盖真相，就不可能"放下包袱"。

两案，这是反思清华文革时必须面对的一道"坎"；7.27，是另一道"坎"。坦率地说，面对"两案"，团派知情的少数人力图掩盖真相，面对7.27事件，团派少数头头仍然坚持"阴谋论"不放；我认为这是你希望的"推进清华两派和解，共同深入反思文革"的最大阻力。

有一事向你和孙铮求助。

团派《井冈山》报141、142期合刊（1968年5月24日）第五版，"介绍"414头头的文章中，说张雪梅是414的12人"中央首长专案组"组长，原文如下："在杨余傅及其黑后台的指使下414成立了12人'中央首长专案组'的反革命小集团，大整无产阶级司令部各成员的黑材料，疯狂地进行反革命活动，其组长就是张雪梅。"这应当就是所谓"十二人反党集团"，孙耘尚在校时抓的邢竞侯、贾春旺都在其中；究竟是怎么"揪出"这个"中央首长专案组"的？十二人还包括哪些人？团"贾春旺和邢竞侯等六个学生专案组"组长王士元和该组肖元星都应该知道，望能帮助了解，如实告知。

团派《井冈山》报 149 期（1968 年 6 月 28 日）以 1、2、3 三个整版和 4 版的半个版面登载《清华运动两个月总结》，其中特别提到："在 414 的领导核心中揪出了沈——罗反革命集团时，江青同志又明确指示北京卫戍区，成立这个反革命集团的专案组"，老四有人理解为，团专案组是江青指示成立的，我以为无此可能；我的理解是，北京卫戍区成立了沈——罗或罗文李饶的专案组，而这是江青"明确指示"成立的。是否确有此事？也许你们可以了解到真实情况，尚希告知。

为了说明我的意见，有的与前信重复，可能写得长了些；惟望坦诚交流，增进互信。

祝好！

陈楚三 11.13

注1：陈育延曾问蒯大富，1968 年 4 月 29 日，团派司机李正明碾压 414 学生谢晋澄致死时，坐在李正明车上副驾驶座上的是不是刘才堂？蒯大富回答说："是刘才堂，当时刘才堂还让司机冲过去！"也佐证了刘才堂指挥司机撞人的情节。

注2：笔者与贾春旺交谈，得知当年冯家驷是用钢丝钳夹碎了贾春旺两颗牙，未能拔下。

四，孙耘对陈楚三第二封邮件的回信

陈楚三学长：

拜读了你的"再致孙耘"，感谢你坦诚、认真的回复。

你开篇两次表示歉意，又一再表示"接受批评"，学长风范让我钦佩，也使我心中感到不安。其实我们之间交流和探讨，无须太关注谁对谁错，能倾听对方的意见以增进相互了解，就达到了基本目标。如能达成更广泛的共识（实际上共识已有许多）那就是更高一层的成果了。

有些观点，比如"区别在人性"，你已做了更明晰的论述，表示继续坚持；我也理解了你的意思，但依然保留自己的意见。

关于"人性"我缺乏研究，不过人性绝非简单地以善恶二字区分。中国古人就有人性善、人性恶、非善非恶、无善无恶等多种论说。西方的格言则有更合乎情理：人"一半是天使，一半是魔鬼"。这都表明人性是个复杂的问题，会因时因事因人因环境而呈现不同的状态。这种认知也符合我们几十年的人生体验。阶级斗争理论的熏陶和文革恶斗的环境激发出人性之恶，以至出现许多伤天害理的恶事。当年这类恶行遍及全国，风口浪尖的清华自然不会例外。你们对人性恶的揭露和批判我并无异议，我所不赞成的是简单化的贴标签。依我的浅见，谈人性不能脱开斯时斯地当事人所处的环境，但我不能清晰表述。你们对人性必定有更多思考，希望日后有机会进一步交流。

我相信你说的"反对伤害俘虏""反对以错对错"是老四主要头头们的共识。我也认为当年的老四头头在领导能力、政策策略水平等方面比老团胜出很多。罗老师给你们很高评价自有其道理。然而恕我直言，今天在反思文革方面有些头头走在前面，有些人却落伍了，表现之一就是对自己（一派）缺少反思，然而没有走出自己就很难走出文革。我特别赞赏孙怒涛勇于拷问自己的良知，所以我也将自己的文章汇集到《良知的拷问》中。因感觉拷问二字过重，我在《记忆》发表时用了《直面良知——我的文革心路历程》做标题。

你说团派是"一粒老鼠屎，坏了一锅汤"，而"迄今未发现四派有此类似恶行"。不知对"恶行"二字你是如何定义的。周坚同学武斗中的遭际令人同情，应该谴责用钉板打他的老团，但他提到缘由是一个老团在土木馆被绑，"然后有人用长矛刺了他一下。"不知这属于不属于"恶行"？在414方面，这一类事例可能不多，但已知的似乎不止一个。我注意到你小心地使用了"未发现"和"至少没有发现"这样的字眼，但我希望你们自己去"发现"一下，以便更全面地认识当年的历史，更客观地解读那些历史事件。

你提到贾老师"表示宽恕"肖元星，我相信这是真实的（尽管我没有见过肖）。如果你注意一下记录在案那张表，涉及贾老师的人远不止肖一个。据我所知，有人因为贾老师专案的事耽误了出国、提干，而事实上他与贾的专案无关，且相互都不认识。如果你冷静客观地回顾那段历史，就会明白当年发生这类事情并不算不正常。但正常不等于正确，就像老团干的许多混账事一样（例如抓你）。在一个不正常的年代，所有的"正常"都应该重新审视（如果必要的话），包括所谓的"官方"档案和结论。

关于这份记录在案材料，我只是就我的所知提出质疑、给予批评，特别提示读者和研究者注意。我没有能力和义务"举出足够的具体例证"，是否采纳系由个人判断，比如孙怒涛就基本认可我的意见（不是完全认可），你坚持己见也不错，相信事实总会逐步明晰的。

关于你提到"求助"的事情，都是武斗期间井冈山报的报道，小报的报道历来"不可不信，不可全信"。其中12人小组的情况我已就所知讲过了，没有新的补充。你提到的王士元已经去世，我与肖元星本来也不熟，现在没有联系。关于第二件事，团派专案组的成立过程已很清楚了（包括我的文章也有记述），与江青无关。但武斗期间为打压老四开过批判大会，罗文李饶的问题也肯定汇报到上边，至于卫戍区是否相应成立专案组我不知道，从工宣队进校后的表现看上边确实关注过此专案，所以罗老师并没有马上"解放"。

最后想说明，我与许多校友一样，走过近十余年的文革反思之路，在逐渐摆脱两派间的是是非非。与罗老师一样，不争不辩也是我的原则。比如关于罗征敷致死事件，十多年前在校友网上就引起关注，其中也包含一些不实的描述，当然这种情况并不令人愉快，但最终我没有去——指正不实情节，而认定自己应该负起责任，从正面地叙述事情的来龙去脉。后来相关内容收入《直面良知——我的文革心路历程》一文，发表在孙怒涛的《良知的拷问》和《记忆》上。我认为，作为亲历者都应该做这件事，以尽到自己的历史责任。

前面提到周坚同学的回忆录，他的求学经历令人钦佩，对他武斗中的遭际深表同情。我注意到，在提到我的事情时他依旧沿用多年来的人云亦云的"传闻"（当然我相信都有"出处"），说明他并没有看过上述文章，尽管该文电子版、文字版在校友群体里已流传多年。对现有资料不甚了了的情况似乎并非个例，不能不令人感到遗憾。希望你们再看得多一点、细一点，特别不要只沉溺于"说得来"的朋友群中。

林海同学曾论述过微信群的"同质化"现象，即群里难以融汇不同的观点，而相同观点的互动更易于走向极端。我认为这一担忧不是多余的，我们都该有一种自我警觉。

很抱歉，写得零零散散。即祝 冬安！

孙耘　　2018-12-8

文学宓在蒯大富黑牢 112 天（注1）

摘自唐金鹤著《倒下的英才》

文老师 1950 年作为调干生考入清华大学，是共产党接管清华后的第一批大学生。因国家建设需要，文老师他们这一届学生于 1953 年提前毕业，毕业后他留校在电机系任教，后来成了清华党委的第一任统战部副部长。

文化革命中，只因为文老师同情 414 派的观点，就落入了老团的魔爪。在 1968 年 4 月 14 日（即 414 成立一周年）夜间，老团翻窗入宅，把他强行抓走。刑讯逼供的场面之残酷，就如小说"红岩"中所描写的、国民党在渣滓洞审讯共产党人一样。老团的打手们给文老师坐"老虎凳"，他们先用木板夹住文老师的双腿，然后用棍棒来上下加压。由于坐老虎凳，文老师的脚趾甲被压掉了，脚筋松弛，以致被放出来后很久文老师不能走路。老团的打手在木板上钉上铁钉，用这种露出长长铁钉的木板打文老师。老团还用鞋底打文老师耳光，把他的一只耳膜打穿孔。冯家驷更把克丝钳伸进文老师的嘴里，钳住牙齿，来回扭动，然后突然用力往外拔。牙虽然没有被冯家驷拔下来，但有三颗牙齿被克丝钳扳断了。一直到 7.27 工宣队进校很多天后，文老师才被老团释放（注2）。

文老师出狱后经常咯血，毒打使他的内脏严重损伤。1994 年年底，他突发大面积心肌梗死。他的肺部受损早已大面积钙化，虽经抢救，但不能恢复自主呼吸，年仅 61 岁的文老师过早地走了。

注1：摘自唐金鹤著《倒下的英才》第三版，标题为编者所加。
注2：据陈育延《清华两派最后的谈判》一文，文学宓并未被团派释放，而是被团派送到公安局，半年后才回到学校。

编者的话

1968年4月14日（即414总部成立一周年）夜间，团派保卫组一伙歹徒翻窗入宅将文学宓强行绑架。

这一夜，同时被团派绑架的还有刘承娴。

蒯大富专门选择414成立一周年的日子抓捕414的干部，当然是为了对414施予打击，同时也为了发泄对414的仇恨。

此前，蒯大富于1967年12月4日已经绑架吕应中，12月底又关押李康，1968年1月30日绑架罗征启；但罗征启于3月27日成功逃出，蒯大富又于当晚绑架原团委干部贾春旺，并于4月3日绑架罗征启的胞弟罗征敷致死。

我们已经指出，"罗文李饶专案组"内的保卫组，其成员直接参与审讯工作，并在审讯时充当打手。就在文学宓、刘承娴等被抓当日，"罗文李饶专案组"保卫组的头头李木松（水利系7字班学生）、陈奋光（工物系8字班学生）等打人凶手就"对被关押的干部轮流毒打一遍"。

"文学宓专案组"的组长是自控系8字班学生李天麟。相关资料（注3）记载，李不仅是"文学宓组"组长，而且也参与其他组的审讯工作，并"经常参加核心会"。

由于罗征启逃跑了，文学宓成为"关键人物"，他所受到的"照顾"就相当特殊：坐"老虎凳"，用露出长长铁钉的木板打，罚站五天五夜，钢丝钳拔牙……。蒯大富还亲自参加了对文学宓的逼供。

组长李天麟本人，"审讯罗、文，用残酷刑罚毒打逼供"；

打手孙万华和常焕生二人，"多次毒打文学宓，打肝区，踢小腹，用椅子压脚趾，致使文学宓尿血昏过去"；周启柔虽是女生，但却是专案组中搞逼供信的骨干，对专案对象一点也不"柔"，她"在审文过程中，用铝管、竹棍、扫帚把打文的脸部，打肿左脸又用匕首去划破右脸"。

最凶残的打手是冯家驷，用钢丝钳掰断文学宓三颗牙的是冯家驷，用钉板毒打文学宓的很可能也是冯家驷！

第三部分 "罗文李饶反革命集团"和"十二人反党集团"

7.27 工宣队进校后,主持两派谈判释放被抓人员。据陈育延日记所载,在工宣队主持下两派于 8 月 4 日达成的八条协议中,要求"首先两派立即无条件地放回所有抓去的人"。但蒯大富处心积虑要把"罗文李饶"和"12 人"打成反革命,不愿放人,背着工宣队把文学宓、饶慰慈、李康、贾春旺等四名干部押送到北京市公安局九处(注4);直到 1969 年 2 月,这四名干部才恢复自由,回到清华园。

在韩丁所著《百日战争》中,引用了工宣队吕方正(注5)的介绍:"当北京卫戍区把文学宓送回学校时,他差不多是耳也聋了,牙也掉光了,——那是团派在南口的看守拔掉的,他们要他招供,每次当他没有完全照办时,就拔掉他的一颗牙齿。"

冯家驷、李天麟、孙万华、常焕生、李木松、陈奋光等打人凶手,文革后清查时均被"记录在案"。

文学宓 1968 年 4 月 14 日被绑架,大约在 8 月 4 日前后被送到公安局,按此计算,他在蒯大富的黑牢中被关押折磨 112 天。

注3:所引资料见中整办调报字【83】3 号文
注4:见陈育延回忆录第十六章《清华两派最后的谈判》
注5:吕方正,7.27 进驻清华大学的军代表,曾任清华大学党委常委、政治部主任;1975 年,与刘冰、柳一安、惠宪钧一起,两次上书毛泽东,反映迟群、谢静宜问题,受到毛泽东严厉批评。

饶慰慈在"清华文革蒯氏黑牢"约 111 天

饶慰慈女儿赵红女士的血泪回忆

母亲离开我已经快一年了。

我是母亲唯一的孩子,多年来我们之间无话不谈。我在夜深人静和她谈心聊天时,我们常常会泪流满面。虽然母亲在文革期间遭受折磨的事实在清华园里众所周知,可我却长期刻意迴避这个话题。我知道这段经历对母亲的伤害实在是太深了,我真心希望她能够忘记这段不幸。

1968 年 4 月 14 日是个星期天,团派的一伙人深夜闯入我们当时在清华十七公寓 405 的住所抓捕母亲。正巧那个周末母亲和我去看望当时住在北京东城的祖母,并在那儿住了一晚。团派的人扑了个空,于是抄了家,封了房间。我们当时的邻居是土建系的陈肇元老师。他知道母亲星期一早晨会乘公交车回清华上班。由于不确定母亲会在哪里下车,陈老师和他的妻子张茂能 4 月 15 日一清早,就分别在当时的 31 路汽车的清华园站和兰旗营站等候母亲,希望能成功阻止她返回清华。后来母亲曾多次跟我提到陈肇元夫妇的正直;在病重期间还对后来因工作繁忙,而未能和他们保持经常的联系而后悔不已。

母亲果真被陈肇元夫妇堵在了公共汽车站。得知了头天晚上发生的情况后,母亲乘车返回了城里的祖母家,和我父亲商量应该如何应对这突来的不测。正巧我因右派问题被发配到黑龙江鹤岗的姑姑在北京探亲,她极力劝说母亲用她当日的返程火车票去东北。鹤岗临近中俄边界,远离北京,母亲很有希望能逃过这一劫难。母亲认真考虑了姑姑的建议。但她同时也知道，由于罗征启老师3月27日从三堡越狱成功，团派恼羞成怒，对罗老师的家人进行了无情的报复。他们先抓走了罗老师年迈的父亲，对其进行非法审讯殴打。4月4日，罗老师的弟弟罗征敷又被团派抓捕，在押解返回清华的途中被窒息而死。看着年迈的祖母和不满10岁的我，母亲不敢想象如果她有幸逃脱，将会有什么样的厄运落在家人的头上。

再者，母亲还天真地认为对于团派指责她的罪行，她是清白无辜的。她并不是414的"幕后黑手"，她也没有反对过中央文革。她甚至奢望着向团派当面解释清楚。于是母亲果断地放弃了逃离北京的计划，在父亲的陪伴下回到了清华园。父亲把她送到当时驻校的海军军宣队办公室。军代表对母亲所作的决定表示赞同：不要让你成为挑动群众斗群众的起因。父亲离开不久，母亲就被带到了团派所在地。那天是母亲的生日，她38岁。

当年母亲"自投罗网"的举动令我多年来心中异常纠结。母亲是心胸坦荡，还是幼稚无知？是与人为善，还是善恶不分？只有一点我是深信不疑的：她给了我无私的母爱，在她和亲人可能面临的不幸面前，母亲宁愿自己下地狱。

工宣队进驻清华以后，组织要求母亲写汇报材料，其中记述了她在被团派关押期间所受到的非人折磨。我曾趁母亲不在家时偷偷看过几页。至今还记得那时有过"惨不忍睹"的感觉。当时还是小学生的我没有想到，也没有条件把材料复印一份留下来。

我只记得母亲被多次打耳光，有时重到被打倒在地的程度。三个打手一组左右开弓。从左边打，母亲身体向右边摔；被两个人架起来后再从右边打，这次身体向左边摔。严重时，她的脸上青一块，紫一块，肿得到连眼睛都睁不开的程度。母亲的右侧耳膜被打破了，这之后在很长一段时间里她都习惯性地向右侧头，用左耳去听别人说话。母亲晚年患的是路易体痴呆（兼有老年痴呆和帕金森氏综合症的症状）。有一次我陪她在楼下散步，母亲突然停下脚步，两眼盯着我问："你说我得的这个病是不是跟他们打我耳光有关系？"学医的我虽然知道外伤是导致痴呆的原因之一（美国有些前职业橄榄球员和他们的家属就此起诉美国橄榄球联盟），但一个疾病的起因又是复杂多方面的。看着母亲步履蹒跚、智力迟钝的样子，我无法给她一个是与否的简单答案，心中的悲痛难以抑制。后来和父亲谈及此事，他回忆起1969年春节前夕第一次见到大难不死的母亲，她当时的状况的确和晚年的痴呆非常相似——动作迟缓，神情恍惚，思维退化。

母亲被罚过站，而且是被迫站在高高的凳子上，这样在筋疲力尽摔下来时，身体就经历了更大的痛苦。罚站长达若干天，缺吃少喝，无法睡眠。母亲先是脚肿，然后慢慢肿到踝部、小腿和大腿，最后到完全站不住为止。

母亲受到最严重的折磨是被反复地殴打臀部。几个打手一进屋，就先扔给她一个脏枕头，母亲必须死死咬住枕头才不至于发出令人恐怖的惨叫声。几个年轻力壮的人用粗粗的木棍狠狠打她的臀部，直到打累了才罢手。裤子和血肉粘在一起使母亲每次大小便都痛苦得像被剥掉了一层皮。这样反复多次的殴打持续了几个月，加上炎热的夏天，母亲的伤口开始严重感染，溃烂发臭，引来了苍蝇。最后母亲由于伤势过重，失血过多，高烧不退，在死亡的边缘上徘徊。工宣队进校后，九死一生的母亲被送去治疗。由于臀部的伤口过大过深，自身已经完全无法愈合。医生只得从她两条大腿的前部取下多块大面积的皮肤，然后采取自体植皮的办法帮助伤口愈合。母亲的性命勉强保住了，但从此落下了下身前后许多可怕的伤疤和常人难以想象的无数伤痛。

此后多年里，不管天气多么炎热，母亲夏天总穿着长裤。为了不让我幼小的女儿对她满身的伤疤产生恐惧感，母亲竟告诉她这些伤疤是她给弟弟热牛奶时不小心烫伤的。我小时候，最怕的就是阴天，因为我知道一遇阴天下雨，母亲就会倍受伤痛的折磨。

我心中一直有个疑问，为什么身体瘦弱的母亲在肉体上遭受到了如此严重的折磨？记得有一次，我小心翼翼地问她：如果当时你答应了他们的要求，承认了他们让你承认的事情，是不是就能免受这样的皮肉之苦？母亲回答我说：那时如果承认了反对毛主席，反对中央文革，就是打死了你也是罪有应得，死有余辜。我不能那样死得不明不白。她又反问我：一个人怎么能承认完全没有的事情呢？母亲又说：他们除了让我认罪以外，还要让我去揭发检举别人，我怎么能为了自己而诬陷连累其他无辜的人呢？看着母亲，我哑口无言。她几乎用自己的性命告诉了我做人的底线。

母亲在文革期间所遭受的非人折磨，给她在精神和肉体上造成了巨大的终生伤害。虽然母亲多年来从不提起这段经历，但在她后半生的噩梦中，她常常不情愿地被带回到这段痛苦的遭遇之中。母亲曾从噩梦中惊醒，用颤抖的身躯抱住因为受到惊吓而大哭不止的两岁的外孙女，嘴里反复叨唠着："都是婆婆不好，吓着你了。真是对不起。"当母亲病重，意识已经不清楚时，她还常常拼命大声呼喊："求求你们，别打我了，放我走吧。"弄得身边的护工不知所措。

我心目中的母亲是个非常善良大度的人，她没有因为自己的遭遇而怨恨过某一个人。母亲深知在那十年的文革年月里，小到清华，大到全国，比她更不幸的人又何止成千上万。对于蒯大富先生多次提出希望向母亲道歉之事，她是知道的。除了不愿回首痛苦的往事以外，在很长的一段时间里，母亲在对文革的看法上内心是充满矛盾的。她明知这场十年的浩劫并非仅是某个红卫兵领袖所为，但是作为一个党员，她又不能公开指责那时的最高领导或是剖析造成这种现象的政治制度。文革结束后，身为清华党委常委、统战部长的母亲竭尽全力地对多年来受到不公正待遇的知识份子、党外人士以及他们的家属进行安抚，而对她的自身遭遇只字不提。

母亲走了。我衷心希望她所在的天国里再没有痛苦的记忆，更希望我们所在的人世间再不要重演这样的悲剧。

编者的话

据唐金鹤书中记述，饶慰慈女儿赵红女士现居美国。饶慰慈被团派抓捕时女儿才9岁，如今是三个大学生的母亲了，她本人是医学博士后。本文写作于 2013 年。

饶慰慈老师，文革前为清华大学党委办公室副主任。文革中，被清华井冈山团派非法关押、审讯、拷打长达 110 多天，遭到骇人听闻的残酷迫害，身心受到严重摧残。饶慰慈被打成重伤后一度精神失常，留下脊椎神经严重损伤等后遗症。

饶慰慈是被团专案组凶手用带钉子的木棍活活打残的！

据有关资料记载："罗文李饶"专案组中的"饶慰慈组"组长为工物系 68 级学生阎德成，阎德成"主持组织对饶刑讯逼供，将饶臀部打烂，造成饶终身残废"；无线电系 70 级学生、"李康组"成员沈石楠，以及专案组中的保卫组头头李木松、陈奋光等，都曾参与对饶慰慈的刑讯毒打。

罗征启曾回忆，"冯家驷是专案组里打人最残暴的学生"，"工宣队告诉我，用带钉子的木棍打饶慰慈的也是此人"。

阎德成、冯家驷、沈石楠、李木松、陈奋光等打人凶手，文革后清查时均被"记录在案"。像阎德成、冯家驷这样用带钉子的木棍殴打受害人、把受害人臀部打烂造成终身残疾的凶残的打手，仅仅"记录在案"太轻了，完全应当受到严厉的法律制裁，以"故意伤害罪"判处五年、十年徒刑也不为过！

饶慰慈被非法关押发生在 1968 年 4 月 15 日，而 7.27 工宣队进校后，蒯大富不愿按照两派 8.4 协议释放所谓"罗文李饶反革命集团"和"12 人反党集团"中被非法关押的干部，背着工宣队将文学宓、饶慰慈、李康、贾春旺等四人送交北京公安局，时间大约在 8 月 4 日左右，故可以推断总共被团派关押了约 111 天。半年后的 1969 年春节前夕，才回到清华。

【资料】

饶慰慈是中国第一代著名物理学家饶毓泰先生的女儿。

饶毓泰：1891 年 12 月 1 日－1968 年 10 月 16 日，江西临川人；中国近代物理学奠基人之一，中央研究院第一届院士；毕生致力于中国物理学教学和科研事业，创办南开大学物理系，长期担任北京大学物理系主任，执教 40 余年，培养了吴大猷、马仕俊、马大猷、郭永怀等一批知名物理学家。

1949 年拒绝去台湾，继续在北京大学任教；1949—1951 年，继任北大理学院院长兼物理系主任、校务委员。1952 年北大院系调整时，辞去院、系领导职务；1954 年以后，先后当选为第二、三届全国政协委员、四届政协常委；1955 年当选为中国科学院学部委员。

文化大革命中遭到打击和迫害，饱受折磨，于 1968 年 10 月 16 日"清理阶级队伍"时，在北京大学燕南园 51 号上吊自杀身亡。1978 年平反昭雪。

2000 年，中国物理学会为纪念胡刚复等五位物理学界前辈，设立了胡刚复、饶毓泰、叶企孙（叶企荪）、吴有训、王淦昌物理学奖，其中饶毓泰物理奖授予光学、声学、原子和分子物理方面有突出成就的物理学家。

刘承娴被蒯大富迫害致死（注1）

摘自唐金鹤著《倒下的英才》

"罗文李饶反革命集团"的第五号人物刘承娴老师，被老团迫害致死。

土建系五年级学生章和邦用"扫堂脚"、踢肚子折磨刘老师；电机系二年级学生唐元时，不仅打刘老师耳光，对她连续摔打、用烟头烧脸、脚踢腹部、甚至用棍子捅……，刘老师在遭受法西斯般的酷刑和人身侮辱的情况下，于1968年6月12日（注2）跳楼了。刘老师跳楼后，被老团用假名辗转多地，最后送往北京积水潭医院进行大手术。手术刚刚做完，罗文李饶专案组中"刘承娴组"组长、工物系三年级学生夏毅带领一帮老团，不管刘老师的死活，就把还在昏迷中的刘老师，从医院的病床上强行掳走；手术后的刘老师得不到及时的治疗，在6月18日离开了人世（注3）。可怜的刘老师留下了两个幼小的孩子，一个五岁，一个两岁。

这些老团连一个快死的人都不肯放过，他们简直就是一群披着人皮的豺狼！

楼老师（注4）告诉我：在北京积水潭医院的手术台上，施行手术的医生认识刘老师；在就要施行手术麻醉之前，医生摘下了口罩，他叫刘承娴的名字，刘承娴张开了眼睛；这个医生问她："你认识我吗？"刘老师叫出了这个医生的名字。手术以后，当刘老师还处在昏迷中，又被老团从医院病床上强行掳走了，使她无法得到进一步的治疗。6月18日，刘老师走了。

我听了以后非常气愤。我想，大手术以后，病人还躺在病床上昏迷，老团就不管病人的死活，把病人从病床上掳走，这还是人干的事吗？真是一群畜生，毫无人性！

注1：摘自唐金鹤著《倒下的英才》第三版，标题为编者所加。
注2：据邱心伟、原蜀育编《大事日志》记载，"刘承娴于5月31日在200#团派专案组关押点跳楼受重伤"。
注3：据邱心伟、原蜀育编《大事日志》记载，"原清华党委统战部副部长刘承娴被迫害致死"的日期是1968年6月12日。
注4：楼老师，即刘承娴的丈夫楼庆西老师，文革前为校党委监委副书记。

编者的话

刘承娴生前担任清华大学校党委统战部副部长。文革中被蒯大富凭空捏造为"罗文李饶反革命集团"成员，非法关押两个月左右，于1968年6月12日被残酷迫害致死。

根据原蜀育、邱心伟编《清华文革亲历　史料实录 大事日志》记载，团保卫部绑架刘承娴的具体时间是1968年4月14日，同时被绑架的还有文学宓。

刘承娴、文学宓被绑架的日子，正是414成立一周年。当天，团专案组内保卫组头头李木松、陈奋光二人就将文学宓、刘承娴等被关押的干部"轮流毒打一遍"，以发泄他们对这些干部支持同情414的愤恨。李木松是水利系67级学生，资料记载他"专门打人，以打人取乐"，陈奋光是工物系68级学生，资料记载他"专门打人，用酷刑毒打逼供"，这些"专门打人"的打手，竟然"以打人取乐"，以"酷刑毒打"受害人为乐事，真是禽兽不如！有校友告知，这两人已先后去世，真是应了一句老话："恶人必遭天谴"；但他们在世时对自己的反人性暴行没有一丝一毫忏悔，在另一个世界又有何颜见刘承娴老师？他们的灵魂怎能安息？

有关资料记载，担任"刘承娴专案组"组长的是夏毅，工物系69级学生。夏毅的主要罪行是："毒打刘，逼刘在12：00前交代，致使刘跳楼受伤。后又强迫刘提前出院，对刘的迫害致死负有直接责任。"

专案组的主要打手是冯家驷和唐元时，这两人都是电机系70级学生。冯家驷"采用各种刑具拔牙、灌氨水逼害干部"，文学宓被冯家驷掰断三颗牙，贾春旺被冯家驷夹碎两颗牙，饶慰慈被冯家驷用带钉子的木棍毒打；刘承娴已被迫害去世，毒打残害她的打手中肯定少不了冯家驷。有关资料记载了唐元时迫害刘承娴的具体罪行：他在"刘承娴跳楼前，对刘进行残酷折磨，打耳光，连续摔打、烟头烧脸、脚踢腹部、用棍子捅……。对其他被关押的干部、群众也打过。"曾有一位女校友给胡鹏池打电话说：请你们注意资料中出现的"用棍子捅……"，如果估计不错的话，是指用棍子捅女性的阴部。

除了专案组人员，还有其他的打人凶手。章和邦，是土建系67级学生，团总部军事动态组副组长，他"68年3-8月，参加对罗征启、文学宓等同志的刑讯逼供。68年5月31日上午，章伙同打人凶手唐元时残酷毒打刘承娴同志，采用'扫堂脚'、踢肚子等法西斯手段毒打折磨，致使刘于当天下午跳楼重伤，而后死亡。"据此，刘承娴跳楼的日期应为1968年5月31日，与原蜀育、邱心伟编《清华文革亲历　史料实录　大事日志》中记载的刘承娴跳楼日期相同。

夏毅、冯家驷、唐元时、章和邦、李木松、陈奋光等打人凶手，文革后清查时均被"记录在案"。

唐金鹤书中说，刘承娴去世日期是1968年6月18日，而原蜀育、邱心伟编《清华文革亲历　史料实录　大事日志》中记载的刘承娴去世日期是6月12日。编者注意到，唐少杰著《清华大学"文化大革命"中的"非正常死亡"》一文中，刘承娴被迫害致死的日期也是1968年6月12日；编者曾致信唐少杰先生询问来源，唐少杰先生表示，这是"根据清华档案馆的档案记载"中的死亡日期，"刘承娴老师的记载是跳楼后经过多天的折磨后抢救无效死亡"。罗征启回忆录《清华文革亲历记》中也提及，他在汕头避难时收到一信，说刘承娴"6月12日凌晨，因伤重不幸去世"。北京市人民检察院分院1982年11月10日发出的（82）京检分审字第157号起诉书对蒯大富提起公诉，其中指出，"在惨无人道的肉刑折磨下，刘承娴于5月31日被逼跳楼致重伤，生命垂危，在北京市积水潭医院抢救期间，经蒯大富同意，强行转院，继续迫害，于6月12日被折磨致死。"看来，刘承娴去世日期6月12日更可靠。

夏毅、冯家驷等凶手当年都是年轻学生，刘承娴是我们的老师，而且是女老师啊！你们把刘老师抓来残酷折磨，打耳光，踢肚子，还用烟头烧脸、连续摔打……，你们怎么对自己的老师、而且是女老师下得去手？你们的同情心哪里去了？你们的人性哪里去了？如果当年是"鬼"迷心窍、中"毒"太深，为什么之后的几十年仍然没有自省、没有忏悔、没有道歉？

刘承娴老师离开我们五十多年了，当年残酷毒打迫害致死刘老师的夏毅、冯家驷、唐元时、章和邦等凶手，以及专案组的"直接主持者"陈继芳，都已年逾古稀，可是至今没有听说他们对惨无人道地迫害致死刘老师的罪行有过忏悔和愧疚！这正是我们不得不公开点名揭露他们当年罪行的原因。

一九六八年，我在魔窟 94 天

谢引麟

我的老同学唐金鹤来了几次电话，鼓励我把在文革中的一段惨痛经历写出来，作一个历史的记录。现在有些人不愿意提文革史，一提就恼羞成怒，好像有人挖了他的祖坟。正如古语所说："人以铜为镜，可以正衣冠；以古为镜，可以见兴替；以人为镜，可以知得失。"作为文革的受害人之一，我认为有责任、也有义务将这段历史写下来，让我们的子孙后代都牢记文革苦难，决不容许文革式的灾难再在中国重演。

1968 年，毛泽东发动的文化大革命已进入第三年了。全国范围内文攻武斗，腥风血雨。清华园内，以蒯大富为首的清华井岗山团派与清华井岗山 414 派，都打着"捍卫毛主席革命路线"的大旗，展开了殊死的搏斗，校园内再也听不到歌声和读书声。

我原住在文艺社团，担任一些团部工作。文化大革命开始后，文艺社团很快就不复存在，我便回到班上（冶金系铸七班）。大约在 1967 年秋，经同班同学黄安妮介绍，我开始与她一起参加"巴黎公社"小组的活动。这个小组不定期地讨论文化革命的形势，大家基本上支持温和派 414 派的观点，主张大部分和绝大部分干部都是好的，反对团派"彻底砸烂旧清华"的号召。当时校园内，许多人对中央文革小组的组长陈伯达很有看法。组内某些人把大家共同关心的问题写成大字报贴出去。

1968 年初，团派和 414 的斗争更加白热化了，团派扬言要抓 414 内"一小撮反革命"。他们先捏造罪名，抓了"罗文李饶反革命集团"。意犹未尽，又抓了邢竞侯（数力系力 603 班）和团委副书记贾春旺老师。

第三部分 "罗文李饶反革命集团"和"十二人反党集团"

鉴于武斗升级，宿舍没法住了，许多同学离开了清华园。我和黄安妮反对武斗，当然也不会参加，但我的家在上海，黄安妮的家在湛江，都那么遥远，不是想回家抬腿就能走的。可是不回家，又到哪儿去安身啊？这时候，我们班原来的辅导员张琴心（冶金系铸六班）来清华找我们，她分配工作在太原，因工作地方武斗，又回学校来了。于是，我们三个人商量借住到荷花池第二宿舍的沈老师家里（沈夫妇搬到别处住了），并购买了北京市的汽车月票，计划去工厂义务劳动，在这个无意义的文革中找些有意义的事情做做。

大概在5月初，我们发现：我们住的房间玻璃窗被打碎，我从朋友处借来的自行车前叉轴被锯断。到后来我才明白，原来这些都是团派对我们有计划的骚扰。不少熟人都劝我们快点离开清华园，但是去哪里呢？到处都是武斗，我们的家又都那么远，没有办法，我们无奈只好暂时在荷花池第二宿舍住下去。

5月8日，张琴心去七公寓串门，临走时说她可能不回来睡觉了。晚上十点左右，我和黄安妮躺在床上，准备入睡了。突然，砰的一声巨响，我们的房门被撞开了。四五个彪形大汉一下子就闯入我们屋内，冲到我们的床头；其中一人厉声问道："谁叫黄安妮？谁叫谢引麟？"对于半夜三更突然破门闯入的这一群凶神恶煞的男人，我和黄安妮的心中非常害怕，但是我们更多的是气愤。我们感到这批人简直就是一伙强盗，他们夜深人静私闯女生宿舍，真是一种流氓行为。

于是，我们坐起身来，冷静地质问他们："你们要干什么？"

他们其中一人厉声喝道："不许说话！谁要嚷嚷，小心脑袋。"

我们还没有来得及再说话，他们一伙人七手八脚地就把我和黄安妮捆上手，蒙上眼，然后，用一床被子一卷，就把我们扛走了，我和黄安妮就这样被这批匪徒绑架了。

我被带到一间大房间里（到了第二天我才认出是生物馆三楼），我不知黄安妮被带到哪儿去了。

不久，进来几个人，他们凶巴巴地盘问，叫什么名？哪个班的？

我一听，很生气，我反问他们："你们把我抓来了，你们还不知道我叫什么？不知道我是哪个班的？你们这样随便抓人是违反中央《六六通令》的！"

其中一个人一听我这么说，马上吼叫："你还嘴硬，你这个反革命分子还这么狂！"

接着，又进来一群人，问我张琴心在哪里？

我回答："不知道。"

一个身上穿着黄军装的矮个子，立即逼近我，抄起他的大巴掌连续左右抽我的耳光，他一边打，还一边吼着："你说不说，说不说？反革命分子还想包庇反革命分子？"

这是1968年5月8日的夜里，是我有生以来第一次被打。

自从我来到这个世上，我得到的都是爱，从来就没有人打过我，甚至都没有被人骂过。今天，一个一个的耳光，抽打在我的脸上，我感到屈辱，我感到愤怒，满腔的怒火在我胸中燃烧，我瞪着眼睛，咬着牙看着他们，我就不说。

他见我仍不答理，就更凶狠地打我耳光，我被打得眼冒金星，头晕目眩。他再用脚绊我的腿，我即刻失去平衡摔倒在地上。马上，几个人蜂拥而上把我拖起，数个拳头同时向我击来。

这时又走进来一个大个子，他嘴上叼着一根香烟，面带奸笑地要我坐下。我不明白他笑什么？可能是在耻笑我挨打吧。望着那张奸笑的脸，我感到恐惧，全身发冷，不由得打了个寒战。他皮笑肉不笑地继续向我盘问张琴心的去向。我望着他那张假惺惺的笑脸，心里明白，他们这些人是一伙的，我要识破他们软硬兼施的鬼把戏。

我冷静一想，张琴心一旦返回寂静的荷花池第二宿舍，肯定也会落入他们的魔爪。还不如告诉他们，张琴心在七公寓；那儿人多，可能会有人营救。我当时认为老四的人不知道我们被抓走了，老团的人也可能不知道我们被抓走了，只是这几个老团的坏蛋绑架了我们；一旦广大革命群众知道了这件事，我们就会被放出去了。我多么希望能有人来救我们啊！在以后的日子里也是，我天天都在盼望能有人来把我们救出火坑。

后来得知，张琴心也很不幸，她在返回荷花池第二宿舍时，被事

第三部分　"罗文李馆反革命集团"和"十二人反党集团"

先埋伏在那里的老团绑架走了。之后，直到八月九日释放那天我再没见过她。

我不记得他们对我拷问了多少时间。拷问结束后，我被带入生物馆的另一个房间，房内的地上有一块木板，上面铺着草垫。一个流里流气的男看守不停地在我周围转，我吓得几乎彻夜未眠。

第二天，5月9日，我被转移到一间完全漆黑的小房内，里面只有一张桌子，一把椅子和一盏灯。我开始考虑逃走，但是我逃不了，因为门被反锁着，外面一直有看守巡逻。我的耳边只听到修筑工事的叮当声，砂轮的飞转声，马达的轰鸣声和审讯"犯人"的怒吼声。一直到这个时候，我还不明白自己为什么被抓，怎么顷刻间我就变成了一个"反革命"？我想是团派的同学搞错了，我鼓励自己，不要气馁，要据理力争。于是，我再次向他们提出抗议，我指出他们这样随便抓人是资产阶级专政，要求他们立即释放我。当然了，我的这些抗争无济于事。

下午，进来一个我不认识的男人，他要我交代"十二人小组"的罪行。什么"十二人小组"？我楞了。我是第一次听到这一说法。那男人阴笑道："你装什么蒜？十二人小组，陈伯达专案组，你还会不知道？！"经他这么一说，我似乎想起了什么。前一阵，听说邢竞侯和贾春旺被老团抓走了；不久传出，邢的罪名是跟踪毛主席视察大江南北，整陈伯达黑材料；贾春旺是陈伯达专案组副组长等，可是谁会相信这些鬼话呢？难道谣言重复多次就会变成事实？（我是通过我的同学黄安妮认识邢竞候和贾春旺的，据黄安妮说她是在67年7月武汉串联时认识贾的，可能也在那里认识了邢竞候）。这时候我还幼稚地以为团派抓我们只是派性作怪，幻想他们会承认错抓了我们。于是我耐心地向他解释："根本不存在什么十二人小组，更谈不上陈伯达专案组。只是一些人聚在一起谈谈，关心这场运动。"他当然不听我的解释了。这些解释都是徒劳的。

当晚，我被蒙上眼，五花大绑地转押到2号楼东头的另一个房间。从这天起，他们开始对我正式审讯了。审讯的人一天三班倒，轮番干，逼我交代所谓的"十二人小组"罪行。

"十二人小组"本是他们强加的，子虚乌有；我拒绝按他们的要求交代，当即毫不畏惧地写下了保证书，我保证没有什么"十二人小组"。

他们见到我写的保证书，冷笑道："你写吧，将来要你自己打自己的耳光！"

接着，他们对我大谈贾春旺是如何如何的反动，并说卫戍区早就点名要他了，是他们不肯给；又说他们已经掌握了我和贾春旺的关系是如何的密切。还说"十二人小组"的案已经定死了，这是一个反革命集团，现在，就看你们的态度了。

当时，我并未识破他们的险恶用心，我没有想到这是他们的圈套。我想一个人应该襟怀坦白地做人，于是，我向他们承认我议论过陈伯达。我理直气壮地说："如果说要上纲的话，那就只能在这个问题上上纲，别的没有了。如果你们认为对陈伯达有看法就是反革命，那你们就送我去公安局。"

在车轮般的审讯中，他们继续逼我承认"十二人小组"是一个反党集团，还说，十二人小组成员有张雪梅，楼叙真，×××，×××等。我说："首先这十二人小组就是不存在的。张雪梅是老四的总部委员，但我不记得认识她；楼叙真是我在文艺社团认识的，文革开始后，从未碰过面；我仅参加过几次《巴黎公社》的小组活动，从未听说过十二人小组。"

我又说："反党集团应该有纲领、有组织、有目的，而我们只是一些学生随便凑在一起聊聊文化革命运动，怎么谈得上反党集团呢？"

他们说："你们组×××就怀疑陈伯达，说陈伯达会犯错误，这不是你们组的思想？""你们说陈伯达在中央做检查了，还有谁在中央做检查了？"

我说："陈伯达在中央做检查这条小道消息是从团派那里传来的，其他情况我根本没听说过。"

"没听说过？人家早就交代了。"他们一边说，一边不停地翻着所谓的贾的交代材料。

第三部分 "罗文李饶反革命集团"和"十二人反党集团"

有一次,他们干脆把贾的交代材料故意留下了。我趁看守不注意时翻了一下,上面有上纲很高的言论。然后,他们又在我面前虚晃一下所谓的"罗文李饶"的认罪书和他们的认罪录音。

我当时想,他们是他们,我是我。他们的事情我不了解,他们要认罪,那是他们的事情,与我无关。我了解我自己,我不知道的事情就是不知道,我没有罪。没有罪,那我就不能认罪。

从这时起,他们开始整夜不让我睡觉,轮番拷问审讯,拿着别人的交代材料逼我交代所谓的"十二人反党集团"怎么议论"武汉七二零事件",怎么议论毛主席视察大江南北,议论杨成武,怎么议论接班人等等问题。这些问题都是我闻所未闻的,因此我如实回答没有这些事。他们就说我不老实,要我交代、揭发,可是我根本就不知道这些事情,又怎么能交代、揭发呢?

大概是5月下旬,我又被转移到200号(这也是后来才知道的),他们继续逼我交代上述问题。我明确告诉他们,我没什么可交代的。于是,他们就残酷地折磨我。他们先是令我罚站,必须立正姿势,不能稍息,不能弯腰。我经常连续站几十小时,站得我两腿发麻、肿胀。有一次我觉得受不了了,于是稍为走动了一下。一名看守发现后,他马上叫来一个彪形大汉打手。这家伙嘴上叼着香烟,手持大棍,就往我的身上、手上猛打,还抽我的耳光,打得我两眼直冒金星。

他一边还威胁道:"我告诉你,我们不是吃素的,你是嫌这么站着太舒服了?那我先给你尝点滋味。告诉你,这回我拿这根棒子,下回就该拿那根粗的了。"

就是这个凶恶的打手,经常用拳头打我的乳房,用脚踢我的下身。这个暴徒还把我当成靶子,挥动着他的手臂,然后憋足了劲把垒球朝着我身上扔。更可恶的是,他多次把我逼到墙角,然后,在墙角把我往死里打。他满脸横肉,三角眼睛瞪得像铜铃一样大,核桃般的黑眼珠闪着凶光,一步步地逼近我,长时间地恐吓我。我就像一只在恶狼面前无助的小羊羔,哆哆嗦嗦地往后退,退到墙角,再也无路可退了,只好用双手蒙住了我的脸,好几次我感到他的鼻子几乎要碰到我的脸;接着就是例行的拳打脚踢。

我那时还是一个花朵般的年轻女大学生，从小在父母的呵护下长大，20多岁做梦的年华，渴望着幸福和爱，现在却在首都遭受暴徒的百般侮辱而无处申告，难道这就是在搞文化革命吗？难道这就是无产阶级革命路线吗？我真没想到，在社会主义中国竟有这种法西斯恐怖。

　　我的眼泪已哭干了，痛苦和屈辱把我的心都撕成了碎片。这样的折磨几乎天天有，有时几个打手同时来，一个打手在拷打我，另几个打手就站在旁边欣赏，一边指指点点，一边还冷笑。

　　这些人中还有女生，张××和马莉。张××表面看是做记录，实际上她是打手们的帮凶，有时候她也举起棍子拷打我。马莉是文艺社团合唱队的，我们曾同住4号楼。想不到，原来貌似温柔的她，现在判若两人（五十多年后才知道，马莉直接参与了刑讯张琴心。张琴心说："五十余年过去了，她留给我的唯一印象就是凶狠！"）。后来，有人告诉我，工物系的王子渝也是打手之一。

　　我一直想不明白，这些人原来都是我们清华大学生，他们原来也是很单纯的，是什么把他们变成了这么毫无人心的野兽？为什么这些人在看到别人挨打时，望着那么残酷的、毫无人性的场面，他们还能够笑得出来呢？

　　他们继续逼我交代反革命罪行，每天我的心如刀割。我总不能编造谎言啊！没什么可交代，他们就拿所谓别人交代的材料逼我承认。我不承认就是包庇反革命，死路一条。

　　我已经不再把审讯我的人看作为有理性的人类，我已经失去了和这批禽兽据理力争的信念，对他们的诱导式审讯只好回答说："也许吧，可能吧。"

　　但是，这样的回答使我的内心十分痛苦，也非常气愤。因此，我收回这些也许、可能的回答。他们马上就使出更毒的一手，反咬我一口，说我是现行反革命，炮打无产阶级司令部，罪加一等。然后，调来几个彪形打手对我更残酷地严刑拷打，轮番抽我耳光，打得我鼻子、嘴里鲜血直流，牙齿肿痛，两耳轰鸣，两眼直冒金星。还强迫我趴在地上，四肢着地，逼我承认对毛有刻骨仇恨，我不承认，他们便

第三部分 "罗文李饶反革命集团"和"十二人反党集团"

拷打了我一整夜。这种骇人听闻、没有人性的逼供就这样没日没夜继续进行，并规定回答中不能有"可能，也许"，一旦说了，耳光马上打过来。他们还把我推到墙边，强迫我全身紧贴着墙壁站着，我的头、后背和脚后跟必须靠墙，然后命令我往地下蹲；这是一个根本就不可能实现的动作，当我试图蹲下去时，立刻就失去了平衡，一头就栽倒在地上，使我整个人趴在地上；他们又强迫我立刻站起来，我刚刚站起来，他们又要我紧靠墙壁站好，然后，又强迫我后背和脚后跟紧贴着墙壁往地下蹲。就这样，他们强迫我再站起来，再蹲下去，我经常连续栽倒数百次之多，摔得我满身虚汗，精疲力尽，连支撑站起来的力气都没有了。连续的体罚，使我月经不断，小肚子疼痛难忍，向他们要药，他们骂我装病。

几天后，他们又想出一个题目，逼我交代学习"联共党史"中炮打毛的言行。我说："学习'联共党史'是为了提高路线觉悟，我们班上组织学习过，怎么也有罪呢？""你们是反革命学习，联共党史是赫鲁晓夫写的"，这帮家伙说。见我不按他们说的交代，就不让我睡觉。我连续站了五天五夜，站得两腿肿胀，实在挺不住了，晕倒在地上。看守发现后冲进来边骂边拖我起来，"不交代，就这么站着！"他们用棍子狠狠地砸我的肩，砸得我双肩由红肿到血肉模糊，一碰就是刺骨裂心的疼。还用铁棍朝我身上乱打，用鞭子没头没脑地抽我，致使我全身上下都是一条条紫血痕，疼得我全身不能动弹，连上厕所都蹲不下。又逼我趴在地上，两手两腿伸直，用鞭子抽打，逼我承认："贾春旺说，学习联共党史要结合文化大革命，重点学习斯大林时代大清洗。"我不承认，就骂我"死顽固！"

接着，又逼我交代炮打毛的言论，"九大"的问题，胡说我们讨论了有关九大的人事安排等。每出一个新题目，我就会被毒打一顿。我不承认，不交代，就不让我睡觉，经常连续站几天几夜，站得我神志昏迷，失去知觉，摔倒在地，额头撞出了血；我站得精神失控，在屋里乱走，直到头撞到墙才惊醒；站得整个小腿一般粗，脚面肿得无法穿鞋，只能光脚站着。几个打手睡够吃饱了，就悠闲地站在一边看着我，说说笑笑，把虐待像我这样一个孤苦无助的年轻女孩当消遣；

看到我摇摇晃晃地摔倒在地上，他们笑得特别开心，逼着我站起来，又看着我摔倒，又逼我站起来，还冷不丁在中间往我身上打一拳，踢一脚。这些人只有兽性，还有人性吗？他们的所作所为和日本鬼子和德国法西斯有什么不同？

大概是6月中下旬，他们又出新花招，逼我交代一个在科学馆开的黑透黑透的黑会。并说："在这个黑会上，你们是多么的得意啊，好像天下都是你们的了。"我答："我没有参加过这种会，不可能的！"他们说："不可能？哼，等着瞧吧，这个问题先留着，以后交代！"然后，逼我交代反毛泽东的言论，强迫我学习毛泽东针对国民党的语录。更恶毒的是用语录向我栽赃。有一条语录，意思是，国民党要推翻中华人民共和国。他们马上问："你们要推翻什么？！""我们不想推翻什么。"我答。他们立即恶狠狠地说："你敢把'推翻'这词滑过去？交代！你们要推翻什么？！"

他们又强迫我学《南京政府向何处去》，《敦促杜聿明投降书》等，问我："你要走什么路，是要走活路，还是要走死路？"

我说："走活路。"

他们说："那好，走活路，你就要交代反毛主席的言论。"

我说："走死路。"

他们说："走死路，你就是坚持反毛主席。"

他们用棍子拼命砸我的肩，打我的腰部、腿部，朝我身上乱打，打够了，再问我走什么路？

我只好说："不知道走什么路。"

我想，我不能把莫须有的罪名往我自己的身上加，我也不能把莫须有的罪名往别人身上加；我想进监狱，我想监狱里一定比这里好。为了尽快离开这里，让真正的司法机关来审理我的言行，我就摆出自己身上的一些缺点和错误，例如议论过陈伯达。

但这无济于事，他们说："你只交代了全部罪行的百分之一，还有一整套、一整套反动观点没有交代。"

我说："就算这样吧，这百分之一也是无中生有，是你们逼我说的。"

第三部分 "罗文李饶反革命集团"和"十二人反党集团"

对此，他们竟然说："你的问题不是编造不编造，而是交代不交代，我们不怕你编造。"

我坚持不按他们说的交代，他们便罚我站着，不让睡觉，一旦看守发现我闭眼站着，就会马上拿棍子拷打我全身，还强迫我抽自己耳光。

每次上厕所，均有看守押送。有一次去厕所的途中偶然看到同时被抓的黄安妮，才知道她也关在此楼。于是，我写了一张小条，丢入手纸篓内，简单讲了我每天受酷刑、逼交代黑会等苦状，希望她能看到。下一次上厕所时，我在手纸篓内发现了她的回复纸团。打开一看，吓了一跳，纸上所写的所谓黑会内容和打手逼我交代的几乎一样，原来，他们也是这样逼她的。我开始明白是他们捏造所谓的黑会，把反共产党，反毛，反文革的罪名扣在我们头上。

第二天，他们又来逼我交代那个黑会，我便把那张纸条给了他们，用以说明这些所谓的黑会内容都是他们编造和逼供出来的。并明确地说，我没有听到过任何《巴黎公社》的成员讲过这些出格的言论，也没有参加过所谓的黑会。从日期上看，那天我也没在学校，你们可以去调查。

他们听后暴跳如雷，一边用棍子砸我的肩，一边吼着："你敢说没参加这个黑会？赶快交代！你这个顽固不化的反革命，这些话肯定是你讲过的，你在黑会上的言论比这个要恶毒得多！那天你穿什么衣服，坐在谁边上，别人都交代了．你再不交代，只有死路一条！"

"没有！那段时间我根本就不在学校。你们可以去调查。"我坚持道。

于是，两个审讯者，一个用木棍砸我的肩，一个持铁棍打我的身体，打得我前仰后倒，摔倒在地。打手们一边还不断吼着："有没有！有没有！"我仍答"没有。"他们便更凶狠地抽打我，还说："你这个反革命分子竟敢向我们提要求！我们井冈山人说话从来是算数的，不用调查，人证、物证俱在，连罗文李饶都证明你参加了，现在是看你交代不交代？！"

"没有！"我坚持道。

他们就一再地残酷拷打我。我感到浑身骨头都在开裂，我的心也在撕裂。

这以后，我彻底绝望了。我不愿意再按照他们的要求胡编乱造给自己身上泼脏水，但又看不到一丝希望。我是长在红旗下，每天怀着"成长在毛泽东时代最幸福"的信念去上学，现在毛主席还健在，我这个祖国的栋梁、清白无辜的青年学生却在北京城里遭受暴徒们法西斯般残酷的非人拷打，这反差对我来说实在是太大，令我无法自解，我感到痛不欲生。

每天忍受着惨无人道的折磨和拷问，还逼我承认反党，反毛，反文革的罪行，我看不到任何活下来的希望。与其每天在地狱里煎熬，还不如以死解脱。

我寻找着机会。有一天，我从房门小洞往外看到，外面的看守正在看小说，闲聊天，没人注意我。于是我就悄悄地把凳子叠起来，站上去把灯泡拧下，慢慢把手指伸向电极。年迈的父母亲的脸晃过眼前，一阵阵痛楚掠过心头："亲爱的爸爸、妈妈，我实在无法活下去了，对不起你们二十多年的养育之恩，只好下辈子再报答你们了！"我自己也不明白为什么，也许是精神恍惚的原因，叠起来的凳子突然倒了下来，我摔倒在地上。事后有人替我分析，因为我的手指已经触到电极，造成手臂肌肉痉挛、抽搐，致使身体失去平衡，才摔倒的。听到响声，一群看守冲了进来，骂我是畏罪自杀，一定是要隐瞒更大的罪行。

审问又开始了。"交代所有的黑会！"他们吼道。见我还不说，就罚我跪在地上，双手举凳子，说是治我的"不交代症"，还恶毒地说："你不交代，我们不会让你好活的，你想死，没么容易！到我们手里，没有不交代的！"就这样，我连续跪了数十个小时。他们见我举不起凳子，就用香烟头烫我的手，用手指弹我胳膊上的穴位，用脚踩我的脚趾；他们见我伸不直腰，就连凳子往上拉，还边拉边骂："你不是腰杆挺硬的吗？挺起来呀，你为什么不挺了？！"我实在撑不住了，他们就用脚朝我的身上乱踢。他们见我仍不交代，就又凶狠地抽打我耳光；他们嫌用手打我的耳光他们自己的手疼，于是改用折

第三部分 "罗文李饶反革命集团"和"十二人反党集团"

叠扇子的柄来抽我的脸。

就这样,在暗无天日的中世纪的魔窟里,我一分一秒地煎熬着渡过了一天又一天,终于等来了"七二七"。

1968年7月27日,工宣队开进清华大学,我也是到后来才得知的。

大概是工宣队进校的第二天,一个男的又来逼我交代科学馆黑会。

我不答。

他发了疯似地吼叫:"黑会上,哪个王八蛋递给你一张纸条?"

"我不知道这个会。"我答。

这家伙又死命地抽我耳光,还逼我抬起头来,让我看他那野兽般的眼睛达数分钟,接着又打了我一个多小时,我的脸被打得火灼红肿,整个脑袋好像要掉下来一般。

我到后来才明白,原来是工宣队开进清华大学,他们这批暴徒的末日来到了,所以他们才发了疯。这是我最后一次被打。

7月29日晚上,我被蒙上眼睛塞上卡车,转移到北京航空学院(后来才知),在一个洗澡间的厕所里坐了四天四夜(因为414正在营救我们,老团就急忙把我们转移)。

8月2日,他们又把我弄回到200号,继续逼我交代,还威胁我说:"你听听下面的汽车声,这是卫戍区来抓你们的同伙了。卫戍区专抓态度差的,你至今不老实交代,顽固透了,像你这样也快要带走了。进去的,我告诉你,都给带上三十斤重的铁链,把你的脚磨烂,看你受得了不,你赶快交代!"一边不停地用手摇晃着所谓其他人的交代材料。

工宣队已经开进清华大学六天了,但是这批暴徒对我的审讯仍然在继续着。在他们的末日来到时,他们仍然不甘心就这么失败,仍然在顽强地制造"十二人反党集团",企图临死抓上一根救命稻草。

8月9日,几个男人板着脸进来,阴沉沉地说:"把你的衣服整好，要放你走了。是反革命分子沈如槐（工程力学数学系力 03 班，414 一把手）点名要你回去的。为了拯救我们的阶级兄弟，将你们这些反革命分子放出去交换，让你们出去表演，表演够了，再抓你进来。"

那天傍晚，我和其他难友终于在工宣队的保护下脱离了魔窟。当汽车离开 200 号时，一帮老团（据一位难友回忆刘才堂在场）还在高呼"打倒十二人反党集团！"也就是说，在工宣队进清华第十二天，这伙专案组的极端分子还在垂死挣扎！再看看我们这些难友，个个被折磨得脸无血色，两眼发直，骨瘦如柴，精神木讷。后来，我们在主楼的一个房间里见到了许多熟悉的老师和同学，他们围着我们，关心地嘘寒问暖。这是在 94 天的单独监禁以后，我第一次见到不是要审问我的人，不是要打我的人，我第一次和不是审问我的人说话。

8 月 10 日早上，这是 94 天的地狱生活以后，我重新又见到了阳光。

我请同学打电报给家里报平安，后来我才知道，我那年迈体衰的老爸爸，接到电报以后，老泪纵横，颤抖的双手拿着电报，迟迟不敢打开。他怕呀，他怕看到凶讯啊。我的可怜的父母双亲，女儿的生死安危，令你们牵肠挂肚，使你们度过了多少个不眠之夜啊！现在，噩梦已经过去了，你们的女儿总算活着过来了。

我度过了整整三个月非人生活，被单独监禁；关在黑牢里，和外界完全隔离，没有放过风，没有见过阳光，比国民党特务的白公馆还要黑暗。

在那暗无天日的 94 天里，前前后后毒打过我的人，不只是几个人，而是一帮人。那些站在旁边、以看我挨打作为消遣取乐的人也是一帮人。现在，我不能确切地说出这两帮人到底有多少，但是那一幅幅狰狞的面孔，深深地刻在了我的脑子里。大家想一想，如果有人用棍棒打你，用鞭子抽你，用巴掌抽打你耳光，你能忘记他们丑恶的面孔吗？那些用我的痛苦来寻欢作乐的人，他们幸灾乐祸的笑声深深地刺伤了我的心。

我那被刺伤的心,没有一天不在滴着血,四十几年后的今天还在滴血。

我被他们打得全身伤痕累累,我的身体被彻底弄垮了,我的身心受到了巨大的摧残,现在,在我的身上仍可以见到当年被毒打以后留下的厚厚疤痕。在精神上我所受到的创伤,经过了四十几年才慢慢治愈。今天,动笔写这篇文章,那不堪回首的往事,又使我陷入了极大的痛苦中。

我毕业分配到宝鸡郊区一小厂,结婚,生了孩子。80年代初,国家开放,托邓小平的福,我随丈夫来到美国,从此过上了平静、自由的生活。

四十多年过去了,身体基本上恢复了,但是还留下不少后遗症,如失眠、神经衰弱、严重的关节炎等,更重要的是精神上的伤疤很难愈合。每每想起这一段惨痛的往事,刀割似的疼痛就扫过心头。在这里我要感谢我的丈夫,是他帮助我抚平了心灵上的创伤;我还要感谢许多老师和同学,是他们给了我理解和支持;我也要感谢我的两个儿子,是他们给了我温暖和力量。

现在中国已大大进步了,法治观念亦深入人心。但是文革这一段苦难的历史,我们决不能忘记。从小,我就是个乖乖女,听话,服从领导,也从没有异端思想,但是,就这样,还难逃在文革中被如此侮辱、虐待的命运。文革十年是中华民族的浩劫,也是人类的浩劫。要搞清为什么文革会发生,如何防止文革再一次发生,还有极大的阻力,可能仍需要几代人的努力。

作者简介: 谢引麟,女,1943年生于上海,1961年入清华大学冶金系学习,1968年毕业。先后任职于宝鸡标准件厂、陕西轴承厂及无锡缝纫机总厂。1984年赴美,获Northeastern University材料系硕士学位,在麻省理工学院材料系工作20多年,于2010年从该系退休。

不堪回首的 146 天

邢竞侯

1966 年，正是我在清华大学求学的最后一年，六年苦读，即将毕业，却被卷入"文化大革命"的风暴，而最不堪回首的，就是被蒯大富绑架、在他的黑牢中饱受刑讯折磨的 146 天。

这是一段无比惨痛的经历，虽经几十年岁月的磨洗，仍然不愿意回忆。

2011 年，唐金鹤校友着手修订出版《倒下的英才》第三版，通过我的同班同学陈楚三联系到我，发来邮件说，"就我所知，在清华园里你被老团关押的时间最长，想一想，他们那批恶魔能轻饶了你吗？你得受多少苦啊！而且，你还在为他们背着黑锅（注：唐所说'背黑锅'，指的是团派造谣说，是我编造了'十二人反党集团'的荒诞故事，而四派头头竟然相信并见诸文字），这不是又一起千古奇冤嘛！你是怎么活到今天的啊？这次我要为你提供一个说话的平台，让你对世人诉说你经历过的苦难，我想你对老团那批禽兽的控诉一定催人泪下。"由于我的犹豫及其他原因没有及时回复，唐金鹤又发来邮件告诉我，"我多次接触了罗征启，饶慰慈；我接触了谢引麟，黄安妮和张琴心。我知道这里的痛苦有多深，我感同身受，我知道在你们心灵上所受到的创伤是终生不能愈合的。"并说："我们的一生经历了太多的苦难，为了我们的国家，为了我们的民族，为了我们的后代，也为了我们自己，望你咬咬牙，我相信你的坚强，把那些恶魔的见不得人的卑鄙行径公布于世吧！"

是唐金鹤一封又一封言辞恳切的邮件和陈楚三的鼓励，才慢慢开启了我这段惨痛经历的记忆闸门。

第三部分 "罗文李馆反革命集团"和"十二人反党集团"

我是 1968 年 3 月 16 日被老团绑架的，当时我正陪着一位哈尔滨的中学生凭吊圆明园遗址。

我被绑架后，关押的地方换了好几处，学校内的好多地方我都不熟悉，再加上蒙着眼睛，所以无法完全确认关押地点，只记得曾关在甲所（或乙所）、生物馆、200 号、北航（是关在同房间的老头——一位北航的"黑帮"告诉我的），曾在某处的厕所关了一两天，还曾在浴缸里睡觉。前后大约在五六个地点关押过。

被老团绑架后的遭遇，基本上就是每天挨拳头或木棍的打，受体罚折磨得尾椎骨处摔破，无法坐也无法躺下，还曾被人用钢丝钳打脸。

绑架后我才知道，他们绑架我的目标实际是陈楚三。老团关心的主要是陈楚三说过、做过些什么。

文化大革命中，在宿舍里围绕着中央首长讲话或者小道消息聊天是常事。我曾在同学宿舍里大家一起闲聊时讲过"毛主席是当代的列宁，当之无愧，因为他确实发展了马克思主义。而林彪并不是当代的斯大林，因为斯大林是世界大战战胜国的大元帅，林彪只是元帅。"武汉 7.20 事件后，也讲过"毛主席说进攻是最好的防御，所以武攻就是最好的防卫。如果提出文攻武卫的口号，就是提倡武斗了"等等。当时房间里有好几个同学，有老四也有老团。大家你一句我一句地说，没有反驳也没有争论，说过也就说过了。

被绑架后不久，有一天他们问我：Y 你认识吗？他们所说的 Y，是我们班上的一个老团的名字。我在同学宿舍里闲聊时讲"林彪不是当代斯大林"以及"文攻武卫的口号是提倡武斗"这些话时，他就在场。事后有位老四同学曾好心提醒过我：不应该当着老团的面讲这些东西，这会给老团捞稻草的。当时我并未在意。现在突然提到 Y，我就说了这件事，认为这并没有什么错。结果是挨了一顿劈头盖脸的毒打，他们说，这就是反对林副主席、反对江青同志，就是反革命言论，你就是反革命，并且说，就凭这些反革命言论，就足可以把你送到谢富治那儿去。

此后就认定我是反革命了，要我把文革中的经历统统讲一遍，包括去什么地方串联、和谁一起串联等等。我曾经去过的广州、武汉、重庆、锦州、哈尔滨等都讲了，也都会涉及一些人的，但并未突出或强调谁。而他们很明显地追问关于陈楚三的问题：陈在不在场？陈说了些什么？等等，还明确地说这次非把陈弄进去不可。给我的印象比较明确，抓我就是要弄陈。在以后的过程中也一直如此，围绕着陈的问题不放。

我只是非常普通的老四，既不活跃，大字报上也没有我签名，除了我班同学，认识我而且知道我是老四的人屈指可数。举例来说：我被绑架后，老团用墨笔在本校和天安门广场的地上写了"打倒反革命分子邢竞侯"的巨大标语。我弟弟（也是清华的老四）告诉我说，每个字足有四张大字报那么大。但是，这些标语并没有引起老四以及老团的任何反响，因为除了老团的某些人以及我的同班同学外，几乎没有人知道或者关心我这个人。那么，认为从我这儿就能挖出搞陈楚三的"钢鞭材料"，根据是什么呢？除了他和我属于同一个战斗组之外，还有什么？想着想着就想起了此前我被团派拦截并抄走一个杂记本的事。

具体时间记不清了，印象里天气比较凉。由于从外地串联回来发现自己挂在床头的一件比较新的衣服不见了，担心将来参加工作后可能还有用的讲义、笔记等会不会也丢失，所以，有一天下午我将这些讲义笔记、书籍资料装进一只纸箱后，准备寄放到在中关村计算所工作的哥哥处。我用借来的自行车推着走，本想先到十二号楼找我弟弟没找到，刚过了十二号楼不久就被不认识的三个人从后面追上来拦住了，他们强行从自行车上搬下纸箱，把里面的资料全倒在地上，然后一本一本逐本翻看检查，最后拿走了一本我的杂记本，扬长而去。

这本杂记本只有 A4 纸的四分之一大小，是我自己用纸装订成本子的。文化大革命开始以后，我用来记录当时发生、自己做过或经历的一些事情。它纯粹是备忘性质的简单流水账，不是日记，除了少量摘抄所看到的一些大字报内容，也不记录任何人（包括我自己）的言论或观点。所以一直以来我并不太在意这件事和这个杂记本，几乎已

第三部分 "罗文李饶反革命集团"和"十二人反党集团"

经完全把它遗忘了。

文化大革命中,我和陈楚三同是《战地黄花》战斗组的,这不是啥秘密,班上的同学都知道。陈楚三因"战歌事件"被蒯大富绑架并宣布他是反革命,送进监狱,但是几天后就被释放回到清华,至少说明老团无法提出定陈为反革命的证据材料。陈究竟干过、说过什么?有没有可以定他为"反革命"的内容?这是老团并不知道而又非常想知道的。那本杂记本中虽然并没有我和陈楚三的观点或言论,但提到陈的频次确实很高,例如去广州、锦州等地大串联的记录中,都可以很明显地看出我和陈楚三在一起。是不是由这本杂记本引发了老团通过我来整陈的想法呢?

被绑架后才想到,我在宿舍里整理装箱以及后来推自行车出去,怎么那么快就有不认识的老团来拦住我呢?联想到后来在圆明园绑架我,老团怎么就知道我的行踪呢?我实在是一个非常不起眼的平常学生。我被人截住搜查纸箱,发生在我准备将书籍资料等送到中关村我哥处的路上;被绑架,发生在我陪外地来的中学生参观圆明园废墟时。去中关村、去圆明园都并未事先安排,也未告知周围的同学,完全是当时想起就走了。如果没有人在周围注视或监视并及时去报告的话,老团怎么能得手呢?!

我不得不怀疑,在我周围恐怕一直有人随时注视着我,并向老团报告,以便及时采取相应的行动。

看来老团这么做是早就有计划、有行动、有安排的,而我们太天真了,当时只知道在观点、理论上与老团争论,从未想过老团会抓人、打人、甚至杀人。

抓我以后是从宿舍议论林彪与江青作为突破口的,先要我讲文革中的经历,到后来变成专讲在校内的活动、议论、开会。

在老团对我的审讯中,一次次地要我交代我参加过的"反革命黑会"的内容。实际上,在文化大革命中,我参加过的学校里开的大会都不多,平时除了有过几次和战斗组内其他人讨论大字报外,大多数是几个人在宿舍里闲聊。这种闲聊人员并不固定,谁路过赶上,听见了，可能就过来插嘴，说上几句，有人可能不知什么时候，转身就走了。大家想来就来，想说就说，想听就听，想走就走，进进出出，很随便。闲聊的内容无非是传单、小报或大字报上的各种消息，或者是本校或外校发生的一些事情，中央首长的讲话等等。我据理力争，我说：在宿舍里这种聊天是司空见惯的现象，怎么可以说这是"反革命黑会"呢？听我这么说以后，审讯我的人做出了规定，只要在场有三个人以上，就叫开会。而且还断然地说，你们这些反革命分子开会必定会发表反革命言论，攻击中央文革小组、攻击中央首长，反对党中央，所以必定是"反革命黑会"，凡是开会就都是反革命黑会。荒唐的是他们还指定，这些"反革命黑会"里，有几次是专门讨论即将召开的中国共产党第九次全国代表大会的，黑会上讨论了参加九大的人员，在九大上有谁会当选，谁会得到什么职务，有关九大的人事安排等等。他们无中生有编造出"反革命会议"，然后强迫我按照他们说的交代。

天啊！这让我怎么交代啊？首先是参加会议的人，我就编不出来，他们就会厉声地告诉我，有×××，×××，还有×××。再跟着一通嚎叫：老实交代！我不吭气，他们就是劈头盖脸的一通毒打。后来他们想出一个办法，要求我只说一个字，是，而且必须说是，否则就是一顿打。

审问我的人明确对我说，你必须要讲得像真的一样！所以他们还要求我要讲出开"反革命黑会"的时候，这些出席黑会的人都分别坐在什么位置，谁挨着谁坐着。我当然编造不出来。他们就先是打，打完就说，我告诉你，×××就坐在×××的右边，×××也参加了，就坐在×××的对面，×××就挨着×××坐的，等等。讲座位时他们是具体点名的，我现在记得的，有陈楚三，有张雪梅，有贾春旺，甚至还有沈如槐、宿长忠等我根本就不可能在一起开会的人。说起反中央文革小组，他们还提到反陈伯达，点了周泉缨，可是我并不认识周泉缨。

实际上一看就知道，这些东西是他们预先设计好的，专案组人手里拿着一堆材料说是别人交代的，给我念，要求按此交代，逼我必须

第三部分　"罗文李饶反革命集团"和"十二人反党集团"

按照他们规定的东西来说，那就是按照他们设计好的情节，时间、地点、议题、人员等完全都是他们预先编好的，就要你按此去说、去写。到最后干脆让你抄完了签名。因为我不说，致使我经受了无数的挨打、受罚，全身伤痕累累。这是我的人生中度过的最惨重，最不堪回首的时期。

看到谢引麟的控诉文章，里面提到，听说蒯大富抓我的罪名是跟踪毛主席视察大江南北，还以为她是道听途说；现在才知道，在我被蒯大富关押期间，团《井冈山》报 130、131 期合刊（1968.4.5）和 135、136 期合刊（1968.4.19）公然造谣，说我"跟踪主席视察大江南北，窃取情报"，并且"招供""王力办公室"的王允芳"直接参与此事"，还暗示与王庆云有关！我知道王庆云是在东北搞军事情报被抓的老团，但我根本不认识，团派的造谣报非要把他和老四扯上关系，用心险恶。至于王允芳，我当时连这个名字也没听说过，是老团还是老四？是男是女？我都不知道，"供"从何来？团派的造谣报还说我是陈楚三的秘书！我是陈楚三《战地黄花》战斗组成员，既不是他的秘书，也不知道他和 414 其他头头有什么秘书；我只知道清华两派头头中，唯独蒯大富有秘书还传出过绯闻。团报无中生有、栽赃陷害惯了，我找不出更文明的语言，只能说团报是被少数胡说八道、满嘴谎言的文痞把持的造谣报！

我被关押殴打很长一段时期以后，审讯者才突然提出所谓"十二人反党集团"问题。

平时进来打人、问话的一般都是两个人。过了一段时间后，有一天他们突然进来了三四个人，拿棍子拍打着自己的手，气氛冷飕飕的。他们说：今天给你个结论：你们这些人整天在一起开黑会、发表反革命言论，你们就是一个反党小集团。然后还说，你们一共有 12 个人，就叫 12 人反党集团。当时因为我问了一句：哪 12 个人？立刻被扇了个大耳光，关在里面近五个月的时间里，被打耳光最厉害的就有这一次，鼻青脸肿，嘴唇都流血了。我反驳说："我们没有反党，也不是什么反党集团",招来了几个人一齐扑上来,对我一通群殴。他们恶狠狠地说:说你是什么你就是什么,还敢顶嘴。他们说,就这么定了,你们是414中的反党小集团,上面还有一个反党大集团。随后,我被带到另一房间里,里面有十几个人围成个圈,开始了长时间的体罚和殴打。还有人拿克丝钳打我的脸。我记得那个用克丝钳打我脸的人个子比较大,年龄也比较大,不太像学生的样子,满脸凶相,一直拿着把克丝钳拍打着手,随时准备上来打我一下。

在他们审讯我的时候是不许我抬头看他们的,必须一直低着头站立着,有一次我曾想抬头看看他们究竟是谁?有没有我认识的人,结果马上就挨了一个大嘴巴子,那个打我嘴巴的人还喊了一句"看什么看,想秋后算账啊?!"确实,那么长时间里被反复残酷毒打,心中除了恐惧就是恨,而且主要就是恨,就想看看是些什么人如此凶残,想记住这些混蛋,到时候给他们"拉清单";但是他们不让抬头看,而我也没记住。

他们说的"反革命黑会"在我记忆中并不是专指12人的会,因为这样的话我就会知道哪12个人了。

老团说是我编造了一个12人反党集团的荒诞故事,而有的原老四头头居然相信了。从以上的刑讯经历充分说明,所谓"12人反党集团",完完全全是老团编造出来并强加在我头上的。

这12人是指谁?我至今也不知道。我推测他们肯定会把陈楚三列在其中的。因为他们说过:沈如槐只是414里站在前面的,414的头脑是陈楚三。还说过:别看上次陈楚三放出来了,这次我们肯定会把他再抓进去的,而且这一次他肯定出不来了。

工宣队进校后我才被解放。8月初出来以后就集中住在主楼,8341部队的杨××每天来拿我们写的材料。之后我毕业分配,到了北京军区下属的内蒙军区农场。

2011年5月参加完校庆回来后,我给同班一位因病未能来京的老团同学打电话,慰问他的病情。他主动提到了关于我被老团绑架的事:我在山上看到你了,我也看到他们是怎么打贾春旺的,那真是惨

第三部分 "罗文李饶反革命集团"和"十二人反党集团"

不忍睹啊！我没有看他们是怎么打你的，但我知道，你的遭遇也好不到哪儿去。真不知道你是怎么熬过来的？！当时我没能帮你点什么，心里一直挺过意不去的。

半个世纪过去了。当年团派的那些打手，也已经垂垂老矣，不知道他们是否反思自己曾经泯灭人性的极端行为。我真希望知情的老团能站出来说真话！

作者简介：邢竞侯，男，1944年10月出生，上海市人。1960年考入清华大学工程力学数学系，毕业时遭遇文革，于1968年离校，先在内蒙古军区农场劳动锻炼，后在包头市开关厂、包头市政府生产建设指挥部科技组、内蒙古自治区科学技术委员会电子计算中心工作；1991年作为人才引进调回上海。在工作期间曾获国家级科技进步奖三等奖一项、省部级科技进步奖二等奖一项、三等奖三项。

蒯大富魔窟中的贾春旺

陈楚三

我的同班同学邢竞侯曾在蒯大富的魔窟中被残酷折磨 146 天，清华百年校庆后他打电话慰问因病未回校参加班上校庆活动的郑则经（郑在文革中是团派《井冈山》报工作人员），郑则经在电话里主动提到文革中邢被绑架之事，告诉邢竞侯："我在山上（按：指 200 号）看到你了，我也看到他们是怎么打贾春旺的，那真是惨不忍睹啊！我没有看到他们是怎么打你的，但我知道，你的遭遇也好不到哪儿去。真不知道你是怎么熬过来的？！当时我没能帮你点什么，心里一直挺过意不去的。"

薛明德老师告诉我，"早年我听说老蒯抓贾春旺的主要目的是因为贾春旺曾与沈如槐一起去武汉串联，想从贾春旺处榨出沈如槐的材料。我知道贾春旺在里面被打得非常惨，但是我不敢当面问他过去的事情，怕勾起他恐怖的记忆"。

贾春旺在文革前是清华教师、兼职校团委干部，文革中支持 414 派，于 1968 年 3 月 27 日被蒯大富指令绑架，在蒯大富的黑牢中被毒刑折磨 130 天之久。薛明德知道贾春旺"被打得非常惨"，郑则经亲眼"看到他们是怎么打贾春旺的，那真是惨不忍睹啊！"我和贾春旺过去接触不多，不知道他在蒯大富黑牢中的遭遇；直到 2019 年 3 月，才有机会与贾春旺见面，了解到蒯大富打手们刑讯贾春旺的大略情节。

贾春旺被绑架后，起初关在一间窗户蒙着厚布的房间，在外面听不见里面打人的声音。

贾春旺回忆说，团派的打手们非常凶残，不知道这些学生怎么对自己的老师下得去手。

第三部分 "罗文李饶反革命集团"和"十二人反党集团"

打手们曾经用一张铁丝编的苍蝇拍子抽贾春旺的脸,打得他满脸是血,铁丝拍子都打散了。

抓贾春旺的时候天气还凉,贾穿着一条秋裤,打手们常常把贾按在地上打大腿和臀部,臀部打烂了,血水把秋裤和大腿、臀部粘在一起,一动就疼得发抖。

中整办调报字【83】3号文的附件,列出蒯大富的打手肖元星是怎样迫害贾春旺的:他曾对贾春旺"用皮带、皮管、木棒打屁股和腿。当贾全身是伤时,还逼贾做下蹲动作和仰卧起坐","还打过罗征启、黄安妮等"。肖元星是"贾春旺及邢竞侯等六个学生专案组"的主要成员,动农系零字班毕业生,离校后在兵器系统某研究所工作,文革后"清查"时被列为"记录在案"对象,有关部门曾找过贾春旺了解肖元星的罪行,贾春旺也如罗征启一样,以德报怨,没有追究。另一个打手叫宋恩宽,是土建系零字班毕业生,他"用方木打李康、贾春旺的腰,头撞墙,烟火烧脸",宋恩宽文革后"清查"时也被列为"记录在案"对象。

开始一段时间不准贾春旺离开屋子一步,两个团派看守手拿长矛把着门,地上放一个便盆,大小便都得在屋子里;后来天气越来越热,看守都忍受不了屋子里大小便的难闻气味,才让贾去厕所解手。

去厕所时用黑布蒙着贾的双眼,看不见怎么辨别方向?打手们懒得动嘴,却想出一个"妙法",他们用铁丝做成两个钩子拴上绳,押送的人一边一个拿钩子勾住贾的两个嘴角,手上拽着绳,像牲口嚼子一样,要往右拐、右边的押送人就拉右边的钩子,往左拐、左边的押送人就拉左边的钩子。谁能想到,堂堂清华高等学府的学生,竟然如此下作,竟然使用这样侮辱人格的损招!

虽然蒙着眼睛,其实还是能模模糊糊看到东西和专案组的人,贾春旺认出,专案组中有一个是他教过的学生,另一个是原校团委干部。这个团委干部文革后曾担任过北京市某区的区委书记和北京市政协领导职务,贾春旺考虑此人总算是为国家做事,所以没有揭发他。

贾春旺被转押到200号以后,专案组还曾经对他搞过假"枪毙"。有一次，他们对贾说414准备包围、进攻200号，要是414打进来，就先把他杀掉。他们把贾春旺脸朝下按在地上，有人骑在他身上，手拿匕首顶着他的脖子，一面用力把刀尖往下压，一面威胁他：老四要攻进来，我们就先杀你，你现在赶紧交代罪行还能饶你一命。

团派打手的残酷刑讯手段堪比渣滓洞。

贾春旺说，最凶残、最没有人性的是冯家驷。

冯家驷是电机系零字班毕业生，团专案组的主要打手，"他采用各种刑具拔牙、灌氨水迫害干部"，"拔牙"成了团专案组一众打人凶手中冯家驷独具的"特色"，冯家驷也因此获得"牙科大夫"的"雅号"。文学宓就是被他生生掰断了三颗牙。我的朋友、原团派总部委员孙耘曾告诉我，冯家驷的妻子是冯的中学同学，知道清华有揭发冯家驷拔牙的大字报后问冯是否确有其事，冯反问：你是相信大字报还是相信我？答曰：当然相信你。我认为，冯家驷和其妻的这段对话，表明冯家驷实际上否认"拔牙"的指控；孙耘可能更愿意相信冯家驷，说"给贾老师拔牙和掰掉文老师三颗牙等细节我是第一次听到"，并问我"拔牙的事是不是他（按指贾春旺）亲自告诉你的？"看来，只有贾春旺"亲自"告诉了我，这位朋友才会相信冯家驷这位"牙科大夫"不是"妄得虚名"，拔牙确实是"真的"事实。

贾春旺说，冯家驷拿一把钢丝钳逼供。他用钢丝钳拨开贾春旺的嘴，敲着贾春旺的牙，威胁说"不承认就拔牙"，贾春旺不承认那些捏造的东西，冯家驷就用钢丝钳夹住他的门牙使劲拔，夹碎了两颗牙，但没有拔下来，牙根还在。这是贾春旺"亲口"所说，我"亲耳"听到的，我的团派朋友们总该相信了吧！？

冯家驷对文学宓拔牙，掰断了三颗牙，对贾春旺拔牙，夹碎了两颗牙，都没能连根拔出；但这丝毫不能减轻冯家驷"拔牙"的残忍罪责，不是冯家驷不想连根拔，而是他"技术"不到家，毕竟，冯家驷不是专业的牙科大夫。善良的人们难以想象，一个清华大学的一年级学生，竟然能对自己的老师下这样的狠手！罗征启曾说，冯家驷等人"残暴无人性"，冯家驷"非常残暴，他一般打你后，听到你痛苦的喊叫声，他会露出得意的'狞笑！'他的行为让我读懂了'狞笑'这个词。"罗征启用自己的亲身经历和感受,诠释了冯家驷的残暴和无人性。

离开蒯大富的魔窟近一年后,贾春旺才到医院装了假牙。文革后"清查"时,冯家驷理所当然的也被列为"记录在案"对象。据我所知,冯家驷对被他"拔牙"的文学宓、贾春旺以及受他酷刑迫害的其他老师、干部、学生,至今没有任何忏悔和愧疚,"好像这一切都不曾发生过";在这种情况下,我们怎么可能像孙耘所说对冯家驷"多一分宽容和理解"呢?

他们对贾春旺除了毒刑拷打,还罚站,不许睡觉。

开始是让贾春旺双手举着凳子罚站。时间一长举不动了,只要凳子一歪,打手们就打;后来打手们怕贾春旺睡着了凳子掉下来砸着他们,也怕贾趁他们睡着用凳子砸他们,就改成让贾春旺举枕头。他们每天三班倒,贾春旺全天24小时都得站着,只有吃饭的短时间可以坐,看押他的人常常熬不住睡着了,长矛就靠在旁边,贾春旺完全可以拿起长矛捅他们,可是想到他们都是学生,贾春旺不忍心下手,再说即使捅了他们,自己也逃不出去,反而会遭到更凶残的报复。

罚站的时间一长,贾春旺的前脚掌就肿起来,然后是脚后跟肿起来,接着脚心也肿了,钻心地疼;再站,脚脖子肿,并且越来越往上发展。200号还有医生,医生说要是肿到膝盖,人就完了;贾春旺一直被罚站,小腿肿得跟大腿一样粗,快肿到膝盖了才停止罚站,整整站了七天七夜!

主持对贾春旺罚站的,是蒯大富的另一名打手韩锡九。韩锡九是工程物理系零字班毕业生,他"两次罚贾春旺举着凳子站七天七夜",此外,还对贾"用皮靴踢、踩,使贾有严重内伤",贾春旺恢复自由后肝肾部的疼痛仍持续多年。韩锡九在文革后"清查"时也被列为"记录在案"对象。

毒打也好,拔牙也好,两次罚站七天七夜也好,目的都是为了取得贾春旺的口供。

在1968年4月5日的团派《井冈山》报130、131期合刊中,还只是造谣说414设立专案组"大整陈伯达同志的黑材料",到了

5月24日的团派《井冈山》报141、142期合刊中,这个"陈伯达专案组"变成了12人"中央首长专案组",并且张雪梅被封为"组长",贾春旺被封为"副组长"。这就是团派编造的414的"十二人反党集团",说这个十二人集团反江青,反中央文革,整中央首长黑材料;贾春旺认为,如果都是学生,不太好定反革命,有干部和老师,就有了"黑手",就能定反革命集团了,而自己,就成了反革命集团的"黑手"。团派"罗文李饶专案组"下设的六个小专案组中,"贾春旺及邢竞侯等六个学生专案组"就是针对所谓"十二人反党集团"的专案组。在蒯大富的魔窟里,他们拿出写好的东西要贾春旺按手印,说是他的交代口供,贾当然拒绝,即使毒刑拷打、拔牙罚站也不屈服,打手们就抓住贾春旺的手强按手印;还趁贾神志不清和昏迷时,抓他的手按手印。贾春旺的所谓"交代""口供",就是这样产生的。

"贾春旺及邢竞侯等六个学生专案组"的组长是王士元,水利系68届毕业生,他不但是"贾春旺组"的组长,而且是整个"罗文李饶专案组"的副组长,参加了抓人审讯、迫害干部的各种活动;所谓"十二人反党集团"就是王士元参与策划、制造出来的。贾春旺、谢引麟、邢竞侯等人所遭受的惨无人道的毒刑折磨,正是王士元参与策划、指挥实施的。王士元在文革后清查时理所当然也被"记录在案"。

陈育延校友在其回忆录第十六章《清华两派最后的谈判》中,根据自己当年的日记,列出了被团派关押人员的名单,所谓"十二人反党集团"被团派抓捕的七人,即"贾春旺及邢竞侯等六个学生专案组"关押的贾春旺和邢竞侯、谢引麟、黄安妮、张琴心、楼叙真、董友仙这六名学生,无一例外都被注明是"现行反革命"。

1968年7月27日,200号情况异常,楼道里乱哄哄的,团派的人还烧材料,贾春旺隐约觉得有什么大事发生,当时他并不知道是工宣队进校。

工宣队进校后,主持清华两派进行多次谈判,414在谈判中强烈要求两派立即释放所关押的干部学生,但蒯大富有意制造障碍,偷偷

第三部分 "罗文李饶反革命集团"和"十二人反党集团"

把被他定为"现行反革命"的四名干部（文学宓、李康、饶慰慈、贾春旺）押送北京市公安局九处，时间大约是 8 月 4 日前后。以此计算，贾春旺在蒯大富黑牢中被关押折磨 130 天。

贾春旺被送到公安局后，起初关在功德林，后来转移到半步桥；直到 1969 年 2 月 14 号，贾春旺才回到清华。

【资料】

贾春旺，男，1938 年 5 月生，北京市人。1958 年考入清华大学工程物理系学习。1962 年 9 月加入中国共产党。1964 年毕业后留校任教。文革中被蒯大富绑架关押，遭受酷刑迫害。

文革后，贾春旺先后担任清华大学校党委常委、北京市委常委兼海淀区委书记、北京市委副书记兼市纪委书记、国家安全部部长、公安部部长、最高人民检察院检察长等职；是中共 12 届、13 届、14 届、15 届、16 届中央委员。

第四部分

中整办调报字[83]3号文

4.1 文件正文

调报字[83]3号

清华大学、北师大"文革"期间造反组织的情况调查

根据耀邦同志和一波同志的批示，北京市委段君毅同志派人对"清华"的派系情况和北师大"文革"期间造反组织的情况做了调查。现将北京市委的调查材料摘要如下：

清华大学"文革"期间造反组织概况

一九六六年八月，先后成立一批红卫兵组织，有"毛泽东思想红卫兵"（称八八派）、"清华大学红卫兵"（称八九派）、"清华大学红卫兵造反总部"。一九六七年四月，由于观点分歧，形成了以蒯大富为首的"井冈山兵团（简称团派）"和以沈如槐为首的"井冈山兵团四一四总部"（简称四一四）两大派。

"井冈山兵团"的头头和骨干，运动一开始大多是反蒋南翔，后又反工作组的学生和少数教工。他们自始至终是反刘、邓，反蒋南翔和前校党委，自称是"一反到底"的造反派。在林彪、江青反革命集

团的煽动和支持下,他们中的不少人干了大量坏事:

(一)残酷迫害干部群众,大搞刑讯逼供;

(二)挑起清华大学"百日大武斗",造成十二人死亡,三十余人残废,数百人受伤;

(三)支持各地造反派,反军乱军,大搞打、砸、抢、抄、抓;

(四)反刘少奇同志和周总理,揪斗迫害老一辈无产阶级革命家;

(五)砸机关、抢档案,造成严重后果;

(六)武力对抗,驱赶工人、解放军宣传队,造成五名工人死亡,七百三十一人受伤。

"四一四总部"有许多人原是"八八派"。他们开始批判工作组,后来批判刘、邓和蒋南翔、前校党委。他们认为校内解放后十七年红线占主导地位,我们大多数干部是好的和比较好的,反对"怀疑一切,打倒一切"的极左路线。也有抓干部和个别人殴打干部的行为。在校外,他们支持"地派"造反派,也积极参与了围困中南海、"揪刘火线"静坐、揪"军内一小撮"、打砸抢等活动。主要有:

(一)派人出去揪"军内一小撮";

(二)参与北京地派策划的火烧英国驻华代办处活动;

(三)抬尸游行,造成不良影响;

(四)"四一四"一百余人,被团派武力围困在科学馆,他们炸断三万五千伏高压线,造成严重后果。

"井冈山兵团总部"问题较多的机构有:专案组、文攻武卫指挥部、军事动态组、全国联络站、保卫部(专搞打砸抢抄抓)、宣传部、工总司(专搞武斗)、斗蒋(南翔)兵团。

"414总部"问题较多的机构有:作战部、斗蒋(南翔)作战部、保卫组、专政组。

"井冈山兵团"总部核心组成员有:蒯大富、鲍长康、刘才堂、陈继芳(女)、陈育延(女)、任传仲、王良生、马小庄等。蒯大富、任传仲已判刑,其余人员列为记录在案对象(编者注1)。

"414总部"核心组成员,有沈如槐、宿长忠、刘万璋、汲鹏、陈楚三、孙怒涛、张雪梅、黄瑞和、蒋南峰等,其中有的人犯一些错误,均记录在案。

来信人陈楚三(编者注2)是"414总部"核心成员,负责宣传,在清查中没有发现有什么问题,但"文革"的表现记录在案,现是党员,在北京某炮兵研究所工作。

清华大学党委根据中央有关清理"三种人"的精神,正在对这些人的问题做进一步深入清理。

北师大"文革"期间造反组织概况

(略)

整党办调查组整理
一九八三年十一月三十日

送:指委会主任、副主任,各顾问,办公室副主任。(印20份)

中整办调查组　一九八三年十二月二日

编者注1:文件原文中,陈继芳错印为"陈继芬",黄瑞和错印为"董瑞和";

编者注2:"来信人陈楚三"的"来信",指1983年陈楚三写给李志民(时任中组部青干局处长)关于清华文革两派情况的信。2013年孔丹口述《难得本色任天然》书中公开了陈云对孔丹信的批示后,陈楚三曾将给李志民信的基本内容投书《炎黄春秋》杂志,《炎黄春秋》2014

年第七期以《关于红卫兵的一桩历史公案》为题发表,但发表时杂志编者所加的两处注释性文字欠妥,陈楚三又致信《炎黄春秋》编辑部请求更正。

编者的话

这份文件的形成日期是 1983 年 11 月。

文件中提到"来信人陈楚三",陈楚三给李志民(时任中组部青干局处长)写信介绍清华文革两派的时间是 1983 年上半年;

当时任青干局长的李锐曾以此信在青干局部分处长、副处长中传阅;

李志民所在处的副处长刘泽彭背着李志民将此信通过密友陈元(陈云之子)捅到陈云处,陈云对此信做了严厉批示(但至今未能获得批示原文),中央整党工作指导委员会主任胡耀邦和常务副主任薄一波随即批示中共北京市委书记段君毅,对清华(及北师大)文革两派造反组织情况进行调查;

这份文件就是北京市委调查材料的摘要。

调查是因陈云批示陈楚三的信而起,这份文件也是对陈云批示的回应。

1984 年 2 月 23 日,孔丹等二人给陈云写信,为以高干子弟为主的"老红卫兵"(包括北京高等院校的保守派组织"首都大专院校红卫兵司令部",简称"一司")评功摆好、鸣冤叫屈;仅仅过了四天,2 月 27 日,陈云即批示肯定"孔丹同志的意见是对的",强调"像陈楚三这样的人要特别警惕,绝不能让他们混进第三梯队"。

陈云批示中,要求把孔丹的信和"陈楚三的材料"印发政治局、中央书记处,这里所说"陈楚三的材料"就是陈楚三给李志民的信以及陈云对陈楚三信的批示。

值得注意的是孔丹给陈云写信时的身份。这时的孔丹,正担任国家经委主任张劲夫的秘书,并且是陈云办公室一个"学习小组"的成员(这个小组包括陈云的两位秘书及陈元等);因此,陈楚三在他的回忆录《人间重晚晴》中指出,"有人推测,以孔丹、董志雄名义写给陈云的信,很有可能是针对我给李志民的信而精心策划的,说不定就是陈云授意甚至修改的产物。"

也许不是巧合,在陈云对孔丹信的批示之后,已经担任中组部常务副部长的李锐因有四人向陈云告状(刘泽彭的母亲是告状人之一)而"被退休";其后不久,刘泽彭却被提拔为中组部副秘书长,从李志民的下级变成其顶头上司,以后更担任了中组部副部长。

4.2 调查材料

清华大学"文革"期间两大派群众组织的产生和演变

(未定稿)

清华大学"文革"期间群众组织有一个产生和演变的过程。从一九六六年八月初,在批判工作组的"资反路线"的基础上,陆续产生了一些红卫兵组织。一九六七年四月中旬,由于诸红卫兵组织在观点上有严重分歧,形成了以蒯大富为首的"井冈山兵团"(简称团派)和以沈如槐为首的"井冈山兵团414总部"(简称414)两大派组织。其产生和演变过程、组织机构以及他们的主要活动和问题简述如下:

一、"文革"初期(1966年6月9日—8月4日)

一九六六年六月九日,以叶林同志为组长的工作组陆续进校领导学校的运动。自六月十四日开始,相继成立各系各班文革领导小组,指定少数高干子弟担任系级文革正副主任。其中知名的有刘涛(刘少奇之女)、贺鹏飞(贺龙之子)、刘菊芬(刘宁一之女)、李黎风(李井泉之子)等等。其主要任务是揭前党委的盖子、搞各级领导干部"上楼"、批斗"黑帮"。

六月十六日和二十三日,蒯大富(化902班学生)等人贴出《工作组向何处去》《叶林同志,这是怎么回事》的大字报,提出:工作组运动群众,在左派头上挥舞五条大棒。革命的左派首要任务是夺权斗争。真正的革命左派脑子里想的是夺权,两眼看的是夺权,双手做的是夺权。压制群众放,不为左派撑腰的工作组应该轰走。各系也相继出现了反工作组的蒯式人物。

六月二十四日起,在工作组领导下,开始批判蒯式人物,蒯大富按反革命受到批判。

七月二十二日晚九点至十二点,中央文化革命小组关锋、王力在清华学生宿舍新斋 771 房间单独接见了蒯大富。蒯在当天的日记里写道:"畅谈了近三个小时。我实在太高兴了,从心底里喊出'毛主席万岁!'。"

八月四日,周总理来清华,根据中央决定,在全校大会上指出工作组犯了方向、路线的错误,为蒯大富平反,叶林同志在会上代表工作组做了检查后,工作组撤出。原各系文革主任联席会议作为校文革临时筹委会,主持运动和日常工作,筹备选举。临筹的主要成员为刘涛、贺鹏飞、刘菊芬、李黎风、乔宗淮(乔冠华之子)等。

二、红卫兵组织的产生(1966年8月8日—12月18日)

八月八日,以唐伟、陈育延、汲鹏为首的一部分学生搞了一个串联会,其主要观点是要批判工作组的资反路线,认为蒯大富不是反革命,但也不是革命左派。八月二十二日下午正式成立起"毛泽东思想红卫兵",称"八八派"。

八月九日,以刘涛、贺鹏飞等为首也搞了一个串联会,他们主张批斗"黑帮",不赞成批工作组的资反路线。八月二十日,这部分人正式成立了"清华大学红卫兵",称"八九派"。其主要成员为文革初期掌权的高干子弟及"红五类"。

九月二十四日,以蒯大富等十人小组(化902班学生)为核心及各系的"蒯式"人物正式成立了"井冈山红卫兵"。当时他们的宗旨是:

1、批判工作组的资反路线;

2、批判"清华大学红卫兵"(即被他们称为"老保"的"八九"派);

3、为"蒯式"人物彻底平反。

在其宣言中还指出"毛泽东思想红卫兵"有右倾,但表示愿意与之合作。

自此,其他的红卫兵组织及其所属的战斗团也相继成立。但当时影响最大的是"毛泽东思想红卫兵"和"井冈山红卫兵"。

八月二十四日晚,"清华大学红卫兵"和清华附中等中学红卫兵毒打校、系主要领导干部和所谓"牛鬼蛇神"共计数十人,并关押劳改。一时所谓"红色恐怖"笼罩了清华园。接着又抄了一些"黑帮""牛鬼蛇神"和教授的家。此后,"清华大学红卫兵"(即八九派)名声不好,刘涛、贺鹏飞等贴出了"自我罢官"的大字报,刘、贺于九月三十日离校外出串联。少数"清华大学红卫兵"要摘掉"老保"帽子,起来造反,支持蒯大富,于十二月十四日成立了"清华大学红卫兵造反总部"。此时,三个影响较大的红卫兵总部同时并存(编者注1),直到一九六六年十二月十八日。

三、清华大学"井冈山兵团"的成立及其分化演变(1966年12月19日—1967年5月29日)

一九六六年十二月十九日,在中央文革小组指示下,三个红卫兵总部合并成立"井冈山兵团"。二十一日"井冈山兵团"筹委会宣告成立。成员由三总部协商产生,计有:蒯大富、鲍长康、陈育延、刘才堂、唐伟、朱德明、许胜利、孙怒涛、潘剑宏等20人。

十二月二十三日,兵团总部蒯大富等在张春桥授意下,决定二十五日进城举行统一行动,提出"打倒"中华人民共和国主席刘少奇的口号,把"打倒刘少奇"的口号率先推向社会。原"八八总部"委员唐伟、朱德明、许胜利等不同意蒯大富搞"12.25"行动,于二十四日上午贴出"辞职书",要"自动退出总部筹委会"。他们认为刘少奇还是人民内部矛盾,不能打倒。

一九六七年一月二日唐伟、朱德明、陈家国等,为了抵制"井冈山兵团"总部的领导,成立了"毛泽东思想纵队"。一月五日,沈如槐、宿长忠、张雪梅等成立了"八八纵队",陈楚三等成立了"东方红纵队"。以上三个纵队是后来"414"的基本队伍(此外还有以黄瑞和为首的"天安门纵队"等等)(编者注2)。

一月六日，"井冈山兵团"经过精心策划，以电机系的"捉鬼队"为基本力量，联合28团的"雪莲花"等战斗组骗揪王光美同志。"1.6"行动在全校引起了激烈争论：蒯大富、刘泉等人和"捉鬼队"认为是革命行动，好得很。而三个纵队认为"1.6"行动是反动的，糟得很。

一月七日，周总理针对"1.6"行动在接见七机部两派代表时说：这行动确实不光明磊落，共产党不这样。蒯大富等人对周总理的批评极为不满。一月二十日"28团""捉鬼队"发表"严正声明"，说总理"说出了王光美不敢说的话，发泄了刘少奇不敢发泄的恨"，并强硬要求总理做检查。一月十九日以后，"揪要害"等战斗组曾相继贴出三论《清华党权归井冈山》的大字报，要搞党员登记。井冈山广播台于二月七日广播了刘泉等人起草的《党员登记倡议书》。这些大字报，激起了广大干部、党员群众的义愤，加剧了三个纵队同蒯大富等人的分歧，纷纷要求蒯大富整风做检讨。

二月二十三日，《红旗》杂志第四期发表社论《必须正确对待干部》。三月三十一日，《红旗》发表了调查员和评论员文章：《打击一大片、保护一小撮是资产阶级反动路线的一个组成部分》《在干部问题上的资产阶级反动路线必须批判》。文中讲了清华大学的干部情况，校内师生员工大多数表示赞同。广大干部，纷纷写大字报"亮相"。在干部问题上三个纵队同蒯大富等人的分歧更趋尖锐化。

蒯大富等人认为清华大学是烂掉了的单位，旧党委大量提拔使用坏人，解放后十七年执行的是修正主义路线。清华的党员、干部大部分是假党员，刘、邓的党员。因此，要彻底砸烂旧清华。《井冈山兵团》总部干部办公室（即二办）对清华干部做了"阶级"分析，认为：（1）十七年是黑线，干部基本上执行的是修正主义路线；（2）干部有一大批是资产阶级世界观；（3）群众运动对干部的冲击批判是完全正确的；（4）本质的问题，是对待砸烂旧清华的问题。要砸烂旧清华，愈彻底愈好。《红旗》评论员文章发表后，以兵团总部委员、二办主任陈继芳为主要头头的"金戈铁马"战斗队贴出的大字报《"红旗"调查员欺骗毛主席罪责难逃》,系统地阐述了上面的观点和主张。

三个纵队不同意蒯大富等人的观点。他们认为十七年清华大学红线占主导地位,毛泽东思想的阳光也照进了清华园。干部的大多数是好的和比较好的。"千钧棒"战斗组主要头头沈如槐和"不怕鬼"战斗组主要头头黄瑞和联名写大字报,题为《革命小将要勇于为革命干部平黑》。他们的观点集中地反映在七月五日沈如槐、黄瑞和的联名大字报《什么"严重错误"》和七月十六日贴出的《什么"彻底砸烂"》两篇文章中。文章认为对"旧清华必须一分为二!""彻底砸烂旧清华"是"毫无阶级分析的无政府主义口号!""清华是社会主义中国的清华,是光焰无际的毛泽东思想照耀下的清华,这个清华是社会主义大家庭的一部分,无疑为社会主义祖国立下了不朽的功勋","在我们学校,大多数干部是好的和比较好的,他们基本上执行的是无产阶级革命路线"。主张对广大基层干部和他们的工作应加以肯定。

以上是双方在干部问题上有代表性的观点。

四月十四日下午,以沈如槐、陈楚三为首的三个纵队的主要战斗组"千钧棒""战地黄花"等发起了名为"彻底批判干部问题上的资产阶级反动路线,实现革命三结合"的串联会(简称"414串联会"),到会约700余人,陈楚三为执行主席。十二个战斗组代表发了言,批判了在干部问题上的资反路线,指出蒯大富继续打击一大片,搞形"左"实右的一套,阐明对"三结合"的观点和主张,通过了第一次串联会决议。

"414串联会"就干部和三结合问题共召开过十一次大型辩论会。但此时三个纵队和"井冈山兵团"在组织上尚未分裂。

四月三十日,经谢富治批准蒯大富成立了校革委会筹备小组。

五月下旬,蒯大富一伙得到谢富治的支持,决定于五月三十日在革筹小组的基础上正式成立校革委会。沈如槐、陈楚三等于五月二十九日晚在圆明园谋划成立"414总部"(编者注3),以抵制蒯大富为首的校革委会的成立。从此,在组织上正式分裂为"井冈山兵团"

（简称团派）和"井冈山兵团 414 总部"（简称 414）两大派组织。

周总理在蒯大富关于五月三十日成立校革委会的请示报告上批示："清华大学革命委员会要在革命大联合的基础上召开，才合乎毛泽东思想的指导原则。现在，听说你们革命派还没有联合起来，就在西大厅外面等待宣布开会，我们就不好参加了。"（编者注 4）周总理的指示，使蒯大富成立革委会的企图未能得逞，蒯大富认为是对他的"当头一棒，又加一盆冷水"，大为不满。

四、两大派组织的主要问题

（一）以蒯大富为首的"井冈山兵团"

以蒯大富为首的"井冈山兵团"校、系两级组织的头头和骨干，大多是运动一开始就反蒋南翔，后又反工作组的学生和少数教工。他们自始至终是造刘、邓的反，造以蒋南翔为首的前校党委的反，自称是"一反到底"的造反派。在林彪、江青反革命集团的煽动和支持下，他们中的不少人干了大量坏事。其主要问题如下：

1、残酷迫害干部群众，大搞刑讯逼供。

一九六七年初，在清华大学生物馆关押了刘冰、胡健、何东昌、艾知生等校、系主要领导干部，把他们打成假党员、叛徒、特务、走资派、反革命修正主义分子，进行批斗和逼供。

一九六八年一月，蒯大富一伙经过精心策划，诬陷原党委宣传部副部长罗征启、党委统战部副部长文学宓、刘承娴、教务处副处长李康、党办副主任饶慰慈是"蒋南翔第二套班子"，"反革命小集团"，诬陷原清华大学团委干部贾春旺及邢竟侯等六个学生是又一个"反革命小集团"，先后抓捕关押了干部、群众 21 人，进行刑讯逼供。他们采用粗方木毒打、老虎钳拔牙、烟头或火柴烧脸、往鼻孔里灌氨水等残酷手段严刑逼供。刘承娴被迫害致死，饶慰慈被打成重伤，一度精神失常，留下脊椎神经严重损伤等后遗症。情节恶劣，后果严重。

2、挑起清华大学"百日大武斗",造成严重后果。

一九六八年三月,蒯大富一伙一方面策划制造所谓"罗、文、李、饶"案件,揪"414"后台,另一方面策划挑起大规模武斗,妄图以此压垮对立派组织,逼中央表态。自一九六八年四月二十三日到七月二十六日持续近一百天的大规模武斗是蒯大富一伙一手挑起的。武斗期间造成 12 人死亡,30 余人残废,数百人受伤,烧毁了东区浴室和科学馆,毁坏国家财产达数百万元。后果极为严重。

3、插手各地,支持各地造反派,反军乱军,大搞打、砸、抢、抄、抓。

一九六七年三月底,蒯大富一伙在林彪、叶群和王力的授意下,成立了"井冈山兵团军事动态组",四月初向全国各地派"记者站"30 余个,400 多人去搜集军队干部情况。七月底、八月初又向全国各地派 40 多个联络站,支持当地造反派,与军内造反派勾结,揪"军内一小撮"。他们先后在南京抄了许世友同志的家;在福州抄了韩先楚同志的家;在广州,多次揪斗南海舰队司令员、政委,并抢枪支弹药,支持当地武斗;在沈阳,两次冲击军区,占领军区大楼达 10 天之久,并抢军火库的枪支弹药,参与并支持抚顺大武斗。在北京,积极策划和组织打倒中央政治局委员、中央军委副主席徐向前同志的活动。六七年七月二十七日,"井冈山兵团军事动态组"在军事领导机关附近贴出了"打倒徐向前"的大标语,二十八日在"井冈山兵团"小报上发表了"打倒徐向前"的"严正声明",并于二十九日晚派人抄了徐向前同志的住所和办公室,绑架徐向前同志未遂,抢走了装有绝密、机密文件的档案箱五个和其它零散材料及日记本。三十日,在清华大学"井冈山兵团"总部召开的有全国大部分省、市和一些军事单位造反派头头参加的"全国形势讨论会"上进行煽动,把"打倒徐向前"的活动推向全国。蒯大富一伙还派出 200 余人到二十二个省、市和地区,进一步搜集"打倒徐向前"的材料。

4、反对刘少奇同志和周总理，揪斗迫害老一辈无产阶级革命家。

井冈山兵团在率先把"打倒刘少奇"的口号推向社会以后，又参加了围困中南海，"揪刘火线"的静坐。

由于周总理批评蒯大富一伙骗揪王光美的行动不光明磊落，不同意他在六七年五月三十日成立革委会，蒯大富一伙一直对周总理不满，团派某些战斗组多次张贴大字报谩骂攻击周总理。

一九六七年四月十日，以蒯大富为首的"井冈山兵团"召开揪斗王光美大会。彭真、陆定一、薄一波、蒋南翔等同志被揪来陪斗。在批斗大会上，肆意侮辱、丑化王光美同志，在近四十万围观的群众面前，造成很恶劣的影响。

一九六七年八月一日下午，清华"井冈山兵团"勾结"北航红旗"、高等军事学院"红联"、新北大公社、体育学院等造反组织，召开了批斗彭德怀、罗瑞卿大会。会前他们私自审讯彭德怀同志，会上，让罗瑞卿同志坐在筐里。"井冈山兵团"总部代表宣读了通牒令，勒令彭、罗于八日前交出"认罪书"。八月一至二日，清华园内贴满了批判、打倒彭德怀、罗瑞卿和徐向前的大字报。

此外，早在一九六六年十二月二十九日，"井冈山兵团"就派人抄了薄一波同志的家。

5、砸机关，抢档案，泄露党的机密，造成严重后果。

"井冈山兵团"一些人，撬了党办的保险柜，抢去了全部前党委的会议记录等机要文书档案，先弄到清华的丙所，后转移到北京体育学院；前党委组织部和监委的档案柜被撬，有关的干部材料、保密本、会议记录本被弄到"井冈山兵团"专案组所在地生物馆；原党委保卫部政保科的绝密档案材料被"井冈山兵团政保组"某些人弄走，造成一些有历史问题的内控人员被关押揪斗，保卫部长以"包庇坏人"的罪名惨遭毒打。

支持清华"红教联"冲击公安部十三局和秦城监狱等打砸抢活动。

6、**武力对抗、驱赶工人、解放军毛泽东思想宣传队。**

一九六八年七月二十七日上午,首都工人、解放军毛泽东思想宣传队进入清华大学,宣传制止武斗,收缴武器、拆除武斗工事。蒯大富等人紧急策划,决定武力"对抗、还击",不许宣传队进楼。他们带领手持长矛、枪支、手榴弹的武斗队向赤手空拳的宣传队员进行袭击,造成王松林等五名工人死亡、七百三十一人受伤的严重后果。

(二)"井冈山兵团414总部"

"414总部"中有许多原"八八派",即"毛泽东思想红卫兵"成员。他们开始辩论工作组问题,批判工作组的方向路线错误,后来批判刘、邓和以蒋南翔为首的前党委。在校内这个局部问题上,他们认为解放后十七年红线占主导地位,学校的干部大多数是好的和比较好的,反对"怀疑一切,打倒一切"的极左路线。但对亮相到团派一边的干部也批判上纲过高。也有抓干部和个别人殴打干部和群众的行为。在校外,他们支持"地派"造反派,也积极参与了围困中南海、"揪刘火线"的静坐,揪"军内一小撮"、打、砸、抢等活动。其主要问题如下:

1、**派人出去揪"军内一小撮"**

一九六七年"八一"社论发表后,在林彪、江青反革命集团揪"带枪的刘邓"的煽动下,"414总部"于八月十日左右成立了"全国动态组",派出一些人到外地去串联,支持当地造反派,揪"军内一小撮"。据初步掌握的材料,昆明联络站参与策划冲击昆明军区,福州联络站参与策划并直接参加了抄韩先楚同志的家;长春联络站参与冲击省军区和抢军械库的活动。在北京,支持军事单位造反派炮轰肖华。八月十五日,"414"广播台大喇叭广播说"肖华是党内走资派,是刘邓司令部的人",要打倒肖华等等。

2、参与北京"地派"策划的火烧英国驻华代办处活动

一九六七年八月二十二日,"414 总部"委员蒋南峰带领 200 余人,参加了"地派"策划指挥的火烧英国驻华代办处的活动。蒋南峰等人,不顾周总理的指示和批评,带领 20 人翻墙冲进代办处,参加了砸汽车、抢录音带等打砸抢活动,造成了恶劣的国际影响。

3、抬尸游行,造成不良社会影响

在百日武斗期间,"414 总部"被围困在科学馆,处于被动防守状态。四月二十九日"414"成员谢晋澄被团派抢粮的汽车压死。不久,孙华栋又被团派抓到第一教学楼被活活打死。"414"要求严惩凶手,把尸体抬到市公安局去验尸。对此,周总理曾批评"暴尸于市"。之后,又连续发生了 3 人被无辜打死(非武斗双方对刺而死)的事件。"414 总部"要求市革委会谢富治正视清华武斗的严重局面,采取措施制止武斗。谢拒不接待。总部头头沈如槐等人决定把尸体抬到市革委会大楼前,经天安门广场绕东交民巷,游行一圈。这一行动在社会上造成了不良影响。

4、炸三万五千伏的高压线

"414 总部" 100 余人,被武力封锁围困在科学馆。从六月份起,团派就对科学馆断电断水,重伤员不能治疗,伤口溃烂;两具尸体停在地下室已经腐烂。白天有团派机枪封锁,晚上四面有探照灯监视,难以突围。曾挖突围地道,被团派发现破坏。沈如槐、但燊研究策划,认为突围的唯一办法是炸断高压线以搞掉探照灯。六七年七月七日凌晨三点多钟,派人带炸药炸坏了高压线,造成清华园和中关村部分地区停电 4 小时零五分钟的后果,影响很坏。

五、两派的组织机构及主要人员情况

(一)"井冈山兵团"总部

清华"井冈山兵团"总部经过一九六七年"一月风暴"夺权

后，就成了学校掌权组织。它仿照原学校党政机关职能部门的设置，根据"运动"的需要，建立了庞大的组织机构。在不同时期，其机构设置都有一些变化。一九六七年三月，要插手军队运动，先成立了"军事口"，后发展成"军事动态组""对外作战部"；武斗时成立了"文攻武卫指挥部"等等。总部成员也有变化或者叫分化。但其总部核心成员变化不大。其机构设置图见附件一。

总部核心组是其决策机构。其成员有蒯大富、鲍长康、刘才堂、陈继芳（女）、陈育延（女）、任传仲、王良生、马小庄等。蒯大富、任传仲已判刑；其余人员在这次清理中已列为记录在案对象，详见附件二。

几个问题较多的机构分述如下：

1、"罗、文、李、饶"专案组

蒯大富一伙要揪斗并搞垮所谓"蒋南翔第二套班子"，从六八年一月开始，先后抓捕、关押了原校党委和行政机关五名中层干部，即罗征启（现为清华大学党委副书记兼深圳大学党委书记、第一副校长）、文学宓（现清华大学党委委员、电机系党委书记）、李康（现中国环科院科研处处长）、饶慰慈（现清华大学党委常委、统战部长）、刘承娴（被迫害致死），以及原团委干部贾春旺（现北京市委常委、海淀区委书记）、学生邢竞侯等21人。为了对他们进行刑讯逼供、残酷迫害，组成了100余人的专案组，并按人头分成六个小专案组和专门打人的凶手班子，即专案组内的"保卫组"。采用极为凶残的手段毒打、用老虎钳拔牙、烟头烧脸、灌氨水等残酷手段，严刑逼供，造成2人死亡，数人重伤致残的严重后果。该专案组的直接主持者为团总部核心成员陈继芳，组长王子瑜，副组长王良生、王士元；"罗征启专案组"组长王子瑜（兼），"文学宓专案组"组长李天麟，"李康专案组"组长朱以文，"饶慰慈专案组"组长阎德成，"刘承娴专案组"组长夏毅，"贾春旺及邢竞侯等六个学生专案组"组长王士元(兼)，以及保卫组的打人凶手李木松、陈奋光、冯家驷、唐元时、肖元星等十七人问题严重，情节恶劣，这次清理中记录在案，有些要给以党纪、政纪处理。详见附件二。

2、文攻武卫指挥部

此机构成立于一九六八年四月二十二日，是专门挑动、策划、指挥武斗的机构。由蒯大富亲自挂帅，鲍长康任武斗总指挥，任传仲、刘才堂等为副总指挥，其重要成员有邢晓光、周大卫、李康群、李自茂、吴慰庭、张世杰、高季洪、谢德明等。蒯大富、任传仲、吴慰庭、张世杰已判刑，其余记录在案。

3、第五动态组，即军事动态组

此机构是在叶群、王力向蒯大富、史复有授意要搞军队的问题的背景下成立于一九六七年三月三十一日。其主要任务是搜集部队领导干部的材料，插手部队运动，支持军内造反派造反夺权、反军乱军。武汉"七.二〇"事件后，"军动组"以贴大标语、在《井冈山》小报上发表"严正声明"等方式大造反对和打倒叶剑英、徐向前同志的舆论，并于六七年七月二十九日晚抄了徐向前同志的住所和办公室，情节恶劣。军动组组长为史复有，副组长为章和邦。骨干成员为刘西拉、李怀珠。史、章、刘已决定记录在案，李拟记录在案。

4、全国联络站

全国联络站也是在"搞军队问题"的背景下成立于一九六七年六月。是同派往全国各地的 40 多个联络站联系、传递信息的机构，传送各地联络站搜集的军队材料，传达蒯大富、任传仲一伙支持外地地方和军内造反派揪"军内一小撮"的"指示"。其核心头头为俞善乐和罗维崑。根据现已掌握的材料，南京联络站头头黄杰、骨干鲍浪（女）都有严重问题；东北联络站头头孙熙然、副组长李凡，团总部委员、对外作战部副部长彭伟民亲自坐镇指挥，骨干为王庆云；武汉联络站头头张闯；常州联络站头头谭健；杭州联络站重要成员林刚；福州联络站重要成员陆军、吴锋等均有严重反军乱军问题，予以记录在案。详见附件二。

5、保卫部

"井冈山兵团"总部自成立起,就设立了保卫部,为专事打、砸、抢、抄、抓的机构。校内许多干部、群众被抓捕、抄家等,都由保卫部执行。如抓罗征启、文学宓等中层干部和对立派学生。其中设有"政保组",专门搞所谓特务、间谍问题。利用原校党委保卫部政保科的档案材料,将原来一些内控人员如谢××、程××及其夫人×××和留美归国教师高联佩、王振通等作为现行间谍,于六八年一月十八日在大礼堂揪斗,扭送公安局关押。

此外,还组织了"一科"专事清理教职工内部的"叛徒、特务"。

保卫部的主要头头是崔兆喜、李国柱。问题严重的骨干有学生张建国等,后勤部门的职工肖德龙、马晋恒、邢鹏等。

保卫部专事在校内的打、砸、抢、抄、抓。在校外的打、砸、抢活动,主要由"捉鬼队"执行。如六七年一月六日"骗揪王光美"、七月二十九日抄徐向前同志的家等"大行动"都是以"捉鬼队"为基本力量干的。"捉鬼队"的头头是郝雷、李振言、李国柱。

以上人员的清理情况见附件二。

6、**宣传部**下属的"井冈山"和"前哨"两个广播台以及《井冈山》小报、《井冈山》杂志等,是蒯大富一伙造反夺权煽动派性和武斗的舆论工具。宣传部负责人是团总部委员刘泉。"井冈山"广播台头头是翁文斌;"前哨"广播台头头是吴慰庭;《井冈山》骨干编辑是吴炜煜。其情况详见附件二。

7、工总司

工总司是学校后勤部门一部分工人组成的造反组织,专事武斗、打、砸、抢等活动。其主要头头是何光永,副司令是刘宗友,骨干是韩启明、张世杰。何、刘、韩均已结论处理,张世杰作为坏分子逮捕判刑。

8、斗蒋兵团

斗蒋兵团是一部分教师干部和学生组成的，专事打击迫害前清华党委书记、校长蒋南翔同志。曾诬陷蒋南翔同志是假党员。主要负责人是曹维涤。详情见附件二。

（二）"414总部"

"414总部"成立于一九六七年五月三十日，其机构设置与"井冈山兵团"总部大体相似，但比较简单一些。其机构设置图见附件三。

"414总部"核心组是其决策机构。其成员有沈如槐、宿长忠、刘万璋、汲鹏、陈楚三、孙怒涛、张雪梅、黄瑞和、蒋南峰等，全部是原"八八"派成员。其中沈如槐、蒋南峰、刘万璋、汲鹏、陈楚三、孙怒涛等六人，作为"414总部"主要决策人，有的还有一些错误，按中组发【1983】6号文件规定，予以记录在案。

问题较多的几个机构分述如下：

1、作战部：主要负责校内外运动。其中校内外运动常务组起具体决策作用，例如六七年八月份派人出去"揪军内一小撮""抬尸游行"、"炸三万五千伏高压电线杆"等等，其主要决策人为沈如槐、刘万璋、汲鹏及教师傅正泰（"414总部"核心成员）等。

2、斗蒋作战部：主要任务是批判所谓蒋南翔的修正主义路线。

3、保卫组、专政组（编者注5）：根据所谓"抓两小撮"的理论，揪斗了陶德坚、俞善乐，并抄了他们的家；对所谓"资产阶级反动权威"进行批斗；对一些他们认为有问题的干部如原清华大学副校长李寿慈、教务处副处长邢家鲤、无线电系党总支书记李传信等同志抓捕关押，进行所谓审查。个别人有殴打干部的非法行为。其主要负责人为"414总部"核心成员蒋南峰。

以上人员详细情况见附件四。

六、对两派组织的清理情况

一九七零年底开始的清查"516"运动,曾对两派组织的重要头头和有严重问题的人做过一次清理,将一部分有问题的人调回学校审查。审查结果:蒯大富、鲍长康、任传仲等三人定为敌我矛盾,不戴帽子,以观后效;崔兆喜、李国柱、孙耘等三人定为敌我矛盾,作为人民内部矛盾处理;史复有、章和邦、鲍浪、郝雷、刘泉等十二人定为严重政治错误,余者为一般政治错误或排除。一九七四年复查"批、清"运动时,把全部"严重政治错误"改为"一般错误",材料全部销毁,实际上是一风吹。由于当时历史条件的限制,一些大的是非仍被颠倒,除六个杀人凶手逮捕归案依法判刑外,不少有严重问题的造反头头和打砸抢分子没有受到审查和追究。

一九七四至一九七五年,原团保卫部头头之一邢鹏、工总司头头之一张世杰作为坏分子逮捕判刑。

一九七八年四月,蒯大富、任传仲以及长期逍遥法外的杀人凶手胡远、李正明等四人逮捕归案,已依法判刑。

从一九八三年一月,按照中发【1982】55号文件精神,对两派组织在"文革"期间的问题,又做了进一步清理。初步确定除上述已判刑的12人外,记录在案的58人。清理情况简述如下:

(一)对"井冈山兵团"的清理:

1、有严重问题的核心成员刘才堂、陈继芳等14人记录在案,有的拟建议其现所在单位给予党纪、政纪处分。

2、搞刑讯逼供、残酷迫害干部、群众的王子瑜、夏毅等17人记录在案,情节严重者拟建议其所在单位给予党纪、政纪处分。

3、反军乱军、揪"军内一小撮"问题严重者史复有、章和邦等13人记录在案,少数情节严重者,拟建议给予党纪、政纪处分。

4、武斗的策划者、指挥及武斗队骨干造成严重后果者邢晓光、李自茂等6人记录在案。

以上共计50人记录在案。

（二）对"414总部"的清理：

"414总部"核心成员记录在案的有：沈如槐、蒋南峰、刘万璋、汲鹏、陈楚三、孙怒涛等6人。

此外，汪大培、高仰义2人是参加外地反军活动造成一定后果者，记录在案。

"414总部"列为记录在案者共计8人。

根据中央有关清理"三种人"的精神，我们正在对"文革"期间的问题做进一步深入清理。

（全文完）

编者注1："三个影响较大的红卫兵总部"，联系前文容易误解成是"毛泽东思想红卫兵""井冈山红卫兵"和"清华大学红卫兵造反总部"；实际上，合并成立"井冈山兵团"的三个总部是"毛泽东思想红卫兵临时总部""毛泽东思想红卫兵八八总部"和"井冈山红卫兵总部"。

编者注2："天安门纵队"并非"以黄瑞和为首"，而是以孙怒涛、汲鹏为首；但414成立后，"天安门纵队"也分裂，孙怒涛、汲鹏、黄瑞和等人加入414，另一部分人加入团派。

编者注3：五月二十九日晚，成立"414总部"的各项准备工作均已就绪，只待深夜零点后广播成立宣言等文件；所以，"谋划成立'414总部'"的时间肯定在此之前，大约是五月二十七日。

编者注4：蒯大富请周总理参加清华大学革委会成立大会，周总理的批示，唐少杰先生据清华档案馆查得原文如下："清华大学革命委员会要在大联合的基础上召开，才合乎毛泽东思想的指导原则。现在听说你们革命派还没有联合起来就宣布开会，我们就不好参加了。"

编者注5："专政组"疑为"专案组"之误。经编者多方了解查证，当时414内并不存在"专政组"机构，而只有"专案组"，这个机构专门调查收集《红教联》的材料，全称是"红教联专案组"。

4.3 调查材料附件二

清华大学"井冈山兵团"组织机构主要人员情况表

组织机构名称	姓名	性别	原所在单位（系和班级）	在该组织中的地位、头衔及其主要问题	初步清理情况	现所在单位	备注
"井冈山兵团"总部核心及总部委员	蒯大富	男	工化系69届毕业生	"井冈山兵团"总负责人。积极追随林彪、江青反革命集团，进行大量犯罪活动。	已判有期徒刑十七年 剥夺政治权利四年	在押	
	鲍长康	男	工化系69届毕业生	"井冈山兵团"第2号头头 1、策划、组织、指挥反军乱军。 2、百日武斗总指挥。 3、"7.27"武力对抗工宣队。	曾作"敌我矛盾按内部矛盾"处理 记录在案	湖北制药厂制剂分厂	
	刘才堂	男	工化系69届毕业生	"井冈山兵团"总部核心成员，武斗副总指挥。 1、参与策划、组织、指挥武斗。 2、指使司机李正明开车压死对方武斗人员谢晋澄。 3、武力对抗"7.27"进校的工宣队。	记录在案	河北沧州石油化工厂	党员
	陈继芳	女	冶金系70届毕业生	"井冈山兵团"总部核心成员。 1、策划、组织、指挥"罗、文、李、饶"冤案，迫害干部。 2、参与武斗策划。"5.30"武斗由她负责运来汽油火烧东区浴室。	记录在案	长春市第一汽车制造厂	党员

姓名	性别	系级	主要问题	处理情况	单位	备注
陈育延	女	数力系 70届毕业生	"井冈山兵团"总部核心成员。 1、参加所有总部会议，武斗中负责后勤。 2、"7.27"由她下达蒯大富"武力对抗"命令。	记录在案	中国科学院计算中心	党员
任传仲	男	自动化系 70届毕业生	"井冈山兵团"总部核心成员。 1、策划、组织百日武斗，是"文攻武卫指挥部"核心。 2、下令武力封锁主楼广场，致使一名无辜学生被打死。 3、"7.27"武力对抗工宣队，亲自刺伤两名工宣队员。 4、负责非法制造武器。	已判有期徒刑12年	在押	
王良生	男	水利系 69届毕业生	"井冈山兵团"总部核心成员。 1、策划、组织"罗、文、李、饶"专案组，任副组长。 2、参与武斗策划，负责非法制造武器。	记录在案	水电部第一工程局，任科长	党员（1974.9入党）
马小庄	男	冶金系 70届毕业生	"井冈山兵团"总部核心成员。 1、第三编辑组负责人。 2、参与总部所有策划迫害干部、武斗的会议。	记录在案	长春第一汽车厂越野厂	党员
崔兆喜	男	电机系 69届毕业生	"井冈山兵团"总部委员，兵团保卫部长。 1、搞打砸抢，肆意抓人打人私设刑堂。 2、主张"武力解决问题"，挑动武斗，非法制造武器。 3、7.27武力对抗工宣队。 4、到武汉反军，进驻"湖北日报"，写反军社论。	曾按"敌我矛盾按人民内部矛盾"处理。 记录在案	邯郸市电机厂	

彭伟民	男	工化系 70届毕业生	"井冈山兵团"总部委员，对外作战部副部长 1、负责动态组，向外地派记者站、联络站。 2、反军乱军，到沈阳冲军区，占领军区大楼11天。	记录在案	北京工业学院	
周大卫	男	冶金系 70届毕业生	"井冈山兵团"总部委员。 1、武斗时任东区武斗指挥，肆意抓人打人搞打砸抢。 2、"7.27"武力对抗工宣队。 3、到湖南反军，在常德地区搞武斗。	记录在案	中国科学院物理所。81年派往美国作博士生。	
谢德明	男	土建系 69届毕业生	"井冈山兵团"总部委员，土建系分部头头。 1、武斗队长兼西区武斗负责人，策划武斗。在攻占三号楼时把对立派学生姜文波抓来毒打，致使姜跳楼身亡。 2、"7.27"武力对抗工宣队，带队袭击9003大楼。	记录在案	马鞍山市第一建筑安装公司	
李康群	男	工物系 70届毕业生	"井冈山兵团"总部委员，工物系分部头头。 1、武斗队长兼东区武斗负责人之一，参与策划各次武斗。 2、"7.27"武力对抗工宣队，在礼堂区扔手榴弹使一名军代表重伤，数名工人轻伤。	记录在案	铁道科学研究院	
刘泉	男	数力系69届毕业生【编者注：应是70届毕业生】	"井冈山兵团"总部委员，兵团宣传部负责人，数力系分部头头。 1、66年11月贴出《狗、羊、人》大字报，影射攻击周总理。 2、负责"井冈山报""井冈山广播台"，宣扬"彻底砸烂"理论。	记录在案	浙江绍兴钢厂	

	姓名	性别	系级	主要问题	处理情况	现在单位	备注
	潘剑宏	女	精仪系67届毕业生	"井冈山兵团"总部委员，兵团办公室主任。1、参加团总部各种策划会议。2、曾两次去鞍山参与反军活动，加剧当地两派组织对立。	记录在案	吉林辽源市拖拉机厂	
	高季洪	男	数力系69届毕业生	"井冈山兵团"总部委员。1、礼堂区武斗头头，参与"5.30"武斗策划会，是现场指挥。2、"7.27"武力对抗工宣队，参加袭击9003大楼的策划。3、曾去湖南搞联络站，反军乱军。	记录在案	黑龙江省技术物理研究所	
"罗文李饶"专案组（"罗文李饶"专案组主要头头陈继芳及副组长王良生见总部核心组栏）	王子渝	男	工物系67届毕业生	"罗文李饶"专案组组长，主要组织者、执行者。【编者注1】文革初期贴大字报声明退出"刘修党"。	记录在案	一机部自动化研究所	党员
	王士元	男	水利系68届毕业生	"罗文李饶"专案组副组长，参加抓人审讯，策划逼害干部的各种活动。【编者注2】	记录在案	湖北省葛洲坝工程局	
	李天麟	男	自控系68届毕业生	"罗文李饶"专案组中"文学宓组"组长，经常参加核心会，审讯罗、文，用残酷刑罚毒打逼供，罚站九天九夜。	记录在案	江苏省淮阴市政府办公室	党员
	朱以文	男	水利系70届毕业生	"罗文李饶"专案组中"李康组"组长，主持组织对李康刑讯逼供，还参与对文学宓的审讯，并毒打文学宓。	记录在案	武汉水利电力学院	
	夏毅	男	工物系69届毕业生	"罗文李饶"专案组中"刘承娴组"组长，毒打刘，逼刘在12：00前交代，致使刘跳楼受伤。后又强迫刘提前出院，对刘的迫害致死负有直接责任。	记录在案	高能物理研究所现自费留学美国	

姓名	性别	系别	主要问题	处理情况	现工作单位	备注
阎德成	男	工物系68届毕业生	"罗文李饶"专案组中"饶慰慈组"组长，主持组织对饶刑讯逼供，将饶臀部打烂，形成残疾。	记录在案	兰州中国科学院近代物理研究所	党员
李木松	男	水利系67届毕业生	"罗文李饶"专案组中保卫组的头头。专门打人，以打人取乐。1968年4月14日对被关押的干部轮流毒打一遍。	记录在案	唐山地震死亡	
陈奋光	男	工物系68届毕业生	"罗文李饶"专案组中保卫组的头头。专门打人，用酷刑毒打逼供，在1968年4月14日对被关押的干部轮流毒打一遍。	记录在案	青海第二人民医院（已出国）	
冯家驷	男	电机系70届毕业生	"罗文李饶"专案组的主要打人凶手。他采用各种刑具拔牙、灌氨水逼害干部。	记录在案	河北省对外贸易局秦皇岛办事处	
唐元时	男	电机系70届毕业生	"罗文李饶"专案组中主要打人凶手。刘承娴跳楼前，对刘进行残酷折磨，打耳光、连续摔打、烟头烧脸、脚踢腹部、用棍子捅……。对其他被关押的干部、群众也打过。	记录在案	承德地区平安堡炼铁厂	
肖元星	男	动农系70届毕业生	"贾春旺组"主要成员。用皮带、皮管、木棒打屁股和腿。当贾全身是伤时，还逼贾做"下蹲动作"和"仰卧起坐"。是打手，他还打过罗征启、黄安妮等。	记录在案	兵器工业部兵器系统工程研究所	

姓名	性别	系别	事由	处理	现单位	备注
沈石楠	男	无线电系70届毕业生	"罗文李饶"专案组中"李康组"主要成员。多次毒打李康，还参与对文学宓和饶慰慈的刑讯，是打手。	记录在案	江苏望亭发电厂电子计算机组	
周启柔	女	工化系67届毕业生	"罗文李饶"专案组中搞逼供信的骨干。主审文学宓和贾春旺等，在审文过程中，用铝管、竹棍、扫帚把打文的脸部，打肿左脸又用匕首去划破右脸。	记录在案	兵器工业部第206研究所，陕西省长安县10#信箱	
宋恩宽	男	土建系70届毕业生	"罗文李饶"专案组中打手。用方木打李康、贾春旺的腰，头撞墙，烟头烧脸。	记录在案	邢台轻工业局日化二厂	
孙万华	男	工物系68届毕业生	"罗文李饶"专案组中打手。专用方木打人，多次毒打文学宓，打肝区，踢小腹，用椅子压脚趾，致使文学宓尿血昏过去。	记录在案	成都519信箱	
常焕生	男	水利系69届毕业生	"罗文李饶"专案组中打手。多次毒打文学宓，打肝区，踢小腹，用椅子压脚趾，使文学宓尿血昏过去。	记录在案	水电部第一工程局第二工程处副处长	党员（1979年7月入党）
韩锡九	男	工物系70届毕业生	"罗文李饶"专案组中打手。两次罚贾春旺举着凳子站七天七夜。用皮靴踢、踩，使贾有严重内伤，	记录在案	国营渤海造船厂	

	姓名	性别	系别	主要问题	处理意见	现在单位	
	孙耘（原名孙毓星）	男	无线电系68届毕业生	"罗文李饶"专案组中打手。68年3月底【编者注3】去抓逃出虎口的罗征启，误抓了罗的弟弟罗征敷。孙等对其殴打，用棉丝堵嘴致使罗征敷窒息而死。孙是主犯，曾被拘留。	清华大学建议追究刑事处分，齐齐哈尔公安局对其免于处分。	哈尔滨工业大学研究生毕业留校	
	王庆章（又名王大力）	男	精仪系67届毕业生	"罗文李饶"专案组中打手。68年3月底【编者注3】与孙耘一起抓了罗征敷，将其迫害窒息而死。王是重要凶手，曾被拘留。		正在查找中	
文攻武卫指挥部及武斗队（指挥部成员及主要头头见总部委员栏）	邢晓光	男	无线电系70届毕业	团派文攻武卫指挥部成员，清华东区武斗队头头之一。 1、非法到山西搞武器枪支弹药，加剧武斗。 2、68年"7.27"袭击工宣队进驻的9003大楼，邢任总指挥，造成两死一伤的严重后果。 3、持枪到教授孟昭英家强行"借"钱。	记录在案	合肥市长江路安徽省广播事业管理局	
	李自茂	男	动农系69届毕业	团派西区武斗头头之一，动农系团派分部头头。 参加清华"4.23"、"5.30"大规模武斗策划会，并参加武斗，曾担任现场总指挥，造成三人死亡、多人受伤、东区浴室楼被烧毁的严重后果。	记录在案	上海宝山月浦十九冶分指挥部	

	姓名	性别	系别	主要问题	结论	现在单位	
	张家钻	男	电机系69届毕业	团派东区武斗指挥部副总指挥，电机系团派分部头头。 1、伙同李振言等非法绑架电机系党员教师顾廉楚、总支书记王遵华，对他们进行了长期的刑讯逼供。 2、参加"4.23"武斗策划会，并第一个冲上去强占学生宿舍十一号楼，以后又多次参加武斗。 3、到教授杨津基、唐统一、黄眉等人家强行"借"钱，由于杨津基不"借"，张等将杨抓起来，关押，直到"7.27"工宣队进校。	记录在案	宁夏自治区科委技术物理研究所	
全国联络站	俞善乐	男	冶金系讲师	"井冈山兵团"对外联络站负责人，"红教联"第2号头头。 1、67.4月俞和黄杰等人组成"南京记者站"，俞任"政委"，在南京反军， 2、67.6月俞主动把各地联络站组织起来，叫"全国联络站"，由他负责。 3、策划、冲击公安部十三局。 4、泡制、散布"大翻个"理论。	原结论为"敌我矛盾按人民内部"处理。 80年撤销原结论，用纪实方式记下主要问题。	在汕头大学	
	罗维崑	男	土建系研究生	"井冈山兵团"全国联络站负责人之一。 1、参加"井冈山兵团"骨干战斗组"老实话"组，任组长。 2、积极参与策划成立军事动态组，推荐人选，组织人与军事院校联系，收集材料。	正在清理中	湖北省医药管理局	
	黄杰	男	水利系66届毕业生	1、由兵团总部派往南京，参加江苏省"1.26"夺权。 2、支持造反派反对许世友并到大别山调查许世友材料，刺探并泄露军事机密。	记录在案	水电部南京自动化设备厂	

姓名	性别	系别	主要问题	处理意见	现工作单位	备注
			3、参与策划抢枪支持南京两派武斗。			
鲍浪	女	工化系66届毕业生	1、参加江苏省"1.26"夺权，担任筹委会委员。 2、67年7月在南京召开万人大会反对许世友，支持造反派冲击南京军区。 3、煽动南京两派武斗。	记录在案	北京化工学院二分院	党员
孙熙然	男	土建系67届毕业生	沈阳联络站负责人之一 1、支持辽大"八.三一"反对当地党、政、军机关。 2、冲军区大楼，占领大楼十天之久。 3、参与当地两派武斗，左右了当地"文革"形势。	记录在案	沈阳市辽宁省城市建设研究院	
李凡（又名李进禄）	男	自控系70届毕业生	沈阳联络站负责人之一 1、支持辽大"八.三一"反对当地党、政、军机关。 2、冲军区大楼，占领大楼十天。后又冲政治部大楼，要揪政治部主任，占领政治部大楼12天。	记录在案	陕西省渭南地区广播事业局	
王庆云	男	自控系69届毕业生	沈阳联络站骨干。 1、67年"7.20"事件后，在东北收集部队番号、部署、历史、首长名字等汇编成"沈军简况"01、03、05号，严重泄密，散发后追回。 2、67年10月—69年6月被拘留审查过。	记录在案	安徽宁国水泥厂建设指挥部	
张闯（又名张绍堤）	男	工物系68届毕业生	驻武汉联络站负责人之一。 1、介入当地"文革"运动。 2、百日武斗中，两次去武汉运武器回校，其中有半自动步枪10支，盒子枪、机枪各一挺。	记录在案	中国科学院高能物理研究所	

姓名	性别	系级	主要问题	处理	工作单位	备注
谭健	男	无线电系68届毕业生	常州联络站负责人。 1、介入当地运动，支持常州"主力军"武装返常，从67年9月11日起开始持续七天，此次武斗造成70多人死亡，百余人受伤的严重后果。 2、支持炸毁奔牛铁路桥，使京沪线中断12天。	记录在案	江苏常州电子工业公司	
林刚（原名林元祥）	男	电机系66届毕业生	杭州联络站成员。因跟踪毛主席视察，被中央专案组拘留审查。	记录在案	昆明电机厂大教师	因中办下达了复查结论文件，林刚属于认识问题，故撤销记录在案的决定
陆军（又名陆敬如）	男	水利系69届毕业生	福州联络站成员。 1、多次去福州反军反韩先楚，执笔或参与起草十多篇反军文章，在小报上刊登散发，其中《韩先楚是什么家伙》被台利用，受到周总理批评。 2、到长乐、清流专区搞武器。	记录在案	湖北江陵县江汉石油学院政治部	
吴锋（又名吴维强）	男	工物系68届毕业生	福州联络站成员。 1、参与反军、反韩先楚，编写《再问一百个为什么？》，为反韩造舆论。 2、67.9带队抄福州军区参谋长周世忠家，又到法院院长家"借"手枪一支。 3、冒充军区名义到福州东郊粮库收了一个班解放军的三支步枪。	记录在案	中国建筑第六工程局机械化施工公司	

军事动态组	史复有	男	工化系69届毕业	团派军事动态组组长。 1、67年4-5月间，到各地去串联游说煽动反军，在校内设接待站与军内造反派串联。 2、67年7月29日，积极参与策划和参加抄徐向前住所及办公室的活动，抄来的部分机密材料拒不交出，扣留达三个月之久。并翻印散发《华北野战军第一兵团团以上干部花名册》。	记录在案	甘肃省环境保护研究所	
	章和邦（曾用名华晓）	男	土建系67届毕业	团派军事动态组副组长。 1、67年4-5月间，到各地串联，煽动反军乱军。 2、参加抄徐向前住所及办公室的活动，抄来的部分机密材料拒不交出达三个月之久。 3、68年3-8月，参加对罗征启、文学宓等同志的刑讯逼供。68年5月31日上午，章伙同打人凶手唐元时残酷毒打刘承娴同志，采用"扫塘脚"、踢肚子等法西斯手段毒打折磨，致使刘于当天下午跳楼重伤，而后死亡。	记录在案	常州市房地产管理局住宅设计室	党员
	刘西拉	男	土建系研究生毕业	团派骨干战斗队之一，"老实话"战斗组成员，军事动态组骨干成员。 1、插手军内"文革"运动，67年4月外出串联，搜集军队情况，煽动反军。 2、在南京支持军内造反派，反对许世友及南京军区。 3、67年7月29日，参加抄徐向前家，翻印散发《华北野战军第一兵团团以上干部花名册》等。	记录在案	四川省建筑科学研究所（据说已去美国留学）	

	李怀珠	男	土建系研究生毕业	团派骨干战斗队之一，"老实话"战斗组副组长，军事动态组骨干。 1、67年1-7月，同军内造反派串联，搜集军队材料，煽动反军乱军 2、67年7月26日，在清华大礼堂形势分析大会上发表演说，题为《陈再道的后台是徐向前》，煽动反对、打倒徐向前同志。 3、67年7月29日晚，参加抄徐向前的住所和办公室的活动，并摘抄徐向前的日记本，将一部分材料登在67年8月3日的《井冈山》小报上。	记录在案	长春市1009信箱（半导体研究所）	党员
保卫部（总头头崔兆喜见总部委员栏）	李国柱	男	电机系66届毕业	团派"捉鬼队"头头之一，团总部委员，团保卫部头头之一。参加百日大武斗，68年6月到徐州非法搞武器，68年6月14日被徐州市革委会拘留。	清查"516"运动时定为严重政治错误，现予以记录在案。	北京油泵油嘴厂	
	郝雷	男	电机系70届毕业	团派"捉鬼队"头头之一。 1、策划指挥67年1月6日"骗揪王光美"的活动，受到周总理批评后，1月20日贴大字报《严正声明》，攻击总理"发泄了刘少奇不敢发泄的恨"。 2、积极参加百日大武斗	记录在案	河北衡水地区电焊机厂技术科。	
	李振言	男	电机系68届毕业	团派"捉鬼队"头头。 1、策划、指挥67年1月6日"骗揪王光美"的活动。 2、积极参加"百日大武斗"。 3、68年3月伙同张家钻策划、绑架了电机系党员教师顾廉楚，对顾进行长期刑讯逼供，残酷迫害，直到"7.27"工宣队进校。	记录在案	黑龙江省电子产品例行试验站。已于1983.10病故。	

张建国	男	精密仪器系68届毕业生	团派保卫部打砸抢抄抓的骨干之一。68年3月底【编者注3】，张伙同孙耘等人去抓捕逃出的罗征启同志，误抓了其弟罗征敷（第一机床厂工人），张等对其殴打，用棉丝堵嘴等，罗被迫害窒息而死。张是凶手之一。	当时未处理，现记录在案。	贵州省计量局计量科学研究所任副所长	党员
肖德龙	男	清华膳食科工人	团派保卫部值勤组的骨干，曾任组长。1、参加百日大武斗，在"5.30"武斗中用汽油烧东区浴室楼，参与火烧科学馆大楼。2、"文革"中大搞打、砸、抢。3、68年4月冲北京市公安局劳教所。	72年定为严重政治错误。81年因旷工11个月予以除名处理。		
马晋恒	男	清华修缮科工人	团派保卫部值勤组组长，骨干。1、"文革"期间拿长矛参加武斗，参加火烧科学馆大楼的活动。2、大搞打、砸、抢，曾抢了学校供应科劳保用品仓库等。3、殴打驱赶工宣队。4、68年4月冲北京市公安局劳教所。	清查"516"时定为严重政治错误。79年复查结论：维持原结论不变。	仍在本校修建队当工人。	
邢鹏	男	原建工系钳工	团派保卫部值勤组骨干，曾任组长。1、"文革"期间大搞打砸抢抄抓，积极参加百日大武斗。2、结伙盗窃校医院保险柜，内有人民币1300元。3、结伙盗撬水利系党总支办公室、政工组文件柜，盗走内部资料两本。在机械系偷盗时行凶打伤值班人员。4、阴谋策划纵火烧清华园未能得逞。	1976年11月以盗窃、行凶、纵火罪判无期徒刑。	在押	

杀人凶手	赵胜德	男	电机系学生	团派武斗队员，用穿甲弹打死动农系实验员杨述立。"7.27"工宣队进校时，用手榴弹炸死供电局工人潘志宏。	1973年5月判无期徒刑。	在押 【编者注4】
	张行	男	动农系学生	团派武斗队员。用半自动步枪无故打死土建系学生朱育生。	1973年5月判有期徒刑12年	
	吴慰庭	男	自控系学生	团派"前哨"广播台台长，武斗队员。无故活活打死无线电系学生孙华栋。	1973年5月判刑15年	
	陈志堃	男	精仪系学生	团派武斗队员。用枪瞄准无故打死自控系女学生钱平华。	1973年5月判刑20年	
	孙镇井	男	机械系学生	团派武斗队员。打死工宣队员、北京橡胶四厂工人李文元，打伤光华木材厂工人邓广志、刘孝林。	1973年5月判刑15年	
	廖光黔	男	冶金系学生	团派武斗队员。用长矛刺死工宣队员、北京第一食品厂工人韩忠现。	1973年5月判刑15年	
	胡远	男	机械系学生	团派武斗队员。开枪射击无故打死机械系学生杨志军。	1973年5月判刑10年	
	李正明	男	原水利系司机	工总司骨干。武斗时开卡车压死学生谢晋澄。	1980年3月判徒刑2年	已开除公职
宣传部（宣传部头头刘泉见总部委员栏，吴慰庭见杀人凶手栏）	翁文斌	男	64年毕业留校教师	团派"井冈山"广播台台长，笔杆子。其问题正在清理之中。	正在清理	水利系讲师
	吴炜煜	男	数力系70届毕业	团派《井冈山》小报编辑。 1、67年连续写三论《清华党组织必须重建》的文章； 2、75-76年，组织并亲撰写十论《走资派还在走》反动文章。	已开除党籍	现在清华基建修缮处工作

	姓名	性别	职务	主要问题	结论	现状	
工总司	何光永	男	清华校医院护士	团派工总司主要头头，"井冈山兵团"总部委员。 1、"文革"期间砸机关、抢档案、亲自撬了校党委办公室文书档案柜。 2、迫害殴打干部，大搞刑讯逼供。 3、积极策划武斗，组织武斗队，制造武器，武力对抗工宣队，殴打工宣队员等。	1972年11月结论为："不戴坏分子帽子，按人民内部矛盾处理，行政记大过处分。" 78年4月逮捕，经审查认为何的问题已构成犯罪。但考虑当时的历史条件，不予追究刑事责任。于1980年5月释放回校安置工作。	现仍在校医院当护士	
	刘宗友	男	原清华膳食科工人	团派工总司头头之一。 1、"文革"期间搞打砸抢。 2、积极参加武斗，曾是清华静斋区武斗副司令。	粉碎"四人帮"混入党内。后发现其"文革"期间的问题，取消了其预备党员资格。	已退休	
	韩启明	男	清华汽车队司机	"井冈山兵团"总部委员，工总司头头之一。 1、积极参加武斗，造成严重后果。 2、"7.27"武力对抗工宣队，殴打工宣队员。	71年7月清查"516"时自杀。		
	张世杰	男	电子系工人	团派武斗队骨干，"红缨战团"头头，工总司骨干分子。 1、指挥武斗，造成一人死亡、二人受伤的严重后果。 2、搞打砸抢，敲诈勒索。 3、武力对抗工宣队。 4、盗窃国家财产。	72年清查"516"时，定为敌我矛盾，按人民内部矛盾处理。 76年因盗窃判刑5年。		
斗蒋兵团	曹维涤	男	61届毕业留校教师	"井冈山兵团"总部委员，蒯大富的革等小组成员，斗蒋兵团的头头。 1、诬陷迫害蒋南翔同志。 2、外出串联鼓吹揪"军内一小撮"。 3、参加团总部派驻新疆联络站活动，参与策划抄王恩茂同志的家。	清查"516"时定严重政治错误。粉碎"四人帮"后，落实政策，撤销了原结论。现拟记录在案。	清华大学机械系讲师	

编者注 1：据本资料正文，王子瑜兼任"罗征启专案组"组长。

编者注 2：据本资料正文，王士元兼任"贾春旺及邢竟侯等 6 个学生专案组"组长。

编者注 3：据邱心伟原蜀育《大事日志》记载及当事人孙耘回忆，抓罗征敷并殴打迫害致其死亡的时间应为 4 月 3 日。

编者注 4：开枪打死杨树立的团派枪手赵胜德，系赵德胜之误。杨述立，应为杨树立。

4.4 调查材料附件四

清华大学"井冈山兵团414总部"组织机构主要人员情况表

组织机构名称	姓名	性别	原所在系和班级	在该组织中的地位、头衔及其主要问题	初步清理情况	现所在单位	备注
414总部核心成员	沈如槐	男	数力系70届毕业	"414总部"总负责人。武斗期间,曾策划"抬尸游行"、炸三万五千伏高压电线杆等活动。	记录在案	电子工业部电子技术推广应用研究所	党员
	蒋南峰	男	无线电系66届毕业	"414总部"核心成员,保卫组负责人。带队参加地派策划的火烧英国代办处的打砸抢活动,参加抬尸游行。	记录在案	清华无线电系讲师	
	刘万璋	男	工物系66届毕业	"414总部"核心成员,驻长春联络站负责人,"414总部"武斗总指挥。 1、支持"长春公社"反军区,揪军区首长,参与"长春公社"组织的抢军械库的活动。 2、武斗期间,曾派人到外地去搞武器。	记录在案	沈阳第二轻工业局	
	汲鹏	男	冶金系70届毕业	"414总部"核心成员,参与策划"抬尸游行"。	记录在案	邯郸钢铁总厂第二炼钢厂	党员
	陈楚三	男	数力系66届毕业	"414总部"核心成员,负责宣传。没发现什么问题。	记录在案	北京某炮兵研究所	党员

	孙怒涛	男	自控系66届毕业	"414总部"核心成员，未发现什么问题。	记录在案	杭州，浙江省计算技术研究所	党员（1974.11.入党）
联络站	汪大培	男	水利系70届毕业	首都红代会驻福州联络站头头之一。 1、参与策划并参加抄韩先楚的家。 2、参加当地武斗，参与策划火烧福建交际处，围困华侨大厦等。	记录在案	武汉水利电力学院	
	高仰仪	男	工物系66届毕业	首都红代会云南问题调查组组长。 1、参与策划、指挥向云南省委、省人委夺权，后又参加了组织掌权小组的活动。 2、散播反军舆论，参与抄军区首长家的活动。 3、参与当地造反派抢枪、武斗等事件。	记录在案	江苏涟水县唐集公社中学。	

4.5 文件原件照片（部分）

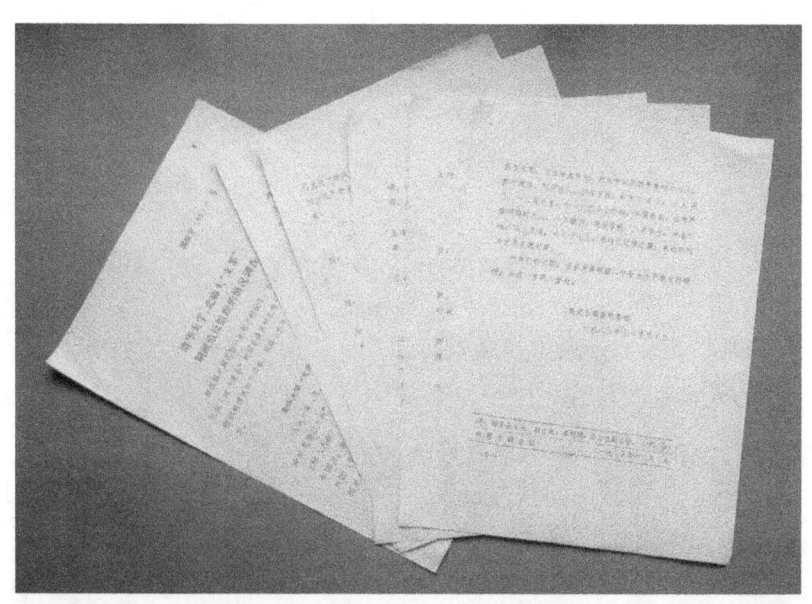

蒯氏黑牢的覆灭

周宏余

（一）蒯氏团伙最后的疯狂

1968年初，在蒯氏集团丧心病狂地制造三大冤案，把数十名无辜的清华干部、教师和学生投入蒯氏黑牢进行惨无人道的残酷迫害的同时，又明目张胆在共和国首都，在国内外闻名的高等学府清华园挑起武斗，攻楼掠地，杀人放火，企图以武力剿灭414，实现他们打天下坐天下独霸清华园的狂妄野心。

早在1月4日，他们就调动了上百人进攻414的"红尖兵广播台"，挑起了清华园内的第一场大规模武斗，双方都有数十人受伤，其中414的郭创贤和江道波同学被逼从5楼摔下受重伤。

1月30日，绑架支持414的干部罗征启，毒刑拷打逼供。

3月16日，绑架邢竞侯同学，毒刑拷打逼供。

3月27日，罗征启逃脱；蒯团又绑架支持414的干部贾春旺等人，毒刑拷打逼供；

4月3日，蒯团绑架罗征启胞弟罗征敷，殴打窒息致其死亡；

4月14、15日，蒯团陆续绑架关押支持414的干部文学宓、刘承娴（女）、饶慰慈（女），毒刑拷打逼供；制造"罗文李饶反革命集团"冤案。

4月23日，蒯大富发动对414旧电机馆的进攻，逼使多名414同学跳楼受伤。并驱赶持四派观点的同学，抢占了11号楼，开了武斗中强占学生宿舍楼的先例。

4月25日，团派攻打科学馆。

4月26日，团派攻打8号楼。

4月27日，团派追打姜文波致其坠楼死亡。

4月28日，团派再次攻打8号楼。

4月29日，团派开汽车撞倒并碾死谢晋澄。

5月2日，团派攻占旧土木馆，抓走周坚等残酷毒打。

5月8日、9日，绑架谢引麟（女）、黄安妮（女）、张琴心（女）三位女同学，毒刑拷打逼供；制造"12人反党集团"冤案。

5月10日，团派攻打动农馆，并再次攻打科学馆。

5月12日，团派第三次攻打8号楼。

5月14日，团派攻打汽车楼，同日，绑架孙华栋，并将他活活打死。

5月21日，团派再次攻打汽车楼。

5月30日，也就是曾经精心策划的蒯团革委会流产一周年的日子，蒯大富旧恨新仇恶性发作，纠集数百人攻打东区浴室，414战士卞雨林被他们用箭射死；团派火烧东区浴室，414为救重伤战友，21人放下武器。蒯团自己的武斗队员许恭生和段洪水也在混战中死于非命。

5月31日，刘承娴在团派毒打后跳楼重伤，手术后还未苏醒就被团派从医院中强行掳走，6月12日不治身亡。

进入7月，蒯大富团伙更加疯狂。

7月1日，蒯大富下令用枪封锁科学馆，凡有出入者，格杀勿论。

7月4日，团派从闻亭（为纪念闻一多先生而建）开枪打死在科学馆西门外掩体中的414战士朱育生。

7月5日，团派从一教附近的土山开枪打死科学馆外的414战士杨志军。

7月6日，团派从一教向运送后勤补给的414土装甲车开枪，用穿甲弹穿透10毫米厚钢板，打死杨树立（动农系实验技术员）。

7月9日团派火烧科学馆，反诬是414自己放的火。尤其残忍的是他们明知有自己的几名同伴被关在科学馆，仍不顾同伴死活，开枪阻止科学馆救火。

7月18日，团派开枪打死刚从苏州老家返校的自控系女同学钱平华。

在那个炎热难熬的夏天，蒯氏团伙在清华园制造的遍地狼烟、恐怖枪声和十多名屈死冤魂震惊了北京市民和全国人民，也惊动了文革的策划者和总指挥毛泽东，本是让他们反刘少奇的，现在反到自己头上了，公然堕落成土匪，在离自己十多公里远的高等学府内，在光天化日之下公开杀人放火，不是给自己给文革抹黑吗？忍无可忍，7月27日，在他的亲自策划和指挥下，首都三万工人、解放军进清华宣传落实中央发布的"七三布告"和"七二四布告"，要求停止武斗、拆除工事，上交武器。已经杀人杀红了眼的蒯大富竟冒天下之大不韪，丧心病狂的下令抵抗，他们向手无寸铁的工人和解放军战士扔手榴弹，开枪，捅长矛，蒯团保卫部长任传仲一人就用长矛捅伤了7名工宣队员，他所率领的那支长矛队捅伤了130多名工人！一天中团派共打死5人，打伤731人（其中重伤149人），抓捕工人和解放军战士143人，穷凶极恶，血洗清华；在共和国首都造成了震惊中外的7.27大血案。

从4月初到7.27的短短三个多月的时间中，蒯氏团伙在武斗现场和黑牢内外通过枪击、箭射、矛扎、车碾、火攻、爆炸、毒刑等杀人手段致死20人，致残致伤近千人，双手沾满了清华干部、师生员工、首都工人、市民、解放军的鲜血，罪行累累，罄竹难书。

物极必反，蒯氏团伙的最后疯狂为他们的彻底覆灭创造了条件。

（二）蒯氏黑牢的覆灭

在7.27以后的十多天中，蒯氏团伙虽然自知罪孽深重，罪责难逃，但还不甘心失败，企图咸鱼翻身，垂死挣扎，在北京市革委会主任谢富治的袒护和支持下对宣传队进校做了顽强抵抗。

宣传队进校两天后，即7月30日，他们才在全副武装的解放军的监督下撤出了最后一个武斗据点9003。他们还多次在校内外召开团总部黑会讨论如何与工宣队争夺学校领导权以及如何保护他们中杀人放火的罪犯。

他们继续处心积虑要将414打成是受"反革命集团"和"反党集团"控制的"变天派保守组织",以摧垮414,在清华建立蒯氏独裁政权。因此他们继续保存蒯氏黑牢,继续关押"两案"被抓捕的干部和师生。

为了摆脱工宣队的监管,不让工宣队发现并解救"案犯",他们多次在夜半更深将这些"案犯"秘密转押,倒来倒去,关入不同地点的牢房。在宣传队进校之后的7月28日(或29日)夜间把关押在200号的"案犯"秘密转移到北航,8月3日前后又把部分人从北航秘密转移回200号;同时偷偷将文学宓、饶慰慈、贾春旺和李康送到北京市公安局;将刘冰从北航转移到校内生物馆。为了不让刘冰听到工宣队进校的广播,将刘冰关押在黑暗潮湿的生物馆地下室。

他们同时还将逼供得来的大量纸质材料、录音材料、照片等转移到北航。直到工宣队进校一个多月后的8月底,在一次召开大联委全体会议讨论将材料移交给工宣队时,有人还悄悄地问蒯团专案组副组长王良生:"罗文李饶材料是老团的命根子,都交出去以后会不会有事呢?如果后悔就晚了。"王良生说:"你放心好了,专案组早就想办法了。"后来知道,他们将材料拍了照片,又将照片秘密地转移到了北航。

不过历史发展的规律是无情的,7.27以后清华园的形势已发生根本变化,在老人家直接掌控的工宣队面前,蒯氏团伙的一切反抗都是螳臂当车,不自量力,只能一天天走向衰败,一步步走向灭亡,蒯大富经营近一年之久的蒯氏黑牢很快就开始土崩瓦解了。

在5.30守卫东区浴室被俘的王学恭、苏鹏声等17名414同学和吴麒、王竹茹、阎石等老师长期被蒯团关押在12号楼,7.21被抓的周天麒也关押在12号楼。7.27当天,在工宣队进校以后,团派看守们预感大祸临头,惊慌失措,作鸟兽散,18名同学和三位老师趁乱逃出蒯氏黑牢,实现了自己解放自己。

4月初，电机系教师杨津基、顾廉楚和党总支书记王遵华被团派抓捕关押，7月28日在12号楼被工宣队发现，误认为他们是团派的"黑高参"，带到主楼414防区。

7.27后的第8天，即8月4日，在北京卫戍区政委刘绍文的主持下两派达成了八项协议，其中第四条内容是："清华两派要主动接触，为革命大联合创造条件，首先两派立即无条件地释放所有'抓去的人'，不得以任何借口进行破坏，以后也不准以任何借口抓人。"表明此时的工宣队已经把解决"三大冤案"中的"案犯"和武斗中的俘虏问题提上议事日程了。

8月5日，毛泽东把来华访问的巴基斯坦外交部长送给他的芒果转送给清华的工农宣传队，表明了老人家对宣传队进清华遭受的惨重伤亡的抚慰和坚定支持，进一步巩固了宣传队在清华的地位，站稳了脚跟，成为清华园的新主人，预示造反派已经被抛弃。

又经过宣传队几天曲折的争论和协调，8月7日，双方公布了各自所抓的人员名单。双方到7.27为止实际关押人员情况如表一、表二所示。

表一，到7.27当天团派关押干部和师生的处理结果（注1）

	姓名	性别	职业	职务	被抓理由	7.27生态与结局
1	文学宓	男	干部	党委统战部副部长	"罗文李饶"集团成员，现行反革命	8.4送公安局，69年初放回
2	饶慰慈	女	干部	党委办公室副主任	"罗文李饶"集团成员，现行反革命	8.4送公安局，69年初放回
3	李 康	男	干部	教务处副处长	"罗文李饶"集团成员，现行反革命	8.4送公安局，69年初放回
4	刘承娴	女	干部	党委统战部副部长	"罗文李饶"集团成员，现行反革命	5.31跳楼重伤，6.12死亡
5	贾春旺	男	干部	团委学习劳动部副部长	十二人反党集团，现行反革命	8.4送公安局，69年初放回
6	邢竞侯	男	学生		十二人反党集团，现行反革命	8.9释放

7	董友仙	女	学生		十二人反党集团，现行反革命	8.9释放
8	谢引麟	女	学生		十二人反党集团，现行反革命	8.9释放
9	黄安妮	女	学生		十二人反党集团，现行反革命	8.9释放
10	张琴心	女	学生		十二人反党集团，现行反革命	8.9释放
11	楼叙贞	女	学生		十二人反党集团，现行反革命	8.9释放
12	刘冰	男	干部	校党委第一副书记	蒋刘反党集团黑副帅，走资派	8.9释放
13	艾知生	男	干部	校党委副书记	蒋刘反党集团主将，走资派	8.9释放
14	吕应中	男	干部	校党委常委，200号总支书记	第二套班子黑少帅，走资派，漏网右派，特务	8.9释放
15	何介人	男	干部	校党委办公室主任	第二套班子，走资派	8.9释放
16	林泰	男	干部	校党委宣传部副部长	走资派	8.9释放
17	余兴坤	男	干部	工物系总支书记	走资派	8.9释放
18	滕藤	男	干部	工化系总支书记	走资派	8.9释放
19	解沛基	男	干部	数力系总支书记	走资派	8.9释放
20	李恩元	男	干部	校党委组织部第一副部长	走资派	8.9释放
21	李传信	男	干部	无线电系总支书记	走资派	8.9释放
22	邵斌	男	干部	蒋南翔私人秘书	反革命，走资派	8.9释放
23	王遵华	男	干部	电机系总支书记	走资派	7.28误送主楼，8.9释放
24	顾廉楚	男	教师	教研组主任	反革命分子	7.28误送主楼，8.9释放
25	杨津基	男	教师	教研组主任	拒绝"借钱"给团派支持武斗	7.28误送主楼，8.9释放
26	何成钧	男	教授		大右派，特嫌	8.9释放
27	何增禄	男	教授	工物系	特嫌	8.9释放
28	吴麒	男	教师	自控系		7.27从12号楼逃离自救
29	王竹茹	男	实验员	电机系		7.27从12号楼逃离自救

30	阎 石	男	教师	电机系			7.27从12号楼逃离自救
31	陶德坚	女	教师	土建系	红教联头头，现行反革命		8.9释放
32	朱启鸣	男	教师	化工系	红教联成员，现行反革命		8.9释放
33	吴 栋	男	学生	414总部委员	参加武斗指挥		8.9释放
34	李元宗	男	学生	414动农系分部头头	参加武斗		8.9释放
35	周天麒	男	学生	数力系	参加武斗		7.27从12号楼逃离自救
36.52	王学恭 苏鹏声 等 17人		学生·学生		参加武斗		5.30在东区浴室被俘共21人，其中17人关在12号楼，7.27当天逃离自救（注2）

表二，到7.27当天四派关押干部和师生的处理结果（注3）

	姓名	性别	职业	职务	被抓理由	7.27生态与结局
1	李正明	男	司机		杀人犯	8.9释放
2	马树忠	男	司机		偷运火药	8.9释放
3	李发祥	男	司机			8.9释放
4	吴其章	男	司机			8.9释放
5	刘德荣	男	司机			8.9释放
6	陶 森	女	干部	电机系总支副书记	走资派，右派，阶级异己分子	8.9释放
7	蔡树友	男	职工			8.8逃离主楼
8	裴觉民	男	学生			8.9释放
9	谭小平	女	学生			8.9释放
10	叶志江	男	学生		炮打江青	8.8逃离主楼
11	杨立人	男	学生		现行反革命	8.8逃离主楼
12	贾振陆	男	学生		反动学生	8.8逃离主楼
13	左 羽	男	教师		右派	8.8逃离主楼
14	曾昭奋	男	教师		现行反革命	8.8逃离主楼

8月9日一早，工宣队采取了捣毁校内外黑牢，解救被关押人员的行动。这次行动兵分两路：一路由吕方正负责，率领一支300人的队伍和全体团派总部委员乘大卡车去南口清华原子能基地200号，另一路由柳一安负责解救关押在校内的人员。两年多以后韩丁采访

了吕方正,吕回忆了捣毁200号"渣滓洞"的经过:"我们知道他们在那边有100多人,于是我们就去了很多人。我们派了大约300人跟我们一起去。估计和前几天(指7.27)在校园里一样,他们可能也会用武力顽抗的。我们做了组织准备,如果我们中有人被打死,其他人就接替他的位置。""团派在南口的那些人真够'杆儿'的,他们不参加任何学习班,但他们什么事都干得出来,果然不错。我们到达以后,那里院子周围都是通了电的铁丝网,我们只能派代表进去。蒯大富、陈育延和陈继芳三个团派的头头和我们一起进去。但守门的人想只让蒯大富作为代表进去,而把我们堵在外面。我们不答应,坚持要一起都进去。经过一个多小时的争论,他们不得不让我们进去了,这时已是中午了。"吕方正接着回忆了他当时看到的情景:"我们发现里面的情况极为糟糕,这地方比任何监狱更恶劣,每一层的门上都焊着钢板。门口堆着沙袋筑成的工事,所有房间的门窗上都钉了铁栅栏。我们要释放的五个俘虏因为缺乏营养都是面色苍白。其中一个病得厉害,必须由别人抬着上卡车。在7月份这样炎热的天气里,俘虏们只能穿着短袖衬衫睡在地板上,一天只有一个馒头,一碗凉水——通过门上的小孔送进来的。看见我们进去,他们吓得发抖,以为我们是新去的看守,又要带他们去什么地方审问拷打。当他们听说我们是毛主席派来的宣传队,他们欣喜若狂,高呼'毛主席万岁!打倒法西斯迫害者!'我们当面质问蒯大富这些犯罪行为,他说'我一点也不知道,这是群众干的。'当得知'罗、文、李、饶集团'中有两个人被转移到别的地方去了,我们非常气愤。是蒯大富下命令把李康和文学宓当作反革命送到北京卫戍区去逮捕起来了。罗征启已经逃走了——后来我们把他从广东找了回来。因此那天'集团'中只有一个饶慰慈得到了解放(按:这里吕方正关于对饶慰慈的回忆有误,据陈育延的笔记,饶包括在送公安局九处的4人名单中)。她臀部的伤非常严重,她很长时间既不能坐又不能站,她的身体功能受到了破坏,小便不能控制。她的背上的伤也很厉害,所有这些都影响了她的神经,她的记忆变得很差。当北京卫戍区把文学宓送回学校时,他差不多是耳也聋了,牙也掉光了——那是团派在南口的看守拔掉的,他们要他招供，每次当他没有完全照办时，就拔掉他的一颗牙齿。这全部情况说明，这四个人是被诬害的，团派用拷打逼取供词，然后用李康的话去攻罗征启，用罗征启的话去攻李康。他们有20种不同的刑法。每得到一句有用的供词就用答录机录下来，最后修补整理成一个可供定罪的供词，这些句子可能已完全不是他们自己的原意了。大多数群众听我们的解释以后都欢迎我们的到来，我们走的时候，他们还鼓掌欢送我们。"（见韩丁著《百日武斗》）

晚上八点钟吕方正率队回到学校，马上就在主楼前将所有已经掌握的俘虏进行交换，以防两派再生枝节干扰交换的顺利进行。有些两派没有争议，且在校内关押的（例如刘冰等人）已在白天由柳一安解救时放回家了，晚上四派从团派收到10人（多数是"十二人反党集团"的成员）：邢竞侯、楼叙贞、黄安妮、谢引麟、张琴心、董友仙、李元宗、吴栋、吕应中、何增禄。释放了8人（主要是司机）：李正明、马树忠、李发祥、吴其章、刘德荣、陶森、裴觉民、谭小平。同时将7.28宣传队在12号楼错抓的原来是4月初由团派关押的王遵华、顾廉楚和杨津基三人还给了团派。至此，实体的清华文革蒯氏黑牢就彻底覆灭了。

蒯氏黑牢覆灭以后，工人宣传队进一步在清华站稳了脚跟，两派群众组织就从政治舞台上渐渐式微了。8月16日上午，在工宣队的主持下，两派签订了宣传队进校后的"第四项协议"，有八条，其中最主要的几条内容是：取消团派总部和四派总部，成立统一的"红代会清华大学井冈山革命大联合委员会"（简称"大联委"）；"大联委"接受工宣队的帮助和指导；按系统、行业、班级实现革命大联合，在大联合的基础上筹备清华大学革命委员会。这一协议的实质是在工宣队监督下清华两派的"死亡证书"，1968年8月16日是清华大学井冈山兵团的正式寿终之日，敲响了全国"红卫兵运动"的丧钟！

8月26日，毛泽东借姚文元在人民日报上发表的文章，提出了"工人阶级必须领导一切"的口号，这是文革中毛控制知识分子的一个重大战略决策，强调"凡是知识分子成堆的地方，不论是学校，还是别的单位,都应有工人、解放军开进去,打破知识分子独霸的一统天下,占领那些大大小小的'独立王国',占领那些'多中心即无中心'论者盘踞的地方,这样成堆的知识分子中间的不健康的空气、作风和想法就可以改变,他们也就有可能得到改造和解放。"到10月份召开的8届12中全会的决议则更明确指出:"工人宣传队要在学校中长期留下去,参加学校中全部斗、批、改,并且永远领导学校。"至此,疯狂一时的"红卫兵运动"就彻底退出中国的政治舞台了,学校中所有知识分子再也不能折腾,只能老老实实接受工人阶级的再教育,争取"可能得到的改造和解放"了。

(三) 对蒯氏暴行的清算

8届12中全会以后,由于文革发动者预定的打倒刘少奇的主要目标已经实现,像蒯大富这些对打倒刘少奇立下丰功伟绩的宠儿很快就变成了弃儿,面临封建帝制下农民革命中开国功臣鸟尽弓藏、兔死狗烹的下场。

7.28那天,尽管蒯大富在前一天犯下了屠杀工人解放军宣传队的滔天大罪,但毛泽东对蒯大富还是爱恨交加,语重心长地安慰蒯"我是偏向你们的",而且夫妻二人还涕泪横流通过同声否定414来表示对蒯的支持。尤其在延续5个多小时的召见结束时,毛已经步出会议大厅后又一度返回叮嘱身边的人"不要又整他们"(指蒯大富们)。似乎恨铁不成钢,抚慰有加。可是两年多后,开始清查"五一六"时,毛泽东一句:"既然有怀疑,把蒯大富叫回来问问就行了嘛"的话,当时的清华党委就把他从宁夏工作单位揪回北京,关押审查,监督劳动,直到文革结束。

在1975年底老人家有一个批示:"现在北大、清华倒是走上正轨,由校党委、系党委、支部领导,过去不是,蒯大富、聂元梓无政府主义。""老中青三结合,青要好的,不要蒯大富、聂元梓那样的。"此时的毛泽东,还在领导文化大革命,但已不再关心老蒯在何方,也不再叮嘱身边的人"不要又整他们"了。这个当年的宝贝,已经弃如敝屣，任其自生自灭了。同时那些在蒯大富的支持纵容下，在黑牢和武斗中有血债的罪犯也在1973—1976年期间陆续被审查或逮捕判刑，受到党纪国法的初步惩处。

但是，由于当年还是处于法制混乱、是非颠倒的文革期间，作为在清华园内制造黑牢、策动武斗、指挥杀人放火的祸首蒯大富，可能圣上还念点旧情，只是监督劳动，没有受到刑事处罚。但法网恢恢，疏而不漏，恶人一定会有恶报，正义终究要到来。随着红太阳陨落、四人帮垮台、刘少奇等一大批老一辈革命家的冤案平反、"文化大革命"被彻底否定等重大历史剧陆续上演，1981年1月，制造十年灾难和浩劫的林彪、江青两个反革命集团的10名主犯被押上了历史的审判台，江青、张春桥被判处死缓，王洪文被判处无期徒刑，其他主犯也判了16—20年不等的有期徒刑。在此前几年已死的康生、谢富治两名主犯的反革命罪行也被中央彻底清算，开除党籍，撤销悼词，挫骨扬灰，清除出八宝山，遗臭万年。在此背景下，中央对文革中林、江反革命集团在各地的打手和爪牙所犯下的反人类罪行也开始进行了系统和全面的清算。

北京的红卫兵"五大领袖"，除谭厚兰因患癌症被免于起诉外，其余4人均被判刑，其中蒯大富在1983年3月被北京市中级人民法院以反革命宣传煽动罪、杀人罪、诬告陷害罪判处有期徒刑17年（见附件：北京市中级人民法院刑事判决书（82）中刑字第1124号）。同时，清华大学党委按照中发【1982】55号文件关于清理"三种人"（指文革中追随林彪、江青反革命集团造反起家的人，帮派思想严重的人，打砸抢分子）的精神，在文革期间工宣队审查的基础上，对两派组织在"文革"期间的问题，又作了进一步清理，并留下一份清华大学文革两派组织被判刑和"记录在案"的84人名单，其中团派有76人，四派有8人。

在团派的76人中又分9类：团总部核心及总部委员16人（其中2人被判刑，14人记录在案）；"罗文李饶"专案组19人（其中17人记录在案）；文攻武卫指挥部及武斗队3人记录在案；全国联络站12人（其中10人记录在案）；军事动态组4人记录在案；保卫部 7 人（其中判刑 1 人，记录在案 4 人）；杀人凶手 8 人均已判刑；宣传部 2 人；工总司 5 人（其中判刑 1 人，记录在案 1 人）。这 76 人就是清华文革中沉瀣一气，造反夺权，组织武斗，诬陷迫害干部和教师、学生的蒯氏犯罪集团的核心和骨干。其中团总部核心中就有 2 人受到刑事处罚：除前面提到的第一把手蒯大富被北京市中级人民法院判处有期徒刑 17 年外，武斗副总指挥任传仲也被判刑 12 年。那些在武斗中和工宣队进校时犯有杀人放火等重罪的罪犯受到了法律的严厉惩处，例如那个身负两条人命案（武斗期间用穿甲弹打死动农系实验员杨树立，7.27 又用手榴弹炸死工宣队员供电局工人潘志宏）的赵德胜和犯有盗抢、行凶、纵火罪的原团派保卫部值勤组组长邢鹏两人被判无期徒刑，其他 7 名杀人凶手被判处 2 到 20 年不等的有期徒刑。团派 76 人中受党纪国法惩处的总的情况是：人民法院判刑（2 年到无期徒刑不等）12 人，定"严重政治错误" 2 人（其中 1 人还被单位除名），被"开除党籍" 1 人，被"取消党员预备期" 1 人，有犯罪行为但不追究刑事责任 2 人，53 人作"记录在案"处理，其余 5 人做其他处理。

四派记录在案的 8 人中只分两类：四派总部核心成员 6 人，联络站 2 人。8 人中没有一条触及侵犯人权的犯罪行为，没有一人受到党纪国法的处理。

现在看来，清华党委的 84 人材料真实地反映了 1983 年那个时代的法制水平和对文革路线的认识水平。自 1976 年粉碎四人帮以后的 7 年时间中，全党全国人民经过揭批四人帮，拨乱反正，把颠倒了的是非又颠倒过来了，基本恢复了社会主义法制，对文革的路线是非和代表性人物思想行为的评价发生了 180 度的大变化。所以蒯氏团伙中那些策划组织武斗，并在武斗中杀人放火的罪犯们基本受到了党纪国法的应有惩处，伸张了正义。应该充分肯定。

但从这个材料看，当时的处理还是有缺憾的。主要表现在对部分人所犯的严重罪行认识不到位，导致有罪不罚，罚不当罪。例如涉及"罗文李饶"专案的，除了"记录在案"名单中列出的 19 人，包括团总部核心成员陈继芳和王良生在内实际上是 21 人。可是这 21 人没有一个人受到党纪国法的惩处，全部只是"记录在案"。是他们的罪行不严重吗？当然不是。本书前面揭露的蒯氏黑牢中的累累罪行（例如罗征敷被活活用棉丝堵嘴窒息而死；刘承娴被毒打侮辱后跳楼重伤，手术后昏迷中又被抢出医院，折磨而亡；饶慰慈臀部被打烂而终身致残；文学宓和贾春旺遭受酷刑逼供，被用钢丝钳活生生掰断、夹碎多颗牙齿，等等）还不触目惊心吗？像靠刑讯逼供制造了这么多惊天冤案的总策划和总指挥陈继芳，还有专案组的组长王子瑜、副组长王士元，还有那些直接使被害者致死致残的打人凶手，按照他们的罪行接受刑事处罚是罪有应得，一点都不冤枉。结果恰是一点惩罚也没有，甚至他们中有些人连党员的牌牌都还照样扛着。现在想想这个世界上还有这些像康生、谢富治那样的共产党员整人害人专家混在我们的队伍里就会后背发凉、不寒而栗！真不知道当时负责审理这些案子的人是怎么想的啊！

  对文革暴行的清理中出现的这些问题表明：到 1983 年时我国对文革期间一些反社会反人类的暴行的清算还不是很彻底很精准，对文革中的是非罪错还有很多模糊认识。尤其是近年来文革成了这里的敏感话题，对文革的理论和实践没有能得到更深入的批判、揭露和反思。因此我们就不难理解：为什么薄熙来当年在重庆破坏法制，搞文革回归预演还有那么大的市场？为什么在微信和网络中还不断有攻击邓小平，抹黑改革开放政策，呼唤文革回归的鼓噪？为什么不但蒯大富本人，还有很大一批支持者一直不承认法庭判决的杀人罪和诬告陷害罪？为什么"罗文李饶"专案组中至今似乎只有孙耘就致死罗征敷对罗家属表示了道歉，其他没有一个人对他们自己曾经的罪行表示过认错悔罪？尤其是专案组的总指挥陈继芳还下了封口令，教他们的同伙在反思文革中"写回忆录应当写对我们自己有利的事"。所以至今关于蒯氏团伙如何策划和实施三大冤案的细节还是个"黑洞"，本书的材料全是来自受害人的回忆，加害人没有提供一点信息。这当然是非常遗憾的。

（四）对蒯氏暴行的一些反思

1，文革对社会主义民主法治的破坏是产生蒯氏暴行的根本原因。

读了本书前面的章节，现在的年轻人可能产生的第一个疑问就是：在人民共和国建立17年之后，蒯大富一伙人怎么就敢在共和国首都北京，在国内外著名的高等学府清华园以一个群众组织的名义对广大干部和师生员工进行诬告陷害、制造冤案、私设黑牢、刑讯逼供、使数十人致死致残？这不是无法无天，胆大包天，明显犯罪行为吗？答案是：十年文革自始至终就是一个法制沦丧、无法无天的时代。

文革一开始，就突破了法治社会的底线，砸烂了公检法，搞所谓"群众专政"，所有法律法规（包括宪法）都弃之如敝屣，当时发布了一个"公安六条"，指明只保护统帅和副统帅，反对他们就是反革命，其他所有人都被置于无法律保护的境地下，随时都可能被揪斗、游街、逮捕，甚至枪毙。

林彪、江青两个反革命集团丧心病狂地将国家主席刘少奇，国防部长彭德怀，军委副主席贺龙，中央常委陶铸等几十位老一代革命家迫害致死。将八届中央委员会123名中央委员中的88人诬陷为"特务""叛徒""里通外国分子""反党分子""走资派"，坐监的坐监，整死的整死。将全国29个省市自治区中的27个的第一书记、省市区长打倒。据有关资料透露，十年中，中央和国家机关被审查的干部有近3万人，占干部总数的16.7%。其中副部级以上的高级干部被立案审查的达75%，有40人被迫害致死。在人民解放军中有175位将军被打倒，占文革前开国将帅总数的11%。

为了制造"红色恐怖"，掀起了"横扫一切牛鬼蛇神"的狂风恶浪，惨无人道地制造了大兴大屠杀、道县大屠杀、广西大屠杀。

他们宣扬"知识越多越反动"，继1954年反胡风集团、1957年反右派后，对教育界、文艺界、科技界有名望有贡献的高级知识分子再次进行了残酷迫害，像作家老舍，历史学家吴晗，电影演员严凤英，科学家叶企孙等数百位各界名人被迫害致死。到1968年底，中科院在北京的171名高级研究人员中，就有131位被列为打倒和审查对象。上海科技界的一个特务案，株连了14个单位1000多人，受逼供、拷打等残酷迫害的科技人员和干部达607人，活活被打死2人，6人被迫自杀（《科技日报》2008年3月17日）。

十年文革中受冲击和迫害的人数超过一亿，非正常死亡数以百万计，那时中国成了一个真实的人间地狱。

正是这个疯狂的践踏法制、毁灭文化、争权夺利的文革大环境刺激了蒯大富团伙的至恶人性和个人野心，使他们迅速堕落成人性泯灭、天良丧尽的魔鬼。文革初期，他们很快就成为中央文革小组迫害刘少奇等国家高级领导人的帮凶和爪牙，连国家主席夫人王光美，还有彭真、薄一波、罗瑞卿等高干都敢拉到清华来批斗，所以就更不会把通过制造冤案、私设黑牢、诬陷迫害清华园中的干部和教师、学生当回事了。

从上述对蒯氏暴行的背景分析我们可以看到，国家的法制永远是维护社会稳定发展和人民幸福生活的基础和保证。基础不牢，地动山摇，一旦破坏了法制，就会天下大乱，民不聊生，社会就会发生大倒退，人民就要遭大殃受大罪，幸福乐园就会变成人间地狱。清华文革的蒯氏黑牢就是在社会主义法制被破坏以后，从高等学府变成人间地狱的最好例证。

从人类社会发展史的大尺度空间看，民主法治的形成和发展是人类文明的巨大进步，是检验一个国家文明程度的重要尺度。从蒯氏黑牢的覆灭中我们得到的最大的教训和启发是，按照一定的民主程序建立起来的国家法律制度是保护生产力发展和人民利益的，我们每个公民都要建立起牢固的法制意识，不仅要保证自己模范地遵纪守法，而且要随时监督社会的各个阶层、各个政党，各个团体、各个成员都要遵纪守法，随时和一切违法行为进行坚决斗争。

清华文革的蒯氏黑牢因社会法制的破坏而出现，也因社会法制的回归和重建而覆灭。我们永远不要忘记这一沉痛的历史教训：当年蒯大富团伙推波助澜，趁火打劫，为虎作伥，充当了破坏社会主义民主法治的鹰犬，在清华建立黑牢，制造冤狱，杀人放火，无恶不作，最后被人民法庭判以重罪，罪有应得！

2，清华414与蒯大富团伙斗争的意义。

仔细研究文革后几十年来对清华文革的反思发现：对当年蒯大富团伙和四派的争斗，多数当年的激进造反派认为是造反派内部争权夺利的内讧。实际上这种看法是片面的，错误的。从两派的形成过程、人员结构、主要观点、行为方式、社会影响和最后结局等方面分析，两派都有显著的不同。

414对蒯大富团伙的斗争是有历史意义的。

清华414对蒯大富团伙的斗争不是什么造反派之间争权夺利的内讧，而是推动促进文革和抵制反对文革的两种力量、两条路线、两种前途的搏斗。

清华两派的形成不是偶然的，是文革发展的必然。

回顾文革初期，最高领袖利用群众对自己的迷信盲从和对权力的臣服本能，通过发布"516通知"、批发北大聂元梓等人的大字报、召开八届十一中全会制定开展文化大革命的《十六条》、贴出《我的一张大字报》、八次在天安门上接见红卫兵、支持鼓励红卫兵揪斗"走资派"等加剧阶级斗争的系列措施，煽动全国全面的造反夺权狂潮。

清华园内相当一部分人紧跟伟大领袖战略部署，响应"造反有理"的号召，成了造反派。但到1966年底1967年初，造反派的队伍发生了分化。

以蒯大富为代表的少数激进造反派权欲熏心，在造反大潮中，政治野心日益膨胀，尤其是在张春桥授意下率先把"打倒刘少奇"的口号推向社会，迎合了最高领袖的政治需要，得到江青和中央文革的青睐，这就刺激了他们的勃勃野心，实际上形成了一个野心家小集团，一个个摩拳擦掌，处心积虑想在动乱中捞一把。连共产党员也不是的蒯大富，不满足于已经通过造反派群众组织窃取的清华大学的临时权力和北京市革委会常委职务,还想入非非,提出要"为九大立新功"的口号,妄想钻进九大后的中央委员会。他们是"打倒一切"的文革极左路线的推动力量。

另外有一部分本性务实、正直善良的造反派以自己亲身的经历、过往的体验,从对最高领袖的狂热、迷信、盲从,渐渐走向冷静,觉醒,和怀疑。他们开始思考:我们这一代人不是一直在共产党毛主席的教导下努力学习科学文化知识,学习雷锋,学习焦裕禄,唱着"社会主义好"幸福成长的吗?我们的学校怎么成了"黑线主导"?怎么可能我们干部的大多数都成了"走资本主义道路的当权派""修正主义者"?

1967年2月23日,《红旗》杂志第四期发表了经过周总理审阅并修改的社论《必须正确对待干部》,明确指出"中华人民共和国成立十七年来,以毛主席为代表的无产阶级革命路线是占统治地位的,大多数干部和党团员是执行这条路线的。十七年来,在各条战线上所获得的伟大成就,就是铁的证明。要把干部一概打倒的观点,就是抹杀十七年来的基本事实,就是否认十七年来的伟大成就"。3月31日《红旗》杂志又发表评论员和调查员的文章,在一定程度上肯定了清华绝大多数干部是好的。这三篇文章如同石破天惊的一声春雷震撼了文革乱局中的中国大地,对狂呼"黑线主导"口号、挥舞"彻底砸烂"黑旗、如脱缰野马恣意狂奔的激进文革势力是当头棒喝,对处于文革高压中恐惧不安的广大干部和群众(包括处于怀疑迷茫状态的部分造反派)是一副振聋发聩的清醒剂,使他们看到了方向,受到极大鼓舞。

因为文革的主要目标就是要夺走资派的权,所以干部问题是文革的核心和实质。而《红旗》杂志的三篇文章正由于触及了文革的这个核心和实质问题,很快清华造反派内部的激烈斗争就聚焦到了干部问题上。正是在这个焦点问题上的巨大分歧,清华形成了势不两立的团派和414派(四派)两大派。

以蒯大富为首的少数激进造反派形成了团派的核心。他们自称"大翻个派",激烈反对《红旗》杂志这三篇文章,他们认为:清华的解放后十七年是黑线主导,干部基本上执行的是修正主义路线;干部有一大批是资产阶级世界观;清华的党员、干部大部分是假党员,刘、邓的党员。因此,要彻底砸烂旧清华。宣称他们的全部理论和实践就是要彻底砸烂旧清华,实现阶级关系大翻个儿,现在的好人要从过去坏人中去找。在政权建设上他们认为清华左派力量强大,学生可以单独执掌政权,反对与军代表和学校干部分享权力。

而由经过几个月独立思考的造反派中的温和理智派为核心组建的414派则借助《红旗》杂志这三篇文章的浩荡东风,从建立之初,就旗帜鲜明地批判极左思潮,高高举起了两面旗帜:一面是"十七年红线主导",另一面是"干部的大多数是好的、比较好的"。这两个观点在当时的社会上,尤其在从中央到地方到基层的各级干部群体中,拥有广大的群众基础。四派认为,十七年清华大学红线占主导地位,毛泽东思想的阳光也照进了清华园。沈如槐、黄瑞和的联名大字报《什么"严重错误"》和《什么"彻底砸烂"》两篇文章认为,对"旧清华必须一分为二!""在我们学校,大多数干部是好的和比较好的,他们基本上执行的是无产阶级革命路线","彻底砸烂旧清华"是"毫无阶级分析的无政府主义口号!"周泉缨的大字报《414思潮必胜》总结了四派所坚持的主要观点,例如红线主导论、阶级关系不变论、造反派打天下不能坐天下论,以及不能"大翻个儿"、不能划分造反阶级和保守阶级、不能冲击军队、要巩固和保卫新生的红色政权,要坚持"五个正确对待",等等。这些大字报广为传播,说出了许多人的心里话,在社会上产生了巨大的反响。这些观点传到了外地,同样获得了许多省市温和造反派的强烈呼应,成为他们与本地极端造反派抗争的锐利武器。在政权建设方面,四派从蒯大富在清华的表现和北京其他高校的实践看到:学生不仅不能单独掌权,而且无法委以重任,必须坚持三结合的方针,让干部在三结合的权力机构中发挥骨干和核心作用。同时考虑到当时混乱的现实政治情况,必须建立以军代表为首的三结合领导班子,取代蒯大富的红卫兵临时权力机构,才能稳定大局。在武斗期间,更进一步发出要求中央对清华实行军管的呼吁。

414的这些观点和主张与蒯大富们的观点和主张完全针锋相对，不可调和。不让蒯大富掌权，这比要他的命还难受，所以他们对414充满了刻骨的仇恨，说414是否定文化大革命，是右派翻天。并不惜制造冤狱，挑动武斗，必欲置414于死地。

在文革发展到全面夺权阶段，需要造反派实行大联合的时候，414从井冈山兵团总部分裂出来，实质上就是对文化大革命的冲击和反抗。如果认同414的这些观点，的确是无形中否定了最高领袖发动文化大革命的必要性和正当性。"造反派只能打天下，不能坐天下"，这么一个非常敏感又十分现实的话题，触动了不少新老造反派的神经，显然也点中了老人家的某个穴位，他立即联想到"无产阶级只能打天下，不能坐天下"，所以7.28他说"清华414说414思潮必胜，我就不高兴"，又说："那个414是反对我的。"因为它颠覆了文革的两个基本认知：一个是文革的理论基础，一个是文革的权力基础。414在这两个问题上，旗帜鲜明、有理有节地与蒯大富一伙争论，在全国造成了巨大影响：蒯大富一伙理屈词穷，进退失据，最后恼羞成怒，挑起了武斗。百日之内，中央和北京市不管不问，听任拥有优势武力的团派攻城略地，想助其造成既成事实；没想到蒯大富太蠢，对414就是"搞又搞不掉"，最后竟然把长矛手榴弹扔向了为他搭梯子下台阶的工人、解放军，酿成了震惊全国的7.27大血案。

人间正道是沧桑。414思潮尽管受到最高领袖和所有激进造反派的打压和反对，但却得到了多数人的衷心认同和支持。因为它表达了广大干部和人民群众对文革乱象的抵制和反抗，顺应了人民群众结束政治动荡，稳定社会秩序，发展国民经济，改善民生的善良愿望和迫切要求。414队伍实际上是清华园内所有反对文革极左路线的人们的集合，其中既有经过反思而觉醒了的文革初期的造反派，更有当年的众多保守派，尤其是多数干部、教师和党团员都是支持414的。他们明知老人家支持蒯大富，他们是冒着巨大政治风险，以"舍得一身剐，敢把皇帝拉下马"、甚至"舍得一家剐"的英雄气概支持参加414的。实际上支持和同情414的人占了清华的多数，真正死心塌地拥护蒯大富的人只是少数。

414 的思潮及其艰苦卓绝的斗争也得到了中央高层及全国各地抵制和反对文革力量的支持。在 414 存在的一年多时间里，虽曾多遇坎坷，却每次都能化险为夷，绝非偶然。67 年 5 月 29 日晚 414 总部宣布成立，5 月 30 日凌晨周总理通知蒯大富因"革命派还没有联合起来"而不能参加清华革委会成立大会，彻底搅黄了蒯大富日思夜想企图窃夺清华党政大权的黄粱美梦，反映出周总理的心和 414 人是相通的。在清华武斗最疯狂的日子里，也有外地的一些群众组织对 414 表示了深切关注，并提供了部分物资援助。我在南京大学的一个老同学告诉我，正是在清华武斗最激烈的时候，他曾经奉他们的头头曾邦元之命，押运了几箱药品从南京大学送到 414 据点清华动农馆，彰显了得道多助的人间正道。

现在我们可以特别清楚地看到，半个世纪前的文革动乱确实曾经使我们面临过一场亡党亡国的现实威胁。如果当年真的让蒯大富团伙掌握了清华大学的党政大权，清华大学出现一个蒯校长，更多的蒯氏黑牢，更残酷的政治迫害将成为清华的政治常态，清华的广大干部和师生员工将长时间生活在人间地狱。值得庆幸的是，由于中国共产党和中国人民对文革势力的顽强抗争，这些"如果"没有变成现实。

在今天看来，当年清华 414 对蒯大富一伙文革势力的抗争具有特殊的价值和贡献。

首先，在清华两派争论中形成的 414 思潮最先提出了批极左、实际上否定文化大革命的理论观点，并经过《414 思潮必胜》在全国上下造成了巨大影响，尤其是蒯大富团派的小报对《必胜》连篇累牍的批判，给 414 思潮做了最好的宣传和扩散，成了全国上下抵制和反对文化大革命的一面理论旗帜。连北大钱理群教授在解释为什么他不谈北大文革，却大谈特谈清华文革时也坦言："因为清华有 414 思潮，更有代表性。而且清华人对文革的反思，似乎比北大更深刻。"他还认为"414 派基本上是一个'十七年派'"，"打出了一个'全面恢复十七年'的旗帜，也就事实上取消和否定了文化大革命。"

其次，在当时《公安六条》高悬头顶，文革怪兽无情破坏社会秩序，吞噬社会公平正义和人类理性良知的暴虐环境下，414明知最高领袖和中央文革是支持蒯大富的，却敢于冒极大政治风险，不畏强暴，坚持真理，和蒯大富团伙坚决抗争了一年之久。在最后蒯大富挑起的百日武斗中，面对他们的优势武力，414坚持自卫原则，只守不攻，有理有节。最后连支持他们的最高领袖也无可奈何，不得不在68年7月27日派工人解放军宣传队进清华制止武斗。宣传队进校不久，清华两派就被解散，同归于尽。

　　虽然两派结局相同，但意义完全相反。对蒯大富团伙，是粉碎了他们消灭414、独霸清华园的狂妄野心，并彻底暴露了他们自己灭绝人性的豺狼本性，是完全的彻底的失败；对414，则是完全实现了自己的战略目标：对清华实行军管，断绝了蒯大富文革激进势力进入清华权力核心的任何可能性，是当时所能争取到的最好的结果。

　　更为重要的是，由于414的决死斗争，清华两派的同归于尽，开辟了一个红卫兵完全退出历史舞台的新时期，宣告了文革初期利用红卫兵造反夺权完全是一场政治闹剧，由此开始了文化大革命走向失败的起点。

　　所以说清华414对蒯大富团伙的斗争不是什么造反派之间争权夺利的内讧，而是推动促进文革和抵制反对文革两种力量、两条路线、两种前途的搏斗。7.27以后，我们又经历了1971年林彪的外逃，1976年四人帮的覆灭，1978年十一届三中全会确立结束文化大革命，将工作中心转到社会主义经济建设上来、实行改革开放的战略转变，审判林彪江青两个反革命集团和蒯大富等文革激进势力的主要代表人物，十一届六中全会作出彻底否定文革的历史决议等重大的历史事件，结束了十年文革的噩梦，铲除了产生清华文革蒯氏黑牢的社会基础。最近40年来我国的改革开放和社会主义现代化建设取得了伟大成就，消除了数亿人口的绝对贫困，经济总量进入世界第二。去年至今的新冠疫情是对世界各国的大考，我国毫无争议地获得冠军。

　　产生蒯氏黑牢的年代虽然离我们很远了，但历史绝不会忘记我们多难的祖国曾经在文革浩劫中从至暗走向光明的转折点，414为促进这个历史转折，尽快结束当时我们党和国家的悲惨境遇，开创我们民族的新生做出了重大的历史性贡献。在纪念中国共产党成立100周年的时候，我们更要牢记这段历史，警惕为文革翻案的暗流，绝不能让蒯氏黑牢的惨剧重演！

我们在本书中邀请多位蒯氏黑牢的受害者更全面更系统的揭露蒯氏团伙曾经的恶行，主要目的是呼唤当年文革暴行施暴者良心的发现和人性的回归，希望这些人能够对曾经的恶行有一个认真的回忆和理性的反思，对当年的受害人给出一个迟到的但是真诚的道歉和忏悔，既是对他们本人灵魂的救赎，也是对受害者精神的慰藉。如果他们能够再前进一步，公开他们当时如何策划制造冤案、酷刑逼供的内幕，使本书揭示的史实更丰满、更完整，为历史留下更全面、更真实的记录，给后人以更深刻、更有震撼力的警示、警醒和教育，当然是我们所希望的。

注1：见本书《简介》。表一所列52人是综合多方资料得到的7.27当天尚被团派关押人员，实际可能更多；因工宣队进校逃离12号楼的师生共21人，王遵华、杨津基、顾廉楚则被工宣队误认为团派"黑高参"而抓到主楼，因此8月7日团派提供的在押人员名单只有28人。

注2：5.30团派进攻、火烧东区浴室，为救重伤战友，21名414战士放下武器；团派先后将重伤3人送往医院门前；1人（李作臣）被关押在11号楼，7月初从垃圾通道逃出；王学恭、苏鹏声等17人被关押在12号楼，7.27当天夜里趁乱逃离。

注3：见陈育延：《第十六章 清华两派最后的谈判》。这14人就是414派8月7日提供的在押人员名单，陈育延记录的414提供的名单中还把王遵华、杨津基、顾廉楚以"走资派"单独列出，原因见注1。

附件：《蒯大富刑事判决书》

北京市中级人民法院刑事判决书

（82）中刑字第 1124 号

公诉人：北京市人民检察院分院检查员梁东园、刘纪成、代理检查员王和民。

被告人：蒯大富，男，现年 37 岁，江苏省滨海县人。"文化大革命"初期为清华大学学生，清华大学"井冈山兵团"总负责人，"首都大专院校红代会"核心组副组长、北京市革命委员会常委。1968 年 12 月份分配到宁夏三〇四厂工作。现在押。

辩护人：北京市法律顾问处律师高生云。

辩护人：被告人蒯大富胞弟蒯大万。

北京市人民检察院分院以被告人蒯大富积极追随林彪、江青反革命集团，进行犯罪活动一案，向本院提起公诉。本院依法组成合议庭，进行了公开审理，查明被告人蒯大富犯罪事实如下：

一九六六年十二月十八日，江青反革命集团主犯张春桥单独召见蒯大富，指使他把"中央那一两个提出资产阶级反动路线的人搞臭"。被告人蒯大富按照张春桥的授意，经积极策划、煽动后，于十二月二十五日带领清华大学五千余人游行示威，在天安门广场、王府井、西单、北京站等处，张贴标语、大字报，散发传单，呼喊口号，进一步公开煽动"打倒"中华人民共和国主席刘少奇，把"打倒刘少奇"的口号首先推向社会。

一九六七年七月二十五日，被告人蒯大富在天安门城楼上听到林彪要在军队问题上"大做文章"的讲话后，当场向王力探明了底细,随即积极进行组织和策划打倒中共中央政治局委员、中央军委副主席徐向前的活动。蒯大富于二十七日指使清华大学"井冈山兵团军事动态组"在军事领导机关附近贴出了"打倒徐向前"的大标语,二十八日在"井冈山兵团"小报上发表了"打倒徐向前"的"严正声明",并派人抄了徐向前的住所和办公室,绑架徐向前未遂,抢走了装有绝密、机密文件的档案箱五个和其他材料;三十日,在清华大学"井冈山兵团总部"召开的有全国大部分省、市和一些军事单位造反派头头参加的"全国形势讨论会"上进行煽动,把"打倒徐向前"的活动推向全国。蒯大富还派出二百余人到二十二个省、市和地区,进一步搜集"打倒徐向前"的材料。

一九六八年五月二十九日,被告人蒯大富召开"井冈山兵团文攻武卫总指挥部"头头会,决定五月三十日凌晨三时攻打在清华大学东区浴室楼的学生。蒯大富亲自下令拉闸断电,发出进攻信号,先后使用了偷袭、强攻、火攻等手段造成学生卞雨林、许恭生,工人段洪水死亡。七月初,蒯大富又召开"文攻武卫总指挥部"头头会决定武力"封锁"科学馆。按照蒯大富对进出科学馆的人可以开枪的决定,七月四日凌晨,张行(已判刑)开枪打死了学生杨志军【编者注】。为了武斗,在蒯大富主持的"总部"会议上,还决定制造、运输枪支弹药。

一九六八年七月二十七日上午,"工农毛泽东思想宣传队"进入清华大学,宣传制止武斗,收缴武器,拆除武斗工事。被告人蒯大富同另一头头任传仲等人紧急策划后,决定"抵抗、还击",不让工人进楼。这一决定,向各武斗据点作了传达。下午一时许,蒯大富在静斋楼道拔出手枪,叫嚷要和工人"拼了",在离开静斋时把数十发手枪子弹给了武斗队员。任传仲等按蒯大富"抵抗、还击"的决定,带领人员手持长矛、枪支、手榴弹向赤手空拳的宣传队员进行袭击,致使宣传队员王松林、张旭涛、潘志宏、韩忠现、李文元惨遭杀害,七百三十一人受伤。

被告人蒯大富诬陷清华大学党委宣传部副部长罗征启,教务处副处长李康,党委统战部副部长文学宓、刘承娴,校党委办公室副主任饶慰慈是"蒋南翔的第二套班子""反革命小集团",于1968年1月和4月先后将他们抓起来进行人身迫害。蒯大富还诬陷原清华大学团委干部贾春旺及邢竞侯等六个学生是"反革命小集团",抓起来刑讯逼供。蒯大富的打手们对文、饶等人分别采用拷打、老虎钳拔牙、往鼻孔里灌氨水等等手段严刑逼供;蒯亲自参与了对文学宓的逼供。在残酷的肉刑折磨下,刘承娴被迫害致死,饶慰慈被打成重伤,一度精神失常,留下脊椎神经损伤等后遗症。在诬陷迫害罗征启等人的过程中,还株连了罗征启的父亲、弟弟和朋友,其中罗征启之弟罗征敷被用棉丝堵嘴而窒息死亡。

上述罪行,有证人证言,被害人陈述和查获的书证证实,事实清楚,证据确实充分,足以认定。在庭审中,被告人供认了大部分事实,但不承认是犯反革命罪。

本庭确认,被告人蒯大富积极追随林彪、江青反革命集团,以推翻人民民主专政为目的,煽动打倒党和国家领导人,并策划组织武斗,武力对抗工宣队,诬陷迫害干部、群众,后果严重,已构成反革命宣传煽动罪、杀人罪、诬告陷害罪。为维护社会主义法制,巩固人民民主专政,保卫社会主义制度,根据蒯大富的犯罪事实、性质和对社会的危害程度,并考虑其能主动揭发张春桥罪行的情节,依照中华人民共和国刑法第九条适用法律的规定和第90条、102条、137条、132条、138条和64条、第63条、第52条,判决如下:

判处被告人蒯大富有期徒刑十七年,剥夺政治权利四年。

刑期自判决之日起算,判决执行以前羁押的日期,以羁押一日抵折刑期一日。

如不服本判决,可在接到判决书的第二日起十日内,向本院提出上诉,上诉于北京市高级人民法院。

北京市中级人民法院刑事审判庭
审判长:罗克钧
人民陪审员:王蕴琴
人民陪审员:李衍 1983.3.10

（中级法院大印）
本件与原本核对无异。
书记员：刘国贞 1983.3.16

【编者注】1968年7月4日，张行开枪打死的学生是朱育生，而不是杨志军。

编者简介

胡鹏池： 男，1945 年生，江苏人。清华大学精密仪器及机械制造系 1968 年毕业。当过工人、技术员、工程师、车间主任、大专教师、政府官员、企业经理。2012 年开始从事历史研究及文学创作。曾发表论文《创伤记忆的文学表达》《周有光的话是用来想的》《"常识的社会功能"浅论》等，并在《经济观察报》《炎黄春秋》《记忆》《共识网》上发表文章百余篇。著有《通俗政治》（天地图书，2015），《芦花瑟瑟》（海天出版社，2016），并与但燊合著《清华七二七事件》（田园书屋，2017）。

陈楚三： 男，湖北黄冈人，1942 年生。1960 年考入清华大学工程力学数学系。毕业时遇文革，1968 毕业分配，先后在贵州水电部第九工程局、北京石油化工科学研究院、总参炮兵研究所、北京联合大学自动化工程学院、北京实创总公司、中实集团公司等单位工作，曾任实创总公司总经济师、中实集团公司监事会主席。著有回忆录《人间重晚晴——一个所谓"红二代"的人生轨迹》（明镜出版社，2017），并与他人合作整理出版《吴忠将军口述回忆》（美国华忆出版社，2021）。

周宏余： 男，1945 年生，江苏海安人。1970 年毕业于清华大学工程物理系，1981 年获清华大学理学硕士学位。北京师范大学教授、博导。主持完成国际原子能机构，国家级和省部级科研项目 20 余项，培养博士和硕士研究生 20 余名，发表科学论文 180 余篇。曾任北京师范大学低能核物理研究所所长、射线束技术与材料改性教育部重点实验室主任、北京市辐射中心主任、中国物理学会理事、中国核学会常务理事等。获国家教委科技进步二等奖 1 项，北京市科研院所改革发展考评三等奖 1 项。

www.ingramcontent.com/pod-product-compliance
Lightning Source LLC
Chambersburg PA
CBHW052041220426
43663CB00012B/2397